土地補償法新論

金 時 榮 著

진 원 사

머 리 말

오랫동안 공기업의 택지개발사업에 따른 손실보상소송 등에 관한 소송대리 업무를 수행하면서 구 "토지수용법"과 "공공용지의 취득 및 손실보상에 관한 특례법"이 현행 "공익사업을 위한 토지 등의 취득 및 보상에 관한 법률"(토지보상법)로 통합되고 수많은 관련 판례가 집적되는 것을 관심 있게 보고 있었다. 그동안에 재판업무를 담당한 법관들을 비롯하여 관련 연구자들이 발표하는 논문은 많았고, 행정법이나 토지보상법에 관한 저술 또한 적지 아니하게 출간되고 있었다. 그럼에도 불구하고 행정법 서적의 토지보상법 관련 서술 부분은 너무 개략적이고, 토지보상법에 관한 전문 저서는 대체로 감정평가 업무를 위주로 서술하고 있어서 법률적이라기보다는 다소 기술적이다. 판례가 토지보상법령의 세부적인 규정에 대한 해석론을 선도하고 있었지만 마치 꿰어지지 아니한 구슬처럼 흩어져 있는 것처럼 보였다.

기존의 행정법 및 토지보상법의 이론과 오랫동안 집적된 판례의 성과를 조화롭게 결합한 토지보상법에 대한 해설서의 필요성을 소송의 현장에서 절감하고 있었으나, 행정법은 말할 것도 없고 토지보상법에 대해서도 전반적인 연구를 해 본 적이 없는 필자가 그에 관한 해설서를 저술한다는 것은 꿈꾸기 어려운 희망에 불과하였다. 더욱이 토지보상법을 둘러싼 분쟁의 대부분을 차지하고 있는 손실보상금소송은 소위 사법(私法)과 공법이 교차하는 전형적인 분야이다. 손실보상의 일종인 아파트나 택지에 대한 분양권에 관한 소송도 마찬가지이다. 이런 이유로 토지보상법에 관한 학제적(學際的) 연구는 행정법이나 민법 학계의 양편에서 선뜻 접근하기가 쉽지 아니한 분야로 남아 있었던 것으로 보인다.

2010. 2. 경상대학교 법과대학원에서 행정법 박사과정을 수료한 후에 그동안 써 두었던 단편적인 글들을 정리하여 토지보상법에 관한 해설서를 집필하여야겠다는 생각을 굳히고 2019년 3월경부터 본격적인 집필을 시작하여 2020년 12월 말경에 초고를 완성하였다. 돌이켜보면 무능과 나태로 말미암아 많은 세월을 낭비하였다는 자책을 금할 수 없다. 다만 원고의 완성이 늦어진 덕에 2018년 12월 31일 개정된 토지보상법의 내용까지 반영할 수 있어서 조기에 개정판을 준비하여야 하는 수고로움은 한 차례 면하게 되었다. 또한 헌법재판소가 2020년 11월 26일 선고 2019헌바131호 위헌심판청구사건에서 환매권의 발생기간을 제한한 토지보상법 제91조 제1항에 대해서 위헌으로 결정함에 따라 2021년 8월 10일 개정된 토지보상법 제91조 제1항의 내용에 대해서도 초고를 수정하는 과정에서 추가할 수 있었던 것 역시 다행한 일이다.

독학자의 위험한 학문적 취약점은 자신의 이론적 주장에 대하여 검증을 받을 기회가 없다는 사실에 있다. 저자 역시 토지보상법에 관하여 집필하면서 토지수용제도의 근간을 이루는 사업인정이라든가 수용권의 본질 등에 대해서 혼자 생각하고 결론을 내렸을 뿐, 누구와도 깊은 토론을 하거나 누구로부터도 비판을 받은 바가 없다. 이 점은 앞으로 이 책의 약점으로 드러날 것이 분명하다. 선학(先學)들이 남긴 촉도(蜀道)를 혼자 더듬어 가는 도중에 전개한 잘못된 논리나 결론의 오류는 저자의 능력의 일부로 받아들이면서 토지보상법을 올바르게 해설하기 위한 반면교사의 역할이라도 하겠다는 후안무치로 이 책을 세상에 내놓는다.

2021년 12월

저자 **김 시 영** 씀

목 차

제1장 공용수용과 손실보상의 헌법적 문제 / 3

제 2 장 공익사업의 주체, 상대방, 목적물 / 45

제 3 장 공익사업용지 취득절차 / 107

제6장 환 매 권 / 493

토지보상법신론

제 1 장 공용수용과 손실보상의 헌법적 문제

공익사업을 위한 토지 등의 취득 및 보상에 관한 법률(2021. 8. 10. 법률 제18386호로 개정된 것, 이하 토지보상법으로 약칭)은 공익사업에 필요한 토지 등을 협의 또는 수용에 의하여 취득하거나 사용함에 따른 손실의 보상에 관한 사항을 규정함으로써 공익사업의 효율적인 수행을 통하여 공공복리의 증진과 재산권의 적정한 보호를 도모하는 것을 목적으로 하는 법률이다(법 제1조). 그러므로 토지보상법을 논하기 위해서는 이 법의 근거가 되는 헌법 제23조 각항에서 규정하고 있는 재산권의 보장과 제한, 공공필요에 의한 재산권의 수용과 사용 및 제한, 손실보상 등에 대해서 먼저 살펴볼 필요가 있다.

다만 헌법 제23조의 해석에 관해서는 모든 헌법이나 행정법 서적에서 충분히 다루고 있기 때문에, 행정법 중의 한 분야인 토지보상법에서 또다시 이에 대한 논의를 반복한다는 것은 큰 의미가 있다고 보기 어렵고 이 책의 저술 목적에서도 벗어난다.

이런 이유로 이 책에서는 토지보상법을 설명하는데 필요한 범위 안에서 헌법 제23조 각항에 대한 기존의 이론들을 개략적으로 살펴보는 정도에서 그치고자 한다.

제1절 공용수용

I. 재산권보장과 공용수용

1. 헌법상의 재산권보장과 한계

가. 재산권보장

헌법 제23조 제1항은 "모든 국민의 재산권을 보장된다. 그 내용과 한계는 법률로 정한다."라고 규정하고 있다. 이 규정의 전문은 사유재산제도의 보장과 함께 기본권으로서의 개인의 구체적인 재산권을 보장하는 취지이다. 후문은 사유재산제도의 한계를 규정한 것이라기보다는 법률을 통하여 재산권의 내용과 한계를 형성한다는 의미인 형성적 법률유보로 이해하는 것이 일반적 견해이다. 헌법재판소 역시 "우리 헌법상의 재산권에 관한 규정은 다른 기본권 규정과는 달리 그 내용과 한계가 법률에 의해 구체적으로 형성되는 기본권 형성적 법률유보의 형태를 띠고 있다. 그리하여 헌법이 보장하는 재산권의 내용과 한계는 국회에서 제정되는 형식적 의미의 법률에 의하여 정해지므로 이 헌법상의 재산권보장은 재산형성적 법률유보에 의하여 실현되고 구체화된다."[1]고 한다.

따라서 헌법 제23조 제1항은 사유재산제도를 전제로 하여 법률에 의하여 재산권의 내용과 한계를 형성하는 방법으로 재산권을 보장하는 규정으로 해석하는 것이다.

나. 재산권의 사회적 구속성

헌법 제23조 제2항은 재산권 행사는 공공복리에 적합하도록 할 것을 규정하고 있는데, 이를 재산권의 사회적 구속성이라고 한다.

---

1) 헌재 1993.7.29. 92헌바20.

이 규정의 취지는 재산권을 보유한 개인에 대해서 공공복리에 적합하도록 재산권을 행사하도록 의무를 부과하는데 그치지 아니하고, 입법자가 제1항에 따라 법률로써 재산권의 내용과 한계를 규정함에 있어서 공공복리를 위하여 재산권을 제한할 수 있는 근거를 제공하는 것으로 이해하고 있다.

재산권은 자유주의헌법 아래에서와 같이 천부적이고 절대적인 권리가 아니라, 사회 전체의 이익을 위해서 인정되는 상대적인 권리로 인식되고 있다. 그래서 재산권의 사회적 구속성은 개인의 재산권의 보장과 행사에 대한 헌법상의 한계원리인 동시에 입법자의 재산권의 제한의 근거원리로서의 기능을 담당한다. 따라서 만일 재산권의 내용과 한계를 규정하는 법률의 내용이 그 재산권이 허용되는 사회적 구속성의 범위 내에서 재산권의 행사를 제한한다면 이러한 제한은 개인이 수인하여야 하는 재산권 자체의 내재적 한계에 해당하는 것으로 평가된다.

그러나 재산권의 내용과 한계를 규정하는 법률의 내용이 그 재산권이 허용되는 사회적 구속성의 한계를 넘어가는 특별한 제한을 규정하고 있다면 이는 개인이 수인하여야 하는 재산권의 내재적 한계라고 볼 수 없고 재산권에 대한 침해에 해당하므로 위헌 또는 보상의 문제가 제기되는 것이다.

다. 재산권의 침해와 보상

(1) 수용보상법률주의

(가) 개 념

헌법 제23조 제3항은 공공필요에 의한 재산권의 수용 · 사용 또는 제한 및 그에 대한 보상은 법률로써 할 것을 규정하여 수용보상법률주의[2]를 선

2) 헌법 제23조 제3항은 공용침해의 형태로 수용 · 사용과 제한을 열거하고 있으므로 침해보상법률주의라고 칭하는 것이 정확하겠지만 공용침해 중에서 수용이 가장 대표

언하고 있다. 수용보상법률주의란 재산권의 사회적 구속성을 전제로 하여 공공필요에 의한 재산권에 대한 침해를 허용하되 반드시 보상을 하여야 하고, 이러한 침해와 보상은 법률로써 하여야 한다는 원칙을 말한다. 이는 헌법상의 법치주의의 원리가 공용침해 제도에서 구체적으로 발현된 모습인 동시에 재산권의 내용과 한계의 법정주의를 규정한 동조 제1항과 표리의 관계에 있는 입법원리이다. 따라서 법률이 인정하지 아니하거나 보상이 따르지 아니하는 공용침해는 위헌적인 재산권 침해행위에 해당하므로 허용되지 아니한다.

(나) 공공필요

공공필요는 다음에서 보는 정당한 보상과 함께 공용침해를 합헌적인 재산권 침해로 평가받도록 하는 요소이다. 공공필요의 의미가 무엇인지에 대해서는 헌법 제37조 제2항의 "필요한 경우"와 동일한 의미로 이해하는 견해와 국가안전보장 · 질서유지 또는 공공복리를 위하여 필요한 경우 이외에도 국가 정책적인 고려까지도 포괄하는 개념으로 이해하는 견해 등 여러 견해가 있다.

토지보상법의 관점에서는 공공필요란 "토지보상법 제4조 각호와 동법 별표의 법률에 규정된 공익사업을 수행하기 위하여 필요한 경우"라고 할 수 있다. 즉 헌법 제23조 제3항에 규정된 공공필요의 개념은 토지보상법에서는 공익사업을 수행하기 위하여 필요한 경우로 구체화되고 있다.

(다) 공용침해의 종류

헌법 제23조 제3항은 법률에 의한 보상을 필요로 하는 공용침해의 유형으로 공용수용과 공용사용 및 공용제한을 들고 있다. 공용수용이란 공익사업을 위하여 타인의 재산권을 강제적으로 취득하는 것이고, 공용사용이

적인 유형이므로 이 책에서는 수용보상법률주의라고 부르기로 한다.

란 공익사업을 위하여 타인의 재산권에 대해서 강제적으로 사용권을 설정하는 것이며, 공용제한이란 공공필요를 위하여 타인의 재산권에 가해지는 제한이라고 설명한다. 그런데 행정법의 이론에서는 공용사용(사용제한)은 공용제한의 일종으로 파악하는 것이 일반적이다.[3] 이 경우의 공용사용은 특정한 공익사업을 위하여 재산권의 소유자가 사업시행자의 사용을 수인하여야 한다는 점에서 다른 공용제한과는 다르다고 설명한다.

(2) 정당보상주의

정당보상주의란 수용보상법률주의를 전제로 하여 보상의 내용까지 정당하여야 한다는 원칙을 말한다(헌법 제23조 제3항 후단). 따라서 정당보상주의는 공용침해의 전후를 통하여 피보상자의 재산권이 실질적으로 보장되도록 보상의 내용을 제약하는 원리라고 할 수 있다.

정당한 보상이란 무엇을 의미하느냐에 대해서는 논의가 있지만[4] 토지보상법은 정당한 보상을 구현하기 위하여 먼저 법 제61조 내지 제67조에서 보상에 관한 제 원칙을 선언하고, 제70조 내지 제79조에서 보상의 내용을 구체적으로 규정하고 있다.

2. 공용수용

가. 개 념

공용수용이란 국가 또는 지방자치단체 등의 행정주체가 법률에 근거하여 특정한 공익사업을 위하여 보상을 전제로 타인의 토지소유권 기타 재산권을 강제적으로 취득하는 것으로 공용침해의 중심이 되는 제도이다. 고속국도를 건설하거나 택지개발에 필요한 토지를 취득하기 위하여 타인

---

3) 김동희, 행정법Ⅱ(2017), 380면; 박윤흔, 최신행정법강의(하)(2004), 579면; 홍정선, 행정법원론(하)(2015), 602면.

4) 39면 이하 참조.

의 토지를 수용하는 것 등이 공용수용의 예이다.

나. 공용수용의 개념 요소

(1) 공용수용은 특정한 공익사업을 위하여 타인의 토지 기타 재산권을 취득하는 제도이다. 국가나 지방자치단체가 재정 수요를 충족하기 위하여 타인으로부터 징수하는 조세나, 범죄로 인한 이득이나 부산물이 범인에게 귀속되는 것을 박탈하기 위한 몰수 또는 추징 등은 공권력을 행사하는 목적이 공용수용과 상이하다. 토지보상법 제4조 각호와 동법 별표에 규정된 법률에는 헌법 제23조 제3항의 "공공필요"의 개념을 구체화하여 공용수용을 할 수 있는 특정한 공익사업을 열거하고 있다.

(2) 공익사업에 필요한 타인의 토지 등 재산권을 취득하는 법률적 수단으로는 타인의 자유의사에 따라 매매 등 민법상의 계약을 체결하거나 매매계약의 체결 자체를 법률적으로 강제하는 방법 외에 법률의 힘에 의하여 강제적으로 재산권을 취득하는 방법이 있다. 이 가운데서 법률의 힘에 의하여 타인의 재산권을 강제적으로 취득하는 것을 공용수용이라 하고 공용수용의 효과를 발생하는 법률상의 힘을 수용권이라고 부른다.

(3) 공용수용은 공익사업에 필요한 경우에 보상을 전제로 하기 때문에 타인 재산권에 대한 침해를 내용으로 함에도 불구하고 적법한 공권력의 행사라는 평가를 받는다. "보상은 수용의 상소(常素)지만 요소(要素)는 아니다."[5]라는 명제에서 알 수 있듯이, 원래 수용은 보상을 포함하는 개념은 아니다. 그러나 공공필요로 인하여 발생하는 손실에 대한 평등 부담의 이념과 재산권의 보장의 요청에 의하여 헌법에서 수용보상법률주의의 원칙을 규정함에 따라 양자는 불가분적으로 결합하게 된 것이다. 양자의 결합관계는 "보상이 없으면 수용도 없다."는 명제로 나타나고, 여기에 정당보

---

5) 中川善之助・兼子一 監修, 不動産法大系 Ⅶ, 土地收用・稅金(1978) 12면.

상주의의 원칙이 더해져서 법률에 근거가 없는 수용이나 정당한 보상을 수반하지 아니하는 수용은 헌법상 허용될 수 없게 된 것이다.

다. 공용수용제도의 현황

재산권보장을 우선으로 하는 자유국가의 원리에 의하면 공용수용은 재산권의 침해를 허용하는 예외적인 조치이므로 필요한 최소한도에 그쳐야 하고 부득이 인정되는 경우에도 그에 대한 보상은 완전하게 이루어질 것이 요구된다. 그러나 복지국가의 원리에서는 한정된 국토를 효율적으로 이용하여 국민 전체의 복지향상을 도모한다는 목표를 달성하기 위해서 공용침해는 예외적인 현상이 아니라 통상적인 것이라고 할 만큼 빈발하고 있다. 더욱이 토지공개념[6]에 관한 주장은 토지소유권에 대한 내재적인 제약의 관점에서가 아니라, 토지이용권에 대한 규제의 강화를 통해서 토지소유권의 개념 자체의 변화를 꾀하는 이론이라는 점에서, 토지공개념 하에서의 공용침해는 축소된 토지소유권의 일면을 보여주는 제도적 현상이라고 말할 수 있다.

이와 같이 복지국가의 원리와 표리의 관계에 있는 재산권에 대한 공공성의 확대는 필연적으로 재산권의 보장이라는 사익(私益)과의 충돌을 가져온다. 그로 인하여 사회적 갈등과 공용수용의 경제적 비용은 증대하고, 특정 지역에서의 특정 공익사업의 수행은 정파성마저 띠게 된다. 우리나라의 공용수용 제도가 처하고 있는 구체적 상황을 살펴보면 다음과 같다.

(1) 공익사업 종류의 증가

복지국가를 지향하는 우리 헌법은 모든 국민은 인간다운 생활을 할 권리를 가지고 있고, 이에 대응하여 국가는 사회보장, 사회복지의 증진에 노력할 의무가 있음을 선언하고 있다(헌법 제34조 제1항, 제2항). 국가가 이러한

---

6) 석종현, 손실보상법론(2005) 1면 이하.

공공복리 증진의무를 적극적으로 수행하기 위해서 1962. 1. 15. 법률 제965호로 토지수용법이 제정된 이후 2002. 2. 4. 법률 제6656호로 제정된 토지보상법으로 변경되면서 공익사업이 종류는 대폭 증가되었고, 2015. 12. 29. 법률 제13677호로 개정된 토지보상법에 의해서 공익사업의 종류는 다시 한 번 큰 폭으로 증가하였다. 증가된 공익사업 중에는 종전에는 반드시 공익을 목적으로 하는 사업이라고 인정하기 어려웠던 사업까지 포함함에 따라[7] 공용수용의 요건인 공익성의 개념을 완화할 수밖에 없게 되었고 나아가서 헌법상의 공공필요의 개념도 확장할 것이 요구되고 있다.

(2) 공익사업시행자의 확대

공익사업의 종류의 증가와 함께 공익사업시행자가 민간에게까지 확대되는 현상도 주목할 만하다. 즉 1994. 8. 3. 법률 제4773호로 "사회간접자본시설에 대한 민간자본유치법"이 제정되면서 사회간접자본시설에 대한 민간의 투자를 촉진함에 따라 사기업이 공익사업시행자로 되어 공용수용을 할 수 있는 길이 열리게 되었다. 위 법은 2005. 1. 27. 법률 제7386호로 "사회기반시설에 대한 민간투자법"으로 명칭이 변경되었는데, 사회기반시설사업(법 제2조 제2호, 제3호) 중에서 민간투자방식으로 수행하는 사업을 민간투자사업(민자사업)이라고 한다(동조 제5호, 제8조, 제8조의 2).

사회기반시설사업은 대부분 공익사업에 해당하여 지금까지는 국가나 지방자치단체 혹은 공기업만이 사업시행자가 될 수 있었으나 민자사업은 사기업이 공익사업의 시행자가 됨으로써 공익사업시행자 범위의 확대라는 새로운 현상을 가져오게 되었고, 국가 등은 이에 대해서 허가나 감독업무만을 담당하고 있다. 이러한 현상은 전통적인 공익사업의 수행에서는 상상하기 어려운 것으로서 공용수용과 대비하여 사적수용(私的收用)이

7) 예를 들면 물류터미널사업(물류시설의 개발 및 운영에 관한 법률 제7조), 민간임대주택건설사업(민간임대주택에 관한 특별법 제20조) 등.

라고 한다.[8)]

영리를 목적으로 설립된 사기업으로 하여금 공익사업에 대한 투자를 유도하기 위해서는 무엇보다도 수익을 보장하여 투자금을 확실하게 회수할 수 있는 방안을 마련해 주는 것이 관건이다. 이를 위하여 공익사업용지를 취득할 수 있는 권리를 부여하고, 취득한 토지상에 완성한 주택이나 건물 등을 타에 분양할 수 있도록 하며, 시설물 내에서 직접 영업활동을 하는 것을 허용하기도 한다.

(3) 사회적 갈등의 증가

공익사업의 종류가 증가하면 공익사업의 시행이 빈번해지고, 공익사업의 규모가 확대될수록 그 시행에 대한 이해관계인의 증가함에 따라 저항도 증가한다. 그러나 저항의 내용은 그 종류가 다양하다. 공익사업이 해당 지역의 주민에게 돌아가는 혜택이 큰 사업일수록 이를 서로 유치하기 위하여 지역 간의 갈등이 발생한다. 공익사업이 공해를 유발하는 혐오시설이거나 위험시설인 경우에는 이른바 님비현상에 따른 저항은 극에 달한다. 뿐만 아니라 공익사업을 통한 국토의 개발은 환경보전에 역행한다는 사고는 국제적인 호응까지 얻는 시대적 조류가 되어 개발 자체에 저항하는 사상적 근거를 제공하고 있다.[9)] 나아가서 공익사업이 시행되는 지역에 많은 토지를 보유하지 못하고 있던 사람들은 공익사업이 시행되더라도 충분한 보상을 받지 못한 채 삶의 터전만 상실하게 되므로 거주하던 토지나 개발로부터 소외된다고 말할 수 있다. 이러한 사람들의 저항은 깊고도 이념적이다. 국가나 지방자치단체가 이와 같은 여러 종류의 갈등을 완화하는 것이야말로 공익사업의 성공적인 수행에 있어서 가장 중요한 과제로 등장하고 있다.

---

8) 48면 참조.

9) 대표적으로는 환경보전의 고전으로 평가받는 인디언 추장 "시에틀"의 편지(1854년)를 들 수 있다.

(4) 보상 내용의 다양화

수용에 대한 보상이 완전하여야 한다는 요구는 재산권의 보장 및 침해에 대한 평등부담의 이념에 부합한다. 완전한 보상이란 기본적으로는 수용의 전후를 통하여 재산권에 대한 교환가치가 동일하도록 보상하는 것을 의미한다(재산권에 대한 가치보장). 이를 역으로 생각하면, 재산권에 대하여 교환가치를 완전히 보장하면 수용을 비롯한 공용침해는 합법적인 것으로 인정받는 것을 의미하는데, 이러한 인식은 산업화의 초기단계까지는 별다른 문제를 야기하지 아니하였다.

그러나 앞에서 본 바와 같이 공익사업의 시행에 대한 저항의 원인은 매우 다양하기 때문에 공용수용으로 발생한 피해자를 상대로 재산적 손실에 대한 보상만으로는 문제를 해결할 수 없다. 즉 지역이기주의에 뿌리를 둔 갈등은 공익사업 시행지구를 넘어서 해당 지방자치단체 전체에 대한 폭넓은 혜택을 부여하지 아니하면 갈등을 해소할 수 없다. 환경보전주의자들에 대한 설득은 보상으로 해결되는 것이 아니고, 합리적이고 과학적인 토론이나 검증이라는 민주적인 절차를 통한 해결 방법이 거의 유일하다. 공익사업에 따르는 개발이나 그로 인하여 삶의 터전인 토지로부터 소외된 사람들에 대한 보상은 재산권에 대한 완전한 보상과는 다른 방법에 의한 보상을 필요로 한다. 즉 이러한 사람들에 대해서는 종전의 생활상태를 회복시켜 주는 방법인 생활보상을 통하여 시민사회로 복귀하도록 도와주는 것이 가장 바람직하다. 재산권의 가치보장과 함께 지역주민 전체에 대하여 경제적, 문화적 혜택을 부여하거나 피해자의 생활상태까지 배려한다는 것은 보상의 내용이 다양해지고 보상의 대상이 확대되는 것을 의미한다.

(5) 공익사업 수행의 정치화 현상

공익사업의 성공적인 수행은 정권이나 지방자치단체장의 치적으로 평가되어 선거에 있어서 정당이나 지방자치단체의 장을 선택하는 중요한 변수로 등장함에 따라 민주정치의 기회와 위기를 동시에 불러온다. 대규모 국책사업일수록 이러한 현상은 심각하게 드러나기 마련이어서 공익사업의 시행 여부에 대한 판단의 기준은 공익성이 아니라 당리당략에 따른 정파성을 띠게 됨으로써 공익사업의 수행은 정치화한다.

한정된 자원인 국토를 효율적으로 관리하고 국민 전체의 복지향상을 위한 개발을 하기 위해서는 장기적인 안목에서 국토 전체에 대한 개발전략을 수립한 다음 그러한 틀 안에 지역 간의 균형적인 발전을 고려하여 개개의 공익사업의 수행 여부가 결정되어야 한다. 이를 위해서는 전문가들의 합리적이고 과학적인 판단이 선행되어야 하고, 민주적인 과정을 통하여 지역 주민의 정당한 요구를 반영함으로써 공익사업의 수행이 정치화하는 것을 방지하여야 한다.

Ⅱ. 수용권의 본질

1. 수용권의 귀속 주체에 관한 학설

수용권이란 공공필요에 따라 개인의 재산권에 대한 침해를 가능케 하는 법률상의 힘으로 구체적으로 말하면 공익사업을 위하여 타인의 토지소유권 기타 재산권을 강제적으로 취득하거나 사용할 수 있는 권리를 말한다. 수용권에 대해서는 그 본질이 무엇이고 귀속 주체가 누구이냐 하는 문제가 오랫동안 논의되어 왔다. 이에 대해서는 어떠한 학설을 취하느냐에 따라 사업인정, 재결신청, 재결 등의 법적 성격에 대해서 상이한 견해를 보이기 때문에 토지보상법의 이론체계를 정립함에 있어서 반드시 짚고 넘어가야 하는 근본적인 문제이다.

가. 국가수용권설

수용권은 공권력에 의하여 타인의 재산권에 대한 강제적 취득이라는 수용의 효과를 야기할 수 있는 힘을 말하는데, 이러한 힘을 가진 자는 국가 외에는 없으므로 국가만이 수용권의 주체가 될 수 있다는 입장이다. 이 설에 의하면 사업시행자는 국가에 대해서 수용권을 행사하여 줄 것을 청구할 수 있을 뿐이라고 한다.[10)]

나. 사업시행자수용권설

이 설은 수용권의 본질에 대해서, 재산권의 강제적 취득이라는 수용의 효과를 향수할 수 있는 법률상의 지위라고 규정하여 수용의 효과를 향수하는 사업시행자가 수용권의 귀속 주체라고 주장한다.[11)]

다. 결 론

수용권을 통치권과 같은 주권의 한 내용으로 보고 국가만이 수용권의 귀속 주체가 될 수 있다는 국가수용권설은 국가주권설이 수용권에 반영된 이론이다.[12)] 국민주권이 확립된 오늘날에 있어서 국가의 통치권 자체도 국민의 위임에 따라 헌법이나 법률에 근거하여 인정되는 권리라는 입장에서는 국가수용권설은 국가주권설의 역사적 흔적이라고 할 수 있다.[13)] 조세나 벌금의 부과·징수권는 달리 수용권에 대해서는 반드시 통치권 등 공권력과 결부하여 이론을 구성할 필요는 없다고 생각한다. 사견에 의하

---

10) 윤세창, 행정법(하)(1987) 343면; 이선영, 신토지수용과 보상법론(2008) 118면.

11) 김동희, 행정법Ⅱ(2017) 389면; 박균성, 행정법론(하)(2011) 443면; 박평준·박창석, 토지취득보상법(2009) 34면; 석종현, 앞의 책 333면; 홍정선, 행정법원론(하) (2015) 616면.

12) 高田賢造, 土地收用法(1965) 3면에 의하면, Grotius는 "인민의 소유권은 국가의 수용고권(eminent domain)에 종속하는 것이다. 국가와 함께 국권을 행사하는 자는 국가목적상 필요한 경우뿐만 아니라 개인을 위해서도 개인소유권의 사용·양도 혹은 훼손이 가능하다.…"라고 하여, 수용권을 주권의 속성인 국가권력으로 파악하고 국가만이 유일한 수용권자라고 주장하였다고 한다.

13) 류해웅·허강무, 신수용보상법론(2016) 146면에는 수용권의 주체에 관한 학설은 모두 수용권의 근원을 국가고권(國家高權)으로 보는 점에는 일치하고 있다고 하나, 찬성하기 어렵다.

면 수용권의 행사로 피수용자의 권리가 박탈되고 사업시행자가 해당 권리를 강제취득하는 법률효과를 발생시키는 힘은 통치권을 가진 국가의 수용의사에 기한 것이 아니라, 법률이 사업시행자의 수용권의 행사에 대하여 형성적 효력을 인정한 결과라고 본다. 수용권은 국가가 사업인정이라는 처분을 함에 따라 법률의 규정에 의해서 사업시행자가 취득하는 권리로서, 사업시행자는 재결절차에서 이를 행사하고, 보상을 함으로써 수용의 법률적 효과를 향수하게 된다. 이러한 이유에서 사업시행자수용권설이 옳다.

2. 수용권의 법적 성격

가. 재산권의 강제취득권

수용권은 피수용자의 의사에 관계없이 그의 재산권을 강제적으로 취득할 수 있는 권리이다. 구 농지개혁법 제5조 제2호에 따라 국가가 농지소유자로부터 자경농지가 아닌 농지 등을 강제로 매수하는 경우에 인정되는 강제매매는 법률이 매매계약의 체결을 강제하는 것으로, 국가가 일방적인 의사로써 농지소유권을 박탈하는 것이 아니라는 점에서 수용과 법률적 성격이 상이하다. 농지의 강제매매는 쌍무계약으로서의 성격을 구비하고 있기 때문에 매매대금은 농지소유권의 이전에 대한 대가가 된다.

그러나 수용권은 보상을 전제로 타인의 재산권을 취득하는 효과가 발생하는 권리로서 이 때의 보상은 쌍무계약인 매매에서 매매대금과 같이 소유권이전과 대가관계에 있는 반대급부가 아니다. 보상은 공익사업을 수행하는데 필요한 토지 기타 재산권을 보유한 자가 입은 특별한 희생에 대해서 전체적인 평등 부담의 이념에 따라 사업시행자가 행하는 손실의 전보로 파악하고 있다.

나. 형 성 권

수용권은 사업시행자의 일방적 의사표시로써 피수용자는 재산권을 상실하고 사업시행자는 해당 재산권을 취득하는 권리관계의 변동을 초래하는 권리로서 형성권의 일종이다.

(1) 형성권은 권리자의 의사표시만으로써 바로 권리관계가 변동하는 권리와 법원의 판결에 의하여 비로소 권리관계가 변동하는 권리로 나눌 수 있다. 수용권은 사업시행자가 재결절차를 통하여 행사하고 토지수용위원회의 재결에 따른 보상금을 지급함으로써 수용의 효과가 발생한다는 점에서 법원의 판결에 의해서 권리관계가 변동하는 채권자취소권(민법 제404조)이나 재판상이혼권(민법 제840조)과 유사한 형성권이라 할 수 있다. 다만 헌법은 수용의 효력발생을 보상과 결합함으로써 수용권의 형성적 효력의 발생에 특별한 제약을 가하고 있지만 이를 이유로 수용권의 형성권적 성격을 부인하기는 어렵다고 생각한다.

재산권을 강제 취득할 수 있는 수용권의 형성력의 근원이 국가의 수용의사가 아니라 법률에 있다는 점을 염두에 둔다면, 국가수용권설의 입장은 마치 재판상이혼권의 귀속 주체가 부부 중의 어느 일방이 아니라 국가라는 주장과 마찬가지로 불합리한 주장이라 할 수 있다.

(2) 도시 및 주거환경정비법 제64조 제4항에 의하면 사업시행자는 조합설립 또는 사업시행자 지정에 동의하지 아니한 자에 대해서 토지나 건물 등을 매도할 것을 청구할 수 있는 것으로 규정하고 있다.[14] 이 매도청구권은 형성권의 일종으로[15] 사업시행자가 동 권리를 행사하면 상대방과의 사이에서 시가에 의한 매매계약이 성립하고 사업시행자는 상대방에 대해서 바로 해당 토지나 건물 등에 대해서 소유권이전등기를 청구할 수 있게 된다.

그러나 수용권의 행사의 법률적 효과는 피수용토지 기타 재산권에 대해

14) 집합건물의 소유와 관리에 관한 법률 제48조 제4항에도 재건축집회 소집자에게 매도청구권을 인정하고 있다.

15) 대판 2002.9.24. 2000다22812.

서 소유권이전등기를 청구할 수 있는 권리를 취득하는 것이 아니라 보상금을 지급하면 곧바로 피수용토지 등에 대한 소유권을 취득한다는 점에서 매도청구권과 차이가 있다.

이와 같이 양자는 재산권을 취득하는 법률적 방법은 달리하지만, 공익사업에 필요한 토지에 대해서 소유자의 의사에도 불구하고 권리취득의 법률효과를 발생하게 하는 형성권이라는 점에서 본질적으로 동일하다.

다. 원시취득

수용권의 행사로 인한 소유권의 취득은 원시취득이다. 타인의 권리를 전제로 하지 아니하고 이 세상에 존재하지 아니하던 새로운 권리를 취득하는 것이 원시취득이다. 사업시행자는 수용의 목적물에 존재하던 종전의 권리가 전부 소멸되어 아무런 법률적 제약이 없는 완전한 소유권을 취득하게 된다. 수용에 대해서 소유권의 원시취득이라는 효과를 부여한 이유는, 수용은 목적물에 존재하던 종전의 권리상태와는 무관하게 법률에 의하여 재산권을 강제로 취득하는 제도로서 공익사업을 온전하게 수행하기 위해서는 아무런 장애가 없는 완전무결한 상태로 소유권을 취득할 필요가 있기 때문이다. 사업시행자는 수용에 의하여 소유권을 원시취득하기 때문에 수용의 목적물에 존재하던 종전의 권리자에 대한 보호가 중요한 과제로 등장한다.

Ⅲ. 재산권의 내재적 제약과 공용수용

1. 문제의 소재

가. 독일기본법 제14조 제1항은 재산권과 상속권 보장의 원칙 및 재산권 내용과 한계의 법정주의, 제2항은 소유권의 의무성과 행사의 공공복리 적합의무, 제3항은 공용수용 및 보상의 법률주의 등을 천명하고 있다. 이러

한 독일기본법 제14조의 기본 골격은 우리 헌법 제23조와 유사한데 다만 공용침해 중에서 공용수용에 대해서만 법률에 의하여 보상할 것으로 규정하고 있다는 점에서 우리 헌법과 차이가 있다. 이와 같이 공용침해 중 공용제한에 대해서는 보상한다는 규정이 없는 독일기본법 체계 하에서는 재산권을 제한하는 법률에 보상에 관한 규정이 없는 경우에, 그러한 법률은 재산권에 내재하는 사회적 제약을 규정한 것인지, 아니면 공용수용(공용제한)을 규정한 것인지 여부를 판별하여야 동 법률의 위헌성 여부를 판단할 수 있게 된다.

나. 독일기본법과는 달리 우리 헌법에서는 공용수용과 공용사용 및 공용제한에 대해서 보상하여야 한다고 명문으로 규정하고 있다. 그러나 토지보상법에서는 이 중에서 공용수용과 공용사용에 대해서는 보상을 하여야 한다는 규정을 두고 있지만 공용사용에 해당하지 아니하는 나머지 공용제한에 대해서는 보상규정이 없다. 다만 토지보상법 시행규칙 제23조 제1항에서는 공법상 제한을 받는 토지에 대한 평가방법을, 제2항에서는 공익사업을 직접 목적으로 용도지역 또는 용도지구가 변경된 토지에 대한 평가방법을 각각 규정하고 있을 뿐이다.

한편 2000. 1. 18. 법률 제6241호로 제정되고 2020. 6. 9. 법률 제17453호로 개정된 개발제한구역의 지정 및 관리에 관한 특별조치법(개발제한구역법)과 토지보상법의 별표에 규정된 법률에는 공법상 제한에 관한 규정을 두고 있다. 이 중 개발제한구역법에서는 공법상 제한을 받는 토지인 경우에는 토지소유자의 매수청구권만 인정하고 손실보상은 인정하지 아니한다. 뒤에서 살펴보는 바와 같이 토지보상법 별표에 규정된 법률에서도 공법상 제한에 대해서는 손실보상을 인정하지 아니하고 있다.[16]

이와 같이 헌법에서는 공용제한에 대해서 보상할 것을 규정하고 있지만

16) 335면 이하 참조.

하위 법률에서 규정하는 공법상 제한에는 보상 규정이 없다는 것은 무엇을 의미하는가? 이는 지금까지 공법상 제한으로 불리는 것 중에서 보상규정이 없는 것은 공용제한이 아니라 재산권에 내재하는 사회적 제약에 불과하다는 것을 의미한다. 따라서 우리나라의 경우는 독일과는 달리 공용수용 중에서 공용제한은 공법상 제한, 즉 재산권의 내재적 제약과 확연히 구분된다고 할 수 있다. 다만 재산권의 내재적 제약과 공용수용의 구별을 둘러싸고 전개된 독일의 이론은 양자의 본질을 이해하는데 도움을 주고, 재산권의 내재적 제약을 초과하는 침해에 대해서는 어떻게 대처할 것인지에 대해서 시사하는 바가 크기 때문에 이에 대해서 살펴보기로 한다.

종래 독일에서는 기본법 제14조에서 규정하고 있는 재산권의 내재적 제약과 공용수용의 개념을 어떻게 파악하고 양자의 관계는 어떠한지 등에 관해서 입장이 판이한 두 가지의 이론이 대립하고 있다.[17)]

2. 종래의 이론 - 경계이론

경계이론에 의하면, 재산권은 그 내용과 한계가 법률로 정하여지고 그 행사는 공공복리에 적합하여야 하므로 이러한 제한은 재산권에 내재하는 사회적 제약에 해당하고, 이러한 사회적 제약을 초과하는 침해가 발생하는 경우(즉 공용수용)에는 법률에 따라 정당한 보상을 해야 하는 것으로 이해한다. 따라서 기본법 제14조 제3항(우리 헌법 제23조 제3항)은 제1항 제2문 및 제2항(우리 헌법 제23조 제1항 제2문, 제2항)과 같이 재산권에 대한 제한이라는 점에서 본질적으로 동일한 규범이되 제한의 정도가 다를 뿐이라고 한다. 즉 재산권에 대한 제한의 정도가 이른바 "특별한 희생"에 이르지 아니한 제한은 기본법 제14조 제1항 제2문의 재산권의 내용과 한계규정, 다

17) 이하의 학설 내용에 대한 설명은 정하중, "헌법상의 재산권보장체계에 있어서 경계이론과 분리이론", 서강법학연구 제5권(2003. 5.) 57-86면.

시 말해서 재산권에 내재하는 사회적 제약에 해당하는 것으로 보아 보상이 불필요하고, 특별한 희생에 해당하는 제한은 제14조 제3항의 공용수용에 해당하여 보상이 필요하다고 설명한다. 그러므로 "특별한 희생"이란 재산권의 내재적 제약과 보상이 필요한 공용수용을 구분하는 경계에 위치하는 개념적 징표이고, 재산권의 내재적 제약이 특별한 희생을 초래하게 되면 공용수용으로 전환하게 되는 것으로 이해한다. 이런 이유로 경계이론을 전환이론이라 부르기도 한다.

3. 새로운 이론 - 분리이론

독일 연방헌법재판소는 1981. 7. 15. 자갈채취 사건의 결정에서 연방최고법원과는 달리, 기본법 제14조 제1항 제2문(재산권의 내용과 한계) 및 제2항(공공복리 적합성)은 제3항(공용수용)과는 전혀 다른 기능을 수행하는 제도로서, 재산권의 사회적 제약을 초과하는 내용을 담고 있는 법률의 규정일지라도 공용수용으로 전환되지 않고 그대로 위헌적인 재산권의 내용과 한계 규정으로 남는다는 입장을 밝혔다.

이를 분리이론이라고 하는데 동 이론에 의하면 재산권의 내용과 한계규정은 "입법자에 의해서 헌법상 재산권으로 이해되어야 하는 법익으로 판단된 권리와 의무에 대한 일반적이고 추상적인 규정"이고, 규정의 목적은 "재산권의 내용을 법률의 효력 발생에 따라 장래를 향하여 일반적 형태로 형성하고 확정하기 위한 것"으로 이해한다.

이와 대립하여 공용수용의 본질적 징표는 "개인의 재산권에 대한 국가적 침해로서, 그 목적은 기본법 제14조 제1항에 의해서 보장된 구체적, 주관적 법적 지위의 완전한 또는 부분적 박탈에 있다."고 본다. 다시 말해서 재산권의 내용과 한계규정은 재산권의 내용을 확정하는 일반적, 추상적 규정이고, 공용수용은 개별적, 구체적으로 재산권자로서의 법적 지위를 박탈하는 규정이라는 것이다. 그러므로 재산권에 대한 제한이 재산권의 사회적 제약이냐 공용수용이냐를 구별하는 기준은 제한의 형식과 목적에 있는 것이지, 재산권 제한의 정도에 있는 것은 아니라고 본다.

4. 재산권의 내재적 제약과 공용수용의 구별에 관한 학설

위에서 살펴본 분리이론에 의하더라도 재산권의 내재적 제약과 공용수용을 구별하는 구체적인 기준은 종래의 경계이론 하에서 제시된 여러 가지 학설에 의해서 판단할 수밖에 없다는데 분리이론의 한계가 있다. 양자의 구별 기준에 관해서는 다음과 같은 학설이 있다.[18]

가. 형 식 설

이 설은 평등원칙을 형식적으로 해석하여, 재산권의 침해를 받는 자가 특정되어 있는가 여부에 따라 재산권의 내재적 제약과 보상을 요하는 제한행위를 구별하려는 입장이다.

(1) 개별행위설

바이마르헌법 하에서 판례상 정립된 견해로, 공권력 주체가 공익을 위하여 개별행위에 의하여 특정인에게 특별한 손실을 가한 경우는 보상을 요하는 재산권의 제한으로 보는 것이다.

(2) 특별희생설

연방사법재판소(BGH)가 위의 개별행위설을 계승 · 발전시켜 정립한 견해이다. 이 설은 '공익을 위하여 특정인 또는 특정 다수인에 대하여 다른 사람에게는 요구되지 않는 희생을 불평등하게 부과하게 되는 경우, 그러한 재산권의 침해 · 제한행위'를 보상을 요하는 공용수용행위로 본다.

---

18) 김동희, 행정법 I (2017) 607면 이하.

나. 실 질 설

실질설은 재산권의 내재적 제약과 그 계약을 넘어서서 보상을 요하는 제한의 구별을 당해 제한의 성질 · 정도를 기준으로 하여 결정하여야 한다는 입장이다. 실질설에 속하는 대표적인 학설로서는 다음의 몇 가지를 들 수 있다.

(1) 보호가치성설

이 설은 개인의 재산권 중 보호할 가치가 있는 부분에 대한 제한은 보상하여야 한다는 내용이다.

(2) 수인기대가능성설

이 설은 재산권의 제한이 보상을 요하는가 문제는 그 침해행위의 내용 · 정도에 따라 그 침해가 보상 없이도 수인될 것으로 기대할 수 있는 것인지 여부에 의하여 결정되어야 한다고 본다.

(3) 사적효용설

이 설은 재산권의 박탈 또는 당해 재산권의 경제적 형성권의 제한과 같이 당해 재산권의 본래적 효용이 본질적으로 침해되는 경우에는 보상을 요하는 특별한 희생에 해당한다고 설명한다.

(4) 목적위배설

이 설은 공익적 관점에서 개인의 재산권에 종래와는 다른 목적을 부여하기 위하여 그 본래적 기능을 박탈하는 경우(예컨대 도로건설을 위한 농지수용)에는, 당사가 개인으로서는 귀책사유 없이 당해 재산권의 본래적 기능이 침해되고 있는 것이므로 그로 인한 손실이 보상되어야 한다고 보는 것이다. 같은 재산권에 대한 제한이 종래부터 인정되어 온 이용 목적이나 기능에 위배되는 것인가 아닌가를 기준으로 사회적 제약과 특별한 희생을 구별하는 입장으로 독일에서의 지배적 견해이다. 이 견해에 의하면 물가안정을 위한 공정가격결정이나 주택난 해결을 위한 임대강제는 재산권의 본래적인 기능을 발휘하게 하는 것이므로 보상을 요하지 않는다고 한다.

다. 결 론

우리나라 학자들은 위 학설이 모두 일면적 타당성만 지니고 있어서 하나의 학설로는 완전한 구별기준을 제시할 수 없다고 보고 제 학설을 종합·절충하여 특별한 희생에 해당하는지 여부를 구체적 개별적으로 결정하는 절충설을 취하고 있다. 그리하여 재산권의 제한을 특정인의 부담으로 방치하는 것이 정의, 공평의 원칙에 반하는 것인 경우, 재산권에 대한 제한행위가 해당 재산권에 대하여 종래부터 인정되어 온 목적에 위배되는 경우, 토지의 위치에 따라 그 현재 상태의 이용을 고정하는 것을 내용으로 하는 제한이 아닌 경우 등은 특별한 희생에 해당하여 보상을 필요로 한다고 설명한다.[19)]

앞에서 살펴본 학설들은 근본적으로 경계이론의 전제 하에서 재산권의 내재적 제약과 공용수용의 경계에 있는 개념인 특별한 희생의 기준은 무엇인가에 관한 이론이다. 우리나라는 개발제한구역법상 공법상 제한에 대해서는 보상하지 아니하고, 보상을 요하는 공용수용과 공용사용 및 공용제한은 토지보상법 제4조와 동법 별표상의 법률 및 동법 시행규칙 제23조 제1항과 제2항 등에서 규정하고 있다. 즉 재산권에 대한 내재적 제약을 넘어서서 특별한 희생에 해당하는 침해행위가 있더라도 그것이 토지보상법 제4조나 별표상의 법률에 규정된 공익사업으로 인하여 발생한 것이 아니면 공용수용(공용제한)으로 전환되는 것이 아니라 보상을 필요로 하는

19) 김동희, 행정법 I (2017) 608면; 박균성, 행정법론(상)(2011) 844면; 석종현, 앞의 책 114면; 홍정선, 행정법원론(상)(2015) 790면.

재산권의 본질적 침해를 의미할 뿐이다. 이런 점에서 재산권의 내용과 한계규정 즉 보상을 요하는 공법상 제한과 공용제한을 엄격히 구분하는 분리이론이 우리 토지보상법이나 별표상의 법률 등의 해석과 부합하는 것으로 보인다. 그렇다면 위 학설들은 우리나라에 있어서는 보상을 필요로 하지 아니하는 재산권의 내재적 제약과 보상을 필요로 하는 재산권의 본질적 침해를 구분하는 기준에 관한 이론으로서의 의미가 있다고 할 수 있다.

5. 판 례

가. 대 법 원

도시계획법상 개발제한구역의 지정에 대해서 도시계획법 제21조의 규정에서 보상규정을 두지 아니한 것이나,[20] 군사시설보호법에 규정된 군사시설 보호구역의 지정,[21] 도시공원법에 규정된 공원시설 사업자 지정 및 실시계획의 인가,[22] 국토이용계획법에 규정된 국토이용계획의 결정 및 변경의 제한[23] 등에 대해서 각각 관련 법률에서 보상규정을 두지 아니한 것은 그러한 제한으로 인하여 토지소유자가 입게 되는 불이익은 공공의 복리를 위하여 감수하지 아니하면 안될 정도의 것이므로 위헌이 아니라고 판단하였다.

나. 헌법재판소

위 대법원의 입장과는 달리 헌법재판소는 1998. 12. 24. 선고 89헌마214 등 사건에 대해서 도시계획법(1971. 1. 19. 법률 제2291호로 제정되어 1972. 12. 30. 법률 제2435호로 개정된 것) 제21조의 위헌 여부에 대해서

20) 대판 1990.5.8. 89부2.
21) 대판 1992.11.24. 92부14.
22) 대판 1994.5.10. 93도2397.
23) 대판 1995.4.28. 95누627.

다수의견으로 헌법불합치결정을 하였다.

헌법불합치 결정의 요지는 개발제한구역 지정으로 인하여 토지를 종래의 목적으로도 사용할 수 없거나 또는 더 이상 법적으로 허용된 토지이용의 방법이 없기 때문에 실질적으로 토지의 사용·수익의 길이 없는 경우에는 토지소유자가 수인해야 하는 사회적 제약의 한계를 넘는 것으로 보아야 한다는 것이다.

이러한 헌법재판소의 입장은 기본적으로 분리이론에 입각한 것이지만, 다른 한편으로는 "이 사건 법률조항은 오로지 보상규정의 결여라는 이유 때문에 헌법에 합치되지 아니한다는 평가를 받는 것이므로, 이 사건 청구인들을 포함한 모든 토지소유자가 토지재산권의 사회적 한계를 넘는 가혹한 부담을 받은 경우에 한하여 보상입법을 기다려 그에 따른 권리행사를 할 수 있음은 별론으로 하고, 이 사건 결정에 근거하여 이 사건 법률조항에 의한 개발제한구역의 지정이나 그에 따른 토지재산권의 제한 그 자체의 효력을 다투거나 이 사건 법률조항에 위반하여 행하여진 자신들의 행위의 정당성을 주장할 수는 없다."고 함으로써 분리이론과는 다른 견해를 보여주고 있다.

제 2 절 손실보상

I. 행정상 손실보상의 의의

1. 개 념

행정상 손실보상이란 공공필요에 의한 적법한 공권력의 행사에 의하여 개인의 재산에 가하여진 특별한 손해에 대하여 전체적인 평등부담의 견지에서 행하여지는 조절적인 보상을 말한다. 국가가 공공필요에 의해서 개인의 재산권을 수용, 사용 또는 제한의 방법으로 침해하는 행위에 대해서 보상을 하는 것은 사유재산권을 보장하는 근대 입헌주의헌법 하에서는 당연한 것으로 생각하고 있다. 우리 헌법 역시 제23조 제3항에서 공공필요에 의한 재산권의 수용·사용 또는 제한 및 그에 대한 보상은 법률로서 하되 정당한 보상을 지급하여야 한다고 규정하여 공용침해에 대해서는 보상을 하여야 한다는 입헌주의헌법의 원칙에 입각하고 있다.

2. 개념 요소

가. 행정상 손실보상은 적법한 공권력의 행사로 발생한 재산적인 침해에 대한 보상이다. 이에 반해서 행정상 손해배상은 위법한 공권력의 행사로 발생한 손해에 대한 배상이라는 점에서 행정상 손실보상과는 개념상 구별된다. 행정상 손해배상에 관한 일반법으로 국가배상법이 있다.

그런데 국민의 복지 향상을 위하여 대규모의 공공사업을 적극적으로 수행하는 현대국가에서는 공공시설을 건설 또는 운영하는 과정에서 개인의 재산권을 침해하는 경우가 빈번하게 발생한다. 이러한 경우에 침해행위가 위법한지 여부, 과실의 유무, 침해행위와 손해의 발생 간에 인과관계의 유무 등이 명확하지 아니한 경우가 허다하고, 손실보상과 손해배상 중 어느 쪽에 해당하는지 분별하기도 쉽지 아니하다. 이러한 침해행위로 인하여 발생한 피해를 전보하기 위하여 어떻게 이론 구성을 하고 어떤 절차를 거쳐야 하느냐가 행정상 손해전보제도의 미해결의 과제로 남아있다.

나. 행정상 손실보상은 공공필요에 의하여 발생한 손실에 대한 전보라는 점에서 사법상의 손실보상과 구분되는 "행정상" 손실보상제도이다.

사법상의 손실보상에 관한 규정으로는 민법의 상린관계에 관한 규정 중에 나타나고 있다. 즉 수도 등 시설권자(민법 제218조 제1항), 주위토지통행권자(제219조 제2항), 여수소통권자(226조 제2항), 여수급수청구권자(228조 제2

항) 등이 토지소유자에 대하여 행하는 손실보상은 공권력 작용에 따라 발생한 손실보상이 아니라, 이웃한 토지소유자들 사이의 토지이용관계를 조절하기 위한 보상이라는 점에서 행정상 손실보상과 구분된다.

그러나 뒤에서 살펴보는 바와 같이[24] 판례는 공공사업의 시행으로 인하여 공익사업 시행지구 밖에서 발생한 사업손실(간접손실) 중에서 구 공공용지의 취득 및 보상에 관한 특례법(공특법)에 규정이 없는 손실에 대한 보상의 성격은 민사상 손실보상이라는 입장을 취하고 있다.

다. 행정상 손실보상은 공권력적 작용에 따른 침해에 대한 보상이다. 여기서 공권력적 작용이란 헌법 제23조 제3항에 규정된 공공필요에 의한 재산권의 수용 · 사용 또는 제한을 의미하고, "공공필요"의 개념은 토지보상법 제4조 각호와 별표상의 법률에 열거된 공익사업의 종류로 구체화되고 있다.

라. 행정상 손실보상은 공용침해와 대가관계에 있는 반대급부가 아니라, 공용침해로 인하여 피해자가 입은 특별한 희생에 전체적인 평등부담의 견지에서 행하여지는 조절적 보상이다. 따라서 보상이 없는 경우에 피해자에게 공용침해를 거부할 수 있는 권리가 인정되지 아니하고, 수용재결의 효력 자체가 부인됨으로써(토지보상법 제42조 제1항) 수용의 효력이 발생하지 아니하는 것은 헌법 제23조 제3항의 해석으로부터 도출된다. 이러한 점에서 손실보상은 공용침해 행위의 합헌성을 담보할 뿐만 아니라 그 유효성의 요건이기도 하다.

마. 행정상 손실보상은 기본적으로 헌법 제23조 제1항에 규정된 재산권에 대한 보상을 내용으로 한다. 여기서 재산권이란 재산적 가치가 있는 권리나 이익을 포함하는 전통적인 의미의 재산권만을 의미한다. 그런데 현

---

24) 383면.

대 복지국가의 이념에 따라 국민의 생활권을 보호하는 것도 국가의 책무라고 인식되자 공용침해로 인하여 종전부터 누려온 생활상의 이익이 침해된 경우에는 이에 대해서도 보상하는 것도 당연한 것으로 인정되었다. 이와 같이 전통적인 재산권에 대한 보상에서 더 나아가서 생활권 내지 생활이익까지 보상함으로써 보상 대상이 확대되는 현상은 행정상 손실보상 제도의 변화 중의 하나로 받아들여지고 있다.

Ⅱ. 손실보상의 근거

손실보상의 근거에 대해서는 단일한 사상이나 이론에서 찾기보다는 다음에서 보는 사상과 이론을 종합하여 설명하는 것이 일반적이다.

1. 재산권의 신성불가침

공공필요에 의한 재산권의 침해에 대해서 보상을 하여야 한다는 사고는 근대입헌주의 헌법 하에서 재산권은 신성불가침한 권리라는 사상이 대두함에 따라 당연한 것으로 인식되었다. 즉 프랑스혁명기인 1789. 8. 26. 국민의회에서 통과된 인권선언 제17조에서 "소유권은 침해할 수 없는 신성한 권리이므로 누구든지 법률이 인정하는 공공의 필요가 명백하게 요구하는 경우에, 또한 미리 정당한 보상을 지불하는 조건이 아니라면 그 소유권을 침해할 수 없다."라고 규정함에 따라 손실보상은 입헌주의헌법 하에서 특히 토지소유권에 대한 불가침해성으로부터 당연히 도출되는 원리로 인식하게 되었다.

2. 공적(公的) 부담 앞의 평등

역사적으로 보면 손실보상은 반드시 사유재산제도를 전제로 성립한 제도는 아니다. 사유재산제도가 인정되지 아니하던 절대군주국가나 봉건국가에서도 제한된 범위의 손실보상은 인정되고 있었다.[25] 이러한 국가체제 하에서의 손실보상의 근거에 대해서는 절대군주의 은혜라거나 봉토(封土)에 예속된 봉민(封民)의 경작권이라는 일종의 자연권적인 기득권에 대한 보상으로 설명되었다. 그 후 프랑스 인권선언 제13조에서 "공권력을 유지하고 행정의 비용을 충당하기 위하여 공적(公的) 부담(une contribution commune)은 필수불가결하다. 이러한 비용은 모든 시민에게 그의 재산의 비율에 따라 공평하게 분담되어야 한다."라고 천명한 후에는 손실보상은 신성불가침한 재산권의 보장을 전제로 하여, 공적 부담의 평등이라는 이념을 실현하는 제도로 인식하게 되었다.

3. 특별희생설

위 프랑스 인권선언 제13조에 규정된 "공적(公的) 부담"은 그 내용으로 보면 "조세"라는 의미에 더 가깝다. 공동체 유지에 필수불가결한 비용을 공평하게 분담하는 조세와는 달리, 공공필요에 의해서 개인에게 가해진 손실은 공동체 전체를 위하여 개인이 입은 특별한 희생이라고 할 수 있다. 이러한 특별한 희생은 원래 공동체 전체가 분담하였어야 할 것이므로, 이에 대해서 보상하는 것은 공평의 이념에 합치된다고 보는 것이 특별희생설의 골자이다.[26]

특별한 희생이 무엇인지에 대해서는 경계이론의 입장에서 재산권에 대한 내재적 한계를 넘어서는 희생이라고 설명하고 있는바, 이는 결국 특별한 희생 다시 말해서 공용수용과 재산권의 내재적 한계의 구별기준은 무엇이냐의 문제로 귀착된다. 이에 대해서는 형식적 기준설과 실질적 기준설의 대립이 있음은 앞에서 살펴본 바와 같다.

---

25) 中川善之助 · 兼子一, 앞의 책 174면.
26) 김동희, 행정법 I (2017) 605면.

Ⅲ. 손실보상에 관한 헌법규정의 효력

1. 문제의 소재

헌법 제23조 제3항은 “공공필요에 의한 재산권의 수용, 사용 또는 제한 및 그 보상에 대해서는 법률로써 하되 정당한 보상을 지급하여야 한다.”고 규정하고 있다. 따라서 법률상의 근거가 없거나 보상이 미흡한 공용침해는 위헌적인 침해행위에 해당한다. 이러한 경우에 공용침해로 인하여 특별한 희생을 입은 개인은 위 헌법규정을 근거로 직접 정당한 보상을 청구할 수 있느냐 라는 의문이 제기된다. 이는 위 헌법규정의 규범적 효력에 관한 문제로 지금까지도 헌법학자들 간에 논의가 분분한 상태이다.

2. 학 설

가. 방침규정설(입법지침설)

이 설은 손실보상에 관한 헌법의 규정은 입법의 방침을 규정한 것에 불과하므로 입법자는 재산권에 대한 침해를 당한 자에 대하여 보상을 할 것인지 여부를 자유롭게 정할 수 있다는 입장이다.

나. 입법자에 대한 직접효력규정설(위헌무효설)[27]

이 설은 수용보상법률주의나 정당보상주의를 규정한 헌법의 규정은 수용과 보상을 규정하는 법률을 제정하는 입법자에 대해서 직접적인 효력을 가진다는 주장이다. 즉 입법자가 수용을 규정하는 법률을 제정하는 경우에 정당한 보상에 관한 규정을 두지 않으면 그 법률은 위헌무효가 되므로, 헌법의 규정은 입법자로 하여금 보상규정을 두도록 구속하는 효력을 가지고 있다는 입장이다. 따라서 이 설에 의하면 수용으로 인하여 재산권을 침

---

27) 박윤흔, 행정법강의(상)(2004) 754면; 류해웅 · 허강무, 앞의 책 77면.

해당한 국민은 위 규정을 근거로 바로 보상을 청구할 수는 없고, 위헌무효의 법률에 기한 공용침해의 처분은 취소할 수 있는 처분에 해당하는 것으로 보아(이른바 중대명백설의 입장) 피해자는 위법한 처분에 대한 취소소송을 제기할 수 있으며, 그러한 처분으로 인하여 손해가 발생한 경우에는 피해자는 처분의 위법성과 처분을 한 공무원의 고의 또는 과실을 입증하여 손해배상을 청구할 수 있다고 한다.

다. 국민에 대한 직접효력규정설[28]

이 설은 헌법상의 보상규정은 국민에 대해서 직접 손실보상청구권을 인정하는 규범적 효력을 가지고 있으므로, 재산권을 침해당한 국민은 수용과 보상에 관한 법률이 없는 경우에도 헌법의 규정을 근거로 바로 손실보상을 청구할 수 있다는 입장이다. 따라서 공용침해를 규정한 법률이 보상규정을 두고 있지 않더라도 위헌의 문제는 발생하지 않는다고 보는 것이 이 설의 논리적 귀결이 된다.

라. 유추적용설(간접효력규정설)[29]

이 설은 법률이 재산권에 대한 침해를 규정하면서도 보상규정을 두지 않는 경우에는 헌법 제23조 제1항과 제11조(평등원칙) 및 제23조 제3항 기타 관련 헌법규정을 유추하여 보상청구권을 도출할 수 있다고 보는 견해이다.

이 설에 의하면 헌법 제23조 제3항은 공용침해를 당한 피해자에게 직접 손실보상청구권을 인정하는 규정이 아니고, 관련 규정에 대한 유추해석을 통하여 손실보상청구권을 인정할 수 있다고 주장한다. 따라서 헌법 제23조 제3항의 규범적 효력의 유무라는 관점에서 본다면 이 설에 대해서는

28) 박균성, 행정법론(상)(2011) 836면.
29) 홍정선, 행정법원론(상)(2015) 822면.

유추적용설이라기 보다는 간접효력규정설이라고 부르는 것이 정확하다.

이 설은 적법한 공용침해에 대하여 보상을 한다면 위법한 공용침해에 대하여 보상을 하는 것은 당연하다는 희생보상의 원리를 사상적 기초로 하여 독일 연방최고법원의 판례를 통하여 형성된 수용유사침해의 법리를 이론적 기초로 하고 있다. 즉 보상규정이 없는 법률에 의한 재산권의 침해가 보상을 요하는 특별한 희생에 해당하는 경우에는 "수용유사의 침해"로 인정하여 보상을 하여야 한다는 것이다. 여기서 말하는 수용유사 침해행위란 "그것이 위법한 것이기는 하나, 만일 적법했더라면 그 내용 및 효과에 있어 수용에 해당했을 것이고, 그것이 사실상 관계인에 특별한 희생을 부여하는 행위"를 말한다. 따라서 이 설에 의하면 보상규정이 없는 법률에 대해서도 위헌의 문제는 발생하지 않게 된다.

3. 판 례

가. 대법원 1972. 11. 28. 선고 72다1597 판결

이 판결은 1962. 11. 26. 5차 개정 헌법(제3공화국)하의 판결로서, 그 내용은 토지구획정리사업으로 종전 토지에 대한 소유권을 상실한 피해자에 대해서 환지교부도 하지 아니하고 손실보상도 하지 아니한 경우에는, 보상을 하여야 한다는 규정이 토지구획정리사업법에 없다 할지라도 법리상 손실을 보상하여야 한다는 것이다. 그러나 동 판결이 직접효력규정설을 채택한 것인지 아니면 유추적용설을 채택한 것인지 여부는 분명치 아니하다.

나. 대법원 1976. 10. 12. 선고 76다1443 판결

이 판결은 1972. 12. 27. 6차 개정된 소위 유신헌법 하의 판결로서 그 내용은, "적어도 개정 헌법 시행 후에 있어서는 개정 전 헌법 제20조 제3

항과는 달리 손실보상을 청구하려면 그 손실보상의 기준과 방법을 정한 법률에 의해서만 가능하다."고 하여 유신헌법의 해석상 법률에 손실보상에 관한 규정이 없으면 보상을 할 수 없다는 취지를 밝힌 것이다.

다. 대법원 1975. 4. 22. 선고 74다1548 판결

이 판결은 토지구획정리사업에 따라 사실상 도로로 된 기지의 소유자에게 동법의 해석상 지급하기로 되어 있는 청산금을 지급하지 않고 환지도 하지 아니한 경우에, 이는 불법행위에 해당하므로 손해배상을 인정하여야 한다는 취지이다. 이 판결이 위에서 본 대법원 1972. 11. 28. 선고 72다1597 판결과 상이한 점은, 유신헌법의 해석상 법률에 손실보상에 관한 규정이 없으면 보상을 할 수 없다는 것을 전제로 하되 손해배상의 방법을 통하여 국민의 재산권을 보호하겠다는 취지를 포함하고 있다는 점이다. 따라서 이 판례는 공용침해는 있으나 해당 법률에 손실보상의 규정이 없는 경우에도 동 법률은 위헌무효로 되는 것이 아니고, 토지소유자는 손해배상청구를 통하여 재산권에 대하여 보호를 받을 수 있다는 견해에 입각하고 있어서 위헌무효설과는 다른 입장을 보이고 있다.

라. 대법원 1985. 11. 12. 선고 84카36 판결

이 판결은 1980. 10. 20. 8차 개정된 제5공화국 헌법 하에서 사유지이던 하천의 제방 밖의 토지(제외지)를 국유화함에 있어서 하천법에는 보상규정이 없는 경우에 보상을 할 수 있는지 여부에 관한 것이다. 이 문제에 대해서 위 판결은 "(하천법) 제74조, 제75조의 손실보상 요건에 관한 규정은 보상사유를 제한적으로 열거한 것이라기보다는 예시적으로 열거한 것이고 따라서 위에서 본 제외지의 국유화와 같이 직접적인 보상규정이 없는 경우라 하더라도 위 제74조, 제75조의 규정을 유추하여 그 손실에 대한 보상을 행하여야 하는 것으로 해석함이 상당하다 할 것이다. 이렇게 본다면 하천법 제2조 제1항 제2호 다목에 의한 제외지의 국유화는 법률에 의한 보상을 수반하는 것이어서 헌법 제22조 제3항에 위반된다고 할 수 없다."고 판시하여 손실보상청구권을 인정하고 있다.

이 판결에 대해서는 유추적용설에 입각한 것이라는 견해와 위헌무효설에 입각한 것이라는 견해가 있다. 그러나 위 판결에서 유추적용하는 규정은 "헌법의 제 규정"이 아니라 법률인 하천법상의 유사한 규정을 유추적용하는 점에서 유추적용설(간접효력규정설)과는 상이하다. 또한 위 판결은 보상규정이 없는 하천법을 위헌무효의 법률이라고 하지 않을 뿐만 아니라 손해배상청구권이 아니라 손실보상청구권을 인정하고 있다는 점에서 위헌무효설에 입각하고 있는 판례라고 볼 수도 없다.

위 판례의 입장은 이후에 나오는 대법원 판결의 주류를 이루는 선도적 판결로서, 구체적인 경우에 해당 법률에 보상에 관한 명문의 규정이 없는 경우라도 유사한 경우에 관해서는 보상규정을 두고 있다면 해당 규정을 유추적용하여 손실보상청구권을 인정하여야 한다는 것이다. 이러한 점에서 판례의 견해는 법률유추적용설이라고 부를 수 있을 것이다.[30)]

이러한 판례의 견해는 보상을 요하는 공용침해의 구체적인 경우에 관하여 법률에서 열거하지 아니하고 있더라도 널리 공용침해가 있고 이러한 침해가 수용에 해당한다면 손실보상청구권을 인정하겠다는 입장으로, 그 이론적인 당부를 떠나서 현실적인 타당성은 충분히 가지고 있다.

마. 대법원 1995. 7. 14. 선고 94다38038 판결

이 판결은 1987. 10. 29. 8차 개정된 현행 헌법 하에서 나온 것으로 위 대법원 1985. 11. 12. 선고 84카36 판결의 입장을 계승하고 있는 판결이라는 점에서 의의가 있다.

---

30) 박균성, 행정법론(상)(2011) 835면에는 보상규정유추적용설이라고 부르고 있다.

바. 헌재 1994. 12. 29. 선고 89헌마2 결정(조선철도주식회사의 주식에 대한 손실보상금 청구에 관한 헌법소원사건)

이것은 미군정 법령과 그 후의 대법원 판결에 의해서 손실보상청구권이 이미 확정되었으나, 후에 국가가 "조선철도의 통일 폐지법률" 이후에 손실보상금을 지급하는 절차에 관한 법률을 제정하지 아니함에 따라, 손실보상을 받지 못한 피해자가 헌법소원 심판청구를 한 사안에 대한 헌법재판소의 결정례이다.

헌법재판소는 "위 폐지 법률이 시행된 지 30년이 지나도록 입법자가 전혀 아무런 입법조치를 취하지 않고 있는 것은 입법재량의 한계를 넘는 입법의무불이행으로서 보상청구권이 확정된 자의 헌법상 보장된 재산권을 침해하는 것이므로 위헌"이라고 밝혔다. 이 결정은 군정 법령에서는 손실보상에 관한 규정이 존재하였고 대법원에서 동 권리가 확정되었으나 후에 군정 법령이 폐지됨에 따라 손실보상 규정이 사라진 후에 국가가 손실보상에 관한 입법을 하지 아니하고 있는 특수한 경우에 이러한 입법부작위는 위헌이라는 것에 한정되고, 보상거부처분의 위법성이나 손해배상 청구권의 인정 여부 등에 대해서는 판단하지 아니하고 있다는 점에서 위헌무효설과는 상이한 것이다.

사. 헌재 1998. 12. 24. 선고 89헌마214 등 결정

헌법재판소는 1998. 12. 24. 선고 89헌마214 등 사건에 대해서 개발제한구역 지정에 관하여 규정하면서도 보상규정이 없는 도시계획법(1971. 1. 19. 법률 제2291호로 제정되어 1972. 12. 30. 법률 제2435호로 개정된 것) 제21조의 위헌 여부에 대해서 다수의견으로 헌법불합치결정을 하였음은 앞에서 본 바와 같다.

이 헌법재판소의 결정은 현행 헌법 하에서 분리이론을 제한적으로 적용하여, "개발제한구역으로 지정으로 인하여 종래의 지목과 토지현황에 의한 이용방법에 따른 토지의 사용도 할 수 없거나 실질적으로 사용·수익을 전혀 할 수 없는 예외적인 경우에도 아무런 보상 없이 이를 감수하도록 하고 있는 한, 비례의 원칙에 위반되어 당해 토지소유자의 재산권을 과도하게 침해하는 것으로서 헌법에 위반된다."는 것을 밝혔다는 점에서 획기적인 결정으로 인정된다.[31)]

이 헌법재판소의 결정은 중요한 점에서 헌법 제23조 제3항에 관하여 입법자에 대한 직접효력규정설과 결론을 같이한다. 다만 피해자가 국가를 상대로 개발제한구역의 설정에 관한 처분에 이의를 할 수 없음은 물론이고 그로 인하여 개인이 입은 재산상의 피해에 대해서 손실보상이나 손해배상의 청구를 불허하고 있는 점에서 입법자에 대한 직접효력규정설이나 독일헌법재판소가 채택한 분리이론과 결론을 달리하고 있다.

4. 학설의 검토

공용침해는 있으나 보상규정이 없거나 미비한 법률은 위헌이라는 것은 수용보상법률주의의 기본적인 요청이다. 또한 공용침해로 인하여 피해를 입은 국민에게 정당한 보상을 하여야 하는 것도 재산권의 보장과 정당보상주의를 관철하기 위하여 필수적 요소이다.

가. 입법방침설에 의할 경우에 입법자가 법률로써 수용을 허용하면서도 그에 대한 보상규정을 두지 않고 있는 경우에도 헌법 위반의 문제가 발생하지 않을 뿐만 아니라 피수용자는 아무런 보상을 청구할 수조차 없게 된다. 현행 헌법은 수용보상법률주의와 정당보상주의를 채택하고 있으므로, 이 설은 헌법의 해석상 채택할 수 없다.

나. 입법자에 대한 직접효력설은 보상규정이 없는 공용침해의 법률은

31) 이 헌법재판소의 결정에 따라 2000. 1. 28. 법률 제6241호로 "개발제한구역의 지정 및 관리에 관한 특별조치법"이 제정되었다.

위헌무효라고 보는 점에서 일견 타당하다. 이 설에 의하면 무효의 법률에 기한 공용침해의 처분은 당연무효의 처분이 아니라 취소할 수 있는 처분에 해당하는 것으로 보기 때문에(이른바 중대명백설의 입장) 피해자는 먼저 취소소송을 제기할 수 있고, 그러한 처분으로 인하여 손해를 입은 피해자는 처분의 위법성과 처분을 한 공무원의 고의 또는 과실을 입증하여 손해배상을 청구할 수 있다고 한다.

그러나 위헌적인 법률을 성실하게 해석, 적용한 공무원에 대해서는 직무상의 과실이 있다고 인정하기 어려운 경우가 대부분이므로, 이 설에 의하면 피해자의 손해배상청구권은 사실상 유명무실하게 된다는 비판이 따른다. 이러한 난점을 해결하기 위해서 이 설은 공무원의 주의의무의 강화, 과실의 객관화, 위법의 과실추정 등의 이론을 도입하고자 한다. 이와 같이 이 설은 손실보상이 인정되는 이론적인 배경과는 무관하게 손실보상의 문제를 손해배상의 방법으로 해결하고자 한다는 점에서 이론상 취약점이 있다.[32]

다. 국민에 대한 직접효력설은 헌법 제23조 제3항에 대해서 국민에게 구체적인 보상청구권을 인정하고 있는 규정으로 해석하므로, 이는 "공공필요에 의한 재산권의 수용·사용 또는 제한 및 그에 대한 보상은 법률로써" 할 것을 규정한 헌법 제23조 제3항의 문언에 반한다. 특히 이 설에 의한다면 공용침해를 규정하면서도 보상규정이 없는 법률일지라도 그에 대한 위헌 문제는 발생하지 않는다고 보아야 한다. 그럼에도 불구하고 이 설을 주장하는 학자들은 그와 같은 법률은 보상의 내용과 방법 등을 법률에 위임하고 있는 헌법의 규정에 위반하므로 위헌이라고 설명한다. 무엇보다도 국민에 대한 직접효력설을 취하게 되면 피해자가 과연 어떤 종류의 보상을 청구할 수 있고, 금전으로 보상할 경우에 보상액은 어떤 기준으로 산정

32) 박윤흔, 행정법강의(상)(2004) 754면.

하는지에 대해서 헌법에 아무런 규정이 없으므로 법원이 입법자가 되어 보상의 종류와 내용을 결정하여야 한다. 이런 상황에 직면하면 법원으로서는 토지보상법이나 "부동산가격공시 및 감정평가에 관한 법률", 기타 공익사업에 관한 개별 법령상의 보상규정 등을 유추적용하여 보상의 종류와 내용을 정할 수밖에 없게 된다. 그렇다면 이 설은 보상청구권 자체는 직접 헌법에 근거한다고 하지만 실제로 보상을 받기 위해서는 판례가 취하고 있는 법률유추적용설과 같은 결론으로 귀착하고 만다.

라. 유추적용설은 재산권의 침해를 인정하면서도 보상규정을 두지 않는 법률이라 하더라도 위헌무효로 된다는 것을 전제로 하지 않는다. 다만 그러한 경우에는 헌법 제23조 제1항, 제11조 제1항 및 제23조 제3항과 기타 관련 헌법 규정을 유추적용하여 보상청구권을 인정하고자 할 뿐이다. 동 이론의 탄생 배경에는 독일에 고유한 관습법에 근거를 둔 수용유사침해의 법리와 결부되어 있는 만큼, 과연 우리 헌법의 해석론으로 도입할 수 있는지 여부에 대해서 의문을 표시하는 견해가 유력하다.[33] 그렇지만 이 설에 의하면 보상규정이 없는 법률에 대해서 위헌 무효라고 함으로써 생기는 법률의 공백 현상을 피할 수 있고 법률에 규정이 없는 경우에도 보상청구권을 인정할 수 있다는 점에서 실제 문제의 해결에 적절한 이론인 것으로 보인다.

바. 사견으로는 공용침해를 규정하면서도 보상규정을 두지 아니한 경우에 국민의 재산권 보호나 헌법의 규범적 효력의 확보를 위해서는 분리이론의 전제 하에 위헌무효설과 판례가 채택하고 있는 법률유추적용설의 장점을 통합할 수 있는 새로운 이론을 개발하는 것이 필요할 것으로 생각한다.

---

33) 김동희, 행정법 I (2017) 613면; 박윤흔, 위의 책 755면.

Ⅳ. 정당한 보상

1. 헌법 규정

헌법 제23조 제3항에서는 공용침해와 손실보상에 관한 2대 원칙으로 수용보상법률주의와 함께 정당보상주의를 규정하고 있다. 정당보상주의는 수용과 보상에 관한 법률을 제정하는 경우에 있어서도 보상의 종류나 방법, 시기 등 보상의 구체적인 내용이 명목적인 것에 그쳐서는 아니 되고 반드시 정당하여야 한다는 원칙을 말한다. 따라서 헌법상의 정당보상주의는 수용보상법률주의를 전제로 하여 보상의 내용에 대한 입법의 기준을 제시한 것이라고 이해할 수 있다.

수용보상법률주의는 일반법인 토지보상법과 동법 별표상의 법률을 통하여 구현되고 있으므로 별다른 문제가 없다. 그러나 정당보상주의에 대해서는 무엇이 정당한 보상인가 하는 해석의 문제가 선결된 다음 보상에 관한 개별법이 규정하는 내용이 정당한 보상인지 여부에 대한 검토가 이루어져야 한다.

2. 정당한 보상의 개념

정당한 보상의 의미에 대해서는 완전보상설과 상당보상설이 대립하고 있다.

가. 완전보상설

완전보상설에 의하면 정당한 보상이란 공용침해로 인하여 발생한 재산상의 손실 전부에 대하여 완전하게 보상하는 것[34]으로 구체적으로는 재산의 객관적 가치 즉 시장가격에 의한 보상을 의미하는 것이라고 주장한다.

---

34) 허영, 한국헌법론(2005) 489면; 박균성, 행정법론(상)(2011) 848면.

나. 상당보상설

상당보상설은 완전보상을 원칙으로 하되 합리적인 이유가 있는 경우에는 완전보상을 하회할 수도 있다는 입장이다.[35] 즉, "법률로써 사회적 정의의 원칙에 합치되게 경제적 약자에게 시가 이상의 보상을 해 주고, 사회경제적 필요가 우월한 경우 경제적 강자에게는 시가 이하의 보상을 해 주는 것이 정당한 보상으로서 요청된다."[36]고 한다.

다. 판 례

(1) 대법원 1967. 11. 2. 선고 67다1334 전원합의체 판결은 1962. 12. 26 개정헌법 제20조 제3항에서 정당한 보상에 대해서 "헌법에서 말하는 정당한 보상이라는 취지(구 헌법상의 상당한 보상과 같은 취지의 말이다)는 그 손실보상액의 결정에 있어서 객관적인 가치를 완전하게 보상하여야 된다는 취지일 뿐만 아니라, 한 걸음 나아가서 그 보상의 시기, 방법(이 방법 중에는 피징발자가 징발로써 그 권리를 잃음과 동시에 지체없이 법원에 그 보상액을 청구할 수 있을 것을 포함한다)등에 있어서 어떠한 제한을 받아서는 아니된다는 것을 의미한다."고 하여 완전보상설과 같은 입장을 보이고 있다.

(2) 헌법재판소 역시 1990. 6. 25. 선고 89헌마107 결정에서 "헌법이 규정한 '정당한 보상'이란 … 손실보상의 원인이 되는 재산권의 침해가 기존의 법질서 안에서 개인의 재산권에 대한 개별적인 침해인 경우에는 그 손실보상은 원칙적으로 피수용재산의 객관적인 재산가치를 완전하게 보상하는 것이어야 한다는 완전보상을 뜻하는 것으로서 보상금액뿐만 아니라 보상의 시기나 방법 등에 있어서도 어떠한 제한을 두어서는 아니 된다는 것을 의미한다."고 하여 완전보상설을 취하고 있다.

---

35) 홍정선, 행정법원론(상)(2015) 794면.

36) 김철수, 헌법학신론(2005) 453면.

라. 결 론

(1) 토지보상법은 제61조 내지 제67조에서 정당한 보상을 실현하기 위한 보상 방법에 관한 여러 원칙을, 제70조 내지 제79조에서 정당한 보상의 구체적인 내용에 관해서 각각 규정하고 있다. 그중에서 특히 제67조 제1항에서는 보상액의 산정은 협의에 의한 경우에는 협의성립 당시의 가격을, 재결에 의한 경우에는 수용 또는 사용의 재결 당시를 가격을 기준으로 한다는 시가보상의 원칙을 규정하고 있다. 완전보상설에 의하면 정당한 보상이란 수용목적물에 대한 객관적인 재산 가치 즉 시가에 따라 보상하는 것을 의미하므로, 토지보상법 제67조 제1항은 시가보상의 방법으로 완전보상을 구체적으로 구현하고 있다.

(2) 공익사업의 목적물이 건물이거나 동산인 경우에는 객관적 교환가치 즉 시가(거래가격)를 파악하는 것이 어렵지 아니하므로 완전보상이 가능하다. 그러나 뒤에서 자세히 살펴보는 바와 같이[37] 현행 토지보상법에는 법적 성질이 다른 여러 종류의 손실에 대한 보상규정이 혼재하고 있는데 이 중에는 객관적 교환가치와 관계없는 손실도 다수 존재한다.

예를 들면 타인의 토지에 출입하여 측량 · 조사함으로 인하여 발생한 손실(법 제9조 제4항)에 대한 보상은 수용에 따라 발생하는 손실에 대하여 보상을 하는 것이 아니라 침해행위로 인하여 통상적으로 발생하는 손실을 보상하는 것이다. 사업손실보상도 이와 동일하다.

재산권보상의 일종인 영업손실에 대한 보상은 영업이익과 시설의 이전비용 등을 고려하여 보상하는데(법 제77조 제1항), 보상액의 구체적인 산정 및 평가 방법과 보상 기준은 국토교통부령에 위임하고 있고(동조 제4항), 동법 시행규칙 제46조 제1항에는 공익사업의 시행으로 인하여 영업을 폐지하는 경우의 영업손실은 2년간의 영업이익에 영업용 고정자산 · 원재

37) 278면 이하 참조.

료 · 제품 및 상품 등의 매각손실액을 더한 금액으로 평가하도록 규정하고 있다.

이와 같이 영업손실에 대한 보상은 법령이 규정하고 있는 보상의 범위에 한정되므로 이러한 손실보상에 대해서 정당한 보상의 의미를 밝히는 것 역시 특별한 의미가 없다. 영업으로 얻게 되는 소득을 재산권의 일종이라고 이해한다면 재산권의 내용과 한계는 법률로 정하는 것이고 그에 대한 침해가 발생한 경우의 손실보상 역시 비례의 원칙을 벗어나지 아니하는 범위 내에서 법령이 정하는 보상액에 한정된다고 이해하는 것이 타당하다.

생활보상은 후술하는 바와 같이 그 법적 성격이나 보상의 근거에 대해서 논의가 분분하다. 생활권은 전형적으로 입법에 의해서 그 내용이 형성되는 권리이므로 이에 대해서 완전한 보상을 요구한다는 것은 비현실적인 주장이라고 할 수 있다.

결국 객관적 교환가치를 산정할 수 있는 재산권에 대해서는 완전보상이 가능하지만, 객관적 교환가치를 산정하기 어려운 재산적 가치를 가진 권리나 그러한 개념이 존재하지 아니하는 생활이익 등에 대해서는 객관적 교환가치에 의한 보상이라는 의미에서의 완전보상이란 달성하기가 불가능한 개념이라고 할 수 있다.

(3) 정당한 보상의 개념이 가장 문제로 되는 것은 토지에 대한 보상의 경우이다. 비대체재의 대표적인 재화인 토지는 위치 · 면적 · 지역 · 환경 및 용도 등 가격형성에 영향을 미치는 요소가 동일한 토지란 존재하지 아니하기 때문에 특정 토지의 "객관적 가치"[38]를 파악한다는 것은 사실상 불가능하다. 이런 이유로 피수용자가 받은 보상금으로 인근의 유사한 토지

---

38) "재산권의 객체가 갖는 재산적 가치란 그 물건의 성질에 정통한 사람들의 자유로운 거래에 의하여 도달할 수 있는 합리적인 매매 가능 가격 즉 시가에 의하여 산정된 가격"을 의미한다(헌재 1990.6.25. 89헌마107).

를 구입할 수 있으면 완전한 보상의 개념에 근접하는 보상으로 인정된다고 할 수 있다.[39]

그러나 인근유사토지의 가격은 정당한 보상의 개념에서 배제되어야 하는 투기적 가격이나 개발이익이 포함될 개연성이 높다는 이유에서 판례는 인근유사토지의 가격은 피수용토지의 보상금을 산정함에 있어서 참작사유에 불과하다는 입장이다. 학설 역시 정당한 보상에는 개발이익이 포함되지 아니한다는 점에서는 대체로 일치하고 있다.

결국 토지에 대한 보상에 있어서는 수용의 전후를 통하여 피수용자의 재산가치가 등가가 되도록 객관적 교환가치를 보상함으로써 완전보상을 실현한다는 손실보상의 이념은 실제로는 구현되지 아니하고 있다.

(4) 앞에서 살펴본 바와 같이 비수용손실이나 사업손실 등에 대한 보상은 침해로 인하여 발생한 통상의 손실을 보상하는 것으로 충분하고, 영업권과 같은 무형의 재산권이나 생활권 등에 대한 보상은 법령이 정하는 바에 따라 그 내용과 범위를 결정할 수밖에 없다. 손실보상 중에서 가장 중요한 토지에 대한 보상은 토지라는 재화의 특성상 시장에서 형성된 거래가격을 기준으로 하는 객관적 교환가치를 보상한다는 것은 사실상 불가능하다. 이렇게 본다면 완전보상설은 물론이고 거래가격을 하회하는 보상도 가능하다는 상당보상설 역시 토지에 관한 한 정당한 보상금 산정이라는 현실적인 문제 해결에는 별다른 도움을 주지 못하는 이론이다.

다만 토지보상법령이 규정하고 있는 다양한 종류의 손실보상은 그 자체가 헌법이 요구하는 정당한 보상을 구현하는 법률적 수단이고, 보상의 내용이나 범위에 관한 법원의 해석 역시 정당한 보상을 목표로 한다는 점에서 손실보상의 실천적 목표로서의 정당한 보상의 기능은 여전히 작동되고 있다고 말할 수 있다.

---

39) 일본 최고재판소 1973.10.18. 민집 27권 9호 1210면, 小澤道一, 土地収用法(2005) 149면에서 인용.

제2장 공익사업의 주체, 상대방, 목적물

Ⅰ. 개 설

이 장부터 이 책의 본론이라 할 수 있는 토지보상법을 중심으로 하는 논의를 시작한다. 토지보상법은 공익사업에 필요한 토지 등을 취득하고 그에 대한 보상에 관하여 규정하고 있는 법률이므로 공익사업을 수행하는 주체, 공익사업의 목적물에 대한 권리를 보유한 공익사업의 상대방, 수용 또는 사용의 객체가 되는 공익사업의 목적물 등을 확정하여야 하고, 무엇보다도 수용 또는 사용이 가능한 공익사업에는 어떤 종류가 있는지 살펴보는 것이 필요하다.

Ⅱ. 용어의 선택

지금까지 행정법이나 토지수용 관련 저술에서는 공익사업의 주체라는 용어 대신에 수용권의 주체, 공익사업의 상대방 대신에 피수용자나 수용권의 상대방 혹은 객체, 공익사업의 목적물 대신에 수용목적물이라는 용어를 각각 사용하는 것이 일반적이다.[40] 그러나 공익사업의 목적물을 취득하는 법률적 수단은 협의취득이 대부분을 차지하고 수용은 예외적이다. 공익사업을 수행함에 있어서 가장 핵심적인 권리는 사업시행자의 공익사업수행권이라고 보는 사견에 의하면 수용권은 공익사업수행권을 행사함에 있어서 수단이 되는 보조적인 권리이다. 토지보상법은 공익사업의 수행을

40) 김동희, 행정법Ⅱ(2017) 390면; 박윤흔, 행정법강의(하)(2004) 598면 이하; 박평준·박창석, 앞의 책 33면; 석종현, 앞의 책 335면; 이선영, 앞의 책 108면; 홍정선, 행정법원론(하)(2015) 612면 이하.

둘러싸고 공익사업의 주체인 사업시행자와 상대방인 토지소유자 및 관계인 사이의 법률관계를 규율하는 공법이라는 점에서 보더라도 수용권의 주체, 수용권의 상대방, 수용목적물 등 수용권을 중심으로 한 용어는 적절하지 아니한 것으로 생각한다.

제 1 절 공익사업의 주체

Ⅰ. 개 념

공익사업의 주체는 해당 공익사업을 수행할 수 있는 자로서 토지보상법에서는 이를 사업시행자라고 규정하고 있다(법 제2조 제3호). 통상적으로 사업시행자를 수용권의 주체라고 칭하고 있지만 공익사업의 주체라고 하는 것이 적절하다고 본다.

Ⅱ. 사업시행자

사업시행자로 되는 자가 누구냐에 대해서는 토지보상법에는 규정이 없고 토지보상법 별표상의 법률에서 규정하고 있다.

국가나 지방자치단체의 장이 사업시행자인 경우를 제외하고는 구체적인 공익사업에 있어서 사업시행자로 되기 위해서는 토지보상법이나 별표상의 법률에서 규정하는 바에 따라 국가나 지방자차단체의 장으로부터 해당 공익사업에 대한 사업인정 등을 받아야 한다.

1. 국가 또는 지방자치단체의 장

국가 또는 지방자치단체의 장은 국토의 균형있는 발전과 경쟁력있는 국토 여건을 조성하고 환경친화적인 국토의 관리를 할 책임이 있고(국토기본법 제3조 내지 제5조), 이를 위하여 국토계획을 수립하여야 한다(법 제6조). 국토계획 중 광역도시계획은 국토교통부장관, 시 · 도지사, 시장, 군수가 수립하고, 도시 · 군기본계획은 지방자치법 제2조 제1항에 규정된 특별시장, 광역시장, 특별자치시장, 특별자치도지사, 시장 또는 군수가 수립한다.

국가는 국토계획에 맞추어 공익사업을 직접 수행할 수 있지만, 실제로는 지방자치단체, 공공기관, 지방공기업 또는 토지보상법 별표상의 법률에서 규정하고 있는 자를 사업시행자로 정하여 수행한다.[41] 지방자치단체의 장에 대해서는 토지보상법 별표상의 법률에서 개별적으로 사업시행자로 규정하고 있다.[42]

2. 공공기관 중의 공기업

공공기관은 국가나 지방자치단체 이외의 법인 · 단체 또는 기관으로 기획재정부장관이 지정한 기관을 말한다(공공기관의 운영에 관한 법률 제4조 제1항). 공공기관에는 공기업과 준정부기관, 기타공공기관 등이 있다(법 제5조 제1항).

공공기관 중에서 “다른 법률에 따라 직접 설립되고 정부가 출연한 기관”(법 제4조 제1항 제1호) 즉 공기업은 동 공기업의 설립의 근거가 되는 법률이나 공익사업에 관한 개별법에서 사업시행자로 된다는 규정을 두고 있다.[43] 그러나 준정부기관이나 기타공공기관을 공익사업의 시행자로 규정하고 있는 개별법은 없다.

---

41) 예를 들면 국방 · 군사시설사업에 관한 법률 제3조.

42) 국토의 계획 및 이용에 관한 법률 제86조 제1항.

43) 2020년 현재 한국도로공사, 인천국제공항공사, 항만공사, 한국석유공사, 한국가스공사, 한국토지주택공사 등 36개의 공기업이 있다.

3. 지방공사와 지방공단

지방공사와 지방공단은 지방자치단체가 지방공기업법 제2조 제1항 각 호의 사업을 수행하기 위하여 법 제49조(지방공사)와 제76조(지방공단)에 따라 설립한 지방공기업을 말한다. 지방공사와 지방공단이 각 지방자치단체의 관할구역 내에서 공익사업을 수행하기 위한 사업시행자로 지정되면 토지보상법 별표상의 법률의 규정에 따라 공익사업에 필요한 토지 등을 취득할 수 있게 된다.

4. 사적수용(私的收用)의 사업시행자

위에서 살펴본 바와 같이 공익사업을 수행할 수 있는 사업시행자로 될 수 있는 자는 국가, 지방자치단체, 공공기관 중 공기업과 지방공사, 지방공단 등이다. 그 외에 사기업 또는 비영리 법인을 사업시행자로 지정하여 공익사업에 필요한 토지를 수용할 수 있는 권한을 부여하는 것이 가능한가 하는 것은 검토를 요한다.

공익사업의 규모가 그리 크지 아니하거나, 공익성이 다소 부족하지만 그렇다고 해서 영리 추구를 목적으로 하는 사기업에 맡기기에는 적절치 아니한 사업을 수행하는 경우나, 경기를 활성화하기 위하여 기업의 투자를 촉진하거나, 국토의 균형발전을 도모할 목적으로 기업의 대규모 공장을 지방에 배치하여야 하는 경우 등에 있어서도 해당 사업을 위해서 토지를 취득할 필요성이 존재한다. 이러한 경우에 국가나 지방자치단체 혹은 공공단체가 아닌 사기업이나 민법상의 비영리법인이 해당 공익사업에 필요한 토지를 수용을 통해서 취득하는 것을 공용수용에 대비하여 사적수용(私的收用) 또는 사용수용(私用收用)[44]이라고 한다. 사적수용을 인정할 수

44) 私的收用은 사기업 또는 비영리법인이 사업시행자로서 하는 수용이라는 용어임에 비하여, 私用收用은 사익을 위한 수용이라는 의미가 강하다. 이런 점에서 사용수용

있느냐, 인정한다면 어느 범위까지 인정하느냐 하는 문제는 수용권의 본질에 대해서 어떤 입장을 취하느냐에 따라 달라질 수는 있지만 근본적으로는 제도의 필요성에서 기인하는 입법정책의 문제이다.

현행법상 사적수용을 허용하고 있는 법률로는 사회기반시설에 대한 민간투자법, 도시개발법, 도시 및 주거환경정비법, 주택법의 특별법이라고 할 수 있는 공공주택특별법과 민간임대주택에 관한 특별법 등을 들 수 있다.

가. 사회기반시설사업의 사업시행자

(1) 도로, 철도, 항만, 하천시설, 폐기물처리시설, 가스공급시설, 여객자동차터미널 등 사회기반시설[45]을 신설 · 증설 · 개량 또는 운영에 대한 민간투자를 촉진하기 위해서 주무관청은 공공기관이 아닌 자를 사업시행자로 지정하여 동 시설사업을 수행하게 할 수 있다(사회기반시설에 대한 민간투자법 제13조 제1항). 이와 같이 동법 제9조에 따라 민간부문이 제안하는 사업 또는 제10조에 따른 민간투자시설사업 기본계획에 따라 사업시행자가 시행하는 사회기반시설사업을 민간투자사업(민자사업)이라 한다. 다만, 국가재정법 제23조에 따른 계속비에 의한 정부발주사업 중 초과시공(국가와 계약상대자가 미리 협의한 한도액 범위에서 해당 연도 사업비를 초과하여 시공하는 것을 말한다. 이하 같다)되는 부분은 민간투자사업으로 본다(법 제2조 제호). 민자사업의 사업시행자는 사업에 필요한 토지를 수용 또는 사용할 수 있다(법 제20조 제1항).

(2) 민자사업에 의해서 완공된 시설의 소유권은 국가나 지방자치단체에 귀속되고 사업시행자에게는 일정기간 동안 해당 시설에 대한 관리운영권을 부여하는 등의 방법으로 투하자본에 대한 회수와 일정한 이윤을 보장

보다는 사적수용이라는 용어가 보다 적절하다고 생각한다.

45) 사회기반시설에 대한 민간투자법 제2조 제1호는 사회기반시설의 종류를 열거하고 있다.

하고 있다(법 제4호).

나. 도시개발법상의 사업시행자

(1) 도시개발법은 도시개발에 필요한 사항을 규정하기 위하여 제정한 법이다. 이 법에서 말하는 도시개발사업이란 도시개발구역에서 주거, 상업, 산업, 유통, 정보통신, 생태, 문화, 보건 및 복지 등의 기능이 있는 단지 또는 시가지를 조성하기 위하여 시행하는 사업을 말한다.

(2) 도시개발사업의 시행자는 국가나 지방자치단체, 공공기관, 정부출연기관, 지방공사 외에도 조합이나 일정한 조건을 갖춘 법인 등 사기업 등도 지정권자의 지정을 받아 도시개발사업의 시행자가 될 수 있다(법 제11조 제1항 각호). 도시개발사업의 시행자는 사업에 필요한 토지를 수용 또는 사용할 수 있다(법 제22조 제1항 본문).

다. 도시 및 주거환경정비법상의 사업시행자

(1) 도시 및 주거환경정비법은 정비구역 내에서 정비기반시설을 정비하거나 주택 등 건축물을 개량 또는 건설하는 등의 정비사업의 수행을 통하여 도시기능을 회복하기 위한 목적으로 제정된 법이다(법 제1조, 제2조). 동법은 정비사업을 주거환경 개선사업, 재개발사업. 재건축사업 등 3개 사업으로 분류하여 각 정비사업의 사업시행자에 대한 규정을 두고 있다(법 제24조 제1항, 제25조 제1항 및 제2항).

(2) 동법에 의한 사업시행자는 해당 정비구역 내에서 정비사업을 수행하는데 필요한 토지를 수용 또는 사용할 수 있다. 다만 재건축사업인 경우에는 천재지변 그 밖에 불가피한 사유로 긴급하게 정비사업을 시행할 필요가 있는 경우에만 필요한 토지를 수용 또는 사용할 수 있다(법 제63조). 결국 동법에 의한 조합이나 일정한 건설업자, 등록사업자 등을 제한된 범위 내에서 사적수용의 주체로 될 수 있다.

라. 공공주택특별법, 민간임대주택에 관한 특별법상의 사업시행자

(1) 주택법에 의하면, 국가 · 지방자치단체 · 한국토지주택공사 · 지방공사 등은 주택법이 정하는 주택건설사업이나 대지조성사업을 수행하기 위해서 필요한 토지 등을 수용 또는 사용할 수 있다(법 제24조 제1항, 제2항). 이와는 달리 주택조합이나 등록사업자 등은 건설교통부장관이나 지방자치단체의 장 등으로부터 위와 같은 사업에 대한 승인을 받더라도 토지 등을 수용 또는 사용할 수 없다.

(2) 그러나 주택법의 특별법이라고 할 수 있는 공공주택특별법과 민간임대주택에 관한 특별법에는 다음과 같은 예외규정을 두어 사적수용을 제한적으로 허용하고 있다.

(가) 국토교통부장관은 주택법 제4조에 의한 등록사업자 중에서 공공주택사업자로 선정된 자를 한국토지주택공사나 지방공사 등과 공동으로 공공주택사업자로 지정할 수 있다(공공주택특별법 제4조 제1항, 제2항). 공공주택사업자는 주택지구의 조성을 위하여 필요한 경우에는 토지 등을 수용 또는 사용할 수 있다(법 제27조 제1항).

(나) 민간임대주택에 관한 특별법에 의한 공공지원민간임대주택 공급촉진지구 내에서 임대주택을 건설하는 개발사업 시행자(법 제22조 제1항)는 필요한 토지를 수용 또는 사용할 수 있다(법 제34조 제1항).

마. 사적수용의 법률적 수단 – 매도청구권

(1) 위에서 살펴본 바와 같이 주택법상의 주택조합이나 도시 및 주거환경정비법상의 재건축조합은 주택건설사업이나 재건축사업 등에 필요한 토지를 수용 또는 사용할 수 없거나 제한된 범위 내에서만 허용되고 있다. 그 대신 이들 조합에 대해서는 매도청구권이라는 권리가 부여되어 있다[46)]

46) 집합건물의 소유 및 관리에 관한 법률 제48조에도 집합건물의 관리단은 집합건물에 대한 재건축결의에 반대하는 구분소유자들에 대해서 매도청구권을 행사할 수 있는

(주택법 제22조, 도시정비법 제64조).

(2) 매도청구권은 주택법이나 도시정비법상의 주택조합 또는 재건축조합의 설립에 동의하지 아니한 토지소유자에 대해서 해당 토지를 조합에 매도할 것을 청구할 수 있는 권리이다. 매도청구권은 조합이 토지소유자에 대해서 일방적인 매도청구의 의사표시를 함으로써 해당 토지에 관하여 매매계약 체결의 효과를 발생시키는 형성권의 일종이다. 수용권 역시 사업시행자의 일방적 의사표시에 의해서 해당 토지의 소유권을 취득하는 형성권의 일종이라는 점에서 매도청구권은 수용권과 본질적으로 동일하다.[47] 다만 수용은 토지소유권에 대한 원시취득의 효과를 발생함에 비하여 매도청구권의 행사에 의한 소유권의 취득은 매매계약을 원인으로 하는 승계취득이라는 점에서 양자는 구별된다.

(3) 매도청구권은 재건축조합이나 재개발조합 혹은 집합건물의 관리단에게 부여되는 권리로서 사적수용의 법률적 수단이라는 사회적으로 대단히 중요한 기능을 수행하고 있어서, 동 권리를 둘러싼 법적 분쟁은 끊임없이 발생하고 있다. 그러나 동 권리는 토지보상법상의 권리가 아니므로 이 책에서는 더 이상의 논의는 생략한다.[48]

제 2 절 공익사업의 상대방

공익사업의 상대방이란 공익사업에 필요한 토지의 소유자와 관계인을 말한다(법 제2조 제4호, 제5호).

것으로 규정하고 있다.

47) 대판 2013.5.9. 2011다101315,101322.

48) 매도청구권에 관해서는 서울동부지방법원, "재건축 · 재개발사업의 법적 문제에 관한 연구"(1996) 36면 이하 참조.

Ⅰ. 토지소유자

1. 토지소유자의 확정

토지소유자는 토지등기부의 기재에 의해서 확정된다. 다만 현행 부동산등기법상 공신의 원칙은 채용되지 아니하고 있어서, 무권리자가 소유자로 등기되는, 이른바 원인무효의 등기가 존재할 수 있다. 이와 같이 등기부상의 토지소유자가 아닌 진정한 소유자가 따로 있는 경우에는 진정한 소유자가 공익사업용지 취득의 상대방으로 된다. 그렇다면 진정한 토지소유자가 따로 있음에도 불구하고 사업시행자가 등기부상의 토지소유자를 진정한 토지소유자로 오인하여 그로부터 해당 토지를 취득한 경우에 그러한 취득은 무효인가?

판례는 이러한 경우에 "기업자가 과실 없이 진정한 소유자를 알지 못하여 형식상의 권리자인 등기부상의 소유명의자를 그 피수용자로 확정하더라도 적법하고 그 수용의 효과로서 수용목적물의 소유자가 누구임을 막론하고 이미 가졌던 소유권이 소멸함과 동시에 기업자는 완전하고 확실하게 그 권리를 원시취득한다."는 견해를 취하고 있다.[49] 즉 수용을 통한 토지 취득에 있어서는 사업시행자가 과실 없이 등기부의 기재를 신뢰한 경우에는 진정한 소유자가 아니라 등기부에 기재된 소유자가 공익사업용지 취득의 적법한 상대방으로 된다. 민법상으로는 동산에 한해서 무과실의 요건 하에서 인정되는 선의취득(법 제249조)이 수용의 경우에는 사업시행자가 무과실의 요건을 구비하면 부동산인 토지에 대해서도 인정된다고 할 수 있다.

그러나 협의에 의한 취득(법 제17조)은 매매계약 기타 사법상의 합의를 원인으로 하는 승계취득의 일종이므로, 진정한 소유자만이 공익사업용지

49) 대판 1995.12.22. 94다40765.

취득의 적법한 상대방으로 된다.

2. 토지소유자를 확정하는 시점

토지소유자를 확정하는 시점은 협의를 통하여 토지를 취득하는 경우에는 협의가 성립하는 시점이, 수용을 통하여 취득하는 경우에는 재결의 시점이 각각의 기준으로 된다. 그러므로 위 시점 이전에 소유권의 변동이 발생하면 새로운 소유자가 공익사업용지 취득의 상대방으로 된다.

Ⅱ. 관 계 인

1. 관계인의 의의

가. 관계인의 개념

관계인이란 사업시행자가 취득하거나 사용할 토지에 관하여 지상권·지역권·전세권·저당권·사용대차 또는 임대차에 따른 권리 또는 그 밖에 토지에 관한 소유권 외의 권리를 가진 자나 그 토지에 있는 물건에 관하여 소유권이나 그 밖의 권리를 가진 자를 말한다(법 제2조 제5호 본문).

공익사업용지 위에는 토지소유권만 존재하는 경우도 있지만, 토지소유권 이외의 권리가 설정되어 있거나 건물 등의 물건이 존재하는 경우도 허다하다. 사업시행자가 공익사업용지를 취득하면 토지소유권뿐만 아니라 토지소유권 이외의 권리는 물론이고 토지 위에 있는 건물 등의 물건에 대한 소유권과 소유권 이외의 권리까지 전부 소멸하게 된다. 이와 같이 공익사업용지의 취득으로 인해서 토지소유권 이외의 권리를 상실하게 되는 자를 토지보상법에서는 관계인이라고 칭하고 있다.

주의할 점은 공익사업의 상대방인 토지소유자나 관계인의 개념과 손실보상의 상대방은 동일한 개념이 아니라는 것이다. 토지소유자나 관계인은 손실보상의 상대방인 동시에 공익사업의 상대방으로 되지만, 공익사업 시행지구 밖에서 발생한 사업손실의 피해자는 손실보상의 상대방이기는 하지만 공익사업의 상대방에는 해당되지 아니하므로, 관계인에 포함되지 아니한다.

나. 토지소유자 이외에 관계인을 공익사업의 상대방으로 인정하는 취지는 이들 관계인에 대해서도 공익사업용지 등의 취득절차에 관여하게 하여 손실보상청구권을 보장해 주기 위함이다.

그러나 토지소유권 이외의 권리를 상실하는 모든 사람이 관계인으로 되는 것은 아니고, 사업인정 고시가 있은 후에 권리를 취득한 자는 기존의 권리를 승계한 자에 한해서 관계인으로 된다(법 제2조 제5호 단서). 예를 들면 사업인정 고시 이전부터 공익사업용지 위의 건물에 대한 임차인은 관계인으로 인정되지만, 사업인정 고시 이후에 건물을 임차한 경우에는 종전 임차인의 임차권을 승계한 경우가 아니면 관계인으로 인정되지 아니한다.

2. 관계인에 해당하는 자

가. 취득하거나 사용할 토지에 관하여 소유권 이외의 권리를 가진 자

(1) "취득할 토지에 관하여 지상권 · 지역권 · 전세권 · 저당권 · 사용대차 또는 임대차에 따른 권리"를 가진 자는 관계인으로 된다.

지상권 · 지역권 · 전세권 · 저당권 등은 해당 토지의 사용가치나 교환가치를 직접 지배하는 물권으로 사업시행자가 해당 토지를 취득하게 되면 이러한 권리는 소멸하게 된다. 이에 반하여 사용대차 또는 임대차에 따른 권리는 해당 토지에 대한 권리가 아니라 채무자 즉 토지소유자에 대한 채권에 불과하다. 그러나 사업시행자가 공익사업용지를 취득하면 토지소유자의 임대인으로서의 채무는 귀책사유 없이 이행불능으로 되어 토지에 대한 사용대차 또는 임대차에 따른 채권자는 자신의 권리를 상실하게 된다(민법 제390조 단서). 이런 이유에서 토지에 대한 사용대차 또는 임대차에 따른 채권자도 동일하게 관계인으로 인정되는 것이다.

(2) 판례는 "토지에 대한 수용절차 개시 이전에 당해 토지를 매수하여 대금 전액을 지급하고 그 토지를 인도받아 사용권을 취득하였으나 그 소유권이전등기만을 마치지 아니한 자"도 관계인에 포함시켜서 수용재결에 대해서 이의신청을 할 수 있다고 한다.[50] 이러한 자는 실질적으로 소유자임에도 불구하고 수용으로 인하여 해당 토지에 대한 이용권뿐만 아니라 소유권까지 상실하게 되므로, 관계인에 포함시킨 판례의 태도는 옳다.

(3) "그 밖에 토지에 관한 소유권 외의 권리를 가진 자"란 구체적으로 누구인지는 문제이다. 관계인에 해당하는지 여부를 판별하는 일차적인 기준은 해당 토지소유권이 소멸함으로써 토지소유권 이외의 권리를 가진 자의 권리도 소멸하느냐 여부이다. 다만 소멸하는 권리는 사용대차나 임대차상의 권리와 같이 토지사용권에 유사한 권리이어야 할 것으로 생각한다. 문제가 되는 경우를 살펴본다.

(가) 가등기 권리자

가등기는 부동산에 대한 소유권 · 지상권 · 지역권 · 전세권 · 저당권 · 권리질권 · 채권담보권 · 임차권 등에 대한 보존 · 이전 · 설정 · 변경 · 처분의 제한 또는 소멸을 위한 등기이다(부동산등기법 제3조). 이러한 가등기는 사업시행자가 해당 토지를 공익사업용지로 취득하게 되면 말소되고 해당 토지나 지상 건물에 대한 가등기 권리자의 권리도 소멸하게 된다. 그러나 가등기 권리자의 권리는 채무자에 대하여 권리변동을 청구할 수 있는 채권적 청구권일 뿐, 해당 토지에 대한 사용권 유사의 권리는 아니다. 이런 점에서 가등기 권리자는 관계인에 해당하지 아니하는 것으로

50) 대판 1982.9.14. 81누130.

해석된다.[51]

(나) 환매특약의 등기권자

환매특약의 등기(부동산등기법 제53조) 역시 사업시행자가 해당 토지를 공익사업용지로 취득함에 따라 말소되고 환매권자의 권리 역시 소멸한다. 그러나 환매권의 본질은 매매계약의 해지로 파악한다면 채무자에 대한 청구권에 불과하므로, 환매특약의 등기권자는 관계인에 포함되지 아니한다고 본다.

(다) 압류 또는 가압류 채권자

채무자의 부동산을 압류 또는 가압류한 채권자의 채권은 사업시행자가 해당 부동산을 공익사업용지로 취득하더라도 소멸되지 아니하고 해당 부동산에 대한 집행만 불가능해질 뿐이다. 체납처분을 한 조세채권도 마찬가지이다. 따라서 압류 또는 가압류 채권자나 체납처분을 한 과세관청은 관계인에 포함되지 아니한다.

(라) 가처분 권리자

부동산에 대한 처분금지가처분 등기는 채권자와 채무자 간에 해당 부동산에 대한 권리의 귀속이나 존부에 관한 분쟁이 있는 경우에 채무자의 처분 등을 제한할 목적으로 이루어진다. 이러한 부동산에 대한 가처분 권리자의 권리 역시 채무자에 대한 채권의 일종이고, 해당 부동산에 대한 권리는 아니다. 이런 이유로 등기부상의 가처분 권리자는 관계인에 포함되지 아니한다.[52]

---

51) 일본 토지수용법 제8조 제4호는 가등기상의 권리 또는 본등기의 환매권자, 압류 또는 가압류 채권자 등도 관계인에 포함하는 것으로 규정하고 있다. 우리나라의 경우도 입법을 통하여 이러한 채권자들까지 관계인에 포함시키는 것이 이들의 권리 보호를 위하여 바람직하다.

52) 대판 1973.2.26. 72다2402.

나. 토지에 있는 물건에 관하여 소유권이나 그 밖의 권리를 가진 자

(1) 건물 등 토지에 있는 물건에 관하여 소유권이나 그 밖의 권리를 가진 자는 관계인으로 인정되고, 그 구체적인 범위는 위 가항에서 살펴본 바와 동일하다.

(2) 입목은 토지에 부착된 수목의 집단으로 그 소유자가 입목에 관한 법률에 의하여 소유권보존등기를 한 것(법 제2조 제1항, 제1호)으로, 토지소유권과는 별개의 독립한 부동산이다(법 제3조 제1항). 따라서 입목의 소유자나 입목에 대한 저당권자는 관계인에 포함된다.

(3) 분묘는 토지의 정착물로서 물권인 지상권과 유사한 분묘기지권의 객체이다. 분묘기지권은 종손이나 종중에 귀속되므로,[53] 분묘기지권을 가진 종손이나 종중은 관계인으로 된다.

(4) 광업법에 의한 광업권자(법 제10조 제1항), 수산업법에 의한 어업권자(법 제16조 제2항), 양식산업발전법에 의한 양식업권자(법 제2조 제8호), 물의 사용에 관한 권리를 가진 자, 즉 댐사용권자(댐건설법 제2조 제3호), 하천수 사용권자(하천법 제50조 제1항), 온천수 우선이용권자(온천법 제2조 제2호), 용수에 관한 권리를 가진 자(광업법 제74조) 등은 관계인이 된다.

광업법에 의한 조광권자(법 제3조 제4호)나 수산업법에 의한 입어자(법 제2조 제11호)나 허가어업자(법 제41조), 하천법에 의하여 하천에 대한 점용 등의 허가를 받은 자(법 제33조 제1항) 등도 해당 광구나 하수면 또는 해수면 등을 이용하는 권리를 전제로 하므로 관계인에 포함된다.

(5) 건물 이외에 토지의 정착물 중에서 독립하여 거래의 객체가 되는 물건에 대하여 소유권이나 수거 · 철거권 등 실질적 처분권을 가진 자는 "토지에 있는 물건에 관하여 소유권이나 그 밖의 권리를 가진 자"에 해당하여 관계인에 포함된다.[54]

---

53) 대판 1992.3.13. 91다30491.

제 3 절 사업시행자의 권리 · 의무의 승계

Ⅰ. 토지보상법의 규정

토지보상법 제5조는 공익사업의 수행 주체인 사업시행자가 변경되는 경우, 예를 들면 지방도로 개설사업이 국도개설사업으로 변경되는 경우, 사회기반시설에 대한 민간투자법에 따른 민자사업자가 파산하거나 다른 민자사업자와 합병하는 경우, 혹은 수행하던 민자사업을 어떤 이유로 포기하는 등의 경우에, 이미 발생한 권리와 의무 및 그때까지 이루어진 절차는 어떻게 되는지에 대해서 규정하고 있다.

Ⅱ. 권리 · 의무의 승계

사업시행자의 권리 · 의무는 그 사업을 승계한 자에게 이전한다(법 제5조 제1항). 즉 종전의 사업시행자가 보유하던 권리와 의무는 개별적인 권리 양도나 의무 인수의 절차 없이 위 규정에 의해서 새로운 사업시행자에게 포괄적으로 이전되고 종전의 사업시행자가 보유하던 권리와 의무는 완전히 소멸하게 된다. 그러므로 토지소유자나 관계인 및 그 승계인이 종전의 사업시행자에 대해서 의무를 이미 이행한 부분이 있으면 그 효력은 당연히 새로운 사업시행자에 대해서 미치게 된다.

Ⅲ. 절차의 승계

사업시행자나 토지소유자, 관계인 및 그 승계인 등에 변경이 있더라도 이미 이행한 절차나 행위는 위 사람들에게도 그 효력이 미친다(법 제5조 제2항). 이는 공익사업 용지 취득과 관련하여 사업시행자나 토지소유자 등에

54) 대판 2009.2.12. 2008다76112.

변동이 발생하더라도 종전의 절차나 행위의 효력을 새로운 자들에게 미치게 함으로써 절차의 중복을 피하기 위한 것이다.

제 4 절 공익사업의 목적물

Ⅰ. 공익사업의 목적물의 의의

공익사업의 목적물이란 공익사업을 위하여 취득하거나 사용하는 토지 등 물건과 권리로서 토지보상법 제4조 제1호 내지 제4호에 규정된 것을 말한다. 공익사업의 목적물은 통상적으로 수용목적물 또는 공용수용의 목적물이라고 부르고 있다.

토지보상법이 공익사업의 목적물에 관해서 규정을 두고 있는 취지는 사업시행자가 취득 또는 사용할 수 있는 목적물을 미리 특정해 둠으로써 공익사업의 상대방에게 예측가능성을 제공하여 그의 재산권을 보호하기 위한 것이다.

사업시행자가 공익사업의 목적물을 취득하는 이유가 해당 목적물이 공익사업에 필요하기 때문인지(취득수용), 아니면 공익사업에 불필요하여 이를 소멸시키기 위한 것인지(소멸수용) 여부는 묻지 아니한다.

Ⅱ. 토 지

1. 토지의 범위

토지란 일정한 면적의 지표를 의미하고, 토지인지 여부는 토지대장의 기재에 의한다. 토지 소유권은 지표와 함께 합리적인 범위 내에서 지하와 공중에도 미친다. 그렇기 때문에 타인의 토지 위에 고압선을 설치하거나 지하에 가스관을 매설하는 등의 공익사업을 시행하기 위해서는 해당 토지를 취득하거나 토지의 지하나 지상의 이용을 위한 구분지상권(민법 제289조의 2 제1항, 제2항) 등의 사용권을 설정하여야 한다.

2. 행정재산

국유재산 중 행정재산은 용도폐지를 하여 잡종재산으로 편입되기 전에는 수용협의를 하더라도 무효이다.[55] 도로나 하천 부지 등의 행정재산은 공물의 일종으로 그 자체로서 이미 공익을 위하여 사용되고 있기 때문에 이러한 국유재산은 잡종재산으로 편입되어야 공익사업의 목적물로 될 수 있다고 본다. 도시개발법에 의하면 국가나 지방자치단체 소유의 토지가 공익사업 시행지구에 포함된 경우에는 국가나 지방자치단체는 사업시행자와 수의계약의 방법으로 이를 처분할 수 있는데, 이 경우에 행정재산인 토지에 대해서는 미리 관계 행정기관의 장과 처분 전에 미리 용도폐지나 처분에 관해서 협의를 하여야 하는 것으로 규정하고 있다(법 제68조 제2항).

3. 수용되거나 사용 중인 토지

이미 공익사업에 수용되거나 사용되고 있는 토지 등은 특별한 경우가 아니면 다른 공익사업을 위하여 수용하거나 사용할 수 없다(법 제19조 제2항). 여기서 말하는 "특별한 경우"란 현재 수행하고 있는 공익사업보다 공익성이 더 큰 공익사업을 수행하는 경우를 의미한다.[56] 이러한 공익성에 관한 비교 형량의 판단은 사업인정을 하는 국가나 공공단체의 고유한 권한이다.

---

55) 대판 1995.1.24. 94다21221.

56) 류해웅 · 허강무, 앞의 책 158면; 이선영, 앞의 책 133면.

4. 문화재로 지정된 토지

지방문화재로 지정된 토지일지라도 사유지인 경우에는 공익사업의 목적물이 되는 데는 지장이 없다.[57]

Ⅲ. 토지에 관한 소유권 이외의 권리

1. 개 념

토지에 관한 소유권 이외의 권리(법 제3조 제1호)란 지상권, 지역권, 전세권, 등의 용익물권과 사용차권, 임차권 등의 채권 등 토지를 사용할 수 있는 권리를 말한다. 토지에 대한 점유권이나 유치권 등은 공익사업의 목적물에 포함되지 아니한다. 저당권은 토지에 대한 교환가치의 취득을 목적으로 하는 권리로서 공익사업의 목적물이 되지 아니하고 저당권자가 관계인에 포함되는데 그친다. 토지상의 분묘는 분묘기지권이라는 지상권과 유사한 관습법상의 물권의 대상이다. 분묘기지권은 토지에 관한 소유권 이외의 권리로서 공익사업의 목적물이 된다.

2. 소멸수용의 목적물

현행 토지보상법 제3조는 일본의 토지수용법 제5조 내지 제7조를 참고로 한 규정이다. 일본 토지수용법 제5조 제1항은 "토지에 있는 다음 각 호에 기재된 권리를 소멸시키거나 제한할 필요가 있는 동시에 상당한 경우에는 이 법률이 정하는 바에 따라서 이러한 권리를 수용하거나 사용할 수 있다."고 규정하고 있다. 즉 일본 토지수용법은 아무런 법률적 제약이 없는 토지를 취득하기 위하여 소유권 이외의 권리를 소멸시키거나 제한하기 위해서 이들 권리를 수용의 목적물로 정하고 있는 것이다. 그래서

57) 대판 1996.4.26. 95누13241.

일본에서는 토지상에 있는 소유권 이외의 권리를 소멸시킬 목적으로 하는 수용을 취득수용에 대비해서 소멸수용이라고 부르기도 한다.[58] 그러나 우리 토지보상법을 논함에 있어서 토지의 소유권에 관한 취득수용과 소유권 이외의 권리에 관한 소멸수용을 특별히 구분할 필요성이 인정되지는 아니한다.

Ⅳ. 입목, 건물, 그 밖의 토지의 정착물(법 제3조 제2호)

1. 토지보상법의 규정

토지와 함께 공익사업을 위하여 필요한 입목, 건물, 그 밖에 토지에 정착된 물건 및 이에 관한 소유권 이외의 권리는 공익사업의 목적물로 된다(법 제3조 제2호).

가. 이 조항은 입목, 건물 기타 토지에 정착된 물건 및 이에 관한 소유권 이외의 권리는 그 자체가 공익사업을 위하여 필요로 하는 경우에 토지와 함께 공익사업의 목적물이 된다는 것을 규정한 것이다. 토지상의 입목 등은 토지로부터 이전 또는 제거되어야 할 물건임이 원칙이지만, 예외적으로 토지와 함께 공익사업에 필요한 경우에는 이른바 취득수용의 목적물로 된다. 예를 들면 조림된 수목이 해당 토지와 함께 공원사업이나 주택사업의 조경림으로 이용되는 경우가 이에 해당한다.

나. 입목은 토지와 함께 취득되거나 사용되는 경우에는 토지와는 별개로 공익사업의 목적물이 된다. 이에 반해서 가식된 수목은 토지의 정착물이 아니고, 파종된 씨앗은 토지의 일부이므로 양자 모두 공익사업의 목적물로 될 수 없다.

58) 中川善之助 · 兼子一, 앞의 책 4~5면.

다. 토지의 정착물이란 토지에 부착되어 쉽게 분리할 수 할 수 없는 물건으로 부착된 상태로 사용되는 것이 그 물건의 성질로 인정된 것을 말한다.[59] 입목이나 건물 이외의 토지의 정착물로는 교량, 터널, 돌담, 축대, 상하수도관, 도로의 포장 등의 공작물과 대문, 우물, 펌프, 장독대 등 건물의 부대시설 등이 있다.

이러한 토지의 정착물은 토지의 일부를 이루는 물건으로, 토지와 함께 공익사업의 목적물로 된다. 타인의 권원에 의하여 토지에 부속된 것(민법 제256조)은 독립하여 소유권의 객체로 되고, 필요한 경우에는 토지와 함께 공익사업의 목적물로 될 수 있다.

2. 정착물에 관한 소유권 이외의 권리

토지의 정착물에 관한 소유권 이외의 권리란, 예를 들면 입목에 관하여 설정된 저당권이나 건물에 대한 전세권, 저당권, 사용차권, 임차권, 토지상에 부착된 공작물에 대한 임차권 등을 말한다. 이러한 권리도 공익사업에 필요한 경우에는 토지와 함께 취득할 경우에는 공익사업의 목적물이 되는 것으로 규정하고 있지만 실제로는 매우 드물다.[60]

3. 지장물(支障物)과 존치부지(存置敷地)

가. 지장물이란 공익사업 시행지구 내의 토지에 정착한 건축물 · 공작물 · 시설 · 입목 · 죽목 및 농작물 그 밖의 물건 중에서 당해 공익사업의 수행을 위하여 직접 필요하지 아니한 물건을 말한다(토지보상법 시행규칙 제2조 제3호).[61] 지장물은 토지의 정착물로서 이전보상의 대상[62]이 되는 공익사업의

---

59) 박평준 · 박창석, 앞의 책 41면; 류해웅 · 허강무, 앞의 책 154면; 이선영 앞의 책 117면.

60) 일본의 토지수용법 제5조 제2항은 토지의 정착물에 관한 소유권 이외의 권리 역시 이를 소멸 또는 제한하기 위한 수용만 인정하고 있다.

목적물을 포괄적으로 지칭하는 용어로서 소멸수용의 목적물에 해당한다.

나. 존치부지란 사업시행자가 사업지구 안에 있는 기존의 건축물이나 그 밖의 시설을 이전하거나 철거하지 아니하여도 개발사업에 지장이 없다고 인정하여 그대로 존치시킨 부지로서 협의취득이나 수용 또는 무상취득의 대상에서 제외되는 토지를 말한다.[63] 존치부지라는 용어는 토지보상법상의 용어가 아니고 택지개발촉진법시행령 제9조의 3 제3항과 공공주택특별법 시행령 별표4 다항에서 사용하는 용어이다.

택지개발사업이나 공공주택사업을 시행함에 있어서 취득할 토지상에 건축물이 있고 해당 토지를 반드시 취득할 필요가 없는 경우에는 해당 토지를 존치부지로 인정하여 공익사업의 목적물에서 제외하는 것도 가능하다. 다만 이러한 경우에 존치부지의 소유자는 공익사업의 시행에 따른 개발이익을 얻게 되므로 다른 토지소유자 등과의 형평상 존치부담금이라는 형식으로 공익사업에 소요되는 비용의 일부를 개발이익에 대한 환수의 개념으로 납부하도록 하고 있다.

다. 지장물은 공익사업의 목적물로서 이전보상의 대상이 되는데 반하여 존치부지는 공익사업의 목적물에서 제외되는 대신에 존치부담금의 부과대상이 된다는 점에서 양자 간에 차이가 있다.

V. 광업권, 어업권 또는 물의 사용에 관한 권리(법 제3조 제3호)

1. 광 업 권

가. 광업권이란 일정한 광구에서 등록한 광물과 광상에 묻혀 있는 다른

---

61) 지장물에 대해서는 이선영, 앞의 책 574면 이하.

62) 대판 2010.12.9. 2010두15452.

63) 대판 2015.7.9. 2014다85391.

광물을 탐사, 채굴, 취득하는 권리를 말한다(광업법 제3조). 광업법은 미채굴의 광물에 대해서 토지소유권과는 별개로 채굴권의 객체라고 규정하고 있다(법 제4조). 공익사업에 필요한 토지를 취득 또는 사용하는 경우에도 광업권은 소멸되지 아니하기 때문에 토지와는 별개로 공익사업의 목적물로 된다. 다만 석유에 관한 광업권은 정부만이 가질 수 있으므로(법 제9조 제1항) 사업시행자가 다른 공익사업을 위해서 석유에 관한 광업권을 취득하거나 사용할 수 없다.

나. 토지보상법은 조광권(粗鑛權)에 대해서는 별도로 공익사업의 목적물로 규정하고 있지 아니하고 있다. 사업시행자가 광업권을 취득 또는 사용하게 되면 조광권은 소멸하게 된다. 이 경우에 조광권자가 따로 있다면 그는 토지보상법 제2조 제5호의 관계인으로 된다.[64)]

2. 어 업 권

가. 어업권이란 면허를 받아 수산업법 제8조 제1항에 규정된 정치망어업과 마을어업을 경영할 수 있는 권리를 말한다(수산업법 제2조 제9호). 어업권은 물권으로 수산업법에 규정된 것을 제외하고 민법의 토지에 관한 규정이 준용된다(법 제16조 제2항). 어업권 역시 광업권과 동일하게 토지소유권과는 별개의 권리로서 공익사업의 목적물이 된다.[65)]

나. 입어권(入漁權)은 조광권과 마찬가지로 독립한 공익사업의 목적물로 규정되고 있지 아니하고, 입어권자는 관계인으로 됨에 그친다.

---

64) 박평준 · 박창석, 앞의 책 43면; 류해웅 · 허강무, 앞의 책 155면; 이선영 앞의 책 118면.

65) 항만법 제77조 제1항에는 면허어업(수산업법 제8조)뿐만 아니라 허가어업(동법 제41조 제1항)이나 신고어업(동법 제47조 제1항)까지 수용 또는 사용할 수 있는 것으로 규정하고 있다.

3. 물의 사용에 관한 권리

가. 댐사용권

댐사용권이란 다목적댐에 의한 일정량의 저수를 일정한 지역에 확보하고 특정용도에 사용할 수 있는 권리(댐건설 및 주변지역지원 등에 관한 법률 제2조 제3호)로서 물권의 일종으로 취급되어 부동산에 관한 규정이 준용된다(법 제29조). 댐사용권은 물의 이용에 관한 권리 중의 대표적인 권리로서 토지와는 별개로 공익사업의 목적이 된다.

나. 하천수사용권

하천수사용권이란 환경부장관의 허가를 받아 하천수를 생활 · 공업 · 농업 · 환경개선 · 발전 · 주운 등의 용도로 사용할 수 있는 권리를 말한다(하천법 제50조 제1항). 하천수사용권이 일반적인 금지의 해제에 따른 반사적 이익에 불과한지 아니면 하천이라는 공물을 사용하는 권리의 일종인지 여부에 대해서는 의문이 있다. 판례는 하천수사용권은 하천점용허가에 따라 해당 하천을 점용할 수 있는 권리와 마찬가지로 특허에 의한 공물사용권의 일종으로 보고 있다.[66] 따라서 하천수사용권은 해당 토지와는 별개로 공익사업의 목적물이 된다.

다. 온천수 우선이용권

온천수 우선이용권이란 온천공이 있는 토지를 소유한 자가 해당 온천공의 발견신고를 함에 따라 온천수를 우선적으로 이용할 수 있는 권리를 말한다(온천법 제2조 제2호). 온천수 우선이용권은 온천공이 위치한 토지의 소유자에게 인정되는 권리로서 온천공의 신고가 수리된 후에 토지소유자의 변동이 있으면 온천수 우선이용권도 새로운 토지소유자에게 이전된다. 온

66) 대판 2018.12.27. 2014두11601.

천에 관한 권리의 성격은 관습법상의 물권의 일종이라거나 준물권은 아니지만[67] 현행 온천법상 온천수 우선이용권은 토지소유자에게 인정된 권리라고 볼 수 있어서 공익사업의 목적물이 된다. 학설로는 "온천이용권"을 일종의 물권적 권리로 인정하는 설이 다수설이지만[68] 온천법은 이 권리를 물권으로 인정하지 아니하고 있으므로 다수설은 물권법정주의(민법 제185조) 원칙에 어긋난다.[69]

라. 광업법상 용수권(用水權)

광업법상 용수에 관한 권리에 대하여는 토지의 사용과 수용에 관한 권리를 준용하므로(제73조) 공익사업의 목적물이 된다.

Ⅵ. 토지에 속한 흙 · 돌 · 모래 또는 자갈에 관한 권리

1. 토지의 구성부분

토지에 속한 흙 · 돌 · 모래 · 자갈은 토지의 구성부분으로 토지를 취득 또는 사용할 경우에 토지와는 별개로 공익사업의 목적물로 되지 아니한다. 본조는 흙 · 돌 · 모래 · 자갈 등이 토지와는 별개로 공익사업에 필요한 경우에 이런 것들만 공익사업의 목적물로 될 수 있다는 취지에서 규정한 것이다.

---

67) 온천에 관한 권리는 관습법상의 물권의 일종이라거나 준물권이라고 볼 수 없다(대판 1970.5.26. 69다1239).

68) 류해웅 · 허강무, 앞의 책 156면; 박평준 · 박창석, 앞의 책 44면; 이선영, 앞의 책 118면

69) 일본의 경우 온천이용권은 관습법상 토지소유권으로부터 실질적으로 독립한 권리로 인정받고 있다(土地收用法硏究會, 土地收用法の解說と運用, 2009) 29면.

2. 분리된 경우

토지로부터 분리된 흙 · 돌 · 모래 · 자갈은 이미 독립한 물건으로 대체성이 있는 동산이므로 본조의 적용에서 제외되어 공익사업의 목적물로 될 수 없다.

Ⅶ. 공익사업 목적물의 확장

1. 서 론

공익사업의 목적물의 취득 또는 사용은 상대방의 재산권에 대한 침해를 야기하므로 침해는 최소한으로 그쳐야 한다.[70] 그러나 경우에 따라서는 목적물의 범위를 확장하고 그에 상응하는 보상을 하는 것이 오히려 상대방의 재산권을 실질적으로 보장하면서 구체적인 타당성을 기하는 방법일 수도 있다. 학자들이 공익사업의 목적물의 확장으로 거론하는 것에는 잔여지수용, 완전수용, 부대수용, 이전보상에 갈음하는 가격보상 등이 있다. 그 외에도 잔여건축물의 매수 또는 수용청구(법 제75조의 2 제2항), 소수잔존자의 매수 또는 수용청구(법 시행령 제61조)나 공익사업 시행지구 밖의 공작물에 대한 매수 또는 수용청구(동령 제62조) 등에 의해서도 공익사업 목적물이 확장되는데, 이는 잔여지 매수 또는 수용에 대한 경우와 동일하다.

공익사업 목적물의 확장은 형식적으로는 매수나 수용의 방법을 취하고 있지만 실질적으로는 손실보상청구권을 보강하기 위한 수단으로 인정되고 있다.

2. 잔여지(殘餘地) 매수 또는 수용

가. 잔여지 매수 또는 수용이란 동일한 소유자에게 속하는 일단의 토지

---

70) 대판 1994.1.11. 93누8108.

의 일부가 협의에 의하여 매수되거나 수용됨으로 인하여 잔여지를 종래의 목적에 사용하는 것이 현저히 곤란할 경우에 해당 토지소유자의 청구에 의하여 행하여지는 매수나 수용을 말한다(법 제74조 제1항). 토지소유자는 사업인정 이전에는 사업시행자에게 잔여지를 매수하여 줄 것을 청구할 수 있고, 사업인정 이후에는 관할 토지수용위원회에 수용을 청구할 수 있다.

나. 일단의 토지의 일부만 공익사업 용지로 취득 또는 사용되고 난 후에 잔여지만으로는 종래와 동일한 목적에 사용할 수 없다면 잔여지의 가치는 종전에 비해서 하락하게 된다. 이런 경우에 토지소유자의 청구에 의해서 사업시행자로 하여금 잔여지도 수용하게 하면 토지소유자의 재산권에 대한 더욱 완전한 보장을 기할 수 있게 된다. 잔여지 매수 및 수용은 공익사업의 목적물을 일단의 토지 중의 잔여지까지 확장한다는 점에서 목적물의 확장의 일종으로 파악하고 있다.[71] 잔여지 매수 및 수용에 대해서는 뒤에서 살펴본다.[72]

3. 완전수용

가. 완전수용이란 공익사업용지에 대한 사용권의 취득만으로 공익사업을 수행할 수 있는 경우에 상대방의 청구에 의하여 해당 토지에 대해서 행하여지는 매수나 수용을 말한다(법 제72조). 즉 사업시행자가 토지를 사용하는 기간이 3년을 초과하거나, 토지의 사용으로 인하여 토지의 형질이 변하거나, 사용하려는 토지 위에 토지소유자의 건축물이 있는 경우 등에는 해당 토지에 대한 사용권을 취득하는 대신에 소유권을 취득하도록 함으로써 토지소유자의 재산권에 대한 완전한 보상을 기하고자 하는데 완전

71) 류해웅 · 허강무, 앞의 책 165면; 박평준 · 박창석, 앞의 책 50면; 이선영, 앞의 책 122면.

72) 352면 이하 참조.

수용의 의의가 있다.

나. 완전수용이란 토지에 대한 사용권의 취득을 넘어서서 토지에 대한 완전한 지배권인 소유권을 취득한다는 의미에서 완전수용이라고 부른다. 잔여지 매수나 수용이 공익사업용지에 대한 물리적 확장임에 비하여 완전수용은 공익사업용지에 대한 권리의 확장이라고 이해한다.

4. 부대(附帶)수용

가. 부대수용의 개념

(1) 부대수용[73]이란 다수설에 의하면 주된 공익사업을 시행하는데 필요한 건축을 하거나 공익사업용지에 인접한 토지를 조성 또는 정돈할 필요가 있어서 해당 토지를 부수적으로 취득하거나 사용하는 것이라고 한다.[74] 이러한 다수설과는 달리 "공익사업의 시행상 직접 필요로 하는 토지를 초과하여 그 공익사업의 시행으로 지가가 오를 것이 예상되는 부근 일대를 광범하게 수용하여 그 지가상승으로 발생하는 이익을 특정인에게 귀속시키지 않고, 사업시행자에게 귀속하도록 하여 공익을 위하여 사용하도록 하는 목적 등으로 행하여지는 수용"을 부대수용 내지는 지대수용이라고 하는 소수설이 있다.[75] 그러나 소수설이 주장하는 의미의 부대수용은 현행 토지보상법이나 이 법의 별표상의 법률이 인정하는 수용 방법이 아니다.[76]

---

73) 일반적으로 부대수용보다 지대(地帶)수용이라는 용어를 사용한다. 그러나 지대란 한정된 토지의 구역이라는 의미로서 소수설의 입장을 반영한 용어이고, 통상의 수용에 부수한다는 의미에서는 부대수용이라는 용어가 더 적절한 것으로 생각한다.

74) 이선영, 앞의 책 131면; 박평준 · 박창석, 앞의 책 53면.

75) 강교식 · 김원보 · 이호정, 토지보상법론(2005) 60면; 류해웅 · 허강무, 앞의 책 170면; 석종현, 앞의 책 343면.

76) 류해웅 · 허강무, 앞의 책 171면.

(2) 토지보상법 제4조 제6호는 "제1호부터 제5호까지의 사업을 시행하기 위하여 필요한 통로, 교량, 전선로, 재료적치장 또는 그 밖의 부속시설에 관한 사업"도 공익사업의 일종으로 규정하고 있다. 다수설에 의하면 위와 같은 사업을 위하여 토지를 취득하는 경우를 부대수용이라고 하지만, 현행 토지보상법상 이러한 부대사업 역시 공익사업의 일종으로 규정하고 있다. 따라서 위와 같은 사업을 위한 수용은 통상의 수용이라고 할 것이고, 이를 부대수용이라고 하여 공익사업의 목적물의 확장의 예로 드는 것은 적절하다고 보기 어렵다.

(3) 토지보상법 별표상의 법률 중의 하나인 공공토지의 비축에 관한 법률(공공토지비축법)은 공공토지의 비축과 공급에 관하여 필요한 사항을 규정하기 위한 법률로서(법 제1조), 동법에 의한 공공토지란 공익사업에 필요한 토지뿐만 아니라 토지시장 안정을 위한 수급조절용 토지 등도 포함된다(법 제2조 제1호). 나아가서 동법에 의한 공공개발용 토지의 비축사업은 공익사업의 일종으로서(법 제14조) 이 사업에 필요한 토지를 취득하기 위해서는 토지를 수용할 수 있다(법 제16조). 따라서 공공토지비축법은 소수설이 주장하는 지대수용의 개념을 받아들여 입법화한 것으로 평가할 수도 있지만, 공공개발용 토지의 비축을 위한 수용은 공공개발용 토지비축사업을 위한 통상의 수용에 해당한다.

나. 위에서 살펴본 바와 같이 지금까지 확장수용의 일종으로 파악하던 부대수용은 공익사업의 개념이 확대됨에 따라 통상의 수용에 해당하게 되었다.[77] 따라서 부대수용의 개념은 점차 축소되거나 인정할 필요성이 없어진다고 할 수 있다. 문제가 되는 경우를 살펴본다.

77) 박평준 · 박창석, 앞의 책 54면.

(1) 현물보상[78]을 위한 토지의 수용

손실보상은 현금보상을 원칙으로 하지만 예외적으로 토지로 보상할 수 있다(법 제63조 제1항). 토지보상법이 현금보상에 갈음하여 현물보상의 일종인 토지로 보상할 수 있다는 것은 사업시행자가 현물보상을 위한 토지까지 수용할 수 있는 것을 전제로 한 것이다(법 제63조 제2항).

현물보상은 현물보상의 원인이 된 "공익사업의 시행으로 조성한 토지"로 보상(법 제63조 제1항)하므로 현물보상에 필요한 토지를 확보하기 위해서는 해당 공익사업의 시행에 필요한 면적의 토지를 초과하여 수용하여야 한다. 따라서 현물보상에 필요한 토지의 수용은 확장수용에 해당한다.

(2) 이주단지 및 이주정착지 조성을 위한 토지

토지보상법 제78조 제1항과 제4항은 공익사업의 시행으로 인하여 주거용 건축물을 제공함에 따라 생활의 근거를 상실하게 되는 자 즉 "이주대책대상자"를 위한 이주대책의 일환으로 사업시행자에게 주택단지를 포함한 이주정착지를 조성할 것을 규정하고 있다. 그리고 동법 제4조 제7호는 동조 제1호 내지 제5호까지의 사업을 시행하기 위하여 필요한 주택, 공장 등의 이주단지조성에 관한 사업을 공익사업의 일종으로 들고 있다. 따라서 주된 공익사업에 필요한 토지의 취득뿐만 아니라 이 사업에 부수하여 이주단지나 이주정착지 조성에 필요한 토지를 취득하는 사업 역시 공익사업에 포함되는 이상, 해당 토지를 취득하는 것 역시 통상의 수용이라 할 것이다.

5. 이전보상에 갈음하는 가격보상

가. 공익사업에 필요한 토지상의 입목, 건물 기타 토지의 정착물은 이전비를 보상하고 그 소유자로 하여금 이전하게 하는 것이 원칙이다. 다만 입

78) 293면 참조.

목 · 건물 기타 토지의 정착물이 공익사업에 필요한 경우에는 공익사업의 목적물로 되고 사업시행자는 토지와 함께 이를 취득 또는 사용할 수 있다(법 제3조 제2호). 이 경우에 사업시행자는 입목 등에 대한 취득 또는 사용 가격으로 보상하는 것은 당연하다(법 제75조 제1항 제3호).

그런데 토지보상법은 건축물 · 입목 · 공작물 그 밖에 토지에 정착한 물건을 이전하기 어렵거나 이전으로 위 물건을 종래의 목적으로 사용할 수 없게 되는 경우, 혹은 위 물건의 이전비가 그 물건의 가격을 넘는 경우 등에도 물건의 가격으로 보상하도록 규정하고 있다(법 제75조 제1항 제1호, 제2호). 이와 같이 건축물 등 토지에 정착한 물건의 이전비에 갈음하여 물건의 가격으로 보상하는 것을 이 책에서는 가격보상이라고 부르기로 한다.[79)]

나. 가격보상도 공익사업 목적물이 확장되는 경우라고 설명하는 것이 통설이다.[80)] 통설은 이전보상의 목적물에 대해서 가격으로 보상하고 수용을 하는 것이므로 수용목적물이 확장되는 경우에 해당한다고 보는 것이다.

이전보상의 경우에는 목적물의 소유권은 변동이 없지만 가격보상을 하면 목적물의 소유권이 사업시행자에게 이전되어 완전수용과 같은 결과를 가져오므로 공익사업의 목적물이 확장되는 경우에 해당한다.

---

79) 이선영, 앞의 책 128면에는 "물건의 이전비로 보상하여 그 소유권을 유지시키는 것이 아니라 물건의 가격으로 보상하여 그 소유권을 소멸시키는 방법을 이전에 가름하여 이전수용"이라고 규정한다; 같은 취지, 홍정선, 행정법원론(하)(2015) 620면.

80) 김동희, 행정법Ⅱ(2017) 392면; 박윤흔, 행정법강의(하)(2004) 600면; 홍정선, 행정법원론(하)(2015) 620면.

제 5 절 공익사업의 종류

I. 수용보상법률주의의 구체화

1. 서 론

앞에서 살펴본 바와 같이 헌법 제23조 제3항은 "공공필요에 의한 재산권의 수용·사용 또는 제한 및 그에 대한 보상은 법률로써 하되, 정당한 보상을 지급하여야 한다."라고 규정하여 수용보상법률주의와 함께 정당보상주의를 천명하고 있다. 토지보상법 제4조와 동법 별표상의 법률은 재산권을 수용·사용 또는 제한할 수 있는 공익사업의 종류를 열거함으로써 헌법이 규정하고 있는 "공공필요"라는 추상적인 개념을 "공익사업의 수행"으로 구체화하는 동시에 수용보상법률주의를 실현하고 있다.

2. 입법 형식

수용보상법률주의를 구체화하는 입법의 형식에는 크게 두 종류가 있다. 즉 재산권을 수용 또는 사용할 수 있는 사업[81] 다시 말해서 공익사업의 종류를 미리 법률로 열거해 두고 행정기관은 사업시행자가 수행하고자 하는 공익사업에 대해서 개별적으로 허가나 승인 등을 하는 열거주의와, 어느 사업이 재산권의 수용을 인정해 줄 정도로 공공성을 구비하고 있는지 여부에 대해서 개별적으로 심사하여 해당 사업을 공익사업으로 입법하는 개별입법주의가 있다.[82]

---

81) 재산권을 수용 또는 사용할 수 있는 사업을 수용적격사업이라고 부르기도 하지만(류해웅·허강무, 앞의 책 141면) 사견으로는 공익사업과 수용적격사업은 같은 의미라고 본다.

82) 이외에도 공익사업의 종류를 법률에서 한정하지 아니하고, 구체적인 사업에 대해서 수용권을 부여할 것인가 여부를 행정기관의 판단에 포괄적으로 위임하는 포괄주의를 생각할 수 있으나, 이는 수용보상법률주의의 원칙상 허용될 수 없다.

우리나라의 경우, 토지수용법 제정 당시에는 열거주의를 채택하였으나 몇 차례의 개정을 거치면서 현행 토지보상법은 열거주의와 개별입법주의를 병용한 혼합주의를 채택하고 있다. 이에 대해서는 다음 항목에서 자세히 살펴본다.

3. 공익사업의 종류에 관한 규정의 변천 과정

가. 2002. 2. 4. 폐지된 구 토지수용법은 1961. 1. 15. 법률 제965호로 제정되었는데, 그 중에서 법 제3조 각호에 열거된 공익사업의 종류는 여러 번의 개정 과정을 거치면서 점차 증가되었으나 기본적으로 열거주의에 입각하고 있었다. 그 후 1971. 1. 19. 법률 제2293호로 개정된 토지수용법은 제3조 제8호를 추가하여 "기타 다른 법률에 의하여 토지를 수용 또는 사용할 수 있는 사업"까지 공익사업으로 인정함으로써 열거주의와 함께 개별입법주의를 동시에 채택한 혼합주의 입법 형식을 채택하게 되었다. 이와 같이 구 토지수용법이 새로운 공익사업의 종류에 관하여 개별 입법에 일임하게 된 이유는 국가의 복리행정 기능의 확대에 따른 필연적인 현상이기도 하지만, 구 토지수용법 제3조 각호에 규정한 공익사업의 종류를 추가하는 방법보다는 공익사업에 관한 개별법을 제정하면서 수용 및 보상에 관하여 토지보상법의 특칙을 두는 것이 입법 기술상은 물론이고 공익사업의 수행에도 편리하다는데 있었다.

나. 2002. 2. 4. 법률 제6656호에 의하여 구 토지수용법과 공특법을 폐지하고 제정된 토지보상법은 공익사업의 종류를 규정한 제4조의 내용에 관해서는 폐지된 구 토지수용법 제3조와 대동소이하였다.

그러나 개별 입법을 통하여 공익사업의 종류를 제한 없이 확대할 수 있도록 허용함에 따라 어떤 사업이 재산권의 침해가 가능한 공익사업에 해당하는지 여부를 전혀 예측할 수 없게 되었고, 공익사업에 관한 개별법에서는 주로 공익사업의 신속한 시행이라는 행정편의를 위하여 토지보상법의 규정에 대한 예외규정을 둠으로써 수용보상법률주의를 채택한 헌법의 취지에 반한다는 비판이 끊임없이 제기되었다.

이에 2015. 12. 29. 법률 제13677호로 구 토지보상법을 개정하여 개별입법을 통한 공익사업의 무분별한 확대를 방지하기 위한 규정을 신설하게 되었는데 그 내용은 다음과 같다.

4. 토지보상법의 개정 내용

가. 공익사업의 종류의 제한

개정 전의 구 토지보상법은 개별 입법을 통하여 재산권을 수용 또는 사용할 수 있는 사업의 종류를 제한 없이 확대하는 것이 가능하였으나 개정된 토지보상법은 재산권을 수용 또는 사용할 수 있는 공익사업의 종류를 "그 밖에 별표에 규정된 법률에 따라 토지 등을 수용하거나 사용할 수 있는 사업"으로 제한하고 있다. 따라서 현행 토지보상법상으로는 공익사업의 종류는 동 법 제4조 제1호 내지 제7호에 규정된 공익사업과 동법 별표상의 법률에 규정된 공익사업에 한정되고, 별표에 규정되지 아니한 개별입법으로 공익사업을 임의로 창설하는 것은 허용되지 아니한다.

나. 공익사업을 추가하는 방법의 제한

개정된 토지보상법은 제4조의 2를 신설하여, 공익사업은 이 법 제4조 또는 별표에 의하지 아니하고는 정할 수 없고(제1항), 별표는 토지보상법 외의 다른 법률로 개정할 수 없다는 규정을 두었다(제2항). 즉 공익사업을 추가하기 위해서는 개별 입법을 제정하는 방법을 이용하여서는 아니 되고, 반드시 토지보상법 제4조나 별표를 개정하는 방법을 이용하여야 한다는 것이다.

다. 중앙토지수용위원회의 관여

중앙토지수용위원회는 토지보상법 제4조 제8호에 따른 사업의 신설, 변경 및 폐지, 그 밖에 필요한 사항에 관하여 심의를 거쳐 관계 중앙행정기관의 장에게 개선을 요구하거나 의견을 제출할 수 있게 함으로써 공익사업의 종류와 내용에 대해서 견제하는 것이 가능하도록 하였다(법 제4조의 3).[83]

Ⅱ. 공익사업의 종류

1. 개 설

현행 토지보상법상 공익사업의 종류는 열거주의에 의한 공익사업(법 제4조 제1호 내지 제7호)과 개별입법주의에 의한 공익사업(법 제4조 제8호에 따라 별표에 규정한 법률이 인정한 공익사업)으로 구분된다.[84] 또한 2021. 7. 20. 법률 제18312호로 개정된 토지보상법 별표는 공익사업의 종류를 다시 토지보상법 제20조에 의한 사업인정을 받아야 하는 19종의 공익사업(별표 제1호)과 사업인정이 의제되는 93종의 사업(별표 제2호)으로 구분하여 규정하고 있다. 이하에서 토지보상법 제4조 각호에 규정된 공익사업과 별표에 규정된 법률이 인정하는 공익사업에는 어떤 것이 있는지 구체적으로 살펴보기로 한다.

---

83) 이 조항은 2018.12.31. 법률 제16138호로 개정된 내용이다.

84) 이선영, 앞의 책 142면에는 토지보상법 제4호 제1호 내지 제7호의 공익사업을 "전형공익사업", 별표상의 법률에 규정된 공익사업을 "의제공익사업"으로 부르고 있다.

2. 제 1 호

가. 국방 · 군사에 관한 사업

(1) 공익사업에 해당하는 국방 · 군사에 관한 사업이란 구체적으로 어떠한 사업을 의미하는지는 명백치 아니하다. 다만 정부조직법 제33조 각항에 의하면, 국방부장관은 국방에 관련된 군정 및 군령과 그 밖에 군사에 관한 사무를 관장하고(제1항), 국방부장관 소속인 병무청은 징집 · 소집 그 밖에 병무행정에 관한 서무를 관장하며(제2항), 방위사업청은 방위력개선사업, 군수물자조달 및 방위산업 육성에 관한 사업을 관장하는 것으로 규정하고 있다(제5항). 위와 같은 사무나 사업은 공익사업이라기보다는 조세나 형벌 또는 치안에 관한 사무나 사업과 마찬가지로 국가가 수행하여야 하는 책무 그 자체이므로, 이를 공익사업의 일종으로 규정하는 것이 과연 적절한지는 의문이다.

(2) 한편 별표에 규정된 국방 · 군사시설사업에 관한 법률 제2조는 국방 · 군사시설(제1호)과 국방 · 군사시설사업(제2호)의 개념에 대해서 각각 규정하고, 제5조 제1항에서는 국방 · 군사시설사업을 수행하기 위하여 필요한 토지를 수용 또는 사용할 수 있다고 규정하고 있다.

그렇다면 "국방 · 군사에 관한 사업"이라는 규정은 그 내용이 지나치게 포괄적이므로, 별표에 규정된 국방 · 군사시설사업에 관한 법률에 따른 국방 · 군사시설사업에 대해서만 수용이 가능하다는 의미에서 주의적으로 공익사업의 일종으로 규정하는 것이 적절하다고 본다.

3. 제 2 호

가. 규정 내용

관계 법률에 의하여 허가 · 인가 · 승인 · 지정 등을 받아 공익을 목적으로 시행하는 철도 · 도로 · 공항 · 항만 · 주차장 · 공영차고지 · 화물터미널 · 삭도 ·

궤도 · 하천 · 제방 · 댐 · 운하 · 수도 · 하수도 · 하수종말처리 · 폐수처리 · 사방 · 방풍 · 방화 · 방조(防潮) · 방수 · 저수지 · 용배수로 · 석유비축 및 송유 · 폐기물처리 · 전기 · 전기통신 · 방송 · 가스 및 기상관측에 관한 사업.

나. 위 규정에 따라 관계 법률에 의하여 허가 · 인가 · 승인 · 지정 등을 받아 공익을 목적으로 시행하는 일련의 사업은 공익사업이 된다.

(1) 여기서 "관계 법률"이란 제2호에 나열된 공익사업에 관한 허가 · 인가 · 승인 · 지정 등에 관한 근거 규정뿐만 아니라 해당 공익사업을 수행하기 위하여 토지 등을 수용 또는 사용할 수 있다는 근거 규정까지 두고 있는 법률을 의미하는 것으로 해석된다. 그렇다면 제2호에서 규정하고 있는 "관계 법률"은 제8호에서 말하는 "별표에 규정된 법률"과 다른 것인가?

살펴보면, 제2호에 열거된 공익사업에 대하여 허가 · 인가 · 승인 · 지정 등을 규정하고 있는 공익사업에 관한 "관계 법률"에는 토지보상법 별표상의 법률 이외에는 없으므로 이 점에서 보면 "관계 법률"은 "별표에 규정한 법률"에 포함된다. 또한 사업시행자는 토지 등을 수용 또는 사용하기 위해서는 사업인정을 받아야 한다(제20조 제1항). 그런데 "별표에 규정한 법률"에 의하면 사업시행자가 해당 공익사업에 관하여 허가 · 인가 · 승인 · 지정 등을 받은 경우에는 예외 없이 사업인정을 받은 것으로 간주한다는 규정을 두고 있고(별표 제2호), 그 외의 경우에는 사업인정을 받아야 한다(별표 제1호). 따라서 제2호에 나열된 공익사업, 다시 말해서 허가 · 인가 · 승인 · 지정 등을 받음으로써 사업인정으로 간주되는 모든 공익사업에 관한 한 "관계 법률"과 "별표에 규정한 법률"은 내용상으로 동일한 법률이라고 할 수 밖에 없다. 그렇다면 공익사업에 관한 현행 토지보상법의 입법주의는 실제로는 개별입법주의에 입각하고 있다고 보아야 할 것이다.

다. 제2호에 열거된 "관계 법률"에서 인정하고 있는 공익사업을 살펴보면 다음과 같다. 관계 법률의 조항은 해당 공익사업에 대하여 수용 또는 사용할 수 있는 근거를 규정한 조항이다.

(1) 철도에 관한 사업

- 철도 건설사업(철도의 건설 및 철도시설 유지관리에 관한 법률 제12조 제1항).
- 도시철도 건설사업(도시철도법 제10조 제1항).

(2) 도로에 관한 사업

- 도로 개설사업(도로법 제82조 제1항).
- 농어촌도로 정비사업(농어촌도로정비법 제13조 제1항).

(3) 공항에 관한 사업

- 공항개발사업(공항시설법 제12조 제1항).

(4) 항만에 관한 사업

- 항만개발사업, 항만배후단지개발사업(항만법 제89조 제1항).
- 항만공사법 제8조 제1항에 규정된 사업(동법 제26조 제1항).
- 항만재개발사업(항만재개발 및 주변지역에 관한 법률 제24조 제1항).

(5) 주차장에 관한 사업

주차장은 도시교통정비촉진법 제2조 제2호에 규정된 교통시설 중의 하나이다. 동법 제12조 제3항에 의하면 도시교통정비 중기계획의 단계적 시행에 필요한 연차별 시행 계획(법 제10조 제1항)의 시행을 위하여 필요한 경우에는 주차장의 설치사업을 위하여 토지 등을 수용 또는 사용할 수 있다(법 제12조 제1항).

(6) 공영차고지에 관한 사업

- 공영차고지 설치사업(화물자동차운수사업법 제46조의 5 제1항).

(7) 화물터미널에 관한 사업

화물터미널 역시 주차장과 마찬가지로 도시교통정비촉진법 제2조 제2호에 규정된 교통시설 중의 하나이다. 따라서 주차장에 관한 설명은 화물터미널에 대해서도 동일하다. 다만 화물자동차휴게소건설사업은 화물자동차운수사업법 제46조의 5 제1항에 따라 토지 등을 수용 또는 사용할 수 있다.

(8) 삭도 · 궤도에 관한 사업

(가) 궤도운송법에 의하면 궤도란 사람이나 화물을 운송하는 데에 필요한 궤도시설과 궤도차량 및 이와 관련된 운영 · 지원 체계가 유기적으로 구성된 운송 체계를 말하며, 삭도를 포함한다(법 제2조 제1호). 삭도란 공중에 설치한 와이어로프에 궤도차량을 매달아 운행하여 사람이나 화물을 운송하는 것을 말한다(동조 제5호).

(나) 궤도운송법에는 삭도 · 궤도사업을 수행하기 위하여 필요한 경우에 토지 등을 수용 또는 사용할 수 있다는 근거 규정이 없다. 그런데 도시철도법 제2조 제2호에 의하면 "도시철도"는 도시교통의 원활한 소통을 위하여 도시교통권역에서 건설 · 운영하는 철도 · 모노레일 · 노면전차 · 선형유도전동기 · 자기부상열차 등 궤도에 의한 교통시설 및 교통수단을 의미한다. 따라서 궤도에 관한 사업이 도시철도건설사업에 해당하는 경우에는 동법 제10조 제1항에 따라 토지 등을 수용 또는 사용을 할 수 있다. 그렇다면 도시철도에 해당하지 아니한 궤도나 삭도에 관한 사업을 시행하기 위하여 궤도사업자는 토지보상법 제4조 제2호를 근거로 수용 또는 사용할 수 있는가?

토지보상법 제4조 제2호에 열거된 공익사업은 그와 관련한 개별 법률에 토지 등의 수용 또는 사용에 관한 근거 규정이 없더라도 토지보상법 제19조 제1항을 근거로 토지 등을 수용 또는 사용할 수 있다고 일반적으로 해석하는 것이 열거주의의 취지나 공익시업용지취득에 관한 일반법으로서의 지위에 있는 토지보상법의 성격에 비추어 볼 때 옳다고 생각한다. 이러한 경우에 해당 사업의 공익성을 판단함에 있어서는 보다 신중하여야 할 것이다.

(9) 하천에 관한 사업

- 하천공사(하천의 기능을 높이기 위하여 하천의 신설 · 증설 · 개량 및 보수 등을 하는 공사)(하천법 제78조 제1항)
- 소하천 등 정비(소하천정비법 제12조 제1항)

(10) 제방에 관한 사업

- 하천에 설치되는 제방은 하천시설(하천법 제2조 제3호 가목)의 일종이고 제방이 설치된 토지는 하천구역에 포함되므로(동법 제10조 제1항) 제방의 설치사업은 하천공사의 일종으로 동 법 제78조 제1항에 따라 토지 등을 수용 또는 사용할 수 있다.
- 하구둑도 하천법상 하천시설의 일종으로(법 제2조 제3호 나목) 제방과 동일하다.

(11) 댐에 관한 사업

댐구역 중에서 하천구역에 속한 댐은 하천시설의 일종(하천법 제2조 제3호 나목)이므로 하천법이 적용되는 동시에 댐건설 및 주변지역 지원 등에 관한 법률(댐건설법)도 적용되지만 양 법률은 적용 대상을 달리한다. 다만 댐의 건설에 관해서는 댐건설법이 적용되어 댐건설사업시행자는 댐건설에 필요한 경우 토지 등을 수용 또는 사용할 수 있다(법 제11조 제1항).

(12) 운하에 관한 사업

운하는 하천법 제2조 제3호 다목에 규정된 하천시설의 일종으로 운하에 관한 사업 역시 하천법 제76조 제1항에 따라 토지를 수용 또는 사용할 수 있다.

(13) 수도에 관한 사업

- 수도사업(수도법 제60조 제1항).

(14) 하수도에 관한 사업

- 공공하수도 설치사업(하수도법 제10조 제1항).

(15) 하수종말처리에 관한 사업

구 한국수자원공사법(2020. 3. 31. 법률 제17180호로 개정되기 전의 것) 제9조 제1항 제4호에 의하면, 하수종말처리시설이란 둘 이상의 지방자치단체에 공급되는 상수원(이를 "광역상수원"이라 한다)의 수질에 직접 영향을 미치는 지역의 하수를 처리하는 시설로서, 동 사업을 수행하기 위해서 한국수자원공사는 필요한 토지를 수용 또는 사용할 수 있는 것으로 규정하고 있었다(동법 제24조 제1항). 그런데 이러한 하수종말처리시설은 하수도법 제2조 제9호에서 규정한 공공하수처리시설의 일종이라 할 수 있으므로 2020. 3. 31. 한국수자원공사법을 개정하면서 하수종말처리시설에 관한 동법 제9조 제1항 제4호를 삭제하였다. 따라서 하수종말처리시설에 관한 사업은 하수도법상의 공공하수처리시설에 관한 사업을 의미하는 것으로 보면, 동법 제10조 제1항에 따라서 토지 등의 수용 또는 사용할 수 있다.

(16) 폐수처리에 관한 사업

(가) 폐수처리에 관한 사업이란 무엇을 의미하는지 분명치 아니하다. 다만 물환경보전법[85] 제2조 제4호에 의하면 "폐수란 물에 액체성 또는 고체성의 수질오염물질이 섞여 있어 그대로는 사용할 수 없는 물"이라고 규

85) 수질 및 수생태계 보전에 관한 법률은 2017. 1. 17. 법률 제14532호로 물환경보전법으로 명칭이 변경되었다.

정하고 있다. 그런데 동법 제49조의 4 제1항에 의하면 사업시행자는 공공폐수처리시설의 설치에 필요한 토지 등을 수용 또는 사용할 수 있다고 규정하고 있고, 동법 제2조 제17호에 의하면 "공공폐수처리시설이란 공공폐수처리구역의 폐수를 처리하여 공공수역에 배출하기 위한 처리시설과 이를 보완하는 시설을 말한다." 따라서 토지의 등의 수용이나 사용이 가능한 폐수처리에 관한 사업이란 물환경보전법상의 공공폐수처리에 관한 시설을 설치하는 사업에 한한다고 본다.

(나) 축산폐수의 처리시설에 관한 사업의 문제

오수·분뇨 및 축산폐수의 처리에 관한 법률이 2006. 9. 27. 법률 제8014호로 폐지됨에 따라 이 법의 규제를 받던 오수와 분뇨는 하수도법이(법 제2조 제1호, 제2호), 폐수는 물환경보전법이 각각 적용되며, 축산폐수는 가축분뇨의 관리 및 이용에 관한 법률(가축분뇨법) 제2조 제2호의 가축분뇨라는 용어로 변경되면서 동법이 적용된다.

가축분뇨는 오수나 분뇨 또는 폐수와는 달리 이에 대한 배출시설이나 처리시설에 관한 사업의 경우에는 토지 등을 수용 또는 사용에 관한 근거규정이 없다. 가축을 사육하고 그 생산물의 가공을 목적으로 하는 축산업은 개인적인 영리사업에 해당하고 그에 대한 배출시설이나 처리시설을 설치할 의무는 축산업 운영자가 당연히 부담하여야 하므로, 폐수 중에서 축산폐수에 해당하는 가축분뇨 처리를 위해서는 토지 등을 수용 또는 사용할 수 없는 것으로 해석된다.

(17) 사방에 관한 사업

- 사방사업(사방사업법 제10조의 2 제1항)

(18) 방풍·방화·방조·방수에 관한 사업

- 방풍·방화·방조·방수에 관한 사업을 위하여 토지 등을 수용 또는 사

용할 수 있는 규정을 둔 개별법은 존재하지 아니하지만 토지보상법을 근거로 토지 등을 수용 또는 사용할 수 있음은 앞에서 본 삭도 · 궤도에 관한 사업의 경우와 동일하다.

한편 국토계획법 시행령 제2조 제1항 제5호에 규정된 하천 · 유수지 · 저수지 · 방화설비 · 방풍설비 · 방수설비 · 사방설비 · 방조설비 등 방재시설은 기반시설의 일종이므로 위 시설이 도시계획시설로 되는 경우에는 토지수용이 가능하다(법 제95조 제1항). 또한 방파제, 방사제, 방조제 등은 항만법 제2조 제5호 가목의 항만시설 중 기본시설에 해당하므로 방사제나 방조제 설치사업은 항만공사에 해당하여 토지 등을 수용 또는 사용할 수 있다(법 제77조 제1항).

(19) 저수지에 관한 사업

저수지는 하천법 제2조 제3호 나목에 포함되는 하천시설의 일종이므로, 하천공사에 필요한 때는 토지 등을 수용 또는 사용할 수 있다(법 제78조 제1항). 그러나 저수지 중에서 소하천정비법이 적용되는 저수지(법 제2조 제3호)인 경우에는 소하천정비사업을 시행하기 위하여 토지 등을 수용 또는 사용할 수 있고(법 제95조 제1항), 농어촌정비법에 규정된 농업생산기반 정비사업의 대상인 저수지(법 제2조 제5호 마목)에 관한 사업을 시행하기 위한 경우에도 토지 등을 수용 또는 사용할 수 있다(법 제110조 제4항).

(20) 용수로 · 배수로에 관한 사업

용수로와 배수로 역시 농어촌정비법 제2조 제6호에 규정된 농업생산기반시설의 일종으로 그에 관한 사업은 동조 제4호의 농업생산기반 정비사업에 포함된다(법 제110조 제4항). 농업생산기반시설이 아닌 용수로나 배수로는 그 용도에 따라 하천법(법 제78조 제1항)이나 수도법(법 제60조)이 적용되므로 필요한 경우에는 토지 등을 수용 또는 사용할 수 있다.

(21) 석유비축 및 송유에 관한 사업

- 석유의 탐사 · 개발 · 비축 및 수송사업(한국석유공사법 제17조 제1항)

(22) 폐기물처리에 관한 사업

- 폐기물처리시설의 설치 및 이주대책 사업(폐기물처리시설 설치촉진 및 주변지역지원 등에 관한 법률 제14조 제1항)

(23) 전기에 관한 사업

- 열, 전기 등 집단에너지를 공급하는 사업(집단에너지사업법 제46조 제1항)
- 전원개발사업(전원개발촉진법 제6조의 2)

(24) 전기통신에 관한 사업

기간통신사업자는 토지수용권은 인정되지 않고 타인의 토지 등에 대한 사용권 및 일시사용권만 인정하고 있다(전기통신사업법 제72조 제2항, 제73조 제1항).

(25) 방송에 관한 사업

방송에 관한 사업을 수행하기 위하여 토지수용에 관한 규정을 둔 개별법은 없지만 토지보상법을 근거로 방송에 관한 사업을 수행하기 위하여 필요한 경우에는 토지 등을 수용 또는 사용할 수 있을 것이다. 또한 방송시설은 국토계획법 제2조 제6호 다목에 규정된 기반시설에 해당하므로, 도시계획시설 결정을 받은 방송시설에 대해서는 그에 관한 사업을 수행하기 위해서는 토지 등을 수용 또는 사용할 수 있다(법 제95조 제1항).

(26) 가스에 관한 사업

한국가스공사는 한국가스공사법 제11조에 규정된 사업을 수행하기 위하여 토지 등을 수용 또는 사용할 수 있다(법 제17조 제1항).

(27) 기상관측에 관한 사업

기상법상 기상관측을 포함한 기상업무는 국방, 군사에 관한 사업과 마찬가지로 국가의 업무에 속하는 것이어서(법 제1조, 제2조 제8호, 제4조) 기상관측에 관한 사업을 공익사업의 일종으로 보는 것은 적절치 아니하다. 다만 기상관측 업무를 수행할 기상시설의 설치사업에 대해서는 토지보상법 제4조 제3호를 적용하여 필요한 경우에는 토지 등을 수용 또는 사용할 수 있을 것이다.

4. 제 3 호

국가 또는 지방자치단체가 설치하는 청사 · 공장 · 연구소 · 시험소 · 보건 또는 문화시설 · 공원 · 광장 · 운동장 · 시장 · 묘지 · 화장장 · 도축장 그 밖의 공공용시설에 관한 사업.

가. 국가 또는 지방자치단체가 행정 목적을 달성하기 위하여 자신이 직접 사용하거나(청사 · 공장 · 연구소 · 시험소 등 국유재산법 제6조 제2항 제1호에 규정된 공용재산에 해당하는 시설), 일반 공중이 사용하도록 설치하는 시설(보건 또는 문화시설 · 공원 · 광장 · 운동장 · 시장 · 묘지 · 화장장 · 도축장 등 국유재산법 제6조 제2항 제2호와 제3호에 규정된 공공용재산 및 기업용재산에 해당하는 시설) 등에 관한 사업은 동 규정에 의해서 공익사업에 포함된다.

국가 또는 지방자치단체는 이러한 사업을 수행하기 위해서는 특별한 법률을 제정할 필요 없이 토지보상법을 근거로 바로 필요한 토지 등을 수용 또는 사용할 수 있다. 이러한 시설은 국가나 지방자치단체 등이 직접 설치하기 때문에 허가 · 인가 · 승인 · 지정 등의 절차가 불필요하다는 점에서 제2호에 규정된 공익사업과 상이하다.

나. 그 밖의 공공용시설에 관한 사업

(1) 공공용시설의 개념

(가) 국토계획법상 공공시설이란 도로 · 공원 · 철도 · 수도 그 밖에 대통령령이 정하는 공공용시설을 말하고(법 제2조 제13호), "그 밖에 대통령령이 정하는 공공용시설"이란 항만 · 공항 · 운하 · 광장 · 녹지 · 공공공지 · 공동구 · 하천 · 유수지 · 방화설비 · 방풍설비 · 방수설비 · 사방설비 · 방조설비 · 하수도 · 구거와 행정청이 설치하는 주차장 · 운동장 · 저수지 · 화장장 · 공동묘지 · 납골시설(법 시행령 제4조)을 말한다. 따라서 국토계획법상의 공공용시설에는 공공시설도 포함되는데 이는 국유재산법상 행정재산 중 공공용재산과 기업용재산에 해당하는 시설을 포함하는 것이라 하겠다.

(나) 한편 택지개발촉진법에 의하면, 공공시설용지란 국토계획법 제2조 제6호에서 규정하는 기반시설과 대통령령이 정하는 시설을 설치하기 위한 토지라고 규정하고 있다(법 제2조 제2호). 따라서 택지개발촉진법에서 간접적으로 규정하고 있는 공공시설에는 기반시설과 대통령령이 정하는 시설이 포함되므로, 이는 국토계획법에서 규정한 공공용시설과 동일한 것으로 해석된다.

(2) 국가나 지방자치단체가 공공용시설에 관한 사업을 수행하는 경우에는 개별법에 토지 등의 수용 또는 사용에 관한 근거 규정이 없더라도 국토계획법이나 토지보상법을 근거로 곧바로 토지 등을 수용 또는 사용할 수 있다는 점은 앞에서 살펴본 바와 같다.

그러나 도시계획시설에 해당하는 공공용시설은 국토계획법이 정하는 절차에 따라서 먼저 도시계획시설 결정을 한 다음에 이 시설에 대한 사업을 수행하여야 함은 물론이다.

(3) 2008. 2. 29. 법률 8863호로 제정된 사회기반시설에 대한 민간투자법이 시행됨에 따라 공공용시설이 법 제2조 제1호에 규정된 사회기반시

설에 해당하는 경우에는 민간투자사업 법인은 해당 공공용시설 사업을 수행하는 데 필요한 토지 등을 수용 또는 사용할 수 있게 되었다(법 제20조 제1항).

5. 제4호

관계 법률에 따라 허가 · 인가 · 승인 · 지정 등을 받아 공익을 목적으로 시행하는 학교 · 도서관 · 박물관 및 미술관의 건립에 관한 사업.

가. 학교 · 도서관 · 미술관 · 박물관 등은 국토계획법 제2조 제6호 라목에 규정된 공공문화 · 체육시설의 일종이다. 국가나 지방자치단체가 학교 · 도서관 · 박물관 및 미술관의 건립에 관한 사업을 수행하는 경우에는 제3호에서 규정하고 있는 공공용시설에 관한 사업에 포함된다. 이 규정은 국가나 지방자치단체가 아닌 개인이나 법인이 허가 등을 받아 공익을 목적으로 학교 · 도서관 · 박물관 및 미술관의 건립에 관한 사업을 수행하는 경우에 토지 등을 수용 또는 사용할 수 있다는 점에 의의가 있다. 다만 사회기반시설에 대한 민간투자법이 제정되어 법 제2조 제1호 퍼목, 허목, 소목 등에서 학교 · 도서관 · 미술관 · 박물관 등을 사회기반시설의 하나로 규정함에 따라 이러한 시설에 관한 사업은 주로 민간투자법이 적용된다.

나. 제4호에 규정된 사업에 관하여 토지 등을 수용 또는 사용할 수 있다는 규정을 두고 있는 개별법으로는 민간투자법 외에 학교시설사업촉진법이 있다(법 제10조 제1항).

6. 제5호

국가 · 지방자치단체 · 공공기관 · 지방공기업 또는 국가나 지방자치단체가 지정한 자가 임대나 양도의 목적으로 시행하는 주택의 건설 또는 택지 및 산업단지의 조성에 관한 사업.

가. 사업주체

(1) 국가, 지방자치단체

(2) 공공기관

공공기관이란 공기업, 준정부기관과 기타공공기관을 포괄하는 명칭으로 각 기관의 개념에 대해서는 공공기관운영법 제4조와 제5조에서 상세하게 규정하고 있다.

(3) 지방공기업

지방공기업이란 지방공기업법 제2조 제1항 각호의 사업을 수행하기 위하여 지방자치단체가 직접 설치·경영하거나, 법인을 설립하여 경영하는 기업(법 제1조)으로 지방직영기업·지방공사·지방공단을 포괄하는 명칭이다(법 제3조 제1항).

(4) 국가나 지방자치단체가 지정한 자

예를 들면 도시정비법 제24조 내지 제28조에 의하여 주거환경개선사업, 재개발사업, 재건축사업, 동 사업의 대행자 등으로 지정된 사업자를 말한다.

나. 사업 내용

(1) 임대의 목적으로 시행하는 주택의 건설에 관한 사업

이는 임대주택법 제2조 제2호의 건설임대주택사업을 말한다. 임대사업자가 토지보상법 제4조 제5호에 따라 지정을 받고 주택법 제16조에 의한 사업계획승인을 받으면(임대주택법 제14조 제1항) 토지보상법상 사업인정을 받은 것으로 보아(동조 제2항) 토지 등을 수용 또는 사용할 수 있다.

(2) 양도의 목적으로 시행하는 주택의 건설에 관한 사업

이는 도시 및 주거환경정비법(도시정비법) 제2조 제2호에 규정된 주거환경개선사업, 재개발사업, 재건축사업 등 정비사업이나 주택법 제2조에 규정된 주택을 건설하는 사업을 말한다. 이들 사업을 수행하는데 필요한 토지등의 수용 또는 사용에 대해서는 도시정비법 제63조, 주택법 제23조 제1항에서 규정하고 있다.

(3) 택지의 조성에 관한 사업이란 택지개발촉진법 제2조 제1호에 규정된 주택건설용지 및 공공시설용지에 대한 택지개발사업을 의미한다(법 제12조 제1항).

(4) 산업단지의 조성에 관한 사업이란 산업입지 및 개발에 관한 법률 제2조 제8호에 규정된 산업단지를 조성하기 위하여 시행하는 같은 조 제8호에 규정된 산업단지개발사업을 말한다(법 제22조 제1항).

7. 제 6 호

제1호 내지 제5호의 사업을 시행하기 위하여 필요한 통로, 교량, 전선로, 재료적치장 그 밖의 부속시설에 관한 사업.

가. 동 조항의 취지

(1) 동 조항은 제1호 내지 제5호에서 규정하고 있는 공익사업을 시행하는데 필요한 부속시설을 설치하기 위한 사업도 공익사업의 일종으로 보고, 그러한 사업을 수행하는데 필요한 토지 등도 수용 또는 사용할 수 있도록 하는데 그 취지가 있다.

그러나 공익사업을 수행하기 위하여 필요한 통로나 교량 등의 부속시설이 당해 공익사업의 시행 기간 동안에만 필요한 일시적인 시설이 아니라, 영구적인 시설로서, 해당 공익사업 지역 외부에서부터 설치되어 공익사업

지역으로 연결되는 경우에는 해당 공익사업의 내용 중에 포함되는 것이 일반적이다.

따라서 동 조항은 통로나 교량 등의 부속시설이 해당 공익사업 지역의 외부에 설치되는 시설로서, 해당 공익사업의 시행 기간 동안에만 일시적으로 필요한 경우에 한하여 적용될 여지가 있고, 그러한 경우에는 타인의 토지에 대하여 일시적인 사용권만 인정된다고 본다.

(2) 부대수용을 공익사업 목적물의 확장으로 파악하는 설에 의하면 공익사업을 수행하는데 필요한 통로나 교량 등의 부속시설을 위한 토지수용을 부대수용으로 인정한다. 그러나 공익사업의 범위가 확대됨에 따라 종전에는 부대수용으로 파악하던 수용도 통상의 수용에 포함하게 되었음은 앞에서 살펴보았다.

나. 부속시설 중에는 전선로뿐만 아니라 전화선로나 정보통신망로 등의 설치에 관한 사업도 제1호 내지 제5호에 규정된 공익사업을 시행하기 위하여 필요한 부속시설에 관한 사업에 해당할 수 있다고 해석된다.

재료적치장은 공익사업에 필요한 자재 등을 사업시행 기간 동안 일시적으로 보관하는 장소이므로 공익사업 지역 내에 있는 토지를 재료적치장으로 사용할 경우에는 별도로 해당 토지 등을 수용 또는 사용할 필요가 없다. 재료적치장이 공익사업이 시행되는 사업지구 외부에 설치되는 경우에는 해당 토지에 대해서 일시 사용을 위한 공용사용권만 허용될 것으로 본다.

8. 제 7 호

제1호부터 제5호까지의 사업을 시행하기 위하여 필요한 주택, 공장 등의 이주단지 조성에 관한 사업.

가. 이주단지 조성에 관한 사업이란 주택단지를 포함한 이주정착지의

조성에 관한 사업을 말하는데(토지보상법 제78조 제1항, 제4항), 이는 이주대책대상자에 대한 생활보상의 일종인 이주대책으로 시행하는 사업이다. 산업입지 및 개발에 관한 법률에도 이주자를 위한 이주대책을 수립하고(법 제36조 제1항) 필요한 경우에는 토지 등을 수용 또는 사용할 수 있는 것으로 규정하고 있다(법 제22조 제1항).

나. 동 조항에 대해서 다수설은 주된 공익사업인 제1호 내지 제5호에서 규정하는 공익사업에 필요한 토지를 초과하는 토지에 대한 수용 또는 사용을 허용한다는 점에서 부대수용의 일종으로 공익사업 목적물의 확장에 해당하는 것으로 이해하고 있다. 그러나 이러한 수용 역시 제6호와 마찬가지로 통상의 수용에 해당하는 것일 뿐, 공익사업의 목적물의 확장으로 이해할 것은 아니다.

다. 토지보상법 제4조 제5호는 "국가 · 지방자치단체 · 정부투자기관 · 지방공기업 또는 국가나 지방자치단체가 지정한 자가 임대나 양도의 목적으로 시행하는 주택의 건설 또는 택지 및 산업단지의 조성에 관한 사업"을 공익사업의 일종으로 규정하고 있고, 이와 같은 사업을 위한 개별법에는 사업시행자나 토지수용의 절차 등에 대해서 별도의 규정을 두고 있다.

그러나 동법 제4조 제1호 내지 제4호에 규정하고 있는 공익사업을 수행하기 위하여 필요한 주택, 공장 등의 이주단지 조성에 관한 사업에 대해서는 개별법의 규정이 없더라도 동조 제7호의 규정을 근거로 바로 토지 등을 수용 또는 사용할 수 있다.

라. 토지보상법 제4조 제7호에 규정된 공익사업을 수행할 수 있는 자는 동조 제1호 내지 제5호에 규정된 사업시행자와 동일하다고 해석된다. 그런데 동조 제5호에 규정된 사업에 대해서는 개별법에 이를 주된 공익사업으로 수행하는 사업시행자가 따로 정하여져 있어서 그로 하여금 제7호에

규정된 공익사업을 수행하게 하더라도 사업의 수행에 필요한 전문성이 확보되어 있다고 볼 수 있다. 그렇지만 동조 제1호 내지 제4호에 규정된 공익사업의 시행자가 제7호에 규정된 공익사업까지 수행한다는 것은 제5호의 공익사업을 주된 공익사업으로 수행하는 전문화된 사업시행자가 아닌 다른 공익사업의 시행자에게 부수적으로 주택, 공장 등의 이주단지 조성에 관한 사업까지 수행할 수 있는 권한을 부여하게 된다는 점에서 해석상 의문이 있다.

9. 제 8 호

그 밖에 별표에 규정된 법률에 따라 토지 등을 수용 또는 사용할 수 있는 사업.

가. 동 조항은 공익사업의 종류에 관해서 개별입법주의를 채택한 것으로, 공익사업을 전형공익사업과 의제공익사업으로 구분하는 설에 의하면 의제공익사업에 해당하는 사업에 관한 규정이다. 그런데 2021. 7. 20. 법률 제18312호로 개정된 토지보상법 별표에서는 사업인정을 받아야 하는 공익사업을 규정한 19개의 법률(별표 제1호)과 사업인정이 의제되는 사업을 규정한 93개의 법률(별표 제2호)을 구분하여 규정하고 있다.[86]

그러나 토지보상법 제20조에 의한 사업인정을 받아야 하는 공익사업과 위 93개의 개별법에 의한 의제사업인정을 받아야 하는 공익사업 간에는 본질적인 차이가 없고 의제사업인정의 대상인 공익사업은 그 대부분이 법 제4조 제1호 내지 제7호에 규정된 전형공익사업과 중복된다.

나. 별표상의 법률이 규정하고 있는 공익사업의 종류는 다음과 같은 바, 괄호 안의 조항은 토지 등을 수용 또는 사용할 수 있는 근거 조항이다.

86) 164면 참조.

(1) 사업인정을 받아야 하는 공익사업(별표 제1호)

① 「공간정보의 구축 및 관리 등에 관한 법률」에 따른 기본측량의 실시(법 제103조 제1항)

② 「공공토지의 비축에 관한 법률」에 따라 한국토지주택공사가 공공개발용 토지의 비축사업계획을 승인받은 공공개발용 토지의 취득(법 제16조 제1항)

③ 「국립대학법인 서울대학교 설립 · 운영에 관한 법률」에 따른 국립대학법인 서울대학교의 학교용지 확보(법 제23조 제1항)

④ 「국립대학법인 인천대학교 설립 · 운영에 관한 법률」에 따른 국립대학법인 인천대학교의 학교용지 확보(법 제23조)

⑤ 「규제자유특구 및 지역특화발전특구에 관한 규제특례법」에 따른 특화사업(법 제59조 제1항)

⑥ 「농어업재해대책법」에 따른 응급조치(법 제7조 제1항)

동법은 토지보상법 제39조 제1항에 규정된 재해방지를 위한 토지 사용허가에 대한 특별법의 성격을 가지고 있다. 즉 이 법에서는 농어업에 대한 재해발생 및 발생우려 시에는 응급조치에 필요한 토지 등의 사용뿐만 아니라 수용까지 가능한 것으로 규정하고 있다.

⑦ 「대기환경보전법」 제4조에 따라 고시된 측정망설치계획에 따른 환경부장관 또는 시 · 도지사의 측정망 설치(법 제5조 제1항)

⑧ 「문화재보호법」에 따른 문화재의 보존 · 관리(법 제83조 제1항)

⑨ 「석면안전관리법」 제7조에 따른 실태조사, 제8조 제2항에 따른 조사, 제13조에 따른 자연발생석면영향조사, 제25조에 따른 슬레이트 시설물 등에 대한 석면조사(환경부장관, 관계 중앙행정기관의 장, 시 · 도지사 또는 시장 · 군수 · 구청장이 실시하는 경우에 한정한다)(법 제36조 제1항)

⑩ 「석탄산업법」 제23조 제1항에 따른 연료단지 조성(특별시장 · 광역시장 · 도지사 또는 특별자치도지사가 실시하는 경우에 한정한다)(법 제23조 제3항)

⑪ 「수목원 · 정원의 조성 및 진흥에 관한 법률」에 따른 국가 또는 지방자치단체의 수목원 조성(법 제8조의 2 제1항)

⑫ 「자동차관리법」에 따른 자동차서비스복합단지 개발사업(법 제68조의 12)

⑬ 「전기사업법」에 따른 전기사업용전기설비의 설치나 이를 위한 실지조사 · 측량 및 시공 또는 전기사업용전기설비의 유지 · 보수(법 제87조 제1항)

이 경우에는 공용사용만 가능하다.

⑭ 「전기통신사업법」에 따른 전기통신업무에 제공되는 선로 등의 설치(법 제72조 제2항).

이 경우에도 공용사용만 가능하다.

⑮ 「지능형 로봇 개발 및 보급 촉진법」 제34조에 따른 공익시설의 조성사업(법 제38조 제1항).

⑯ 「지하수법」 제17조 및 제18조에 따른 지하수관측시설 및 수질측정망(국토교통부장관, 환경부장관 또는 시장 · 군수 · 구청장이 설치하는 경우에 한정한다) 설치(법 제18조의 2).

⑰ 「집단에너지사업법」에 따른 공급시설의 설치나 이를 위한 실지조사 · 측량 및 시공 또는 공급시설의 유지 · 보수(법 제46조 제1항).

⑱ 「청소년활동 진흥법」 제11조 제1항에 따른 수련시설의 설치(법 제50조 제1항).

⑲ 「한국석유공사법」에 따라 한국석유공사가 시행하는 석유의 탐사 · 개발 · 비축 및 수송사업(법 제17조 제1항).

(2) **사업인정으로 의제되는 사업**(별표 제2호)

① 「2018 평창 동계올림픽대회 및 동계패럴림픽대회 지원 등에 관한 특별법」에 따른 특구개발사업(법 제37조 제1항)

② 「간선급행버스체계의 건설 및 운영에 관한 특별법」에 따른 체계건설사업(법 제10조 제1항)

③ 「간척지의 농어업적 이용 및 관리에 관한 법률」에 따른 간척지활용사업(법 제19조 제1항)

④ 「건설기계관리법」에 따른 공영주기장의 설치(법 제33조의 3 제1항).

⑤ 「경제자유구역의 지정 및 운영에 관한 특별법」에 따른 경제자유구역에서 실시되는 개발사업(법 제13조 제1항)

⑥ 「고도 보존 및 육성에 관한 특별법」에 따른 고도보존육성사업 및 주민지원사업(법 제17조 제2항)

⑦ 「공공주택 특별법」 제2조 제3호 가목에 따른 공공주택지구조성사업, 같은 호 나목에 따른 공공주택건설사업 및 같은 호 마목에 따른 도심 공공주택 복합사업(법 제27조 제1항)

⑧ 「공사중단 장기방치 건축물의 정비 등에 관한 특별조치법」에 따른 정비사업(법 제11조 제1항)

⑨ 「공항시설법」에 따른 공항개발사업(법 제12조 제1항)

⑩ 「관광진흥법」 제55조에 따른 조성계획을 시행하기 위한 사업(법 제61조 제1항)

⑪ 「광산피해의 방지 및 복구에 관한 법률」에 따른 광해방지사업(법 제19조 제1항)

⑫ 「광업법」 제70조 각 호와 제71조 각 호의 목적을 위하여 광업권자나 조광권자가 산업통상자원부장관의 인정을 받은 행위(법 제70조, 제71조)

⑬ 「국가통합교통체계효율화법」에 따른 복합환승센터 개발사업(법 제54조 제1항)

⑭ 「국방 · 군사시설 사업에 관한 법률」에 따른 국방 · 군사시설(법 제5조 제1항)

⑮ 「국제경기대회 지원법」에 따른 대회관련시설의 설치 · 이용 등에 관한 사업(법 제28조 제1항)

⑯ 「국토의 계획 및 이용에 관한 법률」에 따른 도시 · 군계획시설사업(법 제95조 제1항)

국토계획법은 국토의 이용 · 개발과 보전을 위한 계획의 수립 및 집행 등에 필요한 사항을 정한 일반법으로, 관련되는 개별법에 대한 모법(母法)의 성격을 가지고 있다.

동법에서 규정한 "도시 · 군계획"이란 특별시 · 광역시 · 특별자치시 · 특별자치도 · 시 또는 군(광역시의 관할 구역에 있는 군은 제외한다. 이하 같다)의 관할 구역에 대하여 수립하는 공간구조와 발전방향에 대한 계획(법 제2조 제2호)을 말한다.

"도시 · 군계획시설사업"이란 "기반시설" 중 도시 · 군관리계획으로 결정된 시설(동조 제7호)을, 기반시설이란 동조 제6호 각목에 규정된 시설로서 대통령령으로 정하는 시설을 각각 지칭한다. 따라서 만일 토지보상법 제4조 각호 및 별표에서 규정한 공익사업이 도시 · 군관리계획으로 결정된 도시 · 군계획시설사업에 해당하는 경우에는 개별법의 적용에 앞서서 국토계획법이 먼저 적용된다.

⑰ 「군 공항 이전 및 지원에 관한 특별법」에 따른 이전주변지역 지원사업(법 제15조 제1항)

⑱ 「금강수계 물관리 및 주민지원 등에 관한 법률」 제4조의3에 따른 수변생태벨트 조성사업 또는 제24조에 따른 수질개선사업(법 제25조 제1항)

⑲ 「급경사지 재해예방에 관한 법률」에 따른 붕괴위험지역의 정비사업(법 제16조 제1항)

⑳ 「기업도시개발 특별법」에 따른 기업도시개발사업(법 제14조 제1항)
㉑ 「낙동강수계 물관리 및 주민지원 등에 관한 법률」 제4조의 3에 따른 수변생태벨트 조성사업 또는 제26조에 따른 수질개선사업(법 제27조 제1항)
㉒ 「농어촌도로 정비법」에 따른 농어촌도로 정비공사(법 제13조 제1항)
㉓ 「농어촌마을 주거환경 개선 및 리모델링 촉진을 위한 특별법」에 따른 정비사업(법 제21조)
㉔ 「농어촌정비법」에 따른 농어촌정비사업(법 제19조 제1항)
㉕ 「농업생산기반시설 및 주변지역 활용에 관한 특별법」에 따른 농업생산기반시설 등 활용사업(법 제18조 제1항)
㉖ 「댐건설 · 관리 및 주변지역지원 등에 관한 법률」에 따른 댐건설사업(법 제11조 제1항)
㉗ 「도로법」에 따른 도로공사(법 제82조 제1항)
㉘ 「도시개발법」에 따른 도시개발사업(법 제22조 제1항)
㉙ 「도시교통정비 촉진법」에 따른 중기계획의 단계적 시행에 필요한 연차별 시행계획(법 제12조 제1항)
㉚ 「도시 및 주거환경정비법」 제63조에 따라 토지 등을 수용하거나 사용할 수 있는 사업(법 제63조)
㉛ 「도시철도법」에 따른 도시철도건설사업(법 제10조 제1항)
㉜ 「도청이전을 위한 도시건설 및 지원에 관한 특별법」에 따른 도청이전신도시 개발사업(법 제17조 제1항)
㉝ 「동 · 서 · 남해안 및 내륙권 발전 특별법」에 따른 해안권 또는 내륙권 개발사업(법 제16조 제1항)
㉞ 「마리나항만의 조성 및 관리 등에 관한 법률」에 따른 마리나항만의 개발사업(법 제17조 제1항)
㉟ 「물류시설의 개발 및 운영에 관한 법률」에 따른 물류터미널사업 및

물류단지개발사업(법 제10조 제1항).

㊱ 「물환경보전법」에 따른 공공폐수처리시설 설치(법 제49조의 4 제1항).

㊲ 「민간임대주택에 관한 특별법」 제20조에 따라 토지등을 수용하거나 사용할 수 있는 사업(법 제34조 제1항).

㊳ 「빈집 및 소규모주택 정비에 관한 특례법」에 따른 빈집정비사업 및 같은 법 제35조의2에 따라 토지 등을 수용하거나 사용할 수 있는 사업(법 제36조 제2항)

㊴ 「사방사업법」에 따른 사방사업(법 제10조의 2 제1항)

㊵ 「사회기반시설에 대한 민간투자법」에 따른 민간투자사업(법 제20조 제1항)

민간투자사업은 토지보상법 제4조 각호에 규정된 공익사업과 별개의 공익사업의 일종이 아니라 사회기반시설사업의 일부로서 사업시행자가 사기업이라는 점만 다를 뿐이다.

㊶ 「산림복지 진흥에 관한 법률」에 따른 산림복지단지의 조성(법 제42조 제1항)

㊷ 「산업입지 및 개발에 관한 법률」에 따른 산업단지개발사업 및 제39조에 따른 특수지역개발사업(법 제22조 제1항 및 제39조)

㊸ 「새만금사업 추진 및 지원에 관한 특별법」에 따른 새만금사업(법 제18조 제1항)

㊹ 「소규모 공공시설 안전관리 등에 관한 법률」에 따른 소규모 위험시설 정비사업(법 제14조 제1항)

㊺ 「소하천정비법」에 따른 소하천의 정비(법 제12조 제1항)

㊻ 「수도법」에 따른 수도사업(법 제60조 제1항)

㊼ 「수자원의 조사 · 계획 및 관리에 관한 법률」에 따른 수문조사시설 설치사업(법 제34조 제1항)

㊽ 「신항만건설 촉진법」에 따른 신항만건설사업(법 제16조 제1항)

㊾ 「신행정수도 후속대책을 위한 연기 · 공주지역 행정중심복합도시 건설을 위한 특별법」에 따른 행정중심복합도시건설사업(법 제24조 제1항)
㊿ 「어촌 · 어항법」에 따른 어항의 육역에 관한 개발사업(법 제25조의 2 제1항)
(51) 「어촌특화발전 지원 특별법」에 따른 어촌특화사업(법 제17조 제1항)
(52) 「역세권의 개발 및 이용에 관한 법률」에 따른 역세권개발사업(법 제17조 제1항)
(53) 「연구개발특구의 육성에 관한 특별법」에 따른 특구개발사업(법 제31조 제1항)
(54) 「연안관리법」에 따른 연안정비사업(법 제27조 제1항)
(55) 「영산강 · 섬진강수계 물관리 및 주민지원 등에 관한 법률」 제4조의 3에 따른 수변생태벨트 조성사업 또는 제24조에 따른 수질개선사업(법 제25조 제1항)
(56) 「온천법」에 따라 개발계획을 수립하거나 그 승인을 받은 시장 · 군수가 시행하는 개발계획에 따른 사업(법 제10조의 4 제1항)
(57) 「용산공원 조성 특별법」에 따른 공원조성사업(법 제50조 제1항)

동법에 의하면 용산공원조성지구 중 본체부지를 제외한 인접지역의 토지 등에 대해서 수용 또는 사용할 수 있는 것으로 규정하고 있다. 본체부지란 미합중국군대의 본부 및 지원부대 등이 집단적으로 입지한 일단의 부지로서 대통령령으로 정하는 부지를 말한다(법 제3조 제1호 가목).

(58) 「자연공원법」에 따른 공원사업(법 제22조 제1항)
(59) 「자연재해대책법」에 따른 자연재해위험개선지구 정비사업(법 제14조의 3 제1항)
(60) 「자연환경보전법」 제38조에 따른 자연환경보전 · 이용시설(국가 또는 지방자치단체가 설치하는 경우에 한정한다)(법 제52조 제1항)
(61) 「재해위험 개선사업 및 이주대책에 관한 특별법」에 따른 재해위험

개선사업(법 제18조 제1항)

⑫ 「저수지 · 댐의 안전관리 및 재해예방에 관한 법률」에 따른 저수지 · 댐의안전점검, 정밀안전진단, 정비계획의 수립, 정비사업(법 제20조 제1항)

⑬ 「전원개발촉진법」에 따른 전원개발사업(법 제6조의 2 제1항)

⑭ 「접경지역 지원 특별법」 제13조 제6항 및 제9항에 따라 고시된 사업시행계획에 포함되어 있는 사업(법 제15조 제1항)

⑮ 「제주특별자치도 설치 및 국제자유도시 조성을 위한 특별법」에 따른 개발사업(법 제151조 제1항)

⑯ 「주택법」에 따른 국가 · 지방자치단체 · 한국토지주택공사 및 지방공사인 사업주체가 국민주택을 건설하거나 국민주택을 건설하기 위한 대지 조성(법 제27조 제1항)

⑰ 「주한미군 공여구역주변지역 등 지원 특별법」 제9조에 따른 사업계획에 따른 사업(법 제31조 제1항)

⑱ 「주한미군기지 이전에 따른 평택시 등의 지원 등에 관한 특별법」에 따른 평택시개발사업과 국제화계획지구 개발사업(법 제24조의 2 제1항)

⑲ 「중소기업진흥에 관한 법률」 제31조에 따라 중소벤처기업진흥공단이 시행하는 단지조성사업(법 제33조 제1항)

⑳ 「지방소도읍 육성 지원법」 제4조에 따라 수립하는 종합육성계획에 따른 사업(법 제10조 제1항)

㉑ 「지역 개발 및 지원에 관한 법률」에 따른 지역개발사업(법 제27조 제1항)

㉒ 「철도의 건설 및 철도시설 유지관리에 관한 법률」에 따른 철도건설사업(법 제12조 제1항)

㉓ 「친수구역 활용에 관한 특별법」에 따른 친수구역조성사업(법 제19조 제1항)

⑭ 「태권도 진흥 및 태권도공원 조성 등에 관한 법률」에 따른 공원조성사업(법 제14조 제1항)
⑮ 「택지개발촉진법」에 따른 택지개발사업(법 제12조 제1항)
⑯ 「토양환경보전법」 제7조제1항 각 호의 어느 하나에 해당하는 측정, 조사, 설치 및 토양정화(환경부장관, 시 · 도지사 또는 시장 · 군수 · 구청장이 실시하는 경우에 한정한다)(법 제7조 제1항)
⑰ 「폐기물처리시설 설치촉진 및 주변지역지원 등에 관한 법률」에 따른 폐기물처리시설의 설치 및 이주대책의 시행(법 제14조 제1항)
⑱ 「하수도법」에 따른 공공하수도 설치(법 제10조 제1항)
⑲ 「하천법」에 따른 하천공사(법 제78조 제1항)
⑳ 「학교시설사업 촉진법」에 따른 학교시설사업(법 제10조 제1항)
㉑ 「한강수계 상수원수질개선 및 주민지원 등에 관한 법률」 제4조의3에 따른 수변생태벨트 조성사업 또는 제13조에 따른 수질개선사업(법 제14조 제1항)
㉒ 「한국가스공사법」 제11조에 따른 사업 중 한국가스공사가 천연가스의 인수 · 저장 · 생산 · 공급 설비 및 그 부대시설을 설치하는 공사(법 제17조 제1항)
㉓ 「한국수자원공사법」 제9조 제1항 제1호 · 제2호 · 제5호 · 제5호의 2 · 제7호부터 제11호까지의 사업(법 제24조 제1항)
㉔ 「한국환경공단법」 제17조 제1항 제1호부터 제19호까지 및 제22호의 사업(법 제20조 제2항)
㉕ 「항만공사법」 제8조 제1항 제1호, 제2호, 제2호의 2, 제2호의 3, 제3호부터 제8호까지에 따른 사업(법 제26조 재1항)
㉖ 「항만법」에 따른 항만개발사업 또는 항만배후단지개발사업(법 제77조 제1항)
㉗ 「항만 재개발 및 주변지역 발전에 관한 법률」에 따른 항만재개발사

업(법 제24조 제1항)

⑱ 「해수욕장의 이용 및 관리에 관한 법률」에 따른 해수욕장시설사업

그러나 동법에는 토지 등을 수용 또는 사용에 관한 근거규정이 없다. 입법의 누락이다.

⑲ 「해양산업클러스터의 지정 및 육성 등에 관한 특별법」에 따른 해양산업클러스터 개발사업(법 제31조 제1항)

⑳ 「해저광물자원 개발법」에 따라 해저조광권자가 실시하는 해저광물 탐사 또는 채취(법 제30조 제1항)

㉑ 「혁신도시 조성 및 발전에 관한 특별법」에 따른 혁신도시개발사업(법 제15조 제1항)

㉒ 「화물자동차 운수사업법」에 따른 공영차고지의 설치 및 화물자동차 휴게소의 건설(법 제46조의 5 제1항)

㉓ 「도시재생 활성화 및 지원에 관한 특별법」 제55조의 2에 따라 주거재생혁신지구(같은 조를 준용하는 국가시범지구를 포함한다)에서 시행하는 혁신지구재생사업(법 제51조 제3항)

나. 입법론상의 문제점

앞에서 살펴본 바와 같이 토지보상법 제4조 제1호 내지 제7호에 규정된 열거주의에 따른 공익사업은 전부 별표상의 법률이 규정하고 있는 개별입법주의에 의한 공익사업과 중복되거나 법률의 해석상 공익사업으로 인정될 뿐만 아니라 양자를 구별하는 기준도 분명치 아니하다. 따라서 별표에 규정된 112종의 법률이 규정하고 있는 공익사업과는 별도로 열거주의에 의한 공익사업까지 인정할 필요가 있는지는 의문이다.

나아가서 별표상의 법률이 규정하는 공익사업 간에도 내용적으로 유사하거나 중복되는 것이 적지 아니하므로 유사한 내용의 법령을 유형별로 통일하여 간소화할 필요도 있다.

또한 별표에 의하지 아니하고는 공익사업을 정할 수 없는 동시에 다른 법률에 의해서는 별표를 개정할 수 없다는 규정(법 제4조의 2)을 신설함에 따라 토지보상법의 별표는 새로운 공익사업에 대한 요구가 발생할 때마다 빈번한 개정을 피할 수 없게 되었다. 이러한 문제점은 2021. 4. 13. 법률 제18044호로 토지보상법 제4조의 2 제3항을 신설하여 "국토교통부장관은 제4조 제8호에 따른 사업의 공공성, 수용의 필요성 등을 5년마다 재검토하여 폐지, 변경 또는 유지 등을 위한 조치를 하여야 한다."라고 규정한 점에서도 드러나고 있다.

제3장 공익사업용지 취득절차

제1절 서 론

Ⅰ. 용어의 선택

1. 구 토지수용법

구 토지수용법은 현행 토지보상법과는 달리 공익사업에 필요한 토지의 취득 방법 중에서 수용과 사용에 관해서만 규율하던 법률로서, 이 법에 의한 수용절차란 국가가 사업시행자에게 수용권을 부여하는 사업인정에서 출발하여 토지수용위원회의 재결을 통하여 사업시행자가 공익사업에 필요한 토지를 수용함으로써 종료되는 절차를 의미하는 것이었다. 이에 따라 공용수용의 보통절차는 논자에 따라 약간의 차이는 있지만 대체로 ① 사업인정, ② 토지 및 물건조서의 작성, ③ 협의, ④ 재결 및 화해 등의 4단계로 구성된 것으로, 공용수용의 약식절차는 천재지변 등 비상시나 긴급을 요하는 경우에 국가나 토지수용위원회의 허가를 받아서 보통절차를 거치지 아니하고 약식으로 이루어지는 공용수용의 절차라고 각각 설명하고 있었다.

2. 토지보상법

2003. 1. 1.부터 시행된 현행 토지보상법은 구 토지수용법과 구 공특법을 폐지하고 양 법률의 내용을 통합하여 제정된 법률로서 구 토지수용법상의 "공익사업에 필요한 토지"의 수용 또는 사용절차뿐만 아니라 구 공특법상의 "공공사업에 필요한 토지"에 대한 협의취득절차까지 규정하고 있

다. 그런데 현실적으로 보면 공익사업용지의 취득 방법은 협의에 의한 취득이 대부분을 차지하고 수용에 의한 취득은 예외적이다. 이러한 이유에서 이 책에서는 공용수용의 보통절차라는 용어를 피하고 토지보상법이 규정하는 내용에 따라 공익사업용지 취득절차라는 용어를 사용하기로 한다.

Ⅱ. 토지출입 및 측량 · 조사절차

토지보상법은 공익사업을 준비하거나(법 제9조 제1항) 사업인정 이후에 사업의 준비나 토지조서 및 물건조서를 작성하기 위하여(법 제27조 제1항) 사업시행자에게 타인이 점유하는 토지에 출입하여 측량하거나 조사할 수 있는 권리를 부여하고, 이 권리를 행사하기 위한 절차에 관하여 상세하게 규정하고 있다(법 제9조 제1항 내지 제7항).

그렇다면 측량 · 조사절차를 공익사업용지 취득절차 중의 하나로 볼 것인지 여부가 문제로 될 수 있다. 이 점에 관해서 측량 · 조사절차는 공익사업을 위한 준비절차로 보고 공익사업용지 취득절차에는 포함하지 아니하는 것이 일반적이다.[87] 이 책에서도 측량 · 조사절차는 독립한 공익사업용지 취득절차로 보지 아니하고 사업시행자가 공익사업을 수행하기 위한 선행절차로 보고, 타인의 토지에 출입할 수 있는 사업시행자의 권리 즉 토지출입권은 측량 · 조사에 필요한 권리로 파악하고자 한다.

Ⅲ. 토지조서와 물건조서의 작성절차

토지조서와 물건조서는 사업인정 전에 협의에 의하여 토지 등의 취득이나 사용이 필요할 때(법 제14조 제1항) 또는 사업인정 이후에(법 제26조 제1항), 사업시행자가 취득할 토지나 물건의 현황과 권리관계를 기재한 서면

87) 류해웅 · 허강무, 앞의 책 174면; 박평준 · 박창석, 앞의 책 60면; 석종현, 앞의 책 345면; 이선영, 앞의 책 93면.

으로, 토지보상법은 사업시행자에게 이를 작성할 의무를 각각 부과하고 있다.

통설은 이와 같은 토지조서와 물건조서의 작성에 대해서 공익사업용지 취득의 절차 중의 하나로 인정하고 있다.[88] 토지조서와 물건조서의 작성 자체는 토지보상법이 공익사업을 수행하는 사업시행자에게 부과한 직무상의 의무이고, 이를 공익사업용지의 취득절차 중의 하나로 인정하는 것은 적절치 아니한 점이 있다. 그러나 사업시행자가 토지조서와 물건조서를 작성하면 이 조서의 내용과 함께 보상계획의 공고와 통지를 하고(법 제15조 제1항), 일반인이 이를 열람할 수 있도록 하여야 하며(동조 제2항), 토지조서와 물건조서에 이의가 있는 토지소유자 또는 관계인은 열람기간 내에 서면으로 이의할 수 있다(동조 제3항). 이와 같이 토지조서와 물건조서의 작성은 사업인정의 전후를 통하여 그 후속절차인 보상계획의 공고와 더불어 공익사업의 목적물을 확정하고 이를 공고하는 절차까지 포함하고 있다는 점에서 공익사업용지 취득의 절차에 포함시키는 통설의 견해는 납득할 수 있다.

Ⅳ. 협의[89] 및 의견청취절차

2015. 12. 29. 법률 제13677호로 개정되기 전의 구 토지보상법에는 사업인정으로 의제되는 처분을 하기 위해서는 중앙토지수용위원회 및 사업인정에 이해관계가 있는 자의 의견을 들어야 한다는 현행 토지보상법 제21조 제2항의 규정이 없었고, 공익사업에 관한 개별법에서도 사업인정으

88) 김동희, 행정법Ⅱ(2017) 393면; 류해웅 · 허강무, 앞의 책 181면; 박균성, 행정법론(하)(2011) 445면; 박윤흔 행정법강의(하); 박평준 · 박창석, 앞의 책 67면; 이선영, 앞의 책 188면; 홍정선, 행정법원론(하)(2015) 629면.

89) 여기서의 협의는 토지소유자 등과의 사이에서 협의취득절차로서 하는 협의가 아니라 중앙토지수용위원회와의 협의를 의미한다.

로 의제되는 처분에 대해서는 협의와 의견청취절차에 관한 토지보상법의 규정을 준용한다는 규정을 두지 아니하고 있었다. 그 후 2015. 12. 29. 토지보상법을 일부 개정하면서 동 법의 별표상의 법률에서 사업인정으로 의제되는 처분을 함에 있어서도 중앙토지수용위원회와 협의를 하고 이해관계 있는 자의 의견을 들어야 한다는 제21조 제2항을 신설하였다. 이에 따라 협의와 의견청취절차는 모든 공익사업용지 취득의 절차에 있어서 그 중요성이 강화되었다고 할 수 있다. 다만 협의와 의견청취절차는 독립한 공익사업용지 취득절차가 아니라 사업인정을 위한 절차 중의 하나로 다루는 종래의 일반적 서술 방식을 이 책에서도 그대로 따르기로 한다.

V. 공익사업의 수행절차

공익사업용지의 취득절차에 한정하지 아니하고 공익사업의 수행절차 전체를 조망해 보면, 사업인정 이전에도 관련법에서 요구되는 여러 절차를 거쳐야 한다. 공익사업을 수행하기 위해서는 먼저 국토기본법에 따른 국토종합계획을 수립할 것을 요한다. 이를 위해서는 공청회의 개최, 환경영향평가, 각종 위원회의 심의, 상급 행정기관의 승인 등의 절차를 거쳐야 한다. 이 중에서 주민들의 의견청취를 위한 공청회의 개최나 환경영향평가 등은 토지보상법이 규정하는 절차에 못지아니하게 중요한 절차로서 국토종합계획의 수립이나 공익사업의 수행에 대한 민주적 정통성을 확보하고 개발과 환경보전 간에 균형을 유지하기 위하여 반드시 거쳐야 하는 절차이다. 다만 이러한 절차들은 직접 공익사업용지를 취득하기 위한 절차가 아니어서 토지보상법에서 규정하지 아니하므로 본서에서는 공익사업용지 취득의 선행절차의 항목에서 개괄적으로 살펴보는 것으로 그친다.

Ⅵ. 절차의 정리

이상을 종합하면 토지보상법상의 공익사업용지 취득절차는 ① 사업인정, ② 토지조사와 물건조서의 작성, ③ 협의, ④ 재결 및 화해 등으로 구성되고, 토지출입권은 사업시행자가 공익사업용지 취득의 선행절차를 이행하는데 필요한 실체법적인 권리에 해당하는 것으로 본다.

한편 공익사업용지 취득의 약식절차는 일반적으로 공용수용의 약식절차라고 불리고 있으나[90] 실제로는 공용사용을 위한 특별한 절차에 해당하는 바, 이에 대해서는 마지막으로 살펴보기로 한다.

제 2 절 공익사업용지 취득절차의 선행절차

Ⅰ. 공익사업계획의 수립단계에서의 절차

1. 심의와 공청회의 개최

공익사업은 국토기본법과 국토의 계획 및 이용에 관한 법률(국토계획법)이 정하는 계획의 내용을 기초로 하여 시행되어야 한다. 따라서 동법이 정하는 국토의 기본계획이나 이용계획에 관한 절차나 내용은 공익사업계획의 수립단계에 있어서도 그대로 적용된다.

가. 국토기본법에 의하면, 국토교통부장관은 동법 제10조 제1호 내지 제11호에 규정된 내용이 포함된 국토종합계획을 수립하여야 하고(법 제9조 제1항), 국토종합계획안을 작성하였을 때에는 공청회를 열어[91] 일반 국민과

90) 김동희, 행정법Ⅱ(2017) 385면; 류해웅 · 허강무 앞의 책 197면; 박윤흔 행정법강의(하) 614면; 박평준 · 박창석, 앞의 책 140면; 석종현, 앞의 책 378면; 이선영, 앞의 책 97면.

91) “도시계획의 수립에 있어서 도시계획법 제16조의2 소정의 공청회를 열지 아니하고

관계 전문가 등으로부터 의견을 들어야 한다(법 제11조 제1항 전단). 국토종합계획안을 수립하거나 변경하기 위해서는 국토정책위원회의 심의를 거친 후 대통령의 승인을 받아야 한다(법 제12조 제1항). 도지사가 동법 제13조 제1항 제1호 내지 제7호에 규정된 사항에 관한 도종합계획을 수립하는 경우에도 이와 동일하다(법 제14조). 따라서 사업시행자가 수행하고자 하는 공익사업이 국토종합계획이나 도종합계획에 포함되는 것이라면 공익사업에 대한 계획의 수립단계에서 위와 같은 절차를 거쳐야 한다.

나. 국토계획법에 의하면, 국토교통부장관, 시 · 도지사, 시장 또는 군수는 광역도시계획을 수립하거나 변경하려면 미리 공청회를 열어 주민과 관계 전문가 등으로부터 의견을 들어야 하고(법 제14조 제1항), 국토교통부장관의 승인과 중앙도시계획위원회의 심의를 거쳐야 한다(법 제16조 제1항, 제2항). 특별시장 · 광역시장 · 특별자치시장 · 특별자치도지사 · 시장 또는 군수는 관할 구역에 대하여 도시 · 군기본계획을 수립하여야 하는데(법 제18조 제1항 본문), 이 때에도 공청회를 거쳐야 한다(법 제20조 제1항). 특별시장 · 광역시장 · 특별자치시장 또는 특별자치도지사는 도시 · 군기본계획을 수립하거나 변경하려면 관계 행정기관의 장과 협의한 후 지방도시계획위원회의 심의를 거쳐야 한다(법 제22조 제1항).

2. 환경영향평가

공익사업이 환경에 영향을 미치는 경우에, 행정기관의 장은 환경영향평가법 제9조 제1항 각호에 규정된 계획을 수립하려는 경우에는 전략환경영

공공용지의 취득 및 손실보상에 관한 특례법 제8조 소정의 이주대책을 수립하지 아니하였더라도 이는 절차상의 위법으로서 취소사유에 불과하고 … 이러한 위법을 선행처분인 도시계획결정이나 사업시행인가 단계에서 다투지 아니하였다면 그 쟁송기간이 이미 도과한 후인 수용재결단계에 있어서는 도시계획수립 행위의 위와 같은 위법을 들어 재결처분의 취소를 구할 수는 없다."(대판 1990.1.23. 87누947).

향평가를 실시하여야 하고, 사업시행자는 제22조 제1항 제1호 내지 제18호에 규정한 사업을 실시하려는 경우에는 환경영향평가를 실시하여야 한다.92)

Ⅱ. 공익사업계획의 수립과 승인

국토종합계획이나 광역도시계획 등이 수립되면 사업시행자는 동 계획에 맞추어서 구체적인 공익사업에 대한 계획을 수립한다. 이 단계에서 사업시행자는 공익사업을 시행할 사업지구의 지정을 위하여 해당 토지에 출입하여 토지의 현황을 조사하며 사업의 공익성이나 경제성 등도 검토한다. 사업시행자가 검토 · 수립한 공익사업계획에 대하여 승인권자의 승인이 있으면 사업시행자는 공익사업에 대한 구체적인 시행계획을 수립하여 그에 대한 승인신청을 하게 된다. 이러한 공익사업 시행계획의 승인신청은 토지보상법상의 사업인정의 신청에 해당하고 이에 대한 승인권자의 승인이 바로 사업인정이다. 따라서 공익사업의 시행계획을 신청하는 단계에 도달하였을 때부터 비로소 토지보상법상의 공익사업용지 취득의 절차로 이행하게 되는 것이다.

Ⅲ. 토지출입권

1. 의 의

가. 토지보상법의 규정

사업시행자는 공익사업을 준비하거나 토지조서 및 물건조서를 작성하

92) "구 환경영향평가법…에서 정한 환경영향평가를 거쳐야 할 대상사업에 대하여 그러한 환경영향평가를 거치지 아니하였음에도 승인 등 처분을 하였다면 그 처분은 위법하다 할 것이나, 그러한 절차를 거쳤다면, 비록 그 환경영향평가의 내용이 다소 부실하다 하더라도… 그 부실로 인하여 당연히 당해 승인 등 처분이 위법하게 되는 것이 아니다."(대판 2001.6.29. 99두9902).

기 위하여 타인이 점유하는 토지에 출입하여 측량하거나 조사할 수 있다(법 제9조 제1항, 제27조 제1항 제1호). 사업시행자의 이러한 권리를 이 책에서는 토지출입권이라고 부르기로 한다.

나. 토지출입권의 기능

사업시행자가 공익사업을 시행하기 위해서는 먼저 공익사업 시행지구(사업지구)를 선정하여 해당 토지의 현황을 파악한 다음 공익사업의 계획을 수립하고 국가나 지방자치단체로부터 사업지구에 대한 지구지정을 받아야 한다.[93] 또한 공익사업의 목적물을 확정하는데 필요한 토지조서와 물건조서를 작성하기 위해서는 사업지구에 포함된 토지는 물론이고 물건의 현황까지 파악할 필요가 있다. 토지보상법은 사업시행자로 하여금 이러한 업무를 원활하게 수행할 수 있도록 공익사업의 목적물에 대한 소유권을 취득하기 전이라도 미리 사업지구에 출입할 수 있는 권리를 부여하고 있는데 이것이 바로 토지출입권이다.

2. 법적 성격

가. 토지보상법은 사업인정 이전의 토지출입권에 대해서는 동법 제9조 각항에서 규정하는 한편 사업인정 이후에는 "조사권 등"이라는 표제 하에 제27조에서 다시 규정하고 있다. 양 토지출입권의 내용을 비교해 보면, 사업시행자가 제9조의 토지출입권을 취득하기 위해서는 출입할 토지의 구역 및 기간을 정하여 특별자치도지사 등의 허가를 받아야 하지만, 제27조에 규정된 토지출입권은 특별자치도지사 등의 허가를 받을 필요가 없이 취득한다는 점에서만 차이가 있고 권리의 내용에서는 양자 간에 아무런 차이가 없다.

---

93) 택지개발촉진법 제3조 제1항.

나. 제9조의 토지출입권의 법적 성격은 "타인이 점유하는 토지"에 대해서 점유자의 의사에 관계없이 출입할 수 있는 권리를 취득한다는 점에서 토지점유권에 대한 공용사용으로 파악하는 설이 유력한 바,[94] 이 권리의 취득절차는 천재지변시의 토지의 사용절차(법 제38조)와 유사하다. 그러나 제27조의 토지출입권은 사업시행자가 사업인정의 효과로 취득하는 권리로서, 사견에 의하면 공익사업수행권의 내용을 이루는 권리라고 파악한다.[95]

3. 토지출입권의 내용

가. 측량 또는 조사

법 제9조가 규정하는 토지출입권의 내용은 공익사업을 준비하기 위하여 타인이 점유하는 토지에 출입하여 측량이나 조사를 하는 것이다. 위 조항의 해석상 사업시행자는 측량이나 조사 이외의 행위를 하는 것은 허용되지 아니하지만 토지조서나 물건조서는 사업인정 이전에도 작성할 수 있으므로(법 제14조 제1항 전문) 이를 작성하기 위한 토지출입권의 행사는 가능하다. 이 점에 있어서도 법 제9조와 제27조에 규정된 토지출입권의 내용에는 차이가 없다.

토지점유자는 정당한 사유 없이 해당 토지에 출입하여 측량이나 조사하는 행위를 방해하여서는 아니될 수인의무를 부담한다(법 제11조). 이에 위반하여 사업시행자 또는 감정평가법인 등의 행위를 방해한 토지점유자는 처벌된다(법 제97조 제2호).

나. 장애물 제거 등

장애물을 제거하거나 토지를 파는 것은 토지의 현상을 변경하는 행위로

---

94) 小澤道一, 앞의 책 30면.
95) 141면 참조.

서 토지출입권의 범위를 초과하는 것이다. 그렇기 때문에 토지보상법은 다음과 같은 요건 하에 장애물의 제거 등의 행위를 허용하고 있다.

(1) 소유자 및 점유자의 동의

장애물 제거 등은 이를 하여야 할 부득이한 사유가 있는 경우에는 그 소유자 및 점유자의 동의를 받아야 한다. 다만, 그 소유자 및 점유자의 동의를 받지 못하였을 때에는 사업시행자는 특별자치도지사, 시장 · 군수 또는 구청장의 허가를 받아 장해물 제거 등을 할 수 있으며, 특별자치도, 시 · 군 또는 구가 사업시행자인 경우에 특별자치도지사, 시장 · 군수 또는 구청장은 허가 없이 장해물 제거 등을 할 수 있다(법 제12조 제1항). 이에 위반하여 장애물 제거 등을 한 자는 처벌된다(법 제95조의 2 제1호).

(2) 소유자 및 점유자의 의견 청취

특별자치도지사, 시장 · 군수 또는 구청장은 제1항 단서에 따라 허가를 하거나 장해물 제거 등을 하려면 미리 그 소유자 및 점유자의 의견을 들어야 한다(동조 제2항).

(3) 소유자 및 점유자에 대한 통지

장해물 제거 등을 하려는 자는 장해물 제거 등을 하려는 날의 3일 전까지 그 소유자 및 점유자에게 통지하여야 한다(동조 제3항).

다. 가설물의 설치

토지상에 가설물을 설치하는 행위는 토지소유권 등 본권에 대한 침해를 수반하기 때문에 원칙적으로 토지출입권으로는 행사할 수 없는 것이다. 다만 측량이나 조사를 위한 목적으로 일시적으로 가설하는 구조물은 설치할 수 있다고 본다.[96]

---

96) 小澤道一, 앞의 책 30면.

4. 토지출입권의 취득절차

가. 허가 또는 통지

사업시행자가 공익사업의 준비를 위하여 타인이 점유하는 토지에 출입하여 측량이나 조사를 하기 위해서는 특별자치도지사, 시장 · 군수 또는 구청장의 허가를 받아야 한다(법 제9조 제2항 본문). 다만, 사업시행자가 국가일 때에는 그 사업을 시행할 관계 중앙행정기관의 장이 특별자치도지사, 시장 · 군수 또는 구청장에게 통지하고, 사업시행자가 특별시 · 광역시 또는 도일 때에는 특별시장 · 광역시장 또는 도지사가 시장 · 군수 또는 구청장에게 통지하여야 한다(동항 단서).

나. 토지점유자에 대한 통지

(1) 특별자치도지사, 시장 · 군수 또는 구청장은 제9조 제2항에 따라 허가를 하거나 통지를 받은 경우에는 사업시행자, 사업의 종류와 출입할 토지의 구역 및 기간을 공고하고 이를 토지점유자에게 통지하여야 한다(법 제9조 제3항, 제1호, 제2호).

(2) 특별자치도, 시 · 군 또는 구가 사업시행자인 경우에 타인이 점유하는 토지에 출입하여 측량이나 조사를 하려는 경우에도 토지점유자에게 통지하여야 한다(동항 제3호).

5. 토지출입권의 행사

가. 출입의 통지

타인이 점유하는 토지에 출입하려는 자는 출입하려는 날의 5일 전까지 그 일시 및 장소를 특별자치도지사, 시장 · 군수 또는 구청장에게 통지하여야 한다(법 제10조 제1항). 특별자치도지사, 시장 · 군수 또는 구청장이 통지를 받은 경우 또는 특별자치도, 시 · 군 또는 구가 사업시행자인 경우에 특별자치도지사, 시장 · 군수 또는 구청장이 타인이 점유하는 토지에 출입하려는 경우에는 지체 없이 이를 공고하고 그 토지 점유자에게 통지하여야 한다(동조 제2항).

법 제9조 제3항의 통지는 토지출입권을 부여하는데 필요한 허가 등이 있었다는 사실을 통지하는 것임에 대하여 제10조에 규정한 출입의 통지는 실제로 출입하겠다는 의사의 통지이다.

나. 증표의 휴대

토지출입권을 가진 사업시행자가 타인의 토지에 출입하기 위해서는 그 신분을 표시하는 증표와 특별자치도지사, 시장 · 군수 또는 구청장의 허가증을 지녀야 하고(법 제13조 제1항, 제2항), 이를 토지 또는 장애물의 소유자 및 점유자, 그 밖의 이해관계인에게 보여 주어야 한다(동조 제3항).

다. 토지출입 시간의 제한

해가 뜨기 전이나 해가 진 후에는 토지점유자의 승낙 없이 그 주거나 경계표 · 담 등으로 둘러싸인 토지에 출입할 수 없다(법 제10조 제3항).

6. 손실보상

가. 토지보상법의 규정

사업시행자는 적법한 토지출입권의 행사로 인하여 상대방이 입은 손실에 대해서 보상하여야 한다. 다만 상대방의 손실은 측량이나 조사 또는 장애물의 제거 등으로 발생한 것이어야 한다(법 제9조 제4항, 제12조 제4항).

그러나 사업시행자의 위법한 토지출입권의 행사, 예를 들면 공익사업과 무관한 토지에 대한 출입, 동법 제10조의 규정에 위반한 토지 출입, 증표를 휴대하지 아니하거나 출입시간의 제한에 위반한 출입 등은 불법행위를 구성하므로 상대방은 이에 대한 수인의무가 없고, 사업시행자에 대해서 손해배상을 청구할 수 있다.

나. 손실보상의 성격

이 손실보상은 해당 토지의 수용에 대한 손실보상이 아니라 비수용손실보상의 일종으로, 보상의 범위는 측량이나 조사 또는 장애물의 제거 등으로 인하여 통상적으로 발생하는 손실에 한정되므로 완전보상이 적용될 여지가 없다.

이 손실보상 중에는 손해배상의 요건을 구비하는 경우도 있을 수 있다. 이 때 피해를 입은 상대방은 손실보상과 손해배상 중 어느 한쪽을 선택하여 피해를 전보 받을 수 있을 것으로 본다.

다. 손실보상청구권의 행사

(1) 손실보상의 내용에 대해서는 사업시행자와 손실을 입은 상대방이 협의를 통하여 결정하되(법 제9조 제6항) 협의가 성립되지 아니하면 사업시행자나 상대방은 토지수용위원회에 재결을 신청할 수 있다(동조 제7항). 재결에 불복하는 사업시행자나 손실을 입은 자는 형식적 당사자소송인 보상금증감소송[97]을 제기할 수 있다.

(2) 손실을 입은 상대방의 손실보상청구권은 손실이 있음을 안 날부터 1년이 지났거나 손실이 발생한 날부터 3년이 지난 후에는 행사할 수 없다(동조 제5항).

(3) 이 손실보상은 비수용손실보상이기 때문에 사업시행자가 보상금을 지급하지 아니하더라도 재결이 실효되는 것은 아니다. 즉 토지보상법 제42조 제1항은 이 손실보상에는 적용되지 아니한다.

---

97) 479면 이하 참조.

제 3 절 사업인정

I. 사업인정의 개념

1. 토지보상법의 규정과 판례

토지보상법은 사업인정에 대해서 "공익사업을 토지 등을 수용 또는 사용할 사업으로 결정하는 것"이라고 규정하고 있다(법 제2조 제7호). 판례는 일찍이 사업인정이란 "그 후 일정한 절차를 거칠 것을 조건으로 하여 일정한 내용의 수용권을 설정해 주는 행정처분의 성격을 띠는 것[98]"이라고 하였다가 토지보상법의 위 규정을 덧붙여서 "공익사업을 토지 등을 수용 또는 사용할 사업으로 결정하는 것으로서 공익사업의 시행자에게 그 후 일정한 절차를 거칠 것을 조건으로 일정한 내용의 수용권을 설정하여 주는 형성행위[99]"라고 규정하고 있다. 다수설도 판례와 같은 견해이다.[100]

2. 비 판

토지보상법이나 판례 및 다수설이 규정하는 사업인정의 개념은 다음과 같은 이유로 수긍하기 어렵다.

가. 토지보상법이 규정하고 있는 사업인정은 동어반복이다. 즉 토지보상법 제4조 각호는 토지 등을 수용 또는 사용할 수 있는 공익사업의 종류를 열거한 규정이므로 공익사업이란 토지 등을 수용 또는 사용할 수 있는 사업과 동의어이다. 만일 토지보상법 제2조 제7호에서 규정한 "공익사업"이

---

98) 대판 1987.9.8. 87누395.

99) 대판 2019.2.28. 2017두71031.

100) 김동희, 행정법Ⅱ(2017) 393면; 류해웅 · 허강무, 앞의 책 202면; 박균성, 행정법론(하)(2011) 445면; 박윤흔, 행정법강의(하) 603면; 박평준 · 박창석, 앞의 책 80면; 이선영, 앞의 책 146면.

란 사업시행자가 공익사업신청서의 기재에 의하여 시행할 것을 신청한 특정 공익사업을 지칭하는 것이라면 그와 같은 의미가 분명하도록 규정하는 것이 옳다.

사견에 의하면 사업인정은 사업시행자가 신청한 공익사업을 실제로 시행할 수 있는 권한을 설정하는데 우선적인 의미가 있다. 토지보상법 별표상의 법률 등 공익사업에 관한 다수의 개별법에서 실시계획의 승인 등을 사업인정으로 간주한다고 규정하고 있는 것은 구체적인 공익사업을 시행하는데 대한 승인, 다시 말해서 공익사업수행권 내지 사업실시권을 설정하는 것이 사업인정이라는 점을 간접적으로 표현한 것이라고 해석하는 것도 가능하다.

나. 판례와 다수설은 사업인정이란 공익사업의 시행자에게 그 후 일정한 절차를 거칠 것을 조건으로 수용권을 설정하는 형성행위라고 정의하고 있다. 여기서 "수용권을 설정"한다는 것은 사업인정에 내포된 사업인정권자의 의사표시에 의해서 사업시행자에게 수용권이 설정된다는 의미로 해석된다.

그러나 사견에 의하면 수용권은 사업인정권자가 사업시행자에게 수용권을 설정하는 의사표시에 의해서 사업시행자가 취득하는 권리가 아니라, 사업인정을 받은 사업시행자가 법률의 규정에 의하여 당연히 취득하는 권리라고 본다. 토지보상법 제2조 제7호에도 "수용권을 설정"한다고 규정하지 아니하고, "수용 또는 사용할 수 있는 사업으로 결정하는 것"이라고 규정하고 있다는 점에서 판례와 다수설의 견해는 토지보상법의 문언적 의미와 부합한다고 보기도 어렵다.

다. 판례와 다수설이 정의한 사업인정의 개념 중에서 "일정한 절차를 거칠 것을 조건으로" 라는 것은 사업시행자와 상대방이 협의를 하고 협의가 불성립한 경우에는 사업시행자가 재결신청을 하며, 재결에 따라서 보상이 이루어지면 수용의 효과가 발생하는 수용절차 전체를 의미하는 것으로 해석된다.

그러나 사업인정에 대해서 일정한 절차를 거칠 것을 조건으로 수용권을 부여하는 행정처분이라고 한다는 것은 사업인정을 정지조건부로 수용권을 설정하는 행정처분으로 파악하는 것이어서 납득하기 어렵다. 사업인정에 대해서 수용권을 설정하는 처분으로 이해하는 판례나 다수설은 사업인정 신청과 사업인정에 각각 내포된 사업시행자와 사업인정권자의 의사표시의 내용을 잘못 이해한 것에서 비롯된 견해라고 생각한다.

사업인정은 사업시행자가 수행하고자 신청하는 사업이 법 제4조 각호에 규정된 공익사업 중의 어느 하나에 해당하고 구체적인 경우에도 공익성을 구비하고 있음을 인정하여 공익사업수행권을 설정하는 확정적 처분이고, 정지조건부로 수용권을 설정하는 처분이 아니다.

Ⅱ. 사업인정의 법적 성격

1. 학 설

앞에서 살펴본 바와 같이 사업인정은 절차적으로는 공익사업용지의 취득절차 중의 하나이지만, 실체적으로는 사업인정권자가 사업시행자에게 해당 공익사업에 대한 수행권을 설정하는 형성처분이다. 이러한 사업인정의 법적 성격에 대해서는 확인행위설과 형성행위설이 다르게 설명하고 있다.

가. 확인행위설

이 설에 의하면 사업인정이란 사업시행자가 수행하고자 신청하는 사업에 대해서 국가가 공익사업에 해당함을 판단하여 결정해 주는 확인행위이고, 사업시행자는 국가의 확인행위에 따라 공익사업을 수행할 수 있는 권한을 부여받아 법률의 규정에 의하여 토지 등을 수용 또는 사용할 수 있는 권리를 취득하게 되는 것이라고 설명한다.[101)]

따라서 사업시행자의 사업신청은 자신이 수행하고자 하는 사업이 과연 공익사업에 해당하는지 여부에 대하여 국가의 판단 또는 확인을 받기 위한 것이고, 이에 대한 국가의 사업인정은 단지 신청하는 사업이 공익사업에 해당함을 인정하는 선언적, 확인적인 의미를 가지는 준법률행위적 행정행위의 일종으로 광의의 준사법작용에 속하는 것으로 이해한다. 국가는 사업시행자가 신청하는 사업이 공익사업에 해당한다고 판단되면 사업인정을 하지 아니할 수 없게 되므로 사업인정은 기속행위의 일종이라고 한다.

이 설은 수용권의 본질 또는 귀속 주체에 관해서 국가수용권설의 입장에서 주장하는 견해이다. 수용권은 수용의 효과를 야기하는 권능으로 사업인정권을 가진 국가가 사업인정을 하게 되면 사업시행자는 재결절차를 거친 후에 재결의 법률효과로 수용권을 취득하게 되므로, 사업인정 자체는 확인행위에 불과하다는 것이다.

나. 설권적 형성행위설

이 설은 다수설로서 사업인정이란 단지 사업시행자가 신청하는 사업이 공익사업에 해당함을 인정하는데 그치는 것이 아니라 사업시행자로 하여금 장차 일정한 절차를 거칠 것을 조건으로 토지 등을 수용 또는 사용할 수 있는 권리를 설정하는 설권적 형성행위라고 설명한다.[102)]

따라서 사업시행자의 사업인정신청은 수행하고자 하는 사업이 공익사업에 해당함을 판단함과 아울러 토지 등을 수용 또는 사용할 수 있는 권한을 설정해 줄 것을 요청하는 행위로 이해하게 된다. 그 논리적 귀결로서

---

101) 윤세창 · 이호승, 행정법(하)(1994), 364면; 이선영, 앞의 책 149면.

102) 김동희, 행정법Ⅱ(2017), 394면; 박균성, 행정법론(하)(2011) 447면; 석종현, 앞의 책 350면.

국가는 사업시행자가 신청하는 사업이 구체적인 경우에 과연 토지 등을 수용 또는 사용하게 할 만한 공익성이 있는지 여부를 다시 검토할 수 있는 재량권을 가지게 된다. 따라서 사업인정은 재량행위에 해당한다고 한다.[103)]

이 설은 수용권의 본질에 관해서 시업시행자수용권설의 입장에서 주장하는 견해이다. 수용권은 수용의 효과를 향수하는 법률상의 힘이므로 국가로부터 사업인정을 받은 사업시행자는 장차 일정한 절차를 거치게 되면 토지 등을 수용 또는 사용할 수 있는 권리를 취득하게 되는데, 이는 사업인정에 따르는 효과라고 보는 입장이다.

다. 결 론

사업인정은 기본적으로 사업시행자가 신청한 구체적인 공익사업에 대해서 공익성이 있음을 인정하는 전제에서 행하여지므로 이러한 의미에서 확인행위의 성질을 구비하고 있다. 그런데 사업시행자가 사업인정 신청을 통하여 표시하는 의사표시의 내용은 해당 공익사업이 구체적인 경우에도 공익성을 구비하고 있는지 여부에 대한 확인을 구하는 것에 그치지 아니하고, 동 사업을 수행하겠다는 의사표시까지 포함하는 것으로 해석하는 것이 정확하다고 생각한다. 이런 점에서 확인행위설의 주장 중에서 사업인정은 사업시행자에게 공익사업을 수행할 수 있는 권한을 부여하는 것으로 이해하는 점은 부분적으로 옳다고 본다.

그러나 공익사업을 수행할 수 있는 권한은 사업인정이라는 확인행위의 결과 사업시행자가 법률의 규정에 따라 당연히 취득한다고 하는 설명에는 찬성할 수 없다. 공익사업수행권은 해당 공익사업을 수행하고자 하는 사

---

103) 홍정선, 행정법원론(하)(2015) 625면; 그러나 사업인정에 대해서 설권적 형성행위설을 취하면서 기속행위라고 인정하는 견해도 있다. 김남진 · 김연태, 행정법Ⅱ(2014) 587면.

업시행자의 의사에 따라서 사업인정이라는 사업인정권자의 처분을 통하여 사업시행자에게 설정되는 권리라고 이해하는 것이 사업인정의 당사자들의 의사에 부합하는 것이 아닌가 한다.

설권적 형성행위설에 대한 비판은 사업인정의 개념을 설명하면서 살펴본 바와 같다. 사견은 사업인정을 설권적 형성행위로 파악하는 점에서는 다수설과 같지만, 사업인정은 사업시행자가 일정한 절차를 거칠 것을 조건으로 수용권을 설정하는 형성행위가 아니라 공익사업수행권을 설정하는 형성행위이다. 사업시행자의 수용권이나 토지소유자 등의 손실보상청구권 등은 헌법에 근거한 권리로서 사업인정이 있으면 사업인정권자의 의사표시가 아니라 법률의 규정에 의해서 사업시행자나 토지소유자 등이 당연히 취득하는 권리로 파악하는 점에서 다수설과는 다른 입장이다.

2. 협의의 특허

사업인정은 일반적으로 금지된 공익사업의 수행을 해제해 주는 허가가 아니라 법률에 의해서 자격을 갖춘 사업시행자에게 공익사업수행권이라는 특별한 권리를 설정하는 설권적 형성행위로서 협의의 특허에 해당한다. 협의의 특허는 신청을 전제로 하므로 사업인정을 하기 위해서는 사업시행자의 신청이 필수적이다.

3. 재량행위

사업인정은 사업시행자가 신청한 공익사업에 대해서 그 수행을 허용할 것인지 여부를 결정하는 것으로 공익성과 경제성 등을 모두 고려하여 정책적으로 판단하는 사항이므로 재량행위의 일종이다.[104] 그러나 재량행위에 해당하더라도 법원은 재량권의 일탈 · 남용이 있는지 여부에 대해서는

104) 대판 1992.11.13. 92누596.

심사를 하여야 하고, 심사를 함에 있어서는 사실 오인, 비례·평등의 원칙 위배, 당해 행위의 목적 위반이나 동기의 부정 유무 등을 판단하여야 한다.[105] 이와는 달리 사업인정 과정에서 거쳐야 하는 절차에 대한 준수 여부는 기속행위에 해당한다.

4. 독립한 행정처분

사업인정은 공익사업용지 취득절차의 단계를 이루는 처분 중의 하나에 해당하지만 사업인정권자의 고유한 권한에 속하는 독립한 행정처분으로, 토지수용위원회의 재결의 대상이 아니어서 토지수용위원회는 재결을 통하여 사업인정의 효력을 좌우할 수 없다. 따라서 사업인정이 독립한 행정처분이냐의 문제는 사업인정에 존재하는 하자가 재결에도 승계되고 후일 행정소송에서 이를 다툴 수 있느냐라는 관점에서 논의되고 있다.

이에 대해서는 판례는 선행처분의 하자가 중대하고 명백하여 당연무효인 경우 외에는 선행처분의 하자를 이유로 후행처분을 다툴 수 없는 것이 원칙이지만, 예외적으로 선행처분의 불가쟁력이나 구속력이 그로 인하여 불이익을 입게 되는 자에게 수인한도를 넘는 가혹함을 가져오고 그 결과가 당사자에게 예측가능한 것이 아닌 경우에는 선행처분에 위법이 있는 경우에는 그 자체를 행정소송의 대상으로 삼아 위법 여부를 다툴 수 있음은 물론 이를 기초로 한 후행처분의 취소를 구하는 행정소송에서도 선행처분의 위법을 독립된 위법사유로 주장할 수 있다고 한다.[106] 따라서 사업인정이 위법하여 재결절차를 통하여 위법사유를 주장할 수 있는 예외적인 경우에 한해서 사업인정의 독립처분성은 제한된다고 할 수 있다.

---

105) 대판 2001.2.9. 98두17593.
106) 대판 1998.3.13. 96누6059.

Ⅲ. 사업인정의 요건

1. 사업인정의 당사자

사업인정의 당사자는 사업인정의 주체인 사업인정권자와 상대방인 사업시행자이다.

가. 사업인정의 주체

사업시행자에게 사업인정을 통하여 공익사업수행권을 설정할 수 있는 지위에 있는 자를 사업인정의 주체 또는 사업인정권자라 하고 사업인정을 할 수 있는 법률상의 지위나 권한을 이 책에서 사업인정권이라고 부르기로 한다.

토지보상법상 사업인정의 주체는 국토교통부장관으로 대표되는 국가이다(법 제20조 제1항). 그러나 별표상의 법률에서는 중앙행정부처의 장관도 그 직무관할에 속하는 공익사업에 대해서 사업인정으로 의제되는 처분을 할 수 있고, 특별시, 광역시, 도, 특별자치도와 시, 군, 구 등 지방자치단체의 장 역시 관할 구역 내에서 실시하는 공익사업에 대해서 동일한 처분을 할 수 있는 것으로 규정하고 있다.

나. 사업인정의 상대방

사업인정의 상대방은 해당 공익사업을 수행할 것을 신청한 사업시행자이다. 사업시행자로 될 수 있는 자는 토지보상법 별표상의 법률에서 규정되어 있는 자로서 공익사업을 수행할 의사나 능력이 있어야 한다.

판례는 "공익사업을 수행하여 공익을 실현할 의사나 능력이 없는 자에게 타인의 재산권을 공권력적 · 강제적으로 박탈할 수 있는 수용권을 설정하여 줄 수는 없으므로, 사업시행자에게 해당 공익사업을 수행할 의사와 능력이 있어야 한다는 것도 사업인정의 한 요건"[107]이라고 한다.

2. 공익성, 이익형량, 비례의 원칙 등

사업인정을 함에 있어서 판례는 "해당 사업이 외형상 토지 등을 수용 또는 사용할 수 있는 사업에 해당한다고 하더라도 사업인정기관으로서는 그 사업이 공용수용을 할 만한 공익성이 있는지 여부와 공익성이 있는 경우에도 그 사업의 내용과 방법에 관하여 사업인정에 관련된 자들의 이익을 공익과 사익 사이에서는 물론, 공익 상호 간 및 사익 상호 간에도 정당하게 비교 · 교량하여야 하고, 그 비교 · 교량은 비례의 원칙에 적합하도록 하여야 한다."[108]고 판시하고 있다.

Ⅳ. 사업인정의 절차

1. 사업인정의 신청

가. 사업시행자가 국토교통부장관으로부터 사업인정을 받기 위해서는 수수료의 납부와 함께 사업인정의 신청을 하여야 한다(법 제20조 제2항). 사업인정의 성격은 설권적 형성행위로서 신청을 전제로 하는 협의의 특허에 해당하므로, 사업인정의 신청은 사업인정의 유효요건이 된다.

토지보상법 별표상의 법률에는 사업시행자로 될 수 있는 자격을 구비한 자를 규정하고 있는데, 사업인정의 신청은 이러한 적격자만 할 수 있다.

나. 사업인정신청서의 접수

(1) 사업인정을 받으려는 자는 국토교통부령이 정하는 사업인정신청서에 다음의 사항을 기재하여 특별시장 · 광역시장 · 도지사 또는 특별자치도지사를 거쳐 국토교통부장관에게 제출하여야 한다. 다만, 사업시행자가 국가인 경우에는 해당 사업을 시행할 관계 중앙행정기관의 장이 직접 이를

---

107) 대판 2019.2.28. 2017두71031; 2011.1.27. 2009두1051.

108) 대판 2019.2.28. 2017두71031.

국토교통부장관에게 제출할 수 있다(법 시행령 제10조 제1항).

1. 사업시행자의 성명 또는 명칭 및 주소
2. 사업의 종류 및 명칭
3. 사업예정지
4. 사업인정을 신청하는 사유

(2) 사업인정신청서에는 다음 각 호의 서류 및 도면을 첨부하여야 한다(시행령 제10조 제2항).

1. 사업계획서
2. 사업예정지 및 사업계획을 표시한 도면
3. 사업예정지 안에 법 제19조제2항에 따른 토지 등이 있는 경우에는 그 토지 등에 관한 조서 · 도면 및 해당 토지 등의 관리자의 의견서
4. 사업예정지 안에 있는 토지의 이용이 다른 법령에 따라 제한된 경우에는 해당 법령의 시행에 관하여 권한 있는 행정기관의 장의 의견서
5. 사업의 시행에 관하여 행정기관의 면허 또는 인가, 그 밖의 처분이 필요한 경우에는 그 처분사실을 증명하는 서류 또는 해당 행정기관의 장의 의견서
6. 토지소유자 또는 관계인과의 협의내용을 적은 서류(협의를 한 경우로 한정한다)
7. 수용 또는 사용할 토지의 세목(토지 외의 물건 또는 권리를 수용하거나 사용할 경우에는 해당 물건 또는 권리가 소재하는 토지의 세목을 말한다)을 적은 서류
8. 해당 공익사업의 공공성, 수용의 필요성 등에 대해 중앙토지수용위원회가 정하는 바에 따라 작성한 사업시행자의 의견서

(3) 사업인정신청 내용의 보완 또는 변경

최초의 사업인정신청 단계에서는 공익사업 시행예정지의 면적이나 수

용할 토지의 세목은 물론이고 구체적인 사업의 세부적인 내용까지 모두 완전하게 확정하지 아니한 상태에서 이루어지는 것이 보통이다. 그 이유는 공익사업을 수립하는 단계와 이를 구체적으로 시행하는 단계에 이르기까지는 장기간이 소요되는 관계로 공익사업의 세부적인 계획도 구체적인 상황에 대응하여 변경할 필요가 있기 때문이다. 따라서 사업시행자는 최초의 사업신청서나 그 부속서류를 필요한 경우에 보완 또는 변경할 수 있는 것으로 해석된다.

2. 협의 및 의견청취

가. 토지보상법의 개정 및 취지

2015. 12. 29. 법률 제13677호로 개정되기 전의 구 토지보상법 제21조 제1항은 국토교통부장관이 사업인정을 하려면 관계 중앙행정기관의 장 및 특별시장 · 광역시장 · 도지사 · 특별자치도지사와 중앙토지수용위원회와 협의하여야 하고, 대통령령으로 정하는 바에 따라 미리 사업인정에 이해관계가 있는 자의 의견을 들어야 한다고 규정하고 있었다.

한편 대부분의 공익사업에 관한 개별법에서는 지구지정이나 사업계획 또는 실시계획의 승인 등 사업인정 이전에 존재하는 특정한 행정처분을 사업인정으로 간주하는 소위 사업인정 의제제도를 채용하고 있었다. 그런데 구 토지보상법이나 공익사업에 관한 개별법은 사업인정으로 의제되는 처분을 함에 있어서는 중앙토지수용위원회와의 협의나 이해관계가 있는 자의 의견청취절차가 적용 또는 준용되는지 여부에 관해서 아무런 규정을 두지 아니하고 있었다. 이에 따라 사업인정으로 의제되는 처분을 함에 있어서는 협의와 의견청취절차는 해당 공익사업의 수행 과정에서 자연히 생략되고 있었다. 중앙토지수용위원회와의 협의가 없다는 것은 제삼자의 지위에 있는 재결기관의 사전 협력과 견제 기능을 기대할 수 없는 것으로 평가되었고, 이해관계인의 의견청취절차가 생략된다는 것은 재산권을 침해하는 수용절차 대한 민주적 통제의 기회를 박탈하는 것이라는 비판이 뒤따르고 있었다.

이에 2015. 12. 29. 법률 제13677호로 토지보상법을 개정하여, 동법 별표에 규정된 법률에 따라 사업인정이 의제되는 공익사업의 허가 · 인가 · 승인권자 등은 사업인정이 의제되는 지구지정 · 사업계획승인 등을 하려는 경우에도 중앙토지수용위원회 및 사업인정에 이해관계가 있는 자의 의견을 들어야 하고(법 제21조 제2항), 중앙토지수용위원회는 30일 이내에 의견을 제출하여야 한다는 규정(동조 제3항) 등을 추가하게 되었다. 그럼으로써 협의와 의견청취는 토지보상법 제4조 제1호 내지 제7호에 규정된 공익사업에 대한 사업인정뿐만 아니라 별표상의 법률에 규정된 공익사업에 대하여 사업인정으로 의제되는 처분을 함에 있어서도 필수적인 절차로 인정되었다.

다만 협의 및 의견청취절차를 공익사업용지 취득절차를 구성하는 독립한 절차 중의 하나로 인정할 것인지 여부에 대해서는 의문이 있지만, 이 책에서는 일반적인 견해에 따라 사업인정의 절차에 부수하는 절차로 취급한다는 점은 앞에서 설명하였다.

나. 협의 및 의견청취의 구체적인 내용

(1) 관계기관과의 협의

국토교통부장관은 사업인정을 하고자 하는 때에는 관계 중앙행정기관의 장 및 특별시장 · 광역시장 · 도지사 · 특별자치도지사와 협의하여야 한다(법 제21조 제1항 전단).

협의의 내용은 사업인정에 대해서 이의가 있는지 여부를 포함하여, 당해 공익사업이 관계 중앙행정기관 또는 관할 시나 도가 수행할 업무와 중복되는 경우 그에 대한 조정이나 공익사업에 소요되는 비용부담 또는 사업의 구체적인 내용에 대한 요구사항 등이 될 것이다.

(2) 중앙토지수용위원회와의 협의

(가) 협의요청자 및 협의대상

2014. 3. 18. 법 제13677호로 개정되기 전의 구 토지보상법에 의하면, 국토교통부장관이 사업인정을 하려면 중앙토지수용위원회와 협의하도록 규정하고 있었다. 따라서 구 토지보상법상의 협의요청자는 국토교통부장관이고 협의의 대상은 법 제20조 제1항에 규정된 사업인정에 한정되었다. 그러나 개정된 토지보상법은 사업인정뿐만 아니라 별표상의 법률에 따라 사업인정으로 의제되는 공익사업의 허가 · 인가 · 승인권자 등은 사업인정이 의제되는 지구지정 · 사업계획승인 등을 하려는 경우에도 중앙토지수용위원회와 협의하여야 하는 것으로 규정하고 있다. 이에 따라 법 제20조 제1항에 의하면 사업인정권자는 국토교통부장관이 유일하지만, 별표상의 법률에는 국토교통부장관 외에도 각 행정부처의 장과 지방자치단체의 장 등을 각 소관업무와 관할구역 내에서 사업인정으로 의제되는 사업에 대한 사업인정권자로 규정하고 있다. 그 결과 각 행정부처의 장과 지방자치단체의 장 등도 토지수용위원회에 협의를 요청하는 자에 포함되었다.

(나) 협의의 방법

협의의 방법은 국토교통부장관 등 협의요청자가 사업계획서, 사업예정지 및 사업계획을 표시한 도면, 토지소유자 기타 이해관계인의 의견 등의 자료를 중앙토지수용위원회에 제출하고(법 시행규칙 제9조의 2) 중앙토지수용위원회가 의견을 제시하는 방법으로 이루어진다.

(다) 의견제시 시에 검토할 사항

중앙토지수용위원회는 국토교통부장관 등으로부터 협의요청을 받은 경우, 사업인정에 이해관계가 있는 자에 대한 의견수렴절차 이행 여부, 허가 · 인가 · 승인대상 사업의 공공성, 수용의 필요성, 그 밖에 대통령령으로 정하는 사항을 검토하여야 한다(법 제21조 제3항). 대통령령으로 정하는 사항에는 해당 공익사업이 근거 법률의 목적, 상위 계획 및 시행 절차 등에 부합하는지 여부와 사업시행자의 재원 및 해당 공익사업의 근거 법률에 따른 법적 지위 확보 등 사업수행능력 여부까지 포함하고 있다(법 시행령 제11조의 2).

그러나 이러한 광범위한 검토사항은 사업인정의 전문성이나 법적 성격, 토지수용위원회의 기능이나 조직 및 재결사항(법 제50조) 등에 비추어 보면 과다한 것으로 생각한다.

(라) 검토의 방법

중앙토지수용위원회는 법 제21조 제3항에 규정된 사항의 검토를 위하여 필요한 경우 관계 전문기관이나 전문가에게 현지조사를 의뢰하거나 그 의견을 들을 수 있고, 관계 행정기관의 장에게 관련 자료의 제출을 요청할 수 있다(동조 제4항). 중앙토지수용위원회는 협의를 요청받은 날부터 30일 이내에 의견을 제시하여야 한다. 다만 그 기간 내에 의견을 제시하기 어려운 경우에는 한 차례만 30일의 범위에서 그 기간을 연장할 수 있다(동조 제5항). 검토한 결과 자료 등을 보완할 필요가 있는 경우에는 해당 허가 · 인가 · 승인권자에게 14일 이내의 기간을 정하여 보완을 요청할 수 있고, 이 경 기간은 제5항의 기간에 산입하지 아니한다(동조 제6항). 중앙토지수용위원회가 제5항에서 정한 기간 내에 의견을 제시하지 아니하는 경우에는 협의가 완료된 것으로 본다(동조 제7항).

(마) 재협의의 요청

중앙토지수용위원회가 사업인정이나 사업인정으로 의제되는 처분에 동의하지 아니 하는 의견을 제시한 경우에는 국토교통부장관 등 협의요청자는 자료를 보완하여 재협의를 요청할 수 있다(법 시행규칙 제9조 제1항). 협의요청자와 중앙토지수용위원회의 의견이 상반되는 경우에 협의요청자는 중앙토지수용위원회의 의견에 구속되지 아니 한다.

(5) 이해관계가 있는 자의 의견청취

(가) 사업인정이나 사업인정으로 의제되는 처분을 하기 위해서는 이해관계인의 의견을 들어야 한다(법 제21조 제1항, 제2항). 구 토지보상법 하에서는 사업인정으로 의제되는 처분을 함에 있어서는 이해관계인의 의견청취절차를 규정한 법 제21조 제1항은 적용될 여지가 없었으나 개정된 토지보상법에서 사업인정으로 의제되는 처분을 함에 있어서도 이해관계인의 의견청취절차를 필수적인 절차로 규정하게 되었음은 앞에서 언급하였다.

(나) 사업인정에 관하여 이해관계가 있는 자란 주로 법 제2조 제4호 소정의 토지소유자와 제5호 소정의 관계인을 말하지만 그 외에도 사업지구 인근에 거주하는 자들로서 해당 공익사업의 시행으로 인하여 직접적 또는 간접적으로 경제적, 환경적인 영향을 받는 자들까지 포함한다.

(다) 의견청취는 시장 · 군수 · 구청장 등이 사업인정권자로부터 송부 받은 사업인정신청서와 관련 서류를 공고하고, 이해관계가 있는 자들로부터 의견서를 제출 받는 방법으로 이루어진다(법 시행령 제11조).

3. 사업인정의 고시

가. 국토교통부장관은 사업인정을 하였을 때에는 지체 없이 그 뜻을 사업시행자, 토지소유자 및 관계인, 관계 시 · 도지사에게 통지하고 사업시행자의 성명이나 명칭, 사업의 종류, 사업지역 및 수용하거나 사용할 토지의 세목을 관보에 고시하여야 한다(법 제22조 제1항).

앞에서 본 바와 같이 사업인정 신청 당시에 사업지역이나 수용 또는 사용할 토지의 세목을 완전하게 확정한다는 것은 쉽지 아니하고 사업의 계획단계에서 구체적인 실시단계로 이행함에 따라 사업지역이 확대 또는 축소되는 경우가 대부분이다. 이 경우 변경된 사업내용은 변경인가의 고시라는 명칭으로 다시 관보에 게재하게 된다.

나. 세목의 고시

(1) 토지의 세목도 사업인정 고시에 포함되는 내용 중의 하나다. 토지의 세목이란 사업지구 내에 있는 토지의 지번, 지적, 소유자 등에 대해서 상세히 기록한 토지의 목록으로, 토지 외의 물건 또는 권리를 수용하거나 사용할 경우에는 해당 물건 또는 권리가 소재하는 토지까지 포함된다(법 시행령 제10조 제2항 제7목).

토지의 세목의 고시는 사업인정에 의하여 지정된 범위 내에서 구체적으로 수용할 수 있는 목적물을 임시로 결정하는 행위이며, 이로써 목적물에 대하여 막연한 효력밖에 없었던 사업인정이 현실화하고 구체화한다.[109]

(2) 토지의 세목을 누락한 사업인정 고시의 효력에 관해서는 유효설과 무효설이 있다. 무효설에 의하면 수용 또는 사용할 토지의 세목은 도시계획사업 인정의 중요한 내용이므로, 토지 세목의 고시가 없는 사업인정의 고시는 명백하고 중대한 흠이 있는 행정처분으로 당연무효이고, 추후에 세목의 고시를 추가하더라도 당연무효인 사업인정이 유효로 전환되지 아니 한다는 입장이다.[110]

그러나 유효설은 도시계획사업 허가의 공고 시에 토지세목의 고시를 누락한 것은 절차상의 위법으로서 취소 사유에 불과하고 그 하자가 중대하고 명백하여 사업인정 자체가 무효로 되는 것은 아니라고 한다.[111] 유효설에 의하면 세목고시 누락의 위법은 선행처분인 사업인정 단계에서 다투어야 하고, 쟁송기간이 도과한 후에 이루어진 수용재결에 위법 부당함이 있

---

109) 대판 1988.12.27. 87누1141.

110) 서울고법 1987.11.13. 86구780.

111) 대판 1988.12.27. 87누1141.

다고 하더라도 다시 행정소송에서 수용재결처분의 취소를 구할 수는 없게 된다.

토지 세목 고시의 누락은 사업인정 고시의 절차상의 위법이 아니라 사업인정 고시의 내용상의 하자이다. 다만 사업지역을 포함한 토지의 세목은 사업인정 변경승인 · 고시의 방법으로 변경이 가능한 점을 고려하면, 사업인정 신청서에 기재된 토지의 세목은 확정적인 것이 아니라 추후에 추가나 보완도 가능하다고 본다. 이런 점에서 토지의 세목을 누락한 사업인정 고시는 당연무효가 아니라 취소할 수 있는 행정행위에 해당한다. 따라서 이러한 위법은 선행처분인 사업인정 단계에서 그 사유를 들어 다투어야 하고, 쟁송기간이 도과한 후인 수용재결 단계에 있어서는 그 처분의 불가쟁력에 의하여 사업인정에 위법 · 부당함이 있다 하더라도 수용재결처분의 취소를 구하는 방법으로 하자를 주장할 수는 없는 것이 원칙이지만 예외가 인정되고 있음은 앞에서 살펴보았다.[112]

다. 통지 및 고시

국토교통부장관은 사업인정을 한 때에는 지체 없이 그 뜻을 사업시행자, 토지소유자 및 관계인, 관계 시 · 도지사에게 통지하고 사업시행자의 성명 또는 명칭 · 사업의 종류 · 사업지역 및 수용 또는 사용할 토지의 세목을 관보에 고시하여야 한다(법 제22조 제1항).

V. 사업인정의 효력

1. 개 설

사업인정의 효력은 사업시행자에 대한 효력, 토지소유자 및 관계인에 대한 효력과 부수적 효력 등으로 나누어 볼 수 있다.

---

112) 126면 참조; 대판 2013.3.14. 2012두6964.

토지보상법이 인정하는 사업시행자에 대한 효력으로는 공익사업수행권, 수용권, 토지출입권 등의 취득을 들 수 있고, 토지소유자 및 관계인에 대한 효력은 손실보상청구권의 취득과 목적물 보전의무의 부담을 들 수 있다. 사업인정의 부수적인 효력으로는 관계인의 특정과 수용 또는 사용목적물의 범위 확정 등이 있다.

2. 사업시행자에 대한 효력

가. 공익사업수행권의 취득

(1) 공익사업수행권의 의의

(가) 공익사업수행권이란 사업인정을 받은 사업시행자가 취득하는 권리로서 해당 공익사업을 독점적으로 수행·경영할 수 있는 권리를 말한다. 토지보상법 제2조 제3호는 "공익사업을 수행하는 자"를 사업시행자라고 규정하고 있으므로 사업시행자는 공익사업을 수행할 수 있는 법률상의 지위나 권한을 가지게 된다. 토지보상법 별표상의 법률에는 특정 공익사업에 관하여 사업시행자로 될 수 있는 자가 누구인지에 대해서 상세하게 규정하고 있다. 그러나 법률에 규정된 사업시행자가 구체적으로 특정 공익사업을 수행하기 위해서는 다시 사업인정권자로부터 해당 공익사업에 대하여 경제성이나 공익성을 인정받아야 함은 물론이고 해당 사업의 실시에 대한 승인까지 받아야 한다. 이런 과정을 거쳐서 법률에 규정된 사업시행자가 취득하는 권한이 바로 공익사업수행권이다.

(나) 사견에 의하면 공익사업수행권은 사업인정이라는 처분을 통해서 사업시행자가 취득하지만, 수용권은 사업인정을 받은 사업시행자가 법률의 규정에 의해서 취득한다. 이러한 사견과는 달리 통설과 판례는 사업인정에 대해서 "일정한 절차를 거칠 것을 조건으로 수용권을 설정"하는 처분으로만 파악할 뿐이고, 사업시행자가 어떤 근거로 특정 공익사업을 수행

할 수 있는 권능을 취득하는지에 대해서는 아무런 설명을 하지 아니하고 있다.

(2) 공익사업수행권 및 그 설정의 법적 성격

(가) 공익사업수행권은 공익사업의 수행에 대한 일반적 금지의 해제에 따라 적법하게 공익사업을 수행할 수 있는 반사적 이익이나 법적 지위가 아니라, 법률에 특별히 규정된 공기업 기타 사업시행자만 특정 공익사업을 수행할 수 있는 권능이 부여된 독점적이고 배타적인 권리이다. 토지보상법은 공익사업수행권을 보장하기 위하여 토지소유자뿐만 아니라 일반인에게도 토지보전의무를 부과(법 제25조 제1항)하는 한 편, 보다 강화된 토지출입권(법 제27조 제3항)을 부여함으로써 공익사업수행권에 물권과 같은 효력을 인정하고 있다.

(나) 공익사업을 수행할 수 있는 자격이 있는 사업시행자는 별표에 규정된 법률에서 미리 규정하고 있지만 사업시행자는 동 규정만으로는 구체적인 공익사업을 수행할 수 없고 반드시 사업인정이나 사업인정으로 의제되는 처분이 선행하여야 한다. 사업인정권자가 사업시행자에게 이러한 공익사업수행권을 설정하는 처분은 사업시행자의 신청을 전제로 하여 이루어지는 광의의 특허 중 권리를 설정하는 설권적 형성처분에 해당하며, 그 중에서 특히 공기업 또는 특허기업(사기업)[113]에 대한 특허의 일종이다. 특허의 구체적인 내용은 사업시행자에게 해당 공익사업에 대한 독점적 경영권을 설정하는 것이다.[114]

---

113) "사회기반시설에 대한 민간투자법"에 의한 민간투자사업에 관하여 사업인정을 받은 사업시행자가 이에 해당한다.

114) 박윤흔, 행정법강의(하)(2004), 441면; 김동희, 행정법Ⅱ(2017) 322면과 홍정선, 행정법원론(하)(2015), 584면에서는 사기업에 대한 특허만을 공익사업의 특허에 포함하고 있다. 그러나 토지보상법상 사업인정은 사기업뿐만 아니라 공기업에 대한 사업인정까지 포함하는 개념이므로, 이 책에서는 공기업에 대하여 공익사업의 독점적 경영권을 부여하는 것까지 공익사업의 특허에 포함하는 것으로 파악한다.

(3) 토지보상법상 공익사업수행권의 기능

토지보상법은 공익사업용지의 취득과 보상을 둘러싸고 사업시행자의 수용권과 피보상자의 손실보상청구권을 중심으로 규율하고 있을 뿐이고 사업시행자의 공익사업수행권이라는 개념은 동법에는 존재하지 아니한다.

그러나 사견에 의하면 공익사업수행권은 사업인정이라는 공익사업의 특허에 의해서 설정되는 권리로서 사업인정 이후에 사업시행자에게 인정되는 강화된 토지출입권이나 토지보전의무 부과의 근거, 사업인정의 실효제도, 환매권, 공익사업의 변환 등을 올바르게 이해함에 있어서 필수적인 개념이다. 이에 대해서는 관계되는 항목에서 살펴보기로 한다.

(4) 공익사업수행권의 소멸

공익사업수행권은 사업인정의 실효(법 제23조 제1항), 공익사업의 종료나 폐지 또는 변경(법 제24조 제1항), 공익사업의 변환(법 제91조 제6항) 등 토지보상법에 규정된 사유 외에도, 사업시행자가 민간기업이거나 민법상의 조합인 경우에는 사업시행자 지정취소(사회기반시설에 대한 민간투자법 제46조), 도시개발사업조합의 해산(도시개발법 제15조 제3항), 정비사업조합의 해산(도시 및 주거환경정비법 제49조) 등의 사유로 소멸한다.

나. 수용권의 취득

(1) 사업인정을 받은 사업시행자는 해당 공익사업을 수행하는데 필요한 경우에는 토지 등을 수용 또는 사용할 수 있는 권리를 취득한다. 이러한 권리 중에 토지에 대한 수용권이 가장 중요하고 대표적인 권리기 때문에 토지수용권 혹은 수용권으로 통칭하고 있다.

(2) 수용권은 이를 설정하는 사업인정권자의 의사표시에 의해서 사업시행자에게 설정되는 것이 아니라, 법률의 규정에 의해서 사업인정을 받은 사업시행자가 당연히 취득하는 권리임은 누누이 설명하였다.

(3) 수용권은 사업시행자가 장차 일정한 절차를 거칠 것을 "조건"으로 취득하는 정지조건부 권리가 아니라 사업인정에 의해서 취득하는 확정적인 권리이다. 다만 수용권은 토지소유자 등과의 협의가 불성립한 경우에 재결신청을 하고 토지수용위원회의 재결에 따른 보상을 하여야 그 효력이 발생한다. 그러나 협의나 재결신청은 수용권 발생의 "조건"이 아니라 수용권 행사의 절차이거나 방법이고, 보상금의 지급은 수용권의 효력발생의 요건이다.

(4) 사업인정을 받은 사업시행자가 취득한 수용권은 목적물에 대한 현재 및 장래의 권리자에게 대항할 수 있는 공법상의 물권이라는 것이 통설이다. 물권은 타인의 의사를 배제하고 목적물을 직접 지배할 수 있는 권리로서 대세권의 일종이다. 그러나 수용권은 목적물의 사용가치나 교환가치를 직접 지배하는 권리가 아니다. 수용권이 물권적 성격을 가진다는 것은 수용목적물에 대한 현재 및 장래의 권리자가 누구이든 관계없이 보상을 하면 목적물의 소유권을 강제적으로 취득할 수 있는 권리라는 의미이다.

(5) 공용수용에 의한 부동산의 취득에는 민법상 부동산 물권변동에 관한 등기주의의 예외로서 등기를 요하지 아니한다(민법 제187조). 사업인정에 의해서 수용권이 발생하더라도 공익사업의 목적물인 토지에 대해서 모종의 등기를 하여야 하는 것도 아니다.

그러나 사업시행자는 장차 협의나 수용절차를 거쳐서 사업지구 내에 있는 토지에 대한 소유권을 취득하게 되는 것이 확정적이다. 수용에 의한 토지소유권의 취득은 원시취득이고, 협의에 의한 취득 역시 후에 협의성립 확인재결을 거치면 수용으로 간주된다(법 제29조 제4항). 만일 사업인정 이후에 해당 부동산(토지) 등기부에 사업인정이 있었다는 사실이 기재되지 아니하면, 등기부를 신뢰하여 해당 토지에 관하여 거래를 한 상대방은 예측할 수 없는 손해를 입게 되고 토지 거래의 안전은 위협받게 된다. 이를 방지하기 위해서는 해당 토지에 대해서 사업인정이 있었다는 사실을 등기

할 수 있는 방법을 마련할 필요가 있다.[115)]

다. 토지출입권의 취득

(1) 토지보상법의 규정

사업인정의 고시가 있은 후에 사업시행자가 사업의 준비나 토지조서 및 물건조서를 작성하기 위하여 필요한 경우에는 특별자치도지사, 시장 · 군수 또는 구청장의 허가를 받지 아니하고 해당 토지나 물건에 출입하여 이를 측량하거나 조사할 수 있다(법 제27조 제1항 본문).

(2) 토지출입권의 인정 근거

사업인정 이전에 사업시행자가 토지출입권을 취득하기 위해서는 사업의 종류와 출입할 토지의 구역 및 기간을 정하여 특별자치도지사, 시장 · 군수 또는 구청장의 사전 허가를 받아야 한다(법 제9조 제2항 본문). 그러나 사업인정 이후의 토지출입권은 사업시행자가 특별도지사 등의 허가에 의해서 취득하는 권리가 아니라 사업인정의 효과로 취득하는 권리로서, 출입할 토지의 구역이나 기간의 제한이 없고, 권리의 취득과 관련한 내용을 공고할 필요도 없다(동조 제3항 참조). 다만 사업시행자는 동 권리를 행사하기 위해서 토지나 물건에 출입하려는 날의 5일 전에 토지점유자에게 통지하는 것으로 충분하다(법 제27조 제1항 후문). 이와 같이 사업인정을 받은 사업시행자에게 보다 자유로운 토지출입권을 인정한 근거는 어디에 있는가?

사업인정을 받기 전의 사업시행자는 공익사업을 준비하기 위한 목적이라 하더라도 타인이 점유하는 토지에 출입한다는 것은 토지점유자의 권리를 침해하는 행위로서 공용침해의 일종이므로, 토지점유권에 대한 공용사용에 준하는 절차에 의하지 아니하고는 해당 토지에 출입할 수 없다. 그러

115) 일본 토지수용법 제45조의 2에는 재결신청이 있으면 수용위원회는 해당 토지 및 토지에 관한 권리에 관해서 수용 또는 사용의 재결절차 개시등기를 촉탁하여야 한다고 규정하고 있다.

나 사업인정을 받은 사업시행자는 해당 사업지구 내의 토지에 대하여 공익사업수행권을 취득하므로 이 권리를 행사하기 위해서는 아무런 제약 없이 해당 토지에 출입할 수 있어야 한다. 사업인정 이후에 사업시행자가 취득하는 토지출입권은 공익사업수행권의 실효성을 보장하기 위한 권리로서 공익사업수행권의 한 내용이기 때문에 동 권리의 행사에 대한 제약이 사라지고 행사가 보다 자유로워진 권리의 모습으로 나타난 것이다.

(3) 토지출입권의 내용

(가) 토지출입권의 내용은 해당 토지나 물건에 출입하여 측량 · 조사하는 것으로 그 목적은 공익사업의 준비나 토지조서 및 물건조서를 작성하기 위한 것으로(법 제27조 제1항 제1호), 사업인정 전의 토지출입권과 동일하다.

(나) 토지출입권에 관해서는, 일출 전이나 일몰 후의 출입이 제한되고(법 제10조 제3항), 토지점유자는 사업시행자의 정당한 토지출입권의 행사를 인용하여야 하며(법 제11조), 토지에 출입하려는 자는 증표를 휴대하여야 한다는 규정(법 제13조) 등이 준용된다(법 제27조 제2항). 다만 장애물 제거 등에 관한 제12조가 준용된다는 규정은 없지만 토지 소유자와 점유자의 동의가 있으면 장애물의 제거 등의 행위도 가능하다고 본다.

(다) 타인이 점유하는 토지에 출입하여 측량 · 조사함으로써 발생한 손실에 대해서 사업시행자가 보상하여야 하는데, 이에 대해서는 제9조 제5항부터 제7항이 준용된다(법 제27조 제4항, 제5항). 장애물의 제거로 인한 손실의 보상에 관한 법 제12조 제4항의 규정도 준용된다.

3. 토지소유자 및 관계인에 대한 효력

가. 손실보상청구권의 취득

뒤에서 살펴보는 바와 같이[116] 토지보상법은 손실보상청구권이 언제 발생하는지에 대해서는 직접적인 규정을 두지 아니하고 다만 사업시행자는 수용 또는 사용의 개시일까지 관할 토지수용위원회가 재결한 보상금을 지급하여야 한다고만 규정하고 있다(법 제40조 제1항).

사업인정이 있으면 사업시행자는 수용권을 취득한다(법 제19조 제1항). 그런데 헌법상의 수용보상법률주의의 원칙에 따라 수용과 보상은 불가분적으로 결합하고 있기 때문에, 사견에 의하면 사업시행자가 수용권을 취득하면 피수용자는 손실보상청구권을 취득하는 것이 논리적으로 당연하다고 본다. 다만 수용권과 손실보상청구권의 취득은 사업인정권자의 의사표시에 의한 것이 아니라 법률의 규정에 의한 것이다. 이러한 수용과 보상간의 발생상의 결합관계는 헌법과 토지보상법에 근거한 것으로, 민법상 쌍무계약에 있어서 양 채무 간에 존재하는 견련관계보다 더욱 강력하다.

나. 토지현황 보전의무의 발생

(1) 토지보상법의 규정

사업인정이 고시된 후에는 누구든지 해당 토지에 대하여 사업에 지장을 줄 우려가 있는 형질의 변경이나 토지와 함께 공익사업을 위하여 필요한 입목, 건물, 그 밖에 토지에 정착된 물건 및 이에 관한 소유권 외의 권리나, 토지에 속한 흙 · 돌 · 모래 또는 자갈을 손괴하거나 수거하는 행위를 하지 못한다(법 제 25조 제1항, 제3조 제2호, 제4호). 사업인정고시가 된 후에 고시된 토지에 건축물의 건축 · 대수선, 공작물의 설치 또는 물건의 부가 · 증치를 하려는 자는 특별자치도지사, 시장 · 군수 또는 구청장의 허가를 받아야 한다(동조 제2항 전문).

116) 274면.

(2) 토지현황 보전의무의 의의

(가) 개 념

토지현황 보전의무란 사업인정이 고시되면 해당 토지의 형질을 변경하거나 토지의 정착물 또는 구성부분을 손괴 또는 수거하는 등의 방법으로 토지의 형상이나 구조 또는 용도를 변경하여서는 아니 되고 토지를 종전대로 보전하여야 할 의무를 말한다.

(나) 토지현황 보전의무의 취지

토지보상법은 사업인정 당시의 토지의 현황을 기초로 토지소유자 또는 관계인의 범위를 확정하고 보상내용과 보상금액을 결정할 뿐만 아니라, 사업시행자는 사업인정 당시를 기준으로 공익사업의 수행에 소요되는 비용을 예측하고 사업 시행의 세부적인 방법을 결정하게 된다. 사업인정 고시 이후에 토지의 현상을 변경하게 되면 공익사업의 수행에 소요되는 비용과 사업 시행기간 등이 달라지게 됨에 따라 공익사업수행권의 행사에 지장을 초래하게 되므로 토지보상법은 사업인정 고시 이후에는 누구든지 토지의 현황을 보전할 의무가 있는 것으로 규정하고 있다.

(3) 토지현황 보전의무의 법적 성격

(가) 토지현황 보전의무의 내용은 공익사업용지로 고시된 토지에서는 공익사업을 원활하게 수행하기 위해서 토지소유자뿐만 아니라 일반인에게도 사업에 지장을 초래할 우려가 있는 행위를 금지하는 것이다.

이 의무의 본질은 공익사업수행권에 대한 침해를 금지하는 것으로 공법상 물권적 성격을 가진 공익사업수행권의 대세적 효력에 근거한다. 따라서 토지보상법이 규정하는 토지현황 보전의무는 예시적인 것으로 본다.

(나) 뒤에서 살펴보는 바와 같이[117] 토지보상법 별표상의 법률에 규정

117) 339면.

된 각종의 행위제한은 사업인정이나 사업인정으로 의제되는 처분 이후에 토지소유자 등에게 부과되는 토지현황 보전의무에 근거한 사업제한으로, 공용제한이 아니라 재산권에 내재하는 사회적 제약인 공법상 제한의 일종이기 때문에 보상을 요하지 아니한다.

(4) 구체적인 내용

(가) 형질의 변경, 손괴 또는 수거의 금지

사업인정의 고시 이후에는 누구든지 고시된 토지에 대하여 사업에 지장을 초래할 우려가 있는 형질의 변경이나 토지와 함께 공익사업을 위하여 필요로 하는 입목, 건물 기타 토지에 정착한 물건(법 제3조 제2호) 또는 토지에 속한 흙 · 돌 · 모래 또는 자갈(동조 제4호)을 손괴 또는 수거하지 못한다(법 제25조 제1항).

1) 토지에 대한 형질변경이란 절토, 성토, 정지, 포장 등의 방법으로 토지의 형상을 변경하는 행위와 공유수면매립(경작을 위한 토지의 형질변경은 제외한다)을 말한다(국토계획법 시행령 제51조 제1항 제3호). 원래 토지의 형질을 변경하기 위해서는 사업인정과 관계없이 원칙적으로 관할 지방자치단체의 장의 허가를 받아야 한다(법 제56조 제1항 제2호).

그러나 사업인정이 있게 되면 토지보상법의 규정에 따라 누구든지 해당 토지에 대해서 형질변경을 해서는 아니 될 의무를 부담하게 되는 것이다.

2) "사업에 지장을 초래할 우려"라 함은 해당 토지를 형질변경함으로 인하여 형질변경이 있기 전에 비하여 공익사업을 시행하는 비용과 시간을 더 많이 소요하게 하는 경우뿐만 아니라 보상액이 과다하게 될 가능성 있는 경우까지 포함하는 것으로 해석한다.[118]

3) 공익사업에 필요한 입목, 건물 기타 토지에 정착한 물건이나 토지에 속한 흙 · 돌 · 모래 또는 자갈 등은 장차 공익사업을 수행하기 위한 수용

118) 박평준 · 박창석, 앞의 책 94면; 이선영, 앞의 책 161면.

의 목적물이므로, 이러한 물건을 손괴하거나 수거하는 행위는 공익사업수행권은 물론이고 수용권 자체를 침해하는 행위에 해당한다. 그러나 공익사업의 수행과 무관한 토지의 정착물이나 구성부분을 손괴 또는 수거하는 행위는 이 권리를 침해하는 행위에 해당하지 아니하므로 그러한 물건에 대해서는 손괴 또는 수거를 하더라도 토지보상법 제25조 제1항에 위배되는 것은 아니다.

(나) 건축 등의 허가

사업인정의 고시 이후에는 고시된 토지에 건축물의 건축·대수선, 공작물의 설치 또는 물건의 부가(附加)·증치(增置)를 하고자 하는 자는 특별자치도지사, 시장·군수 또는 구청장의 허가를 받아야 한다. 이 경우 특별자치도지사, 시장·군수 또는 구청장은 미리 사업시행자의 의견을 들어야 한다(법 제25조 제2항).

1) 건축법상 건축물을 건축하거나 대수선하려는 자는 특별자치도지사 또는 시장·군수·구청장의 허가를 받아야 하고 특히 21층 이상의 건축물 등 대통령령으로 정하는 용도 및 규모의 건축물을 특별시나 광역시에 건축하려면 특별시장이나 광역시장의 허가를 받아야 한다(법 제11조 제1항). 토지보상법 제25조 제2항의 규정은 공익사업을 수행하기 위하여 사업인정의 고시가 있는 토지상에 건축물을 건축하거나 대수선을 하기 위해서는 건축법상의 허가 외에도 토지보상법에 의한 허가까지 받아야 한다는 점을 분명히 한 것이다.

2) 사업인정의 고시 이전에 이미 건축법상의 건축허가를 받은 토지에 대해서 그 후에 사업인정의 고시가 있었다면, 이 경우에도 토지보상법상의 허가를 추가로 받아야 할 것으로 생각한다. 건축법상의 건축허가와 토지보상법상의 건축허가는 허가의 취지나 목적을 달리하는 것이어서 건축법상의 건축허가가 있었다고 해서 토지보상법상의 건축허가를 대신할 수

없기 때문이다.

3) 특별자치도지사 또는 시장 · 군수 · 구청장 등은 토지보상법에 의한 건축허가를 하기에 앞서 사업시행자의 의견을 들어야 할 뿐만 아니라 사업시행자의 의견에 구속된다. 사업시행자는 공익사업용지에 관하여 공익사업수행권을 보유하고 있으므로, 특별자치도지사 또는 시장 · 군수 · 구청장이 건축허가 여부를 결정함에 있어서 사업시행자의 의견을 듣도록 규정한 것이다.

(다) 원상회복의무

1) 사업인정의 고시 이후에 허가 없이 건축물의 건축 · 대수선, 공작물의 설치 또는 물건의 부가 · 증치를 한 토지소유자 또는 관계인은 당해 건축물 · 공작물 또는 물건을 원상으로 회복하여야 한다(법 제25조 제3항).

토지소유자나 관계인의 원상회복의무는 공익사업수행권의 침해에 따라 발생한 결과에 대한 제거의무이다.

2) 사업인정을 받은 사업시행자는 토지소유자나 관계인에 대해서 장차 수용될 토지의 인도나 건물의 철거 등을 미리 청구할 수는 없다. 사업시행자가 공익사업수행권을 취득하였다 하더라도 토지소유자나 관계인이 해당 토지나 건물을 점유하고 이를 사용할 수 있는 권리가 당연히 제한 또는 소멸되는 것은 아니기 때문이다.

(5) 행정대집행에 의한 이행강제

(가) 토지보상법의 규정

사업인정 이후에 사업시행자는 토지의 현황을 변경하거나 토지보상법에 의한 허가를 받지 아니하고 건축을 강행하는 등 토지보전의무를 위반하는 자에 대해서 행정대집행을 신청하는 방법으로 의무의 실현을 강제할 수 있다. 즉 토지보상법 제89조 제1항에 의하면 “이 법 또는 이 법에 의한 처분으로 인한 의무를 이행하여야 할 자가 그 정하여진 기간 이내에 의무를 이행하지 아니하거나 완료하기 어려운 경우 또는 그로 하여금 그 의무를 이행하게 하는 것이 현저히 공익을 해한다고 인정되는 사유가 있는 경우에는 사업시행자는 시 · 도지사나 시장 · 군수 또는 구청장에게 행정대집행법이 정하는 바에 따라 대집행을 신청할 수 있다. 이 경우 신청을 받은 시 · 도지사나 시장 · 군수 또는 구청장은 정당한 사유가 없는 한 이에 응하여야 한다."라고 규정하고 있다. 사업시행자가 국가나 지방자치단체인 경우에는 행정대집행법이 정하는 바에 따라 직접 대집행을 할 수 있다(법 제89조 제2항).

(나) 사업시행자가 행정대집행을 통하여 이행의무를 강제적으로 실현할 수 있는 경우에는 다른 법률적 수단을 이용하는 것은 허용되지 아니한다고 본다. 판례 역시 행정대집행의 절차가 인정되는 경우에는 따로 민사소송의 방법으로 공작물의 철거 · 수거 등을 구할 수는 없다고 한다.[119] 법률이 이행의무의 실현 방법으로 가장 유효적절한 수단을 인정하고 있음에도 불구하고 민사소송절차를 통하여 우회하는 것은 소송경제에 반하기 때문이다.

(6) 행정형벌의 부과

제25조 제1항 또는 제2항 전단을 위반한 자는 1년 이하의 징역 또는 500만원 이하의 벌금에 처한다(법 제96조).

4. 부수적 효력

가. 목적물의 범위 확정

사업시행자가 사업인정의 신청을 하는 경우에 사업예정지를 기재한 사업인정신청서(법 시행령 제10조 제1항 제3호)와 함께 첨부서류로서 사업예정

---

119) 대판 2000.5.12. 99다18909.

지 및 사업계획을 표시하는 도면과 수용 또는 사용할 토지의 세목을 기재한 서류 등도 제출하여야 한다(영 제10조 제2항). 국토교통부장관이 사업인정을 할 경우에 사업시행자의 성명 또는 명칭과 함께 사업의 종류, 사업지역 및 수용 또는 사용할 토지의 세목을 관보에 고시하여야 하므로, 사업인정이 있으면 수용 또는 사용할 목적물의 범위가 확정된다. 다만 앞에서 본 바와 같이 사업시행자는 현실적으로 공익사업을 실시함에 있어서 당초의 사업인정신청서에 기재된 사업예정지와 토지의 세목을 변경할 수 있으므로, 사업인정으로 인한 목적물의 범위 확정은 절대적인 것은 아니다.

나. 관계인 확정

(1) 관계인이란 사업시행자가 취득 또는 사용할 토지에 관하여 지상권 · 지역권 · 전세권 · 저당권 · 사용대차 또는 임대차에 의한 권리 기타 토지에 관한 소유권 외의 권리를 가진 자 또는 그 토지에 있는 물건에 관하여 소유권 그 밖의 권리를 가진 자를 말한다(법 제2조 제5호 본문)를 말한다. 그러나 사업인정의 고시가 있은 후에 권리를 취득한 자는 기존의 권리를 승계한 자를 제외하고는 관계인에 포함되지 아니한다(동호 단서).

(2) 사업시행자가 사업지구에 포함되는 토지 등을 협의 또는 수용절차를 통하여 취득하고 그에 따른 보상금을 지급하기 위해서는 일정한 시점을 기준으로 권리의 귀속관계를 확정할 필요가 있다. 토지보상법은 사업인정 고시일을 이러한 권리관계 확정을 위한 기준일로 정하고, 사업인정 고시일 이후에 토지소유권 이외의 권리를 취득한 관계인에 대해서는 기존의 권리를 승계한 자를 제외하고는 토지보상법상의 보상계획의 통지(법 제15조 제1항)나 협의(법 제16조) 및 의견청취(법 제21조)를 할 의무를 부담하지 아니할 뿐만 아니라 보상금 지급 대상에서 제외하고 있는 것이다.

따라서 예컨대 사업인정 고시일 이후에 건물을 임차하고자 하는 자는 종전의 임차인의 지위를 승계하는 방법으로 임대차계약을 체결하지 아니하는 한, 관계인에 포함되지 아니하므로 추후에 동 건물이 철거되더라도 아무런 보상도 받을 수 없게 된다.

Ⅵ. 사업인정의 실효

1. 사업인정의 실효의 개념

사업인정의 실효란 일단 유효하게 성립·발효한 사업인정의 효력이 이후에 발생한 사정으로 인하여 그 효력을 상실하는 것을 말한다. 사업인정도 행정처분의 일종이므로 공익사업의 종료나 부관으로서의 해제조건의 성취 등 행정행위의 효력의 일반적 소멸사유의 발생으로 효력을 잃게 된다. 토지보상법은 이 중에서 재결신청기간의 경과에 의한 실효와 사업의 폐지·변경에 대해서 규정하고 있다. 일설에는 사업시행자가 사업인정의 고시 후 협의·재결·화해 등에 의하여 필요한 토지를 취득한 때에도 사업인정이 실효된다고 한다.[120] 그러나 이러한 경우에는 수용권이 그 목적을 달성하여 소멸하였을 뿐이고, 공익사업이 종료되지 아니하는 한 공익사업수행권은 소멸하지 아니하므로 사업인정의 효력 또한 존속하는 것으로 보아야 할 것이다.

2. 사업인정의 실효의 본질

사업인정의 본질을 공익사업수행권의 부여로 파악하는 사견에 의하면 사업인정의 실효란 내용적으로 보면 공익사업수행권의 소멸을 의미한다. 사업인정의 결과 법률의 규정에 의하여 사업시행자는 수용권을, 토지소유자나 관계인은 손실보상청구권을 각각 취득하므로, 사업인정이 실효되면 위와 같은 권리 취득의 효과도 소멸하는 것으로 이해한다.

120) 박평준·박창석, 앞의 책 95면.

공익사업이 종료되거나 폐지 또는 변경되는 것은 사업인정이라는 행정처분의 일반적인 실효사유에 해당하므로 공익사업수행권도 당연히 소멸하게 된다. 토지보상법은 이 이외에도 재결신청기간의 경과를 사업인정의 실효사유의 하나로 들고 있는데, 이에 대해서는 좀 더 살펴볼 필요가 있다.

3. 사업인정의 실효 사유

가. 재결신청기간의 경과

(1) 토지보상법의 규정

사업시행자가 사업인정의 고시가 있은 날부터 1년 이내에 토지수용위원회에 재결신청을 하지 아니한 때에는 사업인정 고시가 있은 날부터 1년이 되는 날의 다음 날에 사업인정은 그 효력을 상실한다(법 제23조 제1항).

사업시행자는 공익사업에 필요한 토지에 대해서 협의취득을 하거나 일정한 기간 내에 수용을 위한 재결신청을 함으로써 해당 토지에 관한 법률관계를 조속히 정리하여 토지소유자의 법적 지위의 불안을 해소하고 보상절차를 조속히 완료하여야 한다. 이를 위하여 토지보상법은 사업인정 고시일로부터 1년 이내에 재결신청을 하도록 제한하고 있다.

(2) 수용권은 형성권의 일종으로 재결절차에서만 행사할 수 있는 권리이므로 사업시행자는 토지수용위원회에 대하여 재결신청이라는 의사표시로써 수용권을 행사하여야 한다. 사업시행자가 사업인정 고시일로부터 1년 이내에 재결신청을 하지 아니하면 수용권이 소멸함에 따라 사업시행자는 해당 토지를 취득할 수 없게 되므로, 해당 토지에서는 더 이상 공익사업을 수행할 수 없게 된다. 토지보상법은 이를 재결신청기간 경과에 의한 사업인정의 실효로 규율하고 있는 것이다. 따라서 동 규정은 사업시행자의 수용권 행사의 제척기간과 함께 해당 토지를 취득하는 것이 불가능

하게 됨에 따라 공익사업의 수행 불능으로 인한 공익사업수행권의 소멸을 규정한 것으로 이해할 수 있다.

(3) 택지개발사업이나 도시재개발사업과 같이 사업지구가 광대한 경우에는 사업지구에 포함되는 토지의 필지 역시 다수이다. 이러한 경우에는 1회의 사업인정으로 사업지구나 공익사업의 세부적인 내용이 모두 확정되는 예는 극히 드물고, 대부분의 경우에 사업시행자는 당초의 사업인정 신청의 내용에 대해서 수회의 변경신청을 통하여 단계적으로 사업지구를 조절하거나 공익사업의 세부적인 내용을 변경하게 된다. 이와 같이 사업지구에 포함된 토지의 필지가 다수이거나 변경될 경우에, 그 중 일부 토지에 대해서만 재결신청 기간이 경과하였다면 해당 토지에 대한 사업인정의 효력은 어떻게 되는가?

이 점에 대해서 일설에 의하면 해당 토지에 대한 사업인정만 부분적으로 실효되는 것으로 이해하고,[121] 판례 역시 아직 재결신청 기간이 경과하지 아니한 나머지 토지에 대한 사업인정의 효력은 존속한다고 한다.[122]

토지보상법은 사업의 폐지 또는 변경의 경우에 시업인정의 전부나 일부의 실효를 인정하고 있으므로(법 제24조 제5항), 판례나 학설의 견해는 타당하다고 본다. 다만 사업인정의 실효를 공익사업수행권의 소멸로 이해하는 사견에 의하면 사업인정은 실효되지 아니하고 해당 토지에서의 공익사업 수행권만 전부 또는 일부가 소멸되는 것으로 이해한다.

(4) 별표상의 법률의 예외 규정

토지보상법 별표상의 법률에는 대부분 위 토지보상법 제23조 제1항이나 제28조 제1항의 규정된 재결신청기간에 대한 예외규정을 두어서 재결신청은 사업시행기간 내에 할 수 있는 것으로 규정하고 있다.[123] 따라서 토지

121) 小澤道一, 앞의 책 65면.

122) 대판 2001.11.13. 2000두1706.

보상법 제23조 제1항이나 제28조 제1항은 실제로는 적용될 여지가 없는 사문화된 규정이라 할 수 있다. 그 결과 토지보상법이 재결신청기간에 제한을 둔 취지는 상실하고 토지소유자나 관계인의 법률적 지위는 좀 더 불안하게 되었다.

나. 공익사업의 폐지 및 변경

(1) 공익사업의 폐지 및 변경의 의의

(가) 개 념

사업인정고시가 있은 후 사업의 전부 또는 일부를 폐지하거나 변경함으로 인하여 토지 등의 전부 또는 일부를 수용하거나 사용할 필요가 없게 되었을 때에는 사업시행자는 지체 없이 사업지역을 관할하는 시·도지사에게 신고하고, 토지소유자 및 관계인에게 이를 통지하여야 한다(법 제24조 제1항).

공익사업의 폐지란 사업인정을 받은 공익사업의 전부 또는 일부를 종국적으로 수행하지 아니하는 것을 말하고, 공익사업의 변경이란 사업인정을 받은 공익사업의 구체적인 실시계획의 내용을 바꾸는 것을 말한다.

(나) 사업인정을 받은 사업시행자는 공익사업수행권과 수용권을 취득하는 동시에 해당 공익사업을 수행할 의무도 부담하는 것으로 본다. 공익사업을 폐지하거나 변경하는 것은 사업인정의 내용을 변경하는 것을 의미하는데 이는 사업인정권자의 권한이다. 따라서 이를 위해서는 사업인정의 경우와 동일하게 미리 사업인정권자에게 폐지 또는 변경의 신청을 하고 그에 대한 허가를 받아야 할 것으로 본다. 그러나 토지보상법은 이에 대해서는 아무런 규정을 두지 아니하고 있다.

---

123) 도시개발법 제22조 제3항; 택지개발촉진법 제12조 제2항.

(2) 공익사업의 폐지 및 변경의 절차

(가) 신고와 통지

사업인정고시가 된 후 사업의 전부 또는 일부를 폐지하거나 변경함으로 인하여 토지 등의 전부 또는 일부를 수용하거나 사용할 필요가 없게 되었을 때에는 사업시행자는 지체 없이 사업지역을 관할하는 시·도지사에게 신고하고, 토지소유자 및 관계인에게 이를 통지하여야 한다(법 제24조 제1항).

(나) 관보에 고시

시·도지사는 신고를 받으면 사업의 전부 또는 일부가 폐지되거나 변경된 내용을 관보에 고시하여야 하고(법 제24조 제2항), 신고가 없는 경우에도 사업시행자가 사업의 전부 또는 일부를 폐지하거나 변경함으로 인하여 토지를 수용하거나 사용할 필요가 없게 된 것을 알았을 때에는 미리 사업시행자의 의견을 듣고 제2항에 따른 고시를 하여야 한다(동조 제3항). 별표에 규정된 법률에 따라 사업인정이 있는 것으로 의제되는 사업이 해당 법률에서 정하는 바에 따라 해당 사업의 전부 또는 일부가 폐지되거나 변경된 내용이 고시·공고된 경우에는 제2항에 따른 고시가 있는 것으로 본다(동조 제5항).

(다) 보 고

시·도지사는 제2항 및 제3항에 따른 고시를 하였을 때에는 지체 없이 그 사실을 국토교통부장관에게 보고하여야 한다(법 제24조 제4항).

4. 사업인정의 실효의 효과

가. 공익사업수행권의 소멸

사업인정은 사업시행자에게 공익사업수행권을 부여하는 공기업 특허의 일종이므로, 사업인정이 실효하게 되면 공익사업수행권이 소멸하는 것은 사업인정 실효의 핵심적인 효과이다. 토지의 일부에 대해서만 재결신청기간이 경과하거나 사업이 폐지 또는 변경되는 경우에는 해당 토지에서의 공익사업수행권만 소멸한다고 본다.

나. 수용권 및 손실보상청구권 등의 소멸

(1) 사업인정이 실효함에 따라 사업인정의 효력으로 발생한 수용권과 손실보상청구권뿐만 아니라 사업인정의 효력으로 발생한 부수적 효력도 모두 소멸한다.

(2) 판례에 의하면 사업인정의 실효는 사업인정 시로 소급하지 아니하고 장래에 향하여 그 효력을 상실한다고 한다.[124] 따라서 해당 토지에서 이미 이루어진 토지 출입이나 조사를 포함한 부수적 효력은 사업인정이 실효되었다 하더라도 소급해서 부적법해지는 것이 아니다.

다. 손실보상의무의 발생

(1) 사업시행자는 재결신청 기간 안에 재결신청을 하지 아니하여 사업인정이 실효되거나(법 제23조 제2항) 사업의 전부 또는 일부를 폐지 · 변경함으로 인하여 토지소유자 또는 관계인이 입은 손실을 보상하여야 한다(법 제24조 제7항, 제8항).

이 경우의 손실보상은 이른바 비수용손실에 대한 보상으로 손실이 실제로 발생하였을 때 손실보상청구권도 발생한다. 사업시행자가 재결신청을 하지 아니함으로써 발생한 손실에 대한 보상의 본질은 경우에 따라서는 사업시행자의 의무불이행에 따른 손해배상에 해당한다.

---

124) 대판 2001.11.13. 2000두1706.

(2) 손실보상청구권의 행사

사업의 실효 또는 폐지나 변경으로 인한 손실의 보상은 손실이 있음을 안 날부터 1년이 지나거나 손실이 발생한 날부터 3년이 지난 후에는 이를 청구할 수 없다(법 제9조 제5항). 이러한 손실의 보상은 사업시행자와 손실을 입은 자가 협의하여 결정하며(동조 제6항), 협의가 성립되지 아니한 때에는 사업시행자나 손실을 입은 자는 대통령령으로 정하는 바에 따라 관할 토지수용위원회에 재결을 신청할 수 있다(동조 제7항).

Ⅶ. 사업인정의제

1. 사업인정의제의 의의

가. 사업인정의제의 개념

사업인정의제란 토지보상법 별표 제2호의 법률에서 규정하고 있는 사업인정권자의 특정 처분을 토지보상법 제2조 제7호에 규정된 사업인정으로 간주하는 것을 말한다. 예를 들면 택지개발촉진법상의 택지개발지구의 지정(법 제12조 제2항)이나, 도시 및 주거환경정비법상의 사업시행계획의 인가(법 제65조 제2항) 등은 각각 토지보상법상의 사업인정과 상이한 처분이지만 해당 법률에서 동 처분을 토지보상법상의 사업인정으로 본다고 규정하고 있는데, 이를 사업인정의제라고 한다.

나. 제도의 취지 및 문제점

2015. 12. 29. 개정 전의 구 토지보상법에서는 협의와 의견청취를 규정한 법 제21조 제1항은 공익사업에 관한 개별법에 규정된 사업인정으로 의제되는 처분을 함에 있어서는 적용된다는 규정을 두지 아니하고 있었다. 그 취지는 사업인정으로 의제되는 처분의 절차를 간소화하여 공익사업의 시행기간을 단축함으로써 지가의 상승이나 투기가 발생할 시간적 여유를

두지 아니하는 한 편, 보상액 산정의 기준시점을 사업인정 이전에 이루어진 특정 행정처분의 시점으로 소급하는 방법을 통하여 투기가격이나 개발이익이 토지에 대한 보상액산정에 포함될 가능성을 미리 방지하고자 하는데 있었다.[125]

그러나 토지보상법이 요구하는 협의와 의견청취를 생략하기 위한 방편으로 사업인정의제 제도를 채택한다는 것은 공익사업의 신속한 시행이라는 사업시행자의 편의를 위해서 절차의 민주적 정당성을 희생하는 것이라는 비판을 받아 왔다. 이에 2015. 12. 29. 법률 제13677호로 토지보상법을 개정하여 동법 별표에서는 토지 등을 수용하거나 사용할 수 있는 사업을 규정한 법률을 구체적으로 열거하고, 신설된 제21조 제2항에서는 별표상의 법률에서 사업인정으로 의제하는 처분을 하는 경우에도 중앙토지수용위원회와의 협의와 이해관계인의 의견을 들어야 하는 것으로 규정함으로써 위와 같은 비판은 면하게 되었다.

그럼에도 불구하고 사업인정의제 제도는 보상금 산정의 기준 시점을 공익사업계획의 승인이나 지구지정 등 공익사업 시행 절차 단계에 존재하는 특정한 처분의 시점으로 소급하는 기능은 여전히 보유하고 있기 때문에 정당보상주의 원칙에 반하는 것이 아닌가 하는 의문은 남아 있다.

2. 사업인정으로 의제되는 처분

토지보상법 별표 제2호상의 법률에서 사업인정으로 의제되는 처분으로

125) 이와는 달리, 일본의 도시계획법 제70조는 도시계획사업에 관해서는 사업인정은 행하여지지 아니하고 도시계획사업의 인가 또는 승인의 고시를 사업인정으로 간주한다고 규정하고, 동법 제71조 제1항은 사업인정의 실효에 관한 동법 제29조 제1항(우리나라 토지보상법 제23조 제1항)은 도시계획사업에는 적용되지 아니하고 인가 또는 승인 고시 후 1년마다 사업인정의 고시가 있는 것으로 간주한다고 규정하고 있다. 이와 같이 일본의 도시계획법이 사업인정의제 규정을 둔 이유는 장기간이 소요되는 도시개발사업의 경우에 사업인정 이후 1년 내에 재결신청을 하지 아니하면 사업인정이 실효한다는 규정은 부적절하다는데 있다.

규정한 내용은 다음과 같다. 법조항은 사업인정 의제의 근거 조항이다.

법령명	사업명칭	사업인정권자	처분명칭	법조항
평창올림픽법	특구개발사업	문화체육관광부장관	사업계획의 승인	33-1
간선급행 버스법	체계건설사업	시 · 도지사, 국토교통부장관	실시계획의 승인	10-2
간척지법	간척지활용사업	농림축산식품부장관	사업구역의 지정	19-3
건설기계 관리법	공영주기장설치	시 · 도지사, 시장 · 군수	설치 · 운영계획 의수립	33의3 -2
경제자유 구역법	개발사업	시 · 도지사	실시계획의 승인	13-2
고도육성법	보존육성사업 및 주민지원사업	지방자치단체의 장	지구의 지정	17-4
공공주택 특별법	주택지구의 조성	국토교통부장관	주택지구의 지정	27-2
방치건축물 정비법	정비사업	시 · 도지사	정비계획의 고시	11-3
공항시설법	공항개발사업	국토교통부장관	실시계획의 수립, 승인	12-2
관광진흥법	조성사업	시장 · 군수 · 구청장	조성계획의 승인	61-1
광산피해 방지법	광해방지사업	산업통상자원부장관	사업계획의 승인	19-2
광업법	갱구개설 등	산업통상자원부장관	개설 등의 인정	72-3
통합교통 체계법	복합환승센타 개발사업	국토교통부장관, 시 · 도지사	복합환승센타 지정	54-2
국방시설 사업법	국방 · 군사시설	국방부장관	사업계획 승인	5-3
국제경기 대회법	대회관련시설 설치	지방자치단체의 장	사업계획의 승인	28-2

법령명	사업명칭	사업인정권자	처분명칭	법조항
국토계획법	도시 · 군계획 시설사업	국토교통부장관, 시 · 도지사, 대도시시장	실시계획의 고시	96-2
군공항이전법	지원사업	관계중앙행정기관의장	지원사업시행의 승인	15-2
금강수계법	수변생태벨트 조성사업	광역시장, 특별자치시장, 시장, 군수	수질개선사업계획의 승인	25-1
낙동강수계법	수변생태벨트 조성사업	광역시장, 특별자치시장, 시장, 군수	수질개선사업계획의 승인	27-1
한강수계법	수변생태벨트 조성사업	광역시장, 특별시장, 시장, 군수	수질개선사업계획의 승인	14-2
급경사지법	붕괴위험지역 정비사업	법 제2조제5호의 관리기관	정비사업실시계획의 고시	16-2
기업도시법	개발사업	국토교통부장관	토지등 세부목록의 고시	14-2
농어촌도로법	도로정비공사	군수 등	노선지정	13-2
농어촌 리모델링법	정비사업	시장 · 군수 · 구청장	실시계획의 고시	22-2
농어촌정비법	농어촌정비사업	농림축산식품부장관, 해양수산부장관 등.	기본계획 또는 시행계획의 고시	110-4
농업기반 시설법	농업생산기반시설등 활용사업	농림축산식품부장관	구역의 지정	18-3
댐건설법	댐건설사업	환경부장관, 시 · 도지사	기본계획의 고시	11-2
도로법	도로건설사업	국토교통부장관, 지방자치단체의 장 등	도로구역의 결정	82-2
도시정비법	정비사업	특별시장, 광역시장, 특별자치시장 등	사업시행계획의 인가	65-2

법령명	사업명칭	사업인정권자	처분명칭	법조항
도시개발법	도시개발사업	특별시장, 광역시장, 특별자치시장 등	토지등의 세부목록의 고시	22-3
도시교통정비법	연차별시행계획의 시행	특별시장, 광역시장, 특별자치시장 등	시행계획의 수립	12-3
도시철도법	도시철도건설사업	특별시장, 광역시장, 특별자치시장 등	사업계획의 승인	10-2
도청이전법	개발사업	도지사	개발예정지구의 지정	17-2
해안내륙발전법	개발사업	시 · 도지사	토지등의 세부목록의 고시	16-2
마리나항만법	개발사업	해양수산부장관	항만구역의 지정	17-2
물류시설법	물류터미널사업	국토교통부장관, 시 · 도지사	공사시행의 인가	10-2
물환경보전법	공공폐수처리시설설치	국가, 지방자치단체	기본계획의 승인	49의4-3
민간임대주택법	민간임대주택건설사업	특별자치시장, 특별자치도지사 등	사업계획의 승인	20-2
소규모주택정비법	빈집정비사업 등	시장, 군수	사업시행계획인가	35의2-3
사방사업법	사방사업	시 · 도지사, 지방산림청장	사방지의 지정	10-2
민간투자법	사회기반시설사업	주무관청	실시계획의 고시	20-2
산림복지법	산림복지단지조성사업	산림청장	실시계획승인의 고시	42-2
산업입지법	산업단지개발사업	국토교통부장관, 특별시장, 광역시장 등	산업단지의 지정	22-2
새만금사업법	새만금사업	새만금청장	실시계획승인고시	18-2

법령명	사업명칭	사업인정권자	처분명칭	법조항
소규모공공시설법	소규모위험시설정비사업	관리청	실시계획 또는 허가사항의 공고	14-2
소하천정비법	소하천정비 등	관리청	시행계획의 공고	12-2
수도법	일반수도사업, 공업용수도사업	환경부장관, 시·도지사, 시장·군수	수도사업의 인가	60-2
수자원법	수문조사시설설치	환경부장관	수문조사시설 설치계획의 고시	34-2
신항만건설법	신항만건설사업	해양수산부장관	실시계획의 고시	16-2
어촌·어항법	어항육역개발사업	해양수산부장관, 시·도지사, 시장, 군수 등	어항개발계획의 수립	25의2-2
어촌특화발전법	어촌특화사업	시장, 군수, 구청장	구역지정의 고시	17-2
역세권법	역세권개발사업	국토교통부장관, 특별시장, 광역시장 등	개발구역지정의 고시	17-2
연구개발특구법	특구개발사업	과학기술정보통신부장관	실시계획의 승인	31-2
연안관리법	연안정비사업	해양수산부장관	정비실시계획의 승인	27-3
온천법	개발사업	시장, 군수	토지등 세부목록의 고시	10의4-3
용산공원법	공원조성사업	국토교통부장관	용산공원조성계획의 고시	51-2
자동차관리법	자동차서비스복합단지개발	시, 도지사	토지의 세부목록의 고시	68의12
자연공원법	공원사업	환경부장관, 시·도지사, 군수	시행계획의 고시	22-2

법령명	사업명칭	사업인정권자	처분명칭	법조항
자연재해 대책법	자연재해위험 개선지구정비 사업	시장, 군수, 구청장	정비사업실시계 획의 공고	14의3 −2
자연환경 보전법	자연환경보전. 이용시설의 설치	국가, 지방자치단체	설치계획의 결정	52−3
재해이주 대책법	개선사업	행정안전부장관, 시 · 도지사	토지 세목의 고시	18−3
저수지댐법	댐의안전점검등	시장, 군수, 구청장 등	정비기본계획의 고시	20−2
전원개발 촉진법	전원개발사업	산업통상부장관	실시계획의 승인	6의2 −3
접경지역법	연도별사업	국가, 지방자치단체의 장	토지등의 세부목 록의 고시	15−2
제주특별법	개발사업	도지사	개발사업의 시행 승인	151 −2
주택법	주택건설사업	특별시장 · 광역시장 · 특별자치시장 등	사업계획의 승인	27−2
미군공여 구역법	연도별사업	국가, 지방자치단체	사업시행 또는 개발계획의 승인	31−5
미군이전 평택지원법	평택시개발사업	국가, 지방자치단체	개발계획의 승인	24의2 −2
중소기업 진흥법	단지조성사업	시 · 도지사	실시계획의 승인	33−2
소도읍법	개발사업	시장, 군수	사업승인의 고시	10−2
지역개발 지원법	지역개발사업	시 · 도지사	토지 등의 세부 목록의 고시	27−4
철도건설법	철도건설사업	국토교통부장관	실시계획의 승인	12−2
친수구역법	친수구역조성 사업	환경부장관	친수구역의 지정	19−2

법령명	사업명칭	사업인정권자	처분명칭	법조항
태권도법	태권도공원조성사업	지방자치단체의 장	기본계획 또는 개발 계획의 고시	14-2
택지개발 촉진법	택지개발사업	국토교통부장관, 특별시장, 광역시장 등	택지개발지구의 지정	12-2
토양환경 보전법	상시측정 등	환경부장관 등	토양정화계획 고시	7-2
폐기물시설 촉진법	폐기물처리시설 설치	특별시장 · 광역시장 · 특별자치시장 등	입지결정	14-2
하수도법	공공하수도 설치	시 · 도지사, 시장, 군수, 구청장	설치 또는 인가의 고시	10-2
하천법	하천공사	국토교통부장관, 시 · 도지사	공사시행계획 또는 실시계획의 수립	78-3
학교시설 사업법	학교시설사업	교육부장관, 교육감	시행계획의 승인	10-3
한국가스 공사법	천연가스설비 시설 등	산업통상자원부장관	실시계획의 승인	16의3 -1
한국수자원 공사법	수자원개발시설의 건설 등	환경부장관, 국토교통부 장관	실시계획의 승인	24-2
한국환경 공단법	공공폐수처리 시설 설치 등	환경부장관	실시계획의 승인	19-1
항만공사법	항만시설공사 등	해양수산부장관	실시계획인의 승인	26-2
항만법	항만공사, 항만 배후단지개발 사업	해양수산부장관	실시계획의 공고, 배후단지 또는 사업구역지정의 고시	77-2
항만재개발법	항만재개발사업	해양수산부장관	사업구역의 지정 고시	24-2

법령명	사업명칭	사업인정권자	처분명칭	법조항
해수욕장법	해수욕장시설 사업	특별자치도지사, 시장 · 군수 · 구청장	실시계획의 공고	38-1
해양산업 클러스터법	해양산업클러스터개발사업	시도지사	실시계획의 승인	31-2
해저광물 자원법	해저광물탐사, 채취	산업통상자원부	산업통상부장관의 인정	30-2
혁신도시법	혁신도시개발 사업	국토교통부장관	혁신도시개발예정지구의 지정	15-2
화물자동차법	공영차고지설치, 휴게소건설	국토교통부장관, 시 · 도지사	설치운영계획의 수립 · 인가 등	46의5-2
도시재생법	혁신지구재생 사업	국토교통부장관	의제규정 없음	51-3

3. 문 제 점

가. 이미 설명한 바와 같이 2021. 7. 20. 법률 제18312호로 개정되기 전의 구 토지보상법의 별표는 사업인정을 받아야 하는 공익사업에 관하여 규정한 법률과 사업인정이 의제되는 공익사업에 관하여 규정한 법률을 구분하지 아니하였다. 그런데 개정 전의 별표상의 법률 중에는 토지 등의 수용 또는 사용에 관한 근거 규정이 없거나 사용에 관한 근거 규정만 존재하던 19종의 법률까지 포함되어 있었다. 이러한 입법상의 오류를 시정하기 위하여 개정된 토지보상법 별표에서는 위 19종의 법률은 별표 제1호에, 나머지 93종의 법률은 별표 제2호에 각각 나누어 규정한 것으로 보인다. 즉 개정된 토지보상법 별표가 사업인정을 받아야 하는 공익사업과 사업인정이 의제되는 공익사업을 구별하여 규정한 이유는, 양 공익사업 간에 본질적인 차이가 있어서가 아니라, 토지 등의 수용 또는 사용에 관한 규정을

누락하고 있던 위 19종의 법률에 대해서는 일괄하여 사업인정을 받아야 하는 공익사업으로 분류함으로써 법 개정상의 번거로움을 피하고자 하는 데 있었던 것으로 판단된다.

그 결과 개정된 토지보상법은 종전과 동일하게 공익사업의 종류에 대해서 열거주의와 개별입법주의를 병행하고 있는데 더하여 별표에서는 개별입법주의에 의한 공익사업의 종류를 다시 제1호와 제2호로 구분하여 규정함에 따라 공익사업의 종류에 관한 토지보상법의 입법 체계의 혼란은 더욱 가중되었다.

나. 사업인정으로 의제되는 처분을 공익사업의 시행절차에 따라 단계적으로 분류하면, 사업계획 수립단계, 사업지구 결정단계, 실시계획 승인단계 등 3단계로 나누는 것이 가능하다. 별표상의 법률이 규정하는 기본계획, 개발계획, 정비계획, 사업계획 등은 사업계획의 수립단계이고, 개발구역의 지정, 단지의 지정, 토지 세목의 고시 등은 사업지구의 결정단계이며, 시행계획의 수립 또는 승인, 설치계획의 승인 등은 실시계획의 승인단계에 각각 해당한다.

그러나 별표상의 법률에는 사업인정으로 의제되는 처분의 용어가 통일되지 아니하고, 특히 특정 처분을 사업인정으로 의제되는 처분으로 결정하는 기준도 명확하지 아니하고 다분히 입법자의 자의에 맡겨져 있다. 국토기본법과 국토계획법 및 토지보상법 등을 모법 또는 일반법으로 삼아서 공익사업의 종류는 물론이고 사업인정의제 제도에 관련된 법령을 다시 한 번 체계적으로 정비할 필요가 있다.

제 4 절 토지조서와 물건조서의 작성

Ⅰ. 토지조서와 물건조서의 의의

1. 토지조서와 물건조서의 개념

토지조서와 물건조서(이하에서 서술의 편의를 위해서 "조서"라고만 표기한다)란 사업시행자가 취득할 공익사업용지나 물건에 대한 현황과 권리관계를 기재한 서면을 말한다. 토지보상법은 사업인정 전에 협의에 의한 토지 등의 취득 또는 사용이 필요한 때에 조서를 작성한다고 규정하고 있다(제14조 제1항). 조서는 재결신청서에 첨부하여야 하는 서류 중의 하나이다(법 시행령 제12조 제1항 제1호).

2. 조서 작성의 목적

조서는 "재결절차의 개시 전에 기업자로 하여금 미리 토지에 대하여 필요한 사항을 확인하게 하고, 또한 토지소유자와 관계인에게도 이를 확인하게 하여 토지의 상황을 명백히 함으로써 조서에 개재된 사항에 대하여는 일응 진실성의 추정을 인정하여, 토지의 상황에 관한 당사자 사이의 차후 분쟁을 예방하며 토지수용위원회의 심리와 재결 등의 절차를 용이하게 하고 신속 · 원활을 기하려는데 그 작성의 목적이 있는 것"[126]이다.

토지보상법은 조서의 작성을 단순히 공익사업의 목적물의 현황을 파악하여 확정하는 사업시행자의 직무상의 의무로만 규정하지 아니하고, 그에 대한 작성절차와 공고절차까지 규정하고 있다. 이러한 규정의 취지에서 보면 조서의 작성은 공익사업용지 취득절차 중의 하나인 공익사업의 목적물을 확정하는 절차로 파악하는 것이 적절하다고 생각한다.

126) 대판 1993.9.10. 93누5543.

Ⅱ. 조서 작성의 시기

토지보상법은 조서의 작성의 시기에 관하여 두 가지의 경우로 나누어 규정하고 있다. 첫째는 사업인정 전에 협의에 의한 토지 등의 취득 또는 사용이 필요할 때(법 제14조 제1항)이고, 둘째는 사업인정의 고시가 된 후에 작성하는 경우(법 제27조 제1항 제1호)이다.

조서를 작성하기 위해서는 해당 토지에 출입할 수 있어야 하는데, 사업인정 전의 토지출입권은 법 제9조 제2항에 규정된 방법으로 취득함에 비하여 사업인정 이후에는 공익사업수행권을 취득함에 따라 토지출입권도 취득한다. 토지보상법은 사업인정을 전후로 토지출입권의 취득 방법이 상이함에 따라 조서 작성의 시기에 관하여 두 가지의 경우로 나누어서 규정한 것으로 보인다.

Ⅲ. 조서 작성의 절차

1. 토지점유자에 대한 통지

사업시행자가 조서를 작성하기 위해서는 해당 토지나 물건에 출입하여야 한다. 이런 의미에서 토지출입권은 조서 작성의 법률적 수단이라 할 수 있다. 사업인정을 받은 사업시행자가 토지나 물건에 출입하기 위해서는 출입하려는 날의 5일 전까지 그 일시와 장소를 토지점유자에게 통지하여야 한다(법 제27조 제1항 후문). 사업인정 이전에 행사하는 토지출입권과는 달리 사업인정 이후에는 지방자치단체의 장의 사전 허가나 지방자치단체의 장이 토지점유자에 대하여 행하는 사전 통지는 필요치 아니하다.

2. 기재사항

토지조서에 기재할 사항은 ① 토지의 소재지 · 지번 · 지목 · 전체면적 및 편입면적과 현실적인 이용상황, ② 토지소유자의 성명 또는 명칭 및 주소, ③ 토지에 관하여 소유권 외의 권리를 가진 자의 성명 또는 명칭 및 주소와 그 권리의 종류 및 내용, ④ 작성일, ⑤ 그 밖에 토지에 관한 보상금 산정에 필요한 사항 등이 포함된다.

물건조서에 기재할 사항은 ① 물건(광업권 · 어업권 또는 물의 사용에 관한 권리를 포함)이 있는 토지의 소재지 및 지번, ② 물건의 종류 · 구조 · 규격 및 수량, ③ 물건 소유자의 성명 또는 명칭 및 주소, ④ 물건에 관하여 소유권 외의 권리를 가진 자의 성명 또는 명칭 및 주소와 그 권리의 종류 및 내용, ⑤ 작성일, ⑥ 그 밖에 물건에 관한 보상금 산정에 필요한 사항 등이 포함된다(법 시행령 제7조 제3항).

3. 서명 또는 날인

사업시행자는 작성된 서류에 서명 또는 날인을 하고, 토지소유자와 관계인으로부터 서명 또는 날인을 받는 것이 원칙이다. 그러나 토지소유자와 관계인이 정당한 사유 없이 서명 또는 날인을 거부하거나, 토지소유자와 관계인을 알 수 없는 경우 또는 그 주소 · 거소를 알 수 없는 등의 사유로 서명 또는 날인을 받을 수 없는 경우에는 조서에 그 사유를 기재하고 서명 날인을 생략할 수 있다(법 제14조 제1항).

4. 토지소유자와 관계인의 참여

1999. 2. 8. 법률 제5090호로 개정된 구 토지수용법 제23조 제1항에는 토지조서나 물건조서의 작성에 토지소유자와 관계인을 입회시켜 서명 · 날인할 것을 규정하고 있었다. 그러나 판례는 조서를 작성함에 있어서 토지소유자를 입회시켜서 이에 서명 · 날인을 하게 하지 아니하였다 하더라도 그러한 사유만으로는 그 토지에 대한 수용재결 및 이의재결까지 무효가

된다고 할 수 없다고 하였다.[127] 현행 토지보상법은 토지소유자와 관계인이 조서 작성에 참여하는 규정을 두지 아니하고 있다.

Ⅲ. 조서 작성 이후의 절차

1. 공고 및 통지와 열람

가. 사업시행자는 조서를 작성하였을 때에는 공익사업의 개요, 조서의 내용과 보상의 시기 · 방법 및 절차 등이 포함된 보상계획을 전국을 보급지역으로 하는 일간신문에 공고하고, 토지소유자 및 관계인에게 각각 통지하여야 하며, 제2항 단서에 따라 열람을 의뢰하는 사업시행자를 제외하고는 특별자치도지사, 시장 · 군수 또는 구청장에게도 통지하여야 한다. 다만, 토지소유자와 관계인이 20인 이하인 경우에는 공고를 생략할 수 있다(법 제15조 제1항).

나. 사업시행자는 공고나 통지를 하였을 때에는 그 내용을 14일 이상 일반인이 열람할 수 있도록 하여야 한다. 다만, 사업지역이 둘 이상의 시 · 군 또는 구에 걸쳐 있거나 사업시행자가 행정청이 아닌 경우에는 해당 특별자치도지사, 시장 · 군수 또는 구청장에게도 그 사본을 송부하여 열람을 의뢰하여야 한다(동조 제2항).

2. 조서에 대한 이의

가. 공고되거나 통지된 조서의 내용에 대하여 이의가 있는 토지소유자 또는 관계인은 열람기간 이내에 사업시행자에게 서면으로 이의를 제기할 수 있다. 다만, 사업시행자가 고의 또는 과실로 토지소유자 또는 관계인에게 보상계획을 통지하지 아니한 경우 해당 토지소유자 또는 관계인은 협

127) 대판 2005.9.30. 2003두12349,12356.

의가 완료되기 전까지 서면으로 이의를 제기할 수 있다(법 제15조 제3항).

나. 사업시행자는 해당 조서에 제3항에 따라 제기된 이의를 부기하고 그 이의가 이유있다고 인정할 때에는 적절한 조치를 하여야 한다(동조 제4항).

Ⅳ. 조서의 효력

1. 추 정 력

사업인정고시가 있고 난 후에는 토지소유자나 관계인이 법 제15조 제3항에 규정된 바에 따라 조서의 내용에 대하여 이의를 제기하는 경우를 제외하고는 조서의 내용에 대하여 이의를 제기할 수 없다(법 제27조 제3항 본문).

조서의 추정력이란 조서의 내용에 대하여 이의를 하는 것이 제한됨에 따라 그 내용이 진실한 것이 아니라고 판명되기 전까지 진실한 것으로 사실상 추정되는 증명력을 말한다. 조서의 내용이 진실과 다르다는 것을 입증할 때에는 이의가 가능하므로(동항 단서) 이 경우에는 추정력을 상실하게 된다.

2. 직권심리와의 관계

토지수용위원회는 재결을 함에 있어서 직권에 의한 심리 조사를 할 수 있으므로(법 제58조 제1항) 조서의 추정력은 토지수용위원회의 심리권한을 제한하는 것은 아니다.[128)]

---

128) "협의취득의 전제로서 사업시행자가 공특법 시행규칙에 의하여 토지의 이용상황을 조사한 토지조서를 보상계획과 함께 공고하고 대상물건의 소유자등에게 개별 통지하였다 하더라도, 중앙토지수용위원회가 정당한 손실보상금을 결정함에 있어서 반드시 그 토지조서에 표시된 대로의 이용상황을 기준으로 하여야 하는 것은 아니다."(대판 2002.9.6. 2001두11236).

제 5 절 협의취득의 절차

Ⅰ. 개 설

1. 토지보상법의 규정

토지보상법은 사업시행자가 공익사업에 필요한 토지 등을 취득하기 위해서는 토지소유자 등과 협의를 하도록 규정하는 한 편(법 제16조), 사업인정 이후에도 협의절차를 거칠 것을 요구하고, 이 때의 협의에 대해서는 제14조부터 제16조까지 및 제68조를 준용한다고 규정하고 있다(법 제26조 제1항).

여기서 공익사업용지 취득절차에 관한 토지보상법의 규정 순서를 살펴보면 ① 토지출입(법 제9조), ② 토지조서 및 물건조서의 작성(법 제14조) ③ 협의(법 제16조), ④ 사업인정(법 제20조), ⑤ 협의(법 제26조), ⑥ 토지출입(법 제27조) ⑦ 재결 및 화해(법 제33조, 제34조)의 순서이다.

또한 토지보상법은 공익사업용지 취득절차 중에 "협의에 의한 취득"에 대해서는 법 제14조 내지 제18조에서, "수용에 의한 취득"이라 하여 법 제19조 내지 제39조에서 각각 규정하고 있다.

2. 공익사업용지 취득절차의 순서

위와 같이 토지보상법이 사업인정의 전후에 걸쳐서 협의를 할 것을 규정함에 따라 공익사업용지 취득절차를 서술함에 있어서 협의절차를 사업인정 전후의 어디에 두는 것이 절차적으로 보았을 때 더 적절한 것인지 문제가 된다.

이 점에 대해서 지금까지의 저술에서는 공익사업용지의 취득의 핵심은 수용절차에 있다고 보고, 사업인정은 수용권을 설정하는 처분이라는 입장에서 사업인정을 수용절차의 출발점으로 하고, 토지조서와 물건조서 작성절차를 통하여 공익사업의 목적물을 특정한 후에 협의절차에 대해서 서술하는 방식을 취하고 있다.

이러한 서술의 순서는 토지보상법이 규정하고 있는 공익사업용지 취득절차와 반드시 일치하는 것은 아니지만 논리적으로 납득할 수 있기 때문에 이 책에서도 동일한 순서로 서술하고자 한다.

Ⅱ. 협의 및 협의취득계약의 의의

1. 협의의 개념

사업시행자는 토지 등에 대한 보상에 관하여 토지소유자 및 관계인과 성실하게 협의를 하여야 하고(법 제16조), 협의가 성립하면 양자 간에 계약을 체결하여야 한다(법 제17조). 따라서 토지보상법상 협의란 사업시행자가 공익사업에 필요한 토지 등을 취득하기 위하여 토지소유자 및 관계인과 보상에 관하여 의사의 합치를 이루기 위하여 교섭하는 것이라 할 수 있다.

2. 협의절차의 제도적 취지

재산권의 보장을 기본원리의 하나로 채용한 우리 헌법상 개인의 자유의사에 기하지 아니한 재산권의 박탈은 공공의 필요와 보상을 전제로 하는 경우에만 예외적으로 인정되므로, 공익사업에 필요한 토지를 취득하는 경우에도 토지소유자의 자유의사에 따른 처분행위에 따르는 것이 원칙이다. 이를 위하여 토지보상법은 사업시행자에게 먼저 토지의 보상에 관해서 토지소유자 및 관계인과 성실하게 협의할 의무를 부과하는 한편, 사업인정 이후에 있어서도 원칙적으로 협의절차를 거칠 것을 요구하고 협의가 성립되지 아니하거나 협의할 수 없을 때 비로소 토지수용위원회에 수용을 위한 재결을 신청할 수 있는 것으로 규정하고 있다(법 제28조 제1항, 제26조).

이러한 토지보상법상의 협의는 공익사업용지를 취득하기 위하여 토지보상법이 사업시행자에게 부과한 의무인 동시에 공익사업용지 취득을 위한 필수적인 절차로서 토지소유자나 관계인으로 하여금 공익사업의 시행에 자발적인 참여를 유도하는 절차라는 점에 그 제도적인 의의가 있다. 논자에 따라서는 공익사업에 필요한 토지 등을 취득하기 위하여 협의를 선행하도록 하는 것을 협의전치주의라고 부르기도 한다.[129)]

3. 협의취득계약의 개념

토지소유자 또는 관계인이 사업시행자가 제시한 보상의 내용이나 시기 및 방법 등에 대해서 수락하면 사업시행자와 토지소유자 등과의 사이에서 토지소유권 등을 사업시행자에게 이전하는데 대한 협의가 성립하게 된다.[130)] 협의취득계약이란 협의성립이라는 법률적 상태를 사업시행자와 토지소유자와의 사이에서 공익사업에 필요한 토지의 소유권을 이전하기 위하여 체결하는 계약으로 파악한 개념이라고 할 수 있다.

Ⅲ. 협의취득계약의 법적 성격

1. 개 설

협의취득계약이 체결되면 사업시행자는 공익사업에 필요한 토지에 대한 소유권이전을 청구할 수 있는 권리를, 토지소유자는 자신이 보유하고 있던 토지에 대한 대금지급을 청구할 수 있는 권리를 각각 취득한다. 협의취득계약은 매매의 형식을 취하는 것이 보통이지만 경우에 따라서는 교환(토지소유자에게 보상금을 지급하지 아니하고 다른 토지의 소유권을 이전

129) 이선영, 앞의 책 181면. 일반적으로 “전치주의”라는 용어는 행정심판전치주의(행정소송법 제18조 제1항 단서)나 조정전치주의(가사소송법 제50조 제1항) 등과 같이 쟁송 또는 소송절차에 앞서서 거쳐야 하는 제도 또는 원칙이라는 의미로 사용한다.

130) 이후 서술의 편의를 위하여 사업시행자가 협의취득계약을 통하여 취득하는 권리는 토지소유권으로, 협의취득계약의 상대방은 토지소유자로 표기하기로 한다.

해 주는 경우)이나 증여의 형식을 취할 수도 있다.

2. 법적 성격에 관한 학설

협의취득계약의 법적 성격에 관해서는 사법상계약이라는 설과 공법상계약이라는 설이 대립하고 있다. 다만 협의취득계약에 대해서 협의성립의 확인재결을 받게 되면(법 제29조 제2항, 제3항) 수용재결과 동일한 효력이 발생하기 때문에, 협의취득계약에 법적 성격을 논하는 것은 협의성립 확인재결을 받기 이전의 단계에서만 그 실익이 있다.[131)]

가. 사법상계약설

이 설에 의하면 협의란 사업시행자가 토지소유자와 법적으로 대등한 지위에서 행하는 임의적 합의이고 수용권의 행사는 아니며, 사업시행자가 그 사업에 필요한 토지 등을 사경제주체로서 취득하는 행위이므로 협의취득 계약은 사법상 매매 내지 사법상계약의 성질을 가진다고 주장한다. 소수설[132)]이고 판례의 입장이다.[133)]

나. 공법상계약설

이 설에 의하면 협의는 수용권의 주체인 사업시행자가 토지에 대한 소유권을 취득하기 위하여 기득의 수용권을 실행하기 위한 방법이고,[134)] 협의가 성립되지 않으면 재결에 의하게 된다는 점에서 수용계약이라고 할 수 있는 공법상계약이라고 하거나,[135)] 사업시행자와 토지소유자 간의 의

---

131) 김동희, 행정법Ⅱ(2017) 398면; 박균성, 행정법론(하)(2011) 461면; 박윤흔, 행정법강의(하) 608면.

132) 강교식 · 김원보 · 이호정, 앞의 책 333면; 석종현, 앞의 책 450면.

133) 대판 1998.5.22. 98다2242,2259; 1999.11.26. 98다47245; 1994.12.13. 94다25209 등.

134) 박균성, 행정법론(하)(2011) 461면.

사는 완전한 대등가치를 가지는 것이 아니고, 공익이라는 공법적 효과의 발생을 목적으로 한다는 점에서 공법상계약이라고 한다.[136] 공법상 협의의 특징은 토지수용의 권원이 없는 사법상계약과는 달리 계약자유가 완전히 인정되지 않고, 공익을 목적으로 소유자 및 관계인의 의사 여하에 불구하고 사업시행자의 일방행위에 의하여 권리를 취득하거나 소멸시킬 수 있는 공법상의 지위가 배후에 잠재하여 있다고 한다.[137]

다. 결 론

사업시행자는 협의취득계약 체결의 효과로서 사권인 토지소유권을 승계취득한다는 점에서 동 계약은 사법적 성격을 가지고 있다는 점은 부인하기 어렵다. 그러나 계약이 공법적 성격을 가진 것인지 여부를 판단하는 기준을 계약의 효과로 취득하는 권리의 성격이 공권인지 여부에만 둘 것은 아니다. 공익사업에 필요한 토지를 협의취득할 수 있는 사업시행자의 자격은 미리 법률로 정하여져 있고, 사업시행자가 토지를 협의취득하는 목적은 공익사업을 수행하기 위한 것이다. 사업시행자가 사경제주체로서 토지를 취득하는 것은 협의취득에 해당하지 아니한다. 토지소유자는 사업시행자에게 해당 토지소유권을 이전하지 아니하면 장차 수용을 당하게 되는 것을 피할 수 없기 때문에 사업시행자가 토지소유자에게 협의에 응할 것을 통보하고 토지소유자가 이에 응하여 협의가 성립한다 하더라도 양 당자사자의 의사는 실질적으로는 대등한 가치를 지닌다고 할 수 없다. 협의는 공익사업용지 취득의 절차 중의 하나로서, 사업시행자가 토지소유자의 동의를 얻어서 토지수용위원회로부터 협의성립에 대한 확인재결을 받게 되면 그러한 확인재결은 수용재결과 동일한 효력을 가지게 된다. 협의

135) 류해웅 · 허강무, 앞의 책 233면; 박윤흔, 최신행정법강의(하)(2007) 608면.

136) 박평준 · 박창석, 앞의 책 106면.

137) 이선영, 앞의 책 185면.

성립 확인재결 제도는 사업시행자가 공권력의 주체로서, 공익사업을 수행할 목적으로, 협의취득을 통하여 취득한 토지에 대해서 토지수용과 같은 원시취득의 효과를 부여하기 위한 것으로 수용재결에 대응하는 제도이다. 협의취득계약에 대한 협의성립 확인재결 제도야말로 동 계약이 사법상계약과 구별되는 공법상계약의 성질을 지니고 있음을 보여주는 실정법상의 근거라 할 수 있다.

라. 논의의 실익

협의취득계약의 법적 성격을 논하는 실익은 계약에 관한 사법상의 원칙이 아무런 제한 없이 협의취득계약에도 적용되는지 여부와 협의취득계약에 관한 분쟁에 대한 재판관할을 정하는데 있다. 협의취득계약을 공법상계약으로 이해한다면 계약에 관한 사법상의 원칙은 협의취득계약에 그대로 적용된다고 보기가 어려운 경우가 있고, 이에 관한 쟁송은 행정소송법 제3조 제2호 후단에서 규정하고 있는 “공법상의 법률관계에 관한 소송”인 당사자소송의 일종으로 제기되어야 할 것이다.[138]

3. 협의취득계약의 공법적 특성

협의취득계약을 공법상계약으로 이해한다면 이 계약이 어떠한 점에서 사법상계약과 다른 특징을 가지고 있는지 구체적으로 살펴볼 필요가 있다. 협의취득계약의 공법적 특성을 파악함에 있어서 이 책에서는 사법상 계약자유의 원칙이 토지보상법 기타 공익사업에 관한 법률 등에 따른 법치행정의 원칙에 의해서 수정될 수 있느냐 라는 측면에서, 판례에서 문제로 된 경우에 대해서만 간략하게 살펴보기로 한다.

---

138) 판례는 협의취득계약에 관한 분쟁을 민사소송으로 다루고 있다(대판 2012.2.23. 2010다91206; 2018. 12.13. 2016두51719).

가. 협의의 의무

사법상 계약자유의 원칙에는 계약 체결을 위한 사전의 교섭단계에 응할 것인지 여부에 대한 자유가 포함되어 있다. 그러나 협의취득계약의 체결에 있어서는 사업시행자에게 보상에 관하여 토지소유자와 협의할 의무가 부과되고 있다. 협의는 공익사업용지 취득의 불가결한 절차 중의 하나이므로 사업시행자는 협의를 생략할 수 없기 때문이다. 이와는 달리 토지소유자는 협의에 응할 의무가 없다.

나. 보상가격의 결정

사업시행자가 공익사업에 필요한 토지를 협의취득함에 있어서 토지소유자에게 지급하는 토지의 가격 즉 보상가격은 시중의 거래가격이 아니라, 당해 토지와 유사한 이용가치를 지닌다고 인정되는 표준지의 공시지가를 기준으로 산정한 가격을 기준으로 하여야 한다(지가공시 및 토지 등의 평가에 관한 법률 제9조 제1항, 제2항, 제10조 제1항). 따라서 표준지의 공시지가를 기준으로 하지 아니하고 임의로 산정된 가격에 따라 협의취득계약을 체결하였다면 그러한 협의취득계약은 동법에 위반한 위법한 계약이라고 해석할 여지가 있다.

그러나 판례는 구 공특법상의 협의취득 또는 보상합의로 동법 소정의 손실보상의 요건을 완화하는 약정을 할 수 있고, 동법 소정의 기준에 의하지 아니한 매매대금을 정할 수 있다고 하고 위와 같은 판례의 입장은 현행 토지보상법 하에서도 확립된 견해로서 유지되고 있다.[139] 협의취득계약의 법적 성격을 사법상계약으로 파악하는 판례의 입장에서는 매매대금의 결정은 사익에 관한 사항으로 법률에 의한 행정의 원칙이 적용되는 분야가 아니라 사적 자치의 영역으로 보기 때문이다.

---

139) 대판 1999.3.23. 98다48866; 2000.9.8. 99다26924; 2013.8.22. 2012다3517.

다. 착오에 관한 민법의 규정 적용 여부

(1) 협의취득계약의 체결에 대해서 착오에 관한 민법 제109조의 규정이 적용되는가? 판례는 해당 토지의 용도지역에 대한 착오로 인하여 토지보상금의 계산을 잘못하여 적정 감정가격을 초과하여 보상금이 지급된 사례에 관해서, 이러한 착오는 목적물의 시가에 관한 착오로서 법률행위의 중요한 부분에 관한 착오에 해당하는 것으로 보아, 사업시행자는 민법 제109조 제1항 본문에 따라 협의취득 계약을 취소할 수 있지만, 사업시행자에게 중대한 과실이 있는 경우에는 협의취득계약 내용의 중요한 부분에 착오가 있더라도 이를 취소하지 못한다고 함으로써 민법의 착오에 관한 규정은 협의취득계약에도 적용된다는 견해를 취하고 있다.[140)]

(2) 이러한 판례의 견해에 대해서는 의문이 있다. 민법의 착오에 관한 규정은 사적 자치의 원칙이 의사표시 이론에 반영된 예이다. 사적 자치의 원칙은 강행법규가 존재하지 아니하는 영역에서 적용되는 사법상의 법률행위의 원칙이다. 만일 공법상계약의 내용을 규율하는 법규가 존재한다면 동 계약에 대해서는 사적 자치의 원칙이 적용되기에 앞서 법률에 의한 행정의 원칙에 따라 해당 법규가 먼저 적용되어야 할 것이다. 앞에서 살펴본 바와 같이 사업시행자가 공익사업의 수행에 필요한 토지를 협의취득함에 있어서 토지소유자에게 지급하는 보상금은 "지가공시 및 토지 등의 평가에 관한 법률" 제9조 제1항, 제2항, 제10조 제1항에서 정한 기준과 방법에 따라 산정되어야 한다. 만일 사업시행자가 착오로 인하여 보상금의 산정을 잘못하였다면 이는 위 법률의 규정에 위반한 것으로 된다. 이와 같이 협의취득계약을 체결함에 있어서 그 내용이나 방법이 법률의 규정에 위반한다는 것은, 행정처분이 그 근거 법령에 위반한 것과 다를 바가 없다.

하자있는 행정처분에 대한 직권취소에 있어서는 하자의 발생 원인이 행

---

140) 대판 1998.2.10. 97다44737.

정청의 착오에 기인한 것이냐, 착오가 법률행위의 중요 부분에 존재하는 것이냐, 행정청의 중대한 과실이 있느냐 여부 등은 묻지 아니하고, 직권취소할 공익상의 필요가 있고 그와 같은 공익상의 필요성이 행정처분을 직권취소함으로써 당사자가 입게 되는 불이익보다 큰 경우에는 인정되고 있다.[141] 그렇다면 협의취득계약의 내용 중에 법규 위반의 하자가 있는 경우에도 동일하게 하자 발생의 원인, 하자의 중요성, 사업시행자의 과실 유무 등을 묻지 아니하고 공익상의 필요성과 당사자가 입게 될 불이익을 비교형량한 결과 공익상의 필요성이 크다고 인정되면 행정처분의 직권취소를 유추적용하여 협의취득계약의 취소를 인정하는 것이 옳지 않을까 한다.

라. 계약의 해제

(1) 공익사업 시행구역 변경으로 인한 협의취득계약의 해제

(가) 협의취득계약이 체결된 이후에 공익사업의 시행구역이 변경된 경우, 사업시행자는 협의성립계약을 해제할 수 있을까? 판례는 사정변경으로 인한 계약의 해제에 대해서, "계약성립 당시 당사자가 예견할 수 없었던 현저한 사정의 변경이 발생하였고 그러한 사정의 변경이 해제권을 취득하는 당사자에게 책임 없는 사유로 생긴 것으로서, 계약내용대로의 구속력을 인정한다면 신의칙에 현저히 반하는 결과가 생기는 경우에 계약준수 원칙의 예외로서 인정되는 것이고, 여기에서 말하는 사정이라 함은 계약의 기초가 되었던 객관적인 사정으로서, 일방당사자의 주관적 또는 개인적인 사정을 의미하는 것은 아니라 할 것이다. 또한, 계약의 성립에 기초가 되지 아니한 사정이 그 후 변경되어 일방당사자가 계약 당시 의도한 계약목적을 달성할 수 없게 됨으로써 손해를 입게 되었다 하더라도 특별한 사정이 없는 한 그 계약내용의 효력을 그대로 유지하는 것이 신의칙에

141) 대판 2017.6.15. 2014두46843.

반한다고 볼 수도 없다."[142]고 한다.

(나) 공익사업의 시행구역이 변경되어 협의취득계약 체결의 목적물인 토지가 공익사업 시행구역에서 제외되는 경우에 동 계약을 해제하게 되면, 토지소유자에게 이익이 되는 경우가 대부분이다. 해당 토지의 가격은 개발이익에 대한 기대 등으로 협의취득계약에서 정한 보상액을 상회하는 것이 일반적이기 때문이다. 따라서 사견으로는 위 판례와는 달리 사업시행자는 토지소유자의 이익을 위하여 협의취득계약을 해제할 수 있을 것으로 생각한다. 토지소유자 역시 환매권(법 제91조 제1항)을 행사할 수 있음은 물론이고 협의취득계약을 해제할 수 있다고 본다.

(2) 채무불이행의 경우

사업시행자가 보상금의 지급을 지체할 경우, 토지소유자는 손해배상의 청구와 함께 이행지체를 원인으로 협의취득계약을 해제하는 것도 가능하다고 본다.

마. 부당이득반환청구권의 인정 여부

보상금액의 산정이 법률의 규정에 위반하여 협의취득계약이 취소되면 사업시행자는 토지소유자에게 지급한 보상금에 대해서 부당이득을 이유로 반환을 청구할 수 있다. 부당이득반환청구제도는 사법에 특유한 제도가 아니라 공법 분야에도 적용될 수 있는 법의 일반원칙이라 할 수 있으므로 긍정하는 것이 옳다.[143]

142) 대판 2007.3.29. 2004다31302.
143) 대판 1998.2.10. 97다44737 참조.

Ⅳ. 협의의 시점 및 재협의

1. 협의의 시점

사업시행자는 토지 등에 대한 보상에 관하여 반드시 토지소유자와 협의를 거쳐야 하지만(법 제16조) 그 시점은 사업인정 전후 모두 가능하다고 본다(법 제26조 제1항 참조). 따라서 사업시행자는 사업인정 이후에도 수용절차를 통하지 아니하고 협의를 통하여 공익사업에 필요한 토지를 취득할 수 있다.[144] 다만 토지보상법은 사업인정 전의 협의에 관한 제16조의 규정을 사업인정 이후의 협의절차에 준용하는 방식으로 규정하고 있다(법 제26조 제1항 후단).

2. 재 협 의

사업인정 전에 협의를 하였으나 협의가 성립되지 아니한 경우에 사업인정 이후에 다시 협의절차를 거쳐야 하는지는 문제이다. 이에 관해서 토지보상법은 다음과 같은 규정을 두고 있다.

가. 조서의 내용에 변동이 있는 경우

토지보상법은 "사업인정을 받은 사업으로서 토지조서 및 물건조서의 내용에 변동이 없는 때"에는 협의의 절차를 다시 거치지 아니할 수 있는 것으로 규정하고 있다(법 제26조 제2항 본문). 따라서 토지조서나 물건조서의 내용에 변동이 있는 때에는 다시 협의절차를 거쳐야 하는 것으로 해석된다.

조서의 내용이 변동되었다는 것은 토지 등의 현황이나 권리관계 등에 변동이 있었다는 것을 의미하므로 이는 보상액 등에 영향을 미칠 수 있다. 이러한 경우에는 협의의 기회를 다시 부여하는 것이 적절하기 때문이다.

---

144) 대판 2002.6.14. 2001다24112.

나. 협의를 요구하는 경우

사업인정 이전에 협의가 불성립하였으나 사업인정 이후에 사업시행자나 토지소유자가 협의를 요구하는 경우에는 다시 협의를 하여야 한다(법 제26조 제2항 단서). 이 경우에 사업인정 전의 협의에 관한 제16조의 규정이 되지만(동조 제1항 후단), 협의가 성립하게 되면 그에 따라 계약이 체결되어야 하므로 제17조의 규정도 준용되는 것은 당연하다.

V. 협의취득계약 체결의 절차와 방법

1. 보상협의요청서의 통지 또는 공고

가. 사업시행자는 협의를 하고자 하는 때에는 보상협의요청서에 협의기간 · 협의장소 및 협의방법, 보상의 시기 · 방법 · 절차 및 금액, 계약체결에 필요한 구비서류 등을 기재하여 토지소유자 및 관계인에게 통지하여야 한다. 다만 토지소유자 및 관계인을 알 수 없거나 그 주소 · 거소 그 밖에 통지할 장소를 알 수 없는 때에는 공고로써 통지에 갈음할 수 있다(법 시행령 제8조 제1항).

이러한 공고는 사업시행자가 공고할 서류를 토지 등의 소재지를 관할하는 시장(행정시의 시장을 포함한다) · 군수 또는 구청장(자치구가 아닌 구의 구청장을 포함한다)에게 송부하여 해당 시(행정시를 포함한다) · 군 또는 구(자치구가 아닌 구를 포함한다)의 게시판에 14일간 게시하는 방법에 의한다(제2항).

나. 보상협의요청서의 통지나 공고의 법률적 성격

(1) 일설에 의하면, 사업인정 전의 보상협의요청서의 통지나 공고는 사법상의 청약에 해당하지만, 사업인정 후의 보상협의요청서의 통지나 공고는 공법상 사실행위라고 한다.[145] 그 결과 사업인정 전에는 보상협의요청

서가 상대방에게 도달하면 청약의 구속력을 인정하고 있는 민법 제527조가 적용되어 사업시행자는 보상협의요청서의 내용을 임의로 철회하지 못한다고 한다.[146)]

(2) 협의취득계약의 체결 과정을 살펴보면, 먼저 토지소유자가 사업시행자의 보상협의요청서의 통지나 공고에 따라 협의취득계약의 체결에 필요한 서류를 구비하여 계약 체결의 신청을 하면 사업시행자는 제출된 서류를 검토한 후에 토지소유자가 해당 토지에 관하여 보상금을 수령할 수 있는 정당한 권리자로 인정되면 협의취득계약을 체결하게 된다. 그렇다면 협의취득계약에 대한 청약의 의사표시는 토지소유자가 계약 체결에 필요한 서류를 구비하여 사업시행자에게 제출하는 때에 존재한다고 하는 것이 당사자의 의사에 부합한다.

따라서 보상협의요청서의 통지나 공고는 상대방인 토지소유자로 하여금 사업시행자가 정한 내용에 따라 협의취득계약의 체결을 권유하거나 협의취득계약을 체결할 의향이 있음을 통지하는 행위에 해당하고 사법상계약의 청약은 아니라고 본다. 사업인정 이후에 협의취득계약이 체결되는 경우에도 동일하다. 그러므로 보상협의요청서에 기재된 내용이나 공고의 내용은 확정적인 것은 아니고 사업시행자는 협의취득계약 체결 시까지 필요한 경우에는 그 내용을 변경할 수 있다고 본다.

(3) 보상협의요청서의 통지 또는 공고는 협의성립계약의 체결을 권유하거나 협의성립계약을 체결할 의향이 있다는 사실을 표명하는 토지보상법상의 사실행위로서 행정처분이 아니기 때문에 이에 대해서는 행정소송을 제기할 수 없다.[147)]

---

145) 이선영, 앞의 책 204면.

146) 이선영, 위의 책 205면.

147) 대판 1993.11.26. 93누17669; 1965.4.6. 64누165.

다. 보상협의요청서의 송달 방법

(1) 보상협의요청서의 송달 방법에 대해서는 법률상 특별한 제한이 없으므로 반드시 등기우편으로 하여야 하는 것은 아니고,[148] 토지소유자에게 직접 교부하거나 통상우편은 물론이고 특별송달의 방법에 의하여 이를 할 수 있다(법 제6조, 법 시행령 제3조, 제4조, 법 시행규칙 제3조). 특별송달이란 등기우편의 일종으로 배달우체국이 배달 결과를 발송인에게 통지하는 특수취급제도를 말한다(우편법 시행규칙 제25조 제1항 제6호).

(2) 통상우편의 방법에 의하여 발송된 보상협의요청서가 반송되지 아니하였다 하더라도 이러한 사실만으로는 보상협의요청서가 발송일로부터 일정한 기간 내에 토지소유자에게 배달되었다는 사실은 추정되지 아니한다.[149] 따라서 소송절차에서 토지소유자가 보상협의요청서의 수령 사실을 다투는 경우에는 사업시행자는 동 요청서가 토지소유자에게 배달되었다는 사실에 대해서 별도로 입증하여야 한다. 특별송달의 방법으로 보상협의요청서가 발송된 경우에는 동 요청서가 토지소유자에게 배달된 사실에 대해서는 별도로 입증할 필요가 없다는 점에서 유용하다.

(3) 사업시행자는 보상협의요청서의 송달을 받을 자를 알 수 없거나 송달을 받을 자의 주소 · 거소 그 밖에 송달할 장소를 알 수 없는 때, 또는 외국에서 하여야 하는 송달의 경우 해당 국가에 주재하는 우리나라의 대사 · 공사 · 영사 또는 그 나라의 관할 공공기관에 촉탁할 수 없는 경우에는 공시송달을 할 수 있다(법 시행령 제4조 제3항).

"송달을 받을 자를 알 수 없거나 송달을 받을 자의 주소 · 거소 그 밖에 송달할 장소를 알 수 없는 때"라 함은 주민등록표에 의하여 이를 조사하는 등 통상의 조사 방법에 의하여 그 송달장소를 탐색하여도 이를 확인할 수

148) 대판 1994.4.15. 93누18594.
149) 대판 1977.2.22. 76누263.

없는 때를 말한다.[150)]

(4) 통상우편의 방법으로 보상협의요청서를 발송함으로써 동 요청서가 토지소유자에게 배달된 사실이 입증되지 아니하거나, 공시송달의 요건[151)]이 결여되었음에도 불구하고 공시송달의 방법으로 보상협의요청서를 송달한 경우에는 사업시행자는 토지소유자와 성실한 협의를 할 의무를 이행하지 아니한 것과 같은 결과로 된다. 만일 보상협의요청서가 적법하게 송달되지 아니하였거나 협의절차를 경유하지 아니하였음에도 불구하고 토지수용위원회가 이를 간과한 채 수용재결을 하였더라도 동 수용재결은 당연무효가 되는 것은 아니고 취소할 수 있는 사유에 불과하다고 본다.[152)] 이와는 달리 사업시행자와 토지소유자 사이에 실질적인 협의가 진행된 이상, 협의에 앞서 토지소유자에게 보상협의요청서를 송달한 바가 없더라도 동 협의절차가 위법한 것은 아니다.[153)]

2. 협의취득계약의 체결

사업시행자는 30일 이상의 협의기간을 두어서(법 시행령 제8조 제3항) 토지소유자와 협의를 하고, 협의가 성립하면 협의취득계약을 체결하여야 한다. 동 계약의 내용에는 계약의 해지 또는 변경에 관한 사항과 이에 따르는 보상액의 환수 및 원상복구 등에 관한 사항이 포함되어야 한다(제4항).

토지보상법에서는 협의취득계약서의 작성을 요구하고 있지 아니하지만 동 계약서는 소유권이전등기 신청에 필요한 등기원인 서류인 동시에 후술하는 바와 같이 협의성립에 대한 확인재결 신청시에 구비하여야 하는 서류이다.

150) 대판 1987.12.22. 87누600.
151) 대판 1994.12.23. 94다48356.
152) 대판 1994.4.15. 93누18594; 1993.8.13. 93누2148.
153) 대판 1993.11.26. 93누17669.

3. 협의경위서의 작성

사업시행자는 협의기간 내에 협의가 성립되지 아니한 경우에는 협의경위서에 일정한 사항을 기재하여 토지소유자 및 관계인의 서명 또는 날인을 받아야 한다(법 시행령 제8조 제5항 본문). 다만, 토지소유자 및 관계인이 정당한 사유 없이 서명 또는 날인을 거부하거나 토지소유자 및 관계인을 알 수 없거나 그 주소·거소 그 밖에 통지할 장소를 알 수 없는 등의 사유로 인하여 서명 또는 날인을 할 수 없는 경우에는 서명 또는 날인을 받지 아니하되, 사업시행자는 해당 협의경위서에 그 사유를 기재하여야 한다(동항 단서). 협의경위서는 재결신청서에 첨부하여야 하는 서류이다(법 시행령 제12조 제2항 제2호).

Ⅵ. 협의취득계약의 효과

1. 일반적 효과

협의취득계약이 체결되면 사업시행자는 해당 토지에 대한 소유권이전등기 청구권을, 토지소유자는 협의에서 정한 바에 따른 매매대금(보상금) 지급청구권을 각각 취득하게 된다.

사업시행자가 취득하는 소유권이전등기청구권이나 토지소유자가 취득하는 매매대금지급청구권 내지 보상금청구권은 공법상계약인 협의취득계약에 의해서 발생한 권리이므로 이에 관한 소송은 행정소송법상 당사자소송으로 제기되어야 할 것이지만 판례는 민사소송으로 다루고 있음은 앞에서 살펴보았다.

2. 승계취득

협의취득계약으로 인한 권리 취득의 효과는 당사자 사이에서만 발생하는 상대적 효력을 가지는데 그친다.[154] 따라서 사업시행자가 보상금을 지급하고 해당 토지에 대한 소유권을 취득하더라도 진정한 권리자가 따로 있는 경우에는 진정한 소유자에 대해서는 소유권을 주장할 수 없다. 이는 협의취득이 해당 토지에 대한 승계취득이라는 데서 오는 당연한 귀결이다.

3. 토지공급청구권의 취득

토지보상법 제63조 제1항 단서에 의하면, 토지소유자가 원하는 경우에는 수용목적물에 대한 현금보상금 중 일부에 대하여 공익사업의 시행으로 조성한 토지로 보상할 수 있는 것으로 규정하고 있는데, 이를 현물보상이라 한다. 현물보상을 받을 수 있는 자는 대지의 분할 제한 면적 이상의 토지를 사업시행자에게 양도한 자에 한한다(법 제63조 제1항 제1호 전단). 여기서 "사업시행자에게 양도한 자"란 일정 면적 이상의 공익사업용지를 협의취득계약을 통하여 사업시행자에게 이전한 자를 의미한다.

따라서 사업시행자와 협의취득계약을 체결하고 해당 토지를 사업시행자에게 양도한 토지소유자는 현금보상 중 일부에 대하여 토지로 보상 받을 수 있는 권리 즉 토지공급청구권을 취득하게 된다.

4. 택지분양권의 취득

토지보상법 제78조 제1항은 사업시행자로 하여금 이주대책을 수립할 의무를 부과하고 있다. 이에 따라 사업시행자는 보상협의요청서에 이주대책의 내용을 포함하여야 하는데 그 내용은 이주대책대상자에게 택지분양권이나 공동주택(아파트) 입주권을 부여하는 것이 일반적이다.

그런데 이주대책대상자가 택지개발촉진법에 따라 택지를 공급받기 위

154) 대판 1994.12.13.94다25209; 1999.11.26. 98다47245.

해서는 사업시행자와 협의를 하여 자신이 소유하는 토지 전부를 사업시행자에게 양도하여야 한다(동법 시행령 제13조의 2 제5항 제4호). 즉 사업시행자와 협의취득계약에 의해서 토지를 양도한 소유자는 택지분양권도 취득한다.

5. 협의취득 보상금에 대한 물상대위의 가부

가. 토지보상법 제47조는 "담보물권의 목적물이 수용되거나 사용된 경우 그 담보물권은 그 목적물의 수용 또는 사용으로 인하여 채무자가 받을 보상금에 대하여 행사할 수 있다. 다만, 그 보상금이 채무자에게 지급되기 전에 압류하여야 한다."라고 규정하여, 수용목적물 위에 담보물권을 가진 자는 보상금에 대한 물상대위를 인정하고 있다.

그러나 협의취득에 관해서는 위와 같은 규정이 없어서 협의취득의 목적인 토지나 건물상에 담보물권을 가진 자는 협의취득보상금에 대해서 물상대위권을 행사할 수 있는지 의문이 있을 수 있다.

나. 이에 대해서 판례는 민법 제370조, 제342조에 규정된 "물상대위는 본래의 저당목적물의 전부 또는 일부에 대하여 저당권을 사실상 또는 법률상 행사할 수 없게 된 경우에 인정되는 것이지 그 저당목적물의 교환가치가 현실화된 경우라도 목적물에 추급할 수 있는 경우에는 물상대위가 인정되지 아니"하고 "협의취득은 사법상의 매매계약과 같은 성질을 가진 것에 불과하여 토지수용법상의 공용징수에 해당되지 아니하므로 본건 토지의 소유권이 피고에 이전된다 할지라도 저당권자인 원고는 저당권으로서 본건 토지에 추급할 수 있"기 때문에 담보권자는 협의에 따라 지급받을 보상금(실질은 매매대금)에 대하여 물상대위권을 행사할 수 없다고 한다.[155] 협의취득계약에 의한 토지소유권의 취득은 승계취득에 해당하여

155) 대판 1981.5.26. 80다2109.

사업시행자는 담보물권의 제한이 있는 토지의 소유권을 취득할 수밖에 없으므로, 협의취득의 경우에는 보상금 위에 별도로 물상대위를 인정할 필요가 없기 때문이다.

6. 철거의무 불이행에 대한 행정대집행의 가부

협의취득계약의 목적물이 건물인 경우에 사업시행자는 행정대집행의 방법으로 건물을 철거할 수 있는가? 협의취득계약에 대해서 사법상계약설의 입장을 취하는 판례는 철거의무는 공법상의 의무가 될 수 없고, 이 경우에 행정대집행을 준용하여 대집행을 허용하는 별도의 규정이 없는 한 철거의무는 행정대집행법에 의한 행정대집행의 대상이 아니라고 한다.[156)]

Ⅶ. 협의성립 확인재결

1. 협의성립 확인재결의 의의

가. 협의성립 확인재결이란 토지수용위원회가 사업시행자와 토지소유자 사이에서 공익사업에 필요한 토지의 취득에 관한 협의가 성립하였다는 사실에 대해서 재결을 통하여 확인하는 것을 말한다(법 제29조 제1항, 제50조 제1항 제4호).

공익사업용지를 취득하기 위해서 사업시행자는 반드시 토지소유자와 협의를 거쳐야 하는데, 협의가 성립되면 협의성립 확인재결, 협의가 불성립되면 수용재결의 절차를 각각 거치게 된다. 다만 수용재결 절차는 공익사업에 필요한 토지를 강제적으로 취득하기 위해서는 반드시 거쳐야 하는 절차이지만, 협의성립 확인재결 절차는 반드시 거쳐야 하는 절차가 아니라 사업시행자의 임의의 신청에 의한다는 점에서 수용재결 절차와 구별된다.

---

156) 대판 2006.10.13. 2006두7096.

나. 협의취득계약의 체결에 의한 토지의 취득은 승계취득에 해당함은 앞에서 살펴보았다. 따라서 토지소유자가 무권리자인 경우에는 사업시행자는 협의취득 계약을 체결하더라도 해당 토지의 진정한 소유자에게 대항하지 못하고, 해당 토지상에 제한물권이 설정된 경우에는 그러한 제한이 설정된 상태대로 소유권을 취득하게 된다.

이러한 결과는 공익사업의 온전한 수행을 곤란하게 하므로 협의취득한 토지에 대하여도 수용재결과 동일하게 원시취득의 법률효과를 부여할 수 있는 제도가 요구된다. 협의성립 확인재결은 승계취득에 불과한 협의취득에 대해서 간편하고 신속한 방법으로 원시취득과 동일한 법률적 효력을 부여하기 위하여 인정된 제도이다.

2. 협의성립 확인재결의 요건

협의성립의 확인재결은 사업시행자의 임의의 신청에 따라 이루어지지만(법 제29조 제1항) 토지수용위원회로부터 협의성립 확인재결을 받기 위해서는 다음과 같은 요건을 갖추어야 한다.

가. 사업시행자가 공익사업용지를 취득하는 경우일 것

사업시행자가 공익사업의 수행과는 관계없이 사경제주체로서 사법상 계약에 따라 토지를 취득하는 경우에는 협의성립의 확인신청을 하더라도 토지수용위원회의 확인재결을 받을 수 없다.

나. 토지소유자의 동의를 얻을 것

(1) 여기서 말하는 토지소유자란 협의성립 확인제도의 취지에서 보면 등기부상의 소유자가 아닌 진정한 소유자를 의미한다. 판례도 같은 견해이다.[157] 따라서 사업시행자가 진정한 토지소유자가 아닌 등기부상의 소유자의 동의만 얻은 후에 관련 사항에 대한 공증을 받아서 협의성립 확인

신청을 한 경우에 토지수용위원회가 신청을 수리하였다면 수리행위는 소유자의 동의 요건을 갖추지 못한 것으로 위법하여 이에 대해서 항고소송으로 취소를 구할 수 있게 된다.

판례는 더 나아가서 사업시행자가 과실 없이 등기부상의 소유자를 진정한 소유자라고 믿고 그의 동의를 얻은 경우에도 그러한 동의는 흠결이 있는 것에 해당하여 수리행위의 취소를 구할 수 있다고 한다.[158]

(2) 협의성립 확인재결의 신청에 토지소유자의 동의를 받을 것을 요하는 이유는 당사자 간에 협의가 유효하게 성립한 사실을 확인하는데 있다. 그런데 사업시행자는 미리 토지소유자의 동의를 얻어서 협의성립의 확인을 신청하여야 하고(법 제29조 제1항), 신청서에는 법 시행령 제13조 제2항 제1호에 의하면 토지소유자의 동의서와 인감증명서를 첨부하여야 한다(법 시행령 제13조 제2항 제1호). 그 결과 토지소유자가 어떤 이유에서 협의성립 확인재결의 신청에 동의하지 아니하는 경우에는 사업시행자는 협의성립 확인재결을 받을 수 없게 된다.

이러한 결과는 협의성립 확인재결 제도를 인정한 취지에 반한다. 입법론으로는 사업시행자는 법 시행령 제13조 제1항에 규정된 협의성립확인신청서와 협의성립 사실을 입증할 수 있는 서면 즉 협의취득계약서를 제출하고, 토지수용위원회가 확인재결 절차에서 토지소유자의 의견을 청취하는 등의 방법으로 협의성립 사실의 진위를 확인하도록 하는 것이 적절할 것으로 생각한다(법 제58조 제1항 제1호 참조).

다. 사업인정을 받기 전에 협의가 성립된 경우

(1) 토지보상법 제29조 제1항에 의하면 "사업시행자와 토지소유자 및 관계인 간에 제26조의 규정에 의한 절차를 거쳐 협의가 성립된 때" 협의성

157) 대판 2018.12.13. 2016두51719.
158) 위 같은 판례.

립의 확인재결 신청을 할 수 있고, 법 제26조에는 "사업인정을 받은 사업시행자"는 토지소유자와 협의의 절차를 거칠 것을 요구하고 있다.

그렇다면 사업인정을 받은 이후에 성립한 협의에 대해서만 협의성립의 확인재결을 신청할 수 있고 사업인정 이전에 성립한 협의에 대해서는 협의성립 확인재결을 신청할 수 없는가?

(2) 사업시행자는 사업인정 이전에도 토지 등에 대한 보상에 관하여 토지소유자와 성실히 협의하여야 하고(법 제16조), 협의가 성립하면 계약을 체결하여야 하는데(법 제17조), 이러한 협의의 절차는 사업인정 이후에 하는 협의의 절차에 준용된다(법 제26조 제1항). 그런데 사업인정 이전에 협의를 시도하였으나 협의가 성립되지 아니한 상태에서 그 후에 사업인정을 받게 되면 조서에 변동이 없는 경우에는 다시 협의절차를 거칠 필요가 없다(법 제26조 제2항 본문). 이를 반대해석하면 사업인정 이전에 협의가 성립하고 사업인정 이후에 조서에 변동이 없으면 다시 협의절차를 거칠 필요가 없다고 본다. 이와 같이 이미 협의가 성립하여 사업인정 이후에 더 이상 협의절차를 거칠 필요가 없는 경우에 오로지 협의성립 확인재결의 신청을 위해서 다시 협의절차를 거칠 것을 요구한다는 것은 무의미할 뿐만 아니라 공익사업의 신속한 수행에 방해가 된다. 나아가서 협의성립 확인재결 제도를 인정하는 취지에 비추어 보면 사업인정 이후에 협의가 성립된 경우에 한해서 협의성립 확인재결의 신청을 할 수 있는 것으로 제한할 이유도 없다.

따라서 사업인정 이전에 이미 협의가 성립하고 사업인정 이후에 다시 협의를 할 필요가 없는 경우에는 사업인정 이전의 협의에 대해서도 협의성립의 확인재결을 신청할 수 있다고 해석하는 것이 타당하다.

라. 사업인정고시가 있은 날로부터 1년 이내에 협의성립 확인재결의 신청을 할 것

협의성립 확인재결의 신청은 협의불성립의 경우에 하는 수용재결의 신청과 동일하게 사업인정 고시가 있은 날로부터 1년 이내에 하여야 한다(법 제29조 제1항, 제28조 제1항).

그러나 토지보상법 별표 제2호에 규정된 법률에서는 토지보상법 제28조 제1항에 대한 예외로서 "사업시행기간" 내에는 언제든지 협의성립 확인재결의 신청을 수 있다는 규정을 두고 있다.[159)]

이러한 법률의 예외규정이 과연 타당한지는 의문이다. 토지보상법이 협의성립 확인재결의 신청 또는 수용재결 신청기간을 사업인정 고시일로부터 1년 이내로 제한하는 취지는 사업시행자로 하여금 재결을 통하여 가능한 한 조기에 해당 토지에 대한 원시취득의 법률적 효과를 부여하여 법률관계를 확정하기 위한 것이다. 그런데 사업시행자가 장기간에 걸쳐 수행하는 공익사업의 시행기간 내에 언제라도 협의성립의 확인재결 또는 수용재결을 신청할 수 있게 한다면 해당 토지소유자나 그 승계인의 법률적 지위는 오랫동안 불안한 상태에 놓이고 거래의 안전을 해치기 때문이다.

3. 협의성립 확인재결의 신청 방법

가. 협의성립 확인신청서의 작성

(1) 사업시행자가 협의성립의 확인재결을 신청하고자 하는 때에는 협의성립 확인신청서를 작성하여 관할 토지수용위원회에 제출하여야 하고(법 시행령 제13조 제1항), 협의성립 확인재결의 신청서에는 토지소유자 및 관계인의 동의서와 인감증명서, 계약서, 토지조서 및 물건조서, 사업계획서 등을 첨부하여야 한다(동조 제2항).

---

159) 예를 들면 택지개발촉진법 제12조 제2항.

토지소유자 및 관계인의 동의서와 인감증명서 · 계약서 등은 협의성립의 사실을, 토지조서 및 물건조서와 사업계획서는 공익사업의 수행을 위하여 토지를 취득하였다는 사실을 각각 증명하기 위한 것이다.

(2) 사업시행자는 협의가 성립된 토지의 소재지 · 지번 · 지목 및 면적 등에 대하여 공증을 받아 협의성립의 확인재결을 신청할 수도 있다(법 제29조 제3항, 동 시행령 제13조 제3항, 제1항).

나. 수수료의 납부

사업시행자가 협의성립 확인재결을 신청하기 위해서는 수수료를 납부하여야 한다(법 제29조 제2항, 제28조 제2항).

4. 협의성립 확인재결의 형식

가. 협의(狹意)의 확인재결

협의의 확인재결이란 사업시행자의 협의성립 확인재결 신청서를 접수한 토지수용위원회가 법 제32조에 규정된 심리절차를 거쳐서 협의가 적법하게 성립되었음을 확인하는 형식으로 이루어지는 확인재결을 말한다.

행정법상 확인행위란 특정한 사실이나 법률관계에 의문이나 다툼이 있는 경우에 공적인 기관이 그 존부나 정부(正否)를 확정하는 행위를 말한다.[160] 그런데 협의성립 확인재결은 협의성립에 대해서 의문이나 다툼을 전제로 하는 것은 아니지만 협의성립에 대한 확인을 포함한다는 의미에서 준법률행위적 행정행위의 일종인 확인행위에 해당한다. 나아가서 협의성립의 확인재결이 있으면 법률의 규정에 따라 수용재결과 동일한 법적 효과가 발생한다는 점에서 형성적 행정행위로서의 성격도 가지고 있다고 본다.

---

160) 김동희, 행정법 I (2017) 299면; 박윤흔, 행정법강의(상)(2004) 371면.

나. 수리재결

(1) 수리재결이란 사업시행자가 협의성립 확인재결 신청서에 첨부하는 토지소유자 및 관계인의 동의서와 인감증명서, 계약서, 토지조서 및 물건조서, 사업계획서 등에 대해서 미리 공증을 받아 협의성립 확인재결을 신청하는 경우에 관할 토지수용위원회가 이를 수리함으로써 협의성립의 확인재결이 있는 것으로 의제되는 재결을 말한다(법 제29조 제3항, 법 시행령 제13조 제1항, 제2항).

수리재결은 사업시행자가 협의성립 확인재결 신청서에 첨부할 서류에 대해서 미리 공증을 받아 협의성립 확인재결의 신청을 하면 토지수용위원회는 법 제32조에 규정된 심리절차를 거치지 아니하고, 협의성립 확인재결 신청서 등의 서류를 수리함으로써 협의성립의 확인재결에 갈음하고자 하는데 의의가 있다.

(2) 수리란 신청서, 청구서 등의 제출이 형식적 요건을 구비하고 있는 경우에 행정청이 이를 유효한 행위로 받아들이는 행위[161]로서 해당 법률에서 그 효과를 규정하고 있다. 협의성립 확인재결의 신청에 대한 수리재결은 협의성립 확인재결 신청서가 형식적 요건을 구비하고 있는 경우에 이를 유효한 행위로 받아들이는 준법률행위적 행정행위에 해당한다. 나아가서 협의성립 자체가 유효하게 성립한 사실을 인정하여 수용재결과 동일한 법률적 효과를 부여한다는 점에서 협의의 확인재결과 마찬가지로 형성적 행정행위로서의 성격을 구비하고 있으며, 이에 대한 불복은 항고소송의 형식으로 제기할 수 있다.[162]

---

161) 김동희, 행정법 I (2017) 303면; 박균성, 행정법론(상)(2011) 339면; 박윤흔, 행정법강의(상)(2004) 372면; 홍정성 행정법원론(상)(2015) 380면.

162) 사업시행자가 등기부상의 소유자의 동의를 얻어 협의성립 확인신청을 하고 토지수용위원회가 이를 수리하는 재결을 하였다면, 진정한 소유자는 수리행위에 대해서 항고소송을 제기할 수 있다(대판 2018. 12.13. 2016두51719).

5. 협의성립 확인재결의 효력

가. 협의성립의 확인은 토지보상법에 의한 재결로 간주된다(법 제29조 제4항 전단). 즉 협의성립 확인재결은 수용재결과 동일한 효력이 있으므로 해당 토지를 원시취득하는 효과를 발생하게 한다. 따라서 등기부상의 토지 소유자와 사업시행자 간에 이루어진 협의성립에 대한 확인재결이 확정되면 비록 추후에 등기부상의 토지소유자가 무권리자로 판명되더라도 사업시행자는 해당 토지소유권을 원시취득하고 진정한 권리자는 그 소유권을 확정적으로 상실한다.

이와 관련하여 판례는 사업시행자가 "과실 없이" 진정한 토지소유자를 알지 못하여 등기부상 소유명의자를 토지소유자로 보고 그를 피수용자로 하여 수용절차를 마친 경우에는 수용목적물의 소유자가 누구임을 막론하고 이미 가지고 있던 소유권은 소멸함과 동시에 기업자가 완전하고 확실하게 그 권리를 원시취득한다고 한다.[163] 따라서 판례에 의하면 사업시행자가 과실로 인하여 진정한 토지소유자를 알지 못한 채 등기부상의 소유자와 협의성립계약을 체결하였다면 이에 대해서는 협의성립 확인재결이 있더라도 토지소유권을 원시취득하지 못하게 된다.

이러한 판례의 견해는 등기부상의 토지소유자가 진정한 토지소유자임을 알지 못한 데 대한 무과실을 수용재결이나 협의성립 확인재결의 효력발생의 요건, 즉 사업시행자가 해당 토지에 대한 소유권을 원시취득하는 요건으로 인정한다는 점에서 민법상 동산의 선의취득의 요건과 동일하다(민법 제249조).

그러나 재결의 효력발생에 동산의 선의취득과 같이 사업시행자의 무과실까지 요구하는 것은 수용제도의 본질과 부합하지 아니하는 것으로 보인다. 재결에 토지소유권에 대한 원시취득의 효과가 인정되는 근원은 형성

163) 대판 1995.9.15. 94다27649.

권인 수용권에 내재한 법률상의 힘에 있는데, 이는 동산에 대한 무권리자의 점유와는 구별되어야 할 것으로 생각한다. 재결이 있으면 사업시행자의 과실의 유무를 불문하고 사업시행자는 해당 토지의 소유권을 원시취득하고, 등기부상의 소유자와 진정한 소유자간에는 부당이득의 법리에 따라 해결하는 것이 옳지 않을까 한다.

나. 협의성립의 확인재결이 있으면 사업시행자나 토지소유자 및 관계인은 확인된 협의의 성립이나 내용을 다툴 수 없다(법 제29조 제4항 후단).

(1) 이 규정은 협의성립 확인재결에 대해서 수용재결과 동일하게 불가쟁력이 있음을 주의적으로 밝힌 것이다. 즉 일단 유효하게 성립한 협의취득계약에 대해서 토지수용위원회의 협의성립 확인재결이 있게 되면 일정한 쟁송기간이 경과한 후에는 사업시행자나 토지소유자 및 관계인은 동 재결의 성립이나 내용에 대해서 더 이상 다툴 수 없도록 함으로써 협의취득계약을 둘러싼 법률관계를 확정하여 법적 안정성을 확보하는데 동 규정의 취지가 있다.

(2) 사업시행자나 토지소유자 및 관계인이 다투지 못하는 사항은 협의의 성립이나 내용, 다시 말하면 협의취득계약의 효력을 좌우하는 일체의 사법상의 원인, 예를 들면 반사회질서행위, 무능력, 하자있는 의사표시, 채무불이행으로 인한 계약의 해제나 해지 등의 사유는 물론이고, 협의의 내용을 이루는 일체의 사항을 포함한다.

그러나 협의취득계약의 성립이나 내용과는 무관한 사항, 예를 들면 공익사업 시행지구가 변경됨으로 인하여 공익사업에 포함되지 아니하게 된 토지에 대하여 협의성립 확인재결이 있는 경우에는 토지소유자는 언제든지 협의성립 확인재결에 대해서 다툴 수 있다.

다. 협의성립 확인재결의 효력은 수용재결의 효력과 동일하므로, 위에서 본 불가쟁력뿐만 아니라 구속력이나 불가변력도 발생한다. 나아가서 협의성립 확인재결은 해당 토지소유권에 대한 원시취득이라는 효과를 발생하는 형성적 행정처분의 일종으로서 형성판결과 동일하게 대세적 효력이 인정된다.

라. 보상금을 지급받은 건물 등의 소유자가 협의성립 확인재결 이후에도 해당 건물을 철거하지 아니하는 경우에 사업시행자는 행정대집행의 방법으로 해당 건물을 철거할 수 있을까? 사업시행자는 협의취득계약만 체결한 경우에는 행정대집행의 방법으로 해당 건물을 철거를 할 수 없다 하더라도[164] 협의성립 확인재결 이후에는 행정대집행의 방법으로 건물을 철거할 수 있다고 본다.

마. 실무상으로는 사업시행자가 토지소유자와 협의취득계약을 체결하면 일단 해당 토지에 대해서 협의취득을 원인으로 하는 소유권이전등기만을 해두는 것이 일반적이다. 그 후 진정한 토지소유자임을 주장하는 자가 사업시행자를 상대로 해당 토지에 대해서 소유권이전등기의 말소를 구하면 사업시행자는 그 때 비로소 협의취득계약의 상대방인 등기부상의 소유자와의 사이에서 체결한 협의성립계약에 대한 확인재결을 신청하게 된다. 그 이유는 협의성립 확인재결 신청 절차가 번거롭고 이에 따라 사업시행자의 업무량이 폭증할 뿐만 아니라 대부분의 토지에 대해서는 협의취득계약의 체결만으로 공익사업용지 취득의 목적을 달성하기 때문이다. 따라서 사업시행자를 상대로 협의취득을 원인으로 하는 소유권이전등기에 대한 말소청구의 소를 제기한 진정한 토지소유자의 법률상의 지위는 사업시행자가 등기부상의 토지소유자의 동의를 얻어서 협의성립의 확인재결을 신청하고 토지수용위원회로부터 협의성립의 확인재결을 받는지 여부에 달려

164) 대판 2006.10.13. 2006두7096.

있게 되어 매우 불안하다 함은 앞에서 살펴본 바와 같다.

그러므로 진정한 토지소유자의 법률적 지위에 대한 불안을 해소하기 위해서는 사업인정 고시가 있으면 공익사업 시행지구에 포함된 토지 전체에 대해서 그 사실을 등기함으로써 처음부터 진정한 토지소유자가 사업시행자와 협의를 할 수 있는 기회를 사전에 보장해 줄 필요가 있다.

제 6 절 수용에 의한 취득의 절차

Ⅰ. 재결절차 개관

사업시행자와 토지소유자 간에 협의가 성립되지 아니하면 사업시행자는 토지수용위원회에 재결신청을 하고 재결에서 결정한 내용에 따라 토지소유자에게 보상금을 지급함으로써 공익사업용지를 강제적으로 취득하게 된다.

사업시행자가 재결신청을 할 수 있는 법률적 권능은 사업인정을 받음에 따라 토지보상법이나 동법의 별표상의 법률이 부여한 수용권의 내용 중의 하나이다. 즉 수용권은 공익사업용지를 강제적으로 취득할 수 있는 실체법적인 권리로서 재결신청이라는 방법으로 행사되는 권리라는 점에서 재결절차의 개시를 청구할 수 있는 절차적인 권능까지 포함하고 있다.

토지수용위원회는 사업시행자의 재결신청에 대해서 심리한 후에 재결이라는 형식의 의사표시를 통하여 그 당부에 대해서 판단한다. 심리의 결과 재결신청이 정당한 것으로 인정되면 수용목적물에 대한 수용과 보상금 등에 관하여 결정하는 재결을 함으로써 재결절차는 종료된다. 재결은 수용권의 존부와 보상액을 결정하는 판단행위이다. 재결의 결과 사업시행자가 공익사업용지를 원시취득하는 것은 수용권 행사의 효과인 동시에 재결의 효과이기도 하다.

Ⅱ. 재결신청의 의의

1. 재결신청의 개념

가. 토지보상법의 규정

토지보상법이 재결신청을 할 수 있다는 규정을 두고 있는 경우를 열거하면 다음과 같다.

첫째, 사업시행자와 토지소유자 간에 협의가 성립되지 아니하거나 협의를 할 수 없을 때 또는 제26조 제2항 단서에 따른 협의 요구가 없을 때(법 제28조 제1항)

둘째, 사업시행자와 토지소유자 및 관계인 간에 제26조에 따른 절차를 거쳐 협의가 성립되었을 때(법 제29조 제1항)

셋째, 공익사업의 준비를 위하여 타인이 점유하는 토지에 출입하여 측량 · 조사함으로써 발생하는 손실(법 제9조 제4항), 장애물의 제거 등을 함으로써 발생한 손실(법 제12조 제4항), 공익사업의 전부 또는 일부를 폐지 · 변경함으로 인하여 토지소유자나 관계인이 입은 손실(법 제24조 제7항), 공익사업의 시행으로 인하여 취득 또는 사용하는 토지(잔여지를 포함한다) 외의 토지에 통로 · 도랑 · 담장 등의 신설 그 밖의 공사가 필요한 때에는 그 비용의 전부 또는 일부(법 제79조 제1항), 공익사업이 시행되는 지역 밖에 있는 토지 등이 공익사업의 시행으로 인하여 본래의 기능을 다할 수 없게 되는 경우에는 국토교통부령으로 정하는 바에 따른 손실(동조 제2항) 등에 대해서 협의가 성립되지 아니한 경우(법 제9조 제7항, 제80조 제2항)

나. 위 첫 번째의 재결신청은 사업인정을 받은 사업시행자와 토지소유자 사이에 협의가 불성립한 경우에 사업시행자가 해당 토지에 대한 수용의 적법성과 보상액의 적정성 등에 관하여 관할 토지수용위원회의 판단을 구하는 공법행위를 말한다. 통상적으로 재결신청이라고 하면 이러한 수용

재결신청을 의미한다. 두 번째의 재결신청은 협의성립 확인재결신청을 말한다. 세 번째의 재결신청은 손실을 입은 토지소유자 측에서 하는 재결신청으로, 해당 토지를 수용함에 따라 발생한 손실 즉 수용손실이 아니라 비수용손실에 대한 재결신청이라는 점에서 수용재결신청과 상이하다. 이 재결신청에 대해서는 관계되는 곳에서 살펴보기로 하고 여기서는 수용재결신청에 대해서만 살펴본다.

2. 제도의 취지

재결신청은 사업인정을 받은 사업시행자가 토지보상법의 규정에 따라 취득한 수용권을 쟁송절차에서 행사하는 의사표시이다. 수용권은 형성권의 일종으로 대세적 효력이 있어서 토지소유자는 물론이고 제3자의 권리에도 영향을 미치기 때문에 독립한 재결기관인 토지수용위원회가 재결신청으로 나타난 사업시행자의 수용의 의사표시에 대해서 쟁송절차를 거쳐서 그 효력을 획일적으로 획정하도록 한 것이다.

Ⅲ. 재결신청의 법적 성격

국가수용권설의 입장에 의하면 재결신청은 제3자인 국가기관에 대하여 공익사업에 필요한 토지 등의 재산권의 수용과 그에 따른 보상액에 대하여 재결하여 줄 것을 청구하는 것으로 사업시행자의 재결신청은 수용청구라고 할 수 있고 토지소유자 및 관계인의 재결신청은 손실보상청구라고 설명한다.[165]

사업시행자수용권설을 취하는 다수설의 입장에서는 "재결의 신청은 수용권이 부여된 사업시행자가 이 권리에 의거하여 토지수용위원회에 대하여 수용 또는 사용의 재결을 구하는 절차행위"[166]라고 설명하는 것 외에

165) 이선영, 앞의 책 216면.

재결신청의 법적 성격에 대해서 따로 논하고 있는 학자는 없다.

수용권을 형성권의 일종으로 파악하는 사견에 의하면 재결신청은 국가수용권설이 말하는 토지수용위원회에 대한 수용청구권의 행사가 아니라, 수용재결 절차의 개시를 구하는 사업시행자의 청구[167]로서 수용권 행사의 의사표시 그 자체이다.

Ⅳ. 재결신청의 요건

1. 사업인정을 받은 사업시행자가 신청할 것

가. 재결신청은 수용권의 행사이자 수용절차의 개시를 구하는 행위이므로, 사업인정을 받음으로써 수용권을 취득한 사업시행자만 할 수 있다. 그러나 사업시행자만 재결신청을 할 수 있는 원칙에 대한 예외로서, 사용하는 토지에 대한 토지소유자의 수용청구(법 제72조)와 잔여지 소유자의 수용청구(법 제74조 제1항 후문) 및 소수잔존자의 수용청구(법 시행규칙 제61조) 등이 있다. 이에 대해서는 관계되는 곳에서 살펴본다.

나. 재결신청은 반드시 유효한 사업인정을 전제로 하는 것은 아니다. 사업인정 자체에 무효나 취소할 수 있는 흠이 있다고 하더라도 재결신청 자체는 가능하다.

다. 재결신청청구권

(1) 토지보상법의 규정

토지소유자나 관계인 등은 재결신청에 관하여 법률상 이해관계가 있지만 수용권이 없으므로 직접 재결신청을 할 수 없다. 그러나 사업인정 고시

166) 류해웅 · 허강무, 앞의 책 243면.

167) 사업시행자의 재결신청은 실체법상의 권리인 수용권을 쟁송절차에서 행사한다는 의미에서 민사소송에 있어서 소송상 청구(Anspruch)에 대응한다.

가 된 후 협의가 성립되지 아니한 때에는 토지소유자 및 관계인은 대통령령이 정하는 바에 따라 서면으로 사업시행자에게 재결의 신청을 할 것을 청구할 수 있다(법 제30조 제1항). 이를 재결신청청구권이라 한다.

판례는 토지소유자나 관계인에게 동 권리를 인정한 이유에 대해서, 수용을 둘러싼 법률관계를 조속히 확정하고 수용 당사자 간의 공평을 기하기 위한 것이라고 한다.[168)]

(2) 법적 성격

사업인정이 고시되면 사업시행자는 수용권을, 토지소유자나 관계인은 손실보상청구권을 각각 취득한다. 사업시행자는 토지수용위원회에 대하여 재결신청이라는 방법으로 수용권을 행사함에 비하여, 토지소유자나 관계인은 사업시행자에 대하여 재결신청의 청구라는 방법으로 손실보상청구권을 간접적으로 행사하는 것이다. 즉 토지소유자와 관계인의 재결신청청구권은 그 본질에 있어서 손실보상청구권이다.[169)] 토지보상법 제30조 제3항에서 사업시행자가 재결신청을 지체하면 손실보상금에 법정이율을 적용하여 산정한 가산금을 지급하도록 규정한 이유는 재결신청의 청구는 실제로는 손실보상청구권의 행사로 보기 때문이다. 따라서 위 규정은 손실보상청구권이 사업인정에 의해서 발생하는 권리라고 볼 수 있는 근거가 된다.

(3) 행사 방법

재결신청청구권은 반드시 서면으로 행사하여야 하지만 대통령령이 규정하는 기재사항이 일부 누락되더라도 재결신청을 청구하는 의사가 명백히 드러나 있으면 유효한 청구로 인정된다.[170)]

---

168) 대판 1997.10.24. 97다31175.

169) 토지소유자의 재결신청을 손실보상의 청구로 파악하는 국가수용권설과 사견은 이 점에서 동일하다.

170) 대판 1995.10.13. 94누7232.

(4) 행사의 효과

(가) 사업시행자가 이 청구를 받은 때에는 그 청구가 있은 날부터 60일 이내에 대통령령이 정하는 바에 따라 관할 토지수용위원회에 재결을 신청하여야 하고(법 제30조 제2항), 60일의 기간을 경과하여 재결을 신청한 때에는 그 경과한 기간에 대하여 소송촉진 등에 관한 특례법 제3조에서 규정하고 있는 법정이율을 적용하여 산정한 금액을 보상금에 가산하여 지급하여야 한다(법 제30조 제3항).

(나) 지연가산금의 법적 성격은 수용보상금에 대한 법정지연손해금이므로 이에 대한 불복은 수용보상금에 대한 불복절차에 의하여야 한다.[171]

2. 협의가 성립되지 아니하거나 협의를 할 수 없을 것

협의가 성립되지 아니한 사유는 보상의 종류나 금액, 수용 대상 토지나 건물의 면적 또는 범위 등에 관한 의사의 불합치에 한정되지 아니하고 아무런 제한이 없다. 피수용자 불명, 주소불명, 행방불명, 장기간 해외체류 등은 협의를 할 수 없는 경우에 해당하므로 재결신청의 사유가 된다.

3. 재결신청기간 내에 신청할 것

재결신청은 사업시행자가 사업인정 고시가 있은 날로부터 1년 이내에 하여야 한다(법 제28조 제1항). 이는 협의성립 확인재결의 경우와 동일하다.

토지보상법이 재결신청 기간을 사업인정 고시일로부터 1년 이내로 제한한 이유는 공익사업용지에 관한 권리관계와 보상의 내용 등을 조기에 확정함으로써 토지소유자의 법률적 지위의 안정을 기하고자 하는데 있다. 그러나 오늘날 대규모 공익사업의 경우에 공익사업에 편입된 토지의 면적이 광대하고 그에 따라 다수의 토지소유자 및 관계인과 사업인정 고시일

171) 대판 1997.10.24. 97다31175.

로부터 1년 이내에 협의절차를 거쳐서 재결신청을 하는 것이 현실적으로 불가능한 경우가 대부분이다. 그래서 토지보상법 별표상의 법률은 대부분 사업시행기간 내에는 언제든지 재결신청을 할 수 있다는 특칙을 두고 있다.[172] 따라서 재결신청 기간을 사업인정 고시일로부터 1년 이내로 한정하고 있는 토지보상법의 규정은 실제로는 사문화되었다고 할 수 있다.

4. 관할 토지수용위원회에 서면으로 할 것

재결신청은 사업시행지를 관할하는 토지수용위원회에 재결신청서라는 서면을 제출하는 방법으로 하여야 한다. 재결신청서에 기재할 사항과 첨부할 서류에 대해서는 토지보상법 시행령 제12조에서 상세하게 규정하고 있다.

Ⅴ. 재결기관

1. 토지수용위원회

토지 등의 수용과 사용에 관한 재결기관은 토지수용위원회이다(법 제49조). 토지수용위원회는 사업시행자의 재결신청과 협의성립 확인재결의 신청 및 토지소유자의 손실보상 재결신청 등에 대해서 심리하고 판단한 결과를 재결의 형식으로 외부에 표시하는 권한을 가진 합의제 행정관청이다.

중앙토지수용위원회는 행정조직상 국토교통부에 소속된 중앙행정관청이고, 시 · 도에 있는 지방토지수용위원회는 지방행정관청이지만 모두 독립된 행정관청으로, 국토교통부장관이나 지방자치단체의 장의 지휘나 감독을 받지 아니한다.

---

172) 예를 들면 국토의 계획 및 이용에 관한 법률 제95조 제1항, 제2항.

2. 토지수용위원회의 조직과 운영

토지수용위원회에는 국토교통부에 있는 중앙토지수용위원회와 특별시 · 광역시 · 도 · 특별자치에 있는 지방토지수용위원회가 있다(법 제48조). 두 토지수용위원회는 관장하는 업무에서 구분될 뿐이고, 업무상 상하관계에 있지 아니한 독립한 행정관청이다.

가. 중앙토지수용위원회(법 제52조)

(1) 구 성

중앙토지수용위원회는 위원장 1명을 포함한 20명 이내의 위원으로 구성하며, 위원 중 대통령령으로 정하는 수의 위원은 상임으로 한다(제1항).

(가) 위 원 장

중앙토지수용위원회의 위원장은 국토교통부장관이 되며, 위원장이 부득이한 사유로 직무를 수행할 수 없을 때에는 위원장이 지명하는 위원이 그 직무를 대행한다(제2항). 위원장은 위원회를 대표하며, 위원회의 업무를 총괄한다(제3항).

(나) 상임위원

중앙토지수용위원회의 상임위원은 다음 각 호의 어느 하나에 해당하는 사람 중에서 국토교통부장관의 제청으로 대통령이 임명한다(제4항).

1. 판사 · 검사 또는 변호사로 15년 이상 재직하였던 사람
2. 대학에서 법률학 또는 행정학을 가르치는 부교수 이상으로 5년 이상 재직하였던 사람
3. 행정기관의 3급 공무원 또는 고위공무원단에 속하는 일반직공무원으로 2년 이상 재직하였던 사람

(다) 비상임위원(제5항)

중앙토지수용위원회의 비상임위원은 토지수용에 관한 학식과 경험이 풍부한 사람 중에서 국토교통부장관이 위촉한다.

(2) 관 할

(가) 중앙토지수용위원회는 국가 또는 시 · 도가 사업시행자인 사업과 수용하거나 사용할 토지가 둘 이상의 시 · 도에 걸쳐 있는 사업의 재결에 관한 사항을 관장한다(법 제51조 제1항).

(나) 중앙토지수용위원회는 중앙토지수용위원회 자신의 재결이나 지방토지수용위원회의 재결에 대하여 이의신청이 있는 경우에(법 제83조 제1항, 제2항) 동 이의신청에 대한 재결을 관장한다(법 제84조 제1항).

(다) 권한의 강화

1) 사업시행자에게 토지수용권을 허용하는 공익사업에 관한 법률이 증가하면 사유재산권의 침해의 가능성도 높아지게 마련이다. 그럼에도 불구하고 공익사업에 관한 법률의 무분별한 증가를 사전에 통제할 수 있는 적절한 기관은 사실상 없다는 비판이 오랫동안 제기되고 있었다. 이에 2018. 12. 31. 법률 제16138호로 토지보상법 제4조의 3을 신설하여 중앙토지수용위원회에 공익사업 신설에 대한 개선요구권 등을 부여함으로써 공익사업의 무분별한 증가에 따른 토지수용권의 남용을 사전에 방지할 대책을 마련하게 되었다.

2) 개선요구권 등의 내용(법 제4조의 3)

중앙토지수용위원회는 토지보상법 제4조 제8호에 따른 사업의 신설, 변경 및 폐지, 그 밖에 필요한 사항에 관하여 심의를 거쳐 관계 중앙행정기관의 장에게 개선을 요구하거나 의견을 제출할 수 있다(동조 제1항).

개선요구나 의견제출을 받은 관계 중앙행정기관의 장은 정당한 사유가 없으면 이를 반영하여야 한다(동조 제2항).

중앙토지수용위원회는 개선요구 · 의견제출을 위하여 필요한 경우 관계 기관 소속 직원 또는 관계 전문기관이나 전문가로 하여금 위원회에 출석하여 그 의견을 진술하게 하거나 필요한 자료를 제출하게 할 수 있다(동조 제3항).

(3) 회의 및 의결

(가) 중앙토지수용위원회의 회의는 위원장이 소집하며, 위원장 및 상임위원 1명과 위원장이 회의마다 지정하는 위원 7명으로 구성한다. 다만, 위원장이 필요하다고 인정하는 경우에는 위원장 및 상임위원을 포함하여 10명 이상 20명 이내로 구성할 수 있다(제6항).

(나) 중앙토지수용위원회의 회의는 제6항에 따른 구성원 과반수의 출석과 출석위원 과반수의 찬성으로 의결한다(제7항).

(4) 사무기구 등

중앙토지수용위원회의 사무를 처리하기 위하여 사무기구를 두고(제8항), 중앙토지수용위원회의 상임위원의 계급 등과 사무기구의 조직에 관한 사항은 대통령령으로 정한다(제9항)

나. 지방토지수용위원회(법 제53조)

(1) 구 성

지방토지수용위원회는 위원장 1명을 포함한 20명 이내의 위원으로 구성한다(제1항).

(가) 위 원 장

지방토지수용위원회의 위원장은 시 · 도지사가 되며, 위원장이 부득이한 사유로 직무를 수행할 수 없을 때에는 위원장이 지명하는 위원이 그 직무

를 대행한다(제2항). 위원장은 위원회를 대표하며, 위원회의 업무를 총괄한다(제6항, 제52조 제3항)

(나) 위　원

지방토지수용위원회의 위원은 시 · 도지사가 소속 공무원 중에서 임명하는 사람 1명을 포함하여 토지 수용에 관한 학식과 경험이 풍부한 사람 중에서 위촉한다(제3항).

(2) 관　할

지방토지수용위원회는 각 위원회가 소속한 특별시 · 광역시 · 도 · 특별자치도에서 시행되는 공익사업 중 중앙토지수용위원회의 관할에 속하는 사업 외의 사업의 재결에 관한 사항을 관장한다(동법 제51조 제2항).

(3) 회의 및 의결

(가) 지방토지수용위원회의 회의는 위원장이 소집하며, 위원장과 위원장이 회의마다 지정하는 위원 8명으로 구성한다. 다만, 위원장이 필요하다고 인정하는 경우에는 위원장을 포함하여 10명 이상 20명 이내로 구성할 수 있다(제4항).

(나) 지방토지수용위원회의 회의는 제4항에 따른 구성원 과반수의 출석과 출석위원 과반수의 찬성으로 의결한다(제5항).

3. 위원의 법률상의 지위

토지보상법은 토지수용위원회 위원이 독립하여 전문적인 업무를 수행할 수 있도록 자격요건을 규정함과 동시에 임기와 신분을 보장하는 한편, 공무원이 아닌 위원에 대해서도 형법이나 그 밖의 법률에 따른 벌칙을 적용할 때는 공무원으로 간주함으로써(법 제57조의 2) 직무 수행에 있어서의 청렴성과 공정성을 요구하고 있다.

가. 위원의 결격사유(법 제54조)

다음 각 호에 해당하는 사람은 토지수용위원회의 위원이 될 수 없고(제1항) 결격사유에 해당하는 위원은 당연히 퇴직한다(제2항).

1. 피성년후견인, 피한정후견인 또는 파산선고를 받고 복권되지 아니한 사람
2. 금고 이상의 실형을 선고받고 그 집행이 끝나거나(집행이 끝난 것으로 보는 경우를 포함한다) 집행이 면제된 날부터 2년이 지나지 아니한 사람
3. 금고 이상의 형의 집행유예를 선고받고 그 유예기간 중에 있는 사람
4. 벌금형을 선고받고 2년이 지나지 아니한 사람

나. 위원의 임기 및 신분보장

(1) 토지수용위원회의 상임위원 및 위촉위원의 임기는 각각 3년으로 하며, 연임할 수 있다(법 제55조).

(2) 위촉위원은 해당 토지수용위원회의 의결로 다음 각 호의 어느 하나에 해당하는 사유가 있다고 인정된 경우를 제외하고는 재임 중 그 의사에 반하여 해임되지 아니한다(법 제56조).

1. 신체상 또는 정신상의 장해로 그 직무를 수행할 수 없을 때
2. 직무상의 의무를 위반하였을 때

다. 위원의 제척 · 기피 · 회피(동법 제57조)

(1) 제　척(제1항)

토지수용위원회의 위원이 다음 각 호의 어느 하나에 해당하면 법률상 당연히 직무에서 배제되어 그 토지수용위원회의 회의에 참석할 수 없다.

1. 사업시행자, 토지소유자 또는 관계인
2. 사업시행자, 토지소유자 또는 관계인의 배우자 · 친족 또는 대리인

3. 사업시행자, 토지소유자 및 관계인이 법인인 경우에는 그 법인의 임원 또는 그 직무를 수행하는 사람

(2) 기 피(제2항)

사업시행자, 토지소유자 및 관계인은 위원에게 공정한 심리·의결을 기대하기 어려운 사정이 있는 경우에는 그 사유를 적어 기피 신청을 할 수 있다. 이 경우 토지수용위원회의 위원장은 기피 신청에 대하여 위원회의 의결을 거치지 아니하고 기피 여부를 결정한다.

(3) 회 피(제3항)

위에서 본 제척 또는 기피 사유에 해당하는 위원은 스스로 그 사건의 심리·의결에서 물러날 수 있다.

(4) 관여 직원에 대한 준용(제4항)

사건의 심리·의결에 관한 사무에 관여하는 위원 아닌 직원에 대하여는 위원의 제척·기피·회피에 관한 규정을 준용한다.

4. 재결의 심리절차

가. 공고 및 열람과 의견서 제출

토지수용위원회는 수용재결신청서를 접수한 때에는 대통령령이 정하는 바에 따라 지체 없이 이를 공고하고 공고한 날부터 14일 이상 관계서류의 사본을 일반이 열람할 수 있도록 하여야 한다(법 제31조 제1항). 토지수용위원회가 위 공고를 한 때에는 관계서류의 열람기간 중에 토지 소유자 또는 관계인은 의견을 제시할 수 있다(동조 제2항).

그러나 토지보상법 시행령에 의하면 토지수용위원회는 수용재결신청서의 공고 및 열람 업무뿐만 아니라 토지소유자 및 관계인에 대한 통지 업무나 의견서 수령 업무 등을 직접 수행하지 아니하고 토지 등의 소재지를

관할하는 시장 · 군수 · 구청장에게 의뢰하고 시장 · 군수 · 구청장이 위 업무를 수행하는 것으로 규정하고 있다(법 시행령 제15조 제1항).

나. 심리의 개시 및 원칙

(1) 재결신청에 의한 심리의 개시

토지수용위원회의 심리는 사업시행자의 수용재결의 신청에 따라 이를 공고한 다음(법 제31조 제1항), 공고 후 14일의 열람기간이 경과하여야 개시된다(법 제32조 제1항). 토지보상법상 사업시행자에 대해서 재결신청을 강제하거나 토지수용위원회의 직권에 의한 재결절차의 개시는 인정되지 아니한다. 즉 사업시행자의 재결신청이 없으면 심리는 없다.

(2) 직권주의

토지수용위원회는 심리에 필요하다고 인정할 때에는 사업시행자나 토지소유자 및 관계인 등의 신청이 없더라도 직권으로 다음과 같은 행위를 할 수 있다(법 제58조 제1항).

(가) 사업시행자 · 토지소유자 · 관계인 또는 참고인에 대하여 위원회에 출석하여 진술하게 하거나 그 의견서 또는 자료의 제출을 요구하는 것

(나) 감정평가업자 그 밖의 감정인에 대하여 감정평가를 의뢰하거나 위원회에 출석하여 진술하게 하는 것

(다) 토지수용위원회의 위원 또는 사무기구의 직원이나 지방토지수용위원회의 업무를 담당하는 직원으로 하여금 실지조사를 시키는 것

(3) 서면주의

수용재결의 심리는 사업시행자가 제출한 재결신청서의 기재 내용과 첨부서류 및 토지소유자 및 관계인이 제출한 서면에 의거하여 심리하는 것을 원칙으로 하고, 예외적으로 심리를 함에 필요하다고 인정하는 때에는 사업시행자 · 토지소유자 · 관계인을 출석시켜 그 의견을 진술하게 할 수

있다(법 제32조 제2항). 이는 민사소송절차에서의 구두변론주의에 대응하는 것으로, 법원의 재판 가운데 결정이나 명령의 형식으로 발하는 재판의 심리와 유사하다.

다. 심리의 범위

토지수용위원회는 사업시행자의 수용재결 신청이 있는 경우에 신청의 범위 내에서 심리를 하는 것이 원칙이다. 그러나 뒤에서 살펴보는 바와 같이 법 제50조 제1항은 재결사항을 규정하고 있으므로 토지수용위원회의 심리의 범위는 재결사항과 재결의 전제가 되는 사항 등에 대해서 심리를 하여야 한다. 재결의 전제가 되는 사항 가운데 가장 문제로 되는 것은 수용재결신청의 적법성도 토지수용위원회의 심리의 범위에 포함되는지 여부이다.

(1) 수용재결 신청의 형식적 적법성

수용재결은 보상을 전제로 수용의 효과를 발생시키는 판단행위이므로, 토지수용위원회는 판단의 전제로서 수용재결신청의 적법성에 대해서 심리를 하여야 한다. 토지수용위원회의 수용재결의 실무상으로는 재결 이유에서 수용재결을 신청한 사업시행자가 토지보상법 별표상의 법률이 인정하고 있는 사업시행자에 해당하는지 여부, 사업인정 기관이 동 사업시행자에 대해서 사업인정을 하였는지 여부를 검토한 다음 이에 해당할 경우에는 수용할 정당한 권한이 있다고 인정함으로써 수용재결 신청 및 수용의 형식적 적법성을 심리의 대상으로 삼고 있다.[173)]

---

173) 토지수용위원회가 재결서에서 수용의 적법성을 판단하는 예를 들면 "이건…사업의 시행자는 …법 제…조 제…항의 규정에 의하여 사업에 필요한 토지나 토지에 정착한 물건 및 그 토지나 물건에 관한 소유권 이외의 권리를 수용할 수 있고, 같은 법 제…조에 따르면 같은 법 제…조에 따른 실시계획의 승인을 '공익사업을 위한 토지 등의 취득 및 보상에 관한 법률'(이하 '법'이라 한다) 제20조의 규정에 의한 사업인정으로 보고 있으며, …법 제…조의 규정에 의한 고시는 법 제22조의 규정에

(2) 사업인정의 적법성

적법한 수용재결 신청으로 평가받기 위해서는 수용재결 신청이 형식적 · 절차적으로 적법하여야 함은 물론이고, 수용의 효과를 부여하는 것이 정당화될 수 있도록 실질적으로도 적법하여야 한다. 수용재결 신청이 실질적으로 적법한지 여부는 적법한 사업인정을 받았는지 여부에 달려 있다.

그러나 현행 토지보상법은 사업인정기관과 재결기관을 분리하여 사업시행자가 수행하고자 하는 사업이 구체적으로 공익성을 구비한 사업인지 여부에 대해서는 사업인정기관의 판단에 맡기고 있다. 사업인정의 당부를 심리한다는 것은 결국 사업인정이라는 행정처분의 하자의 존부에 대해서 토지수용위원회가 심리를 한다는 것을 의미하므로 이는 재결기관의 권한을 벗어나는 것이다. 판례 역시 "…수용 · 사용의 일차 단계인 사업인정에 속하는 부분은 사업의 공익성 판단으로 사업인정기관에 일임하고 그 이후의 구체적인 수용 · 사용의 결정은 토지수용위원회에 맡기고 있"다고 하여[174] 사업의 공익성의 판단은 토지수용위원회의 심리범위에 속하지 않는다는 입장이다.

Ⅵ. 화 해

1. 화해조서의 작성

토지수용위원회는 재결이 있기 전에는 위원 3인으로 구성되는 소위원회로 하여금 사업시행자 · 토지소유자 및 관계인에게 화해를 권고하도록 할 수 있다(법 제33조 제1항 전단). 화해가 성립된 때에는 토지수용위원회는 화

의한 고시로 보고 있으므로, 사업시행자는 위 사업에 편입되는 토지 등을 수용할 수 있는 정당한 권한이 있음이 인정된다. 따라서 이건 토지 등을 수용하는 것은 적법하므로……"라고 하여 수용의 형식적 적법성에 대해서 심리하고 있다.

174) 대판 1994.11.11. 93누19375.

해조서를 작성하여 화해에 참여한 위원 · 사업시행자 · 토지소유자 및 관계인이 이에 서명 또는 날인을 하도록 하여야 한다(제2항).

2. 화해조서의 효력

화해조서에 서명 또는 날인이 된 경우에는 당사자 간에 화해조서와 동일한 내용의 합의가 성립된 것으로 본다(제3항).

"합의가 성립된 것으로 본다."는 의미에 대해서는 화해조서가 작성되면 법 제29조 제3항에 규정하고 있는 협의성립이 확인된 것으로 본다는 의미이다. 따라서 화해조서는 협의성립 확인재결과 동일한 효력이 있다.

Ⅶ. 재 결

1. 재결의 의의

가. 개념의 정리

토지보상법상의 재결이란 광의로는 공익사업에 필요한 토지를 수용하고 보상금의 액수와 수용 또는 사용의 개시일과 기간, 토지 또는 건물 등의 인도의무 등을 결정하는 토지수용위원회의 판단행위 전체를 말하는데 여기에는 협의취득 확인재결과 이의재결까지 포함한다.

협의(狹義)의 재결은 광의의 재결 중에서 협의취득 확인재결과 이의재결을 제외한 나머지 재결 즉 토지수용위원회가 사업시행자의 신청에 따라 시심적 쟁송절차를 거쳐서 행하는 재결만을 의미한다. 통상적으로 재결이라 함은 협의의 재결을 지칭하지만, 이의재결에 대비하여 사용하는 경우에는 수용재결이라고 부르기도 한다.

나. 토지수용위원회는 공익사업용지에 대한 수용을 둘러싸고 법률상 이해관계가 대립하는 사업시행자와 토지소유자간의 분쟁에 대해서 제삼자의

입장에서 재결을 함으로써 수용의 적법성과 보상의 적정성을 보장하게 된다. 사업인정의 신청에서 시작한 공익사업용지에 대한 수용절차는 토지수용위원회의 재결 또는 화해조서의 작성으로 종료하게 된다.

이러한 재결은 수용권과 손실보상청구권의 내용을 확정하는 토지수용위원회의 처분으로 최초의 행정작용이 쟁송절차를 거쳐서 이루어지는 시심적쟁송에 해당한다.

2. 법적 성격

가. 학 설

재결의 법적 성격에 대해서는 수용권의 본질과 사업인정의 성격을 어떻게 파악하느냐에 따라 견해를 달리하고 있다. 수용권의 본질에 관해서 국가수용권설의 입장에서는 재결을 수용권의 행사 자체인 수용처분으로 이해한다.[175] 사업시행자수용권설에서는 재결이란 수용권 자체의 행사가 아니라, 사업시행자에게 부여된 수용권의 구체적인 내용을 결정하고 그 실행을 완성시키는 행정처분이라고 설명한다.[176]

양설 모두 재결이란 사업시행자가 보상금을 지급할 것을 조건으로 하여 토지 등에 대한 권리를 취득하고, 피수용자는 그 권리를 상실하게 되는 것을 결정하는 형성적 행정처분으로 보고,[177] 민사소송법상의 형성판결과 동일한 성격을 가지고 있는 것으로 본다는 점에서는 동일하다.

나. 학설에 대한 검토

(1) 재결은 종전의 토지소유자의 소유권을 박탈하고 사업시행자로 하여

175) 이선영, 앞의 책.

176) 김동희, 행정법Ⅱ(2017) 398면; 류해웅 · 허강무, 앞의 책 242면; 박균성, 행정법론(하)(2011) 462면; 박윤흔, 행정법강의(하) 609면; 박평준 · 박창석, 앞의 책 114면; 석종현 손실보상법론(2005) 369면.

177) 대판 1993.1.19.,91누8051; 1993.4.27.,92누15789.

금 이를 원시취득하게 하는 효과를 가져오므로, 양설이 재결에 대해서 형성판결과 동일한 성격을 가진 것으로 이해하는 점은 옳다. 그러나 국가수용권설이 주장하는 수용처분설은 재결이 형성적 효과를 야기하는 근원을 토지수용위원회의 수용처분이라는 의사표시에 둔다는 점에 대해서는 찬성하기 어렵다.

형성판결의 형성력의 근원은 법원의 의사표시적인 처분행위에 기인한 것인지(의사표시설), 아니면 형성요건의 존재를 확정한 결과 이에 결부된 법률상의 효과인지(기판력근거설 또는 법률요건적 효력설)에 관해서 논의가 있지만[178] 후설이 유력하다.[179] 후설에 의하면, 재결의 형성력은 토지수용위원회의 수용처분에 내포된 의사표시에 기인하는 것이 아니라 토지수용위원회가 재결을 통해서 수용요건의 존재를 확정함에 따라 발생한 법률상의 효과라고 설명하는 바, 이 설이 옳다고 생각한다. 국가수용권설은 국가가 수용권의 귀속주체라고 인식한다는 점에서 국가주권설의 연장선에 있는 이론이라는 점에서도 근본적인 결함이 있다.

(2) 사업시행자수용권설은 재결에 대해서 "수용권의 구체적인 내용을 결정하고 그 실행을 완성시키는 행정처분"이라고 주장하지만, 그 의미하는 바가 분명치 아니하다. 재결은 사업인정과 결합하여 수용권의 효력 내지 실행을 완성시키는 처분으로 이해한다면 재결이란 사업인정의 효력을 보충하여 그 법률적 효력을 완성시킨다는 의미에서 인가행위와 다를 바 없게 된다.

(3) 앞에서 살펴본 바와 같이 수용권은 사업인정을 받은 사업시행자가 법률의 규정에 의해서 수용목적물에 대한 소유권을 강제적으로 취득하는 형성권의 일종으로 재결절차를 통해서만 행사할 수 있는 권리이다. 토지수용위원회는 사업시행자의 재결신청에 포함된 수용의 요건 즉 형성요건

178) 이시윤, 신민사소송법(2019) 672면.

179) 이시윤, 위의 책 210면.

을 구비하고 있는지 여부를 심리하여 그 존재가 확인되면 재결을 통해서 수용을 결정하는 것이다. 재결의 형성력의 근원은 재결에 내포된 토지수용위원회의 의사표시에 기인하는 것이 아니라 수용권 자체가 보유한 형성력에 있다. 따라서 재결은 법률행위적 행정행위가 아니라 준법률행위적 행정행위의 일종인 확인행위이지만 사업시행자의 수용권의 행사의 요건에 대한 확인의 결과로 형성의 효과가 발생하는 것이다. 기존의 학설과 사견을 도표로 정리하면 다음과 같다.

	수용권의 귀속	수용권의 본질	사업인정	재결신청	수용재결
국가수용권설	국가	재산권의 강제취득	공익사업 해당에 관한 확인행위	수용청구권의 행사	수용처분(설권적 형성행위)
사업시행자 수용권설	사업시행자	재산권의 강제취득	수용권을 설정하는 형성행위	재결을 구하는 절차행위	수용권을 완성시키는 형성적 행정처분
사견	사업시행자	형성권	사업수행권을 설정하는 형성행위	수용권의 절차상의 행사	형성요건의 확인으로 형성효과 발생

3. 재결의 효력

가. 개 념

재결의 효력이란 엄밀하게 말해서 수용권 행사의 효과나 공용수용의 효과와 동일한 의미이다. 공용수용의 효과는 토지수용위원회의 권한 행사라는 측면에서 파악하면 재결의 효력이고, 사업시행자의 수용권 행사라는 측면에서 보면 수용권 행사의 효과이다. 다만 여기서는 행정처분으로서의 재결이 가지는 일반적 효력에 대해서만 논하기로 한다. 수용의 나머지 효과에 대해서는 별도의 장에서 다룬다.

나. 일반적 효력

(1) 불가쟁력

재결이 확정되면 사업시행자나 토지소유자 및 관계인은 재결의 내용에 대해서 더 이상 다툴 수 없다. 이를 불가쟁력 또는 형식적 확정력이라 한다. 토지보상법은 협의성립확인재결에 대해서는 불가쟁력에 관해서 규정하고 있다(법 제29조 제4항). 재결에 대해서는 동일한 규정은 없지만 불가쟁력은 쟁송절차를 거친 행정처분에 대해서 불복할 수 있는 기간이 경과한 경우에 일반적으로 인정되는 효력이다.

(2) 불가변력

재결이 확정되면 토지수용위원회라도 직권으로 취소하거나 변경할 수 없는 불가변력을 보유하고 있다. 이를 실체적 확정력이라고도 하며 민사소송법상 확정판결이 가지는 기속력과 동일한 의미이다.

다. 확정판결의 효력 인정 여부

토지보상법은 이의신청에 대한 재결이 확정된 때에는 민사소송법상의 확정판결이 있은 것으로 보며, 재결서 정본은 집행력 있는 판결의 정본과 동일한 효력을 가지는 것으로 규정하고 있다(법 제86조 제1항). 그러나 확정된 수용재결의 재결서 정본에 대해서는 동일한 규정이 없다. 그러므로 확정된 수용재결에 대해서 어떤 효력을 인정할 것인지에 대해서는 이론에 맡길 수밖에 없다. 이에 대해서는 뒤에서 살펴본다.[180]

---

180) 225면 이하 참조.

4. 재결의 범위와 한계

가. 재결사항

재결사항이란 사업시행자의 재결신청에 응하여 재결서의 주문에 기재되는 내용으로, 수용 또는 사용할 토지의 구역 및 사용 방법, 손실의 보상, 수용 또는 사용의 개시일과 기간, 그 밖에 토지보상법 및 다른 법률에서 규정한 사항 등을 말한다(법 제50조 제1항).

(1) 수용 또는 사용할 토지의 구역

토지에 대한 수용은 개개의 토지를 대상으로 이루어져야 하므로 재결의 주문에는 반드시 수용 또는 사용의 대상이 되는 개개의 토지를 특정하여야 한다. 수용 또는 사용할 토지가 특정되지 아니한 재결은 위법하다. 1필의 토지는 소재지 · 지번 · 지목 및 면적으로 특정된다.

"수용 또는 사용할 토지의 구역"이란 문언상으로는 수용 또는 사용할 토지로 구분해 놓은 지역으로 동, 리 등 최소 행정 단위를 의미한다. 그런데 법 제28조 제1항에 근거한 법 시행령 제12조 제1항 제3호에 의하면 재결신청서에는 "수용 또는 사용할 토지의 소재지 · 지번 · 지목 및 면적'을 기재하도록 규정하고 있는 점과 토지를 특정하는 방법 등을 종합하여 고려해 볼 때, 수용재결 사항이 되는 "수용 또는 사용할 토지의 구역"이란 수용 또는 사용의 대상이 되는 토지를 특정할 수 있는 소재지 · 지목 · 지번 · 면적을 포함하는 토지의 세목과 동일한 의미라고 해석된다.

이와는 달리 '수용 또는 사용할 토지의 구역'이란 공익사업을 위하여 수용 또는 사용할 토지의 면적이라고 이해하는 견해도 있다.[181]

(2) 사용 방법

이는 공용사용의 경우에 해당 토지를 구체적으로 어떻게 사용할 것인지

181) 박균성, 행정법론(하)(2011) 464면.

여부에 대해서 재결하는 것을 말한다. 사용 방법에 관한 재결의 예를 들면 타인의 토지 위에 송전탑 건설하기 위하여 지상권을 설정하는 경우에는 "지상 몇 미터 높이의 고압 송전탑 건설용" 등으로 토지 사용의 목적과 사용의 형태를 구체적으로 기재하여야 한다. 토지 사용의 형태에는 지표사용, 공간사용, 지하사용, 부작위 청구권의 설정[182] 등이 포함된다.[183]

(3) 손실보상

재결에서는 손실보상청구권자와 손실보상의 대상 및 손실보상액을 확정하여야 한다. 피수용토지에 대해서 정당한 보상을 하는 것은 재결의 효과가 발생하기 위한 요건이므로 손실보상재결을 누락한 재결은 위법 · 무효이다.

(4) 수용 또는 사용의 개시일과 기간

수용 또는 사용의 개시일이란 보상금을 지급하거나 공탁함으로써 수용 또는 사용의 효과가 발생하는 종기(終期)를 말한다. 사업시행자는 재결에서 정한 수용 또는 사용의 개시일까지 보상금을 지급 또는 공탁하여야 수용의 효과를 향수할 수 있고, 위 일자까지 보상금을 지급 또는 공탁하지 아니하면 재결의 효력은 상실한다.

사용의 기간은 일자를 특정할 수도 있지만 "공익사업의 시행 기간 동안" 또는 "시설이 존속하는 기간 동안" 등으로 사용의 기간을 특정하지 아니한 재결도 가능하다.

(5) 토지보상법에서 규정한 사항

토지보상법에서 규정하고 있는 재결사항에는 협의성립 확인재결(법 제29조 제2항)뿐만 아니라, 비수용손실에 해당하는 사업준비로 인한 손해(법 제9

182) 지하의 터널을 보호하기 위하여 지표상에 설치하는 물건의 하중을 제한하는 경우가 이에 해당한다.

183) 小澤道一, 앞의 책 117면.

조 제7항), 장애물 제거 등으로 인한 손해(제12조 제5항), 토지 또는 물건에 관한 조사 등으로 인한 손해(법 제27조 제5항), 타인의 토지 사용으로 인한 손해(법 제38조 제5항), 재결의 실효로 인한 손해(법 제42조 제3항) 등과 담보 제공에 관한 재결(법 제39조 제1항) 등이 포함된다. 또한 법 제30조 제3항에 규정된 지연가산금 역시 재결사항이다.[184]

(6) 다른 법률에서 규정한 사항

이는 토지보상법 별표상의 법률이 규정하고 있는 수용 또는 사용에 관한 사항을 말한다. 예를 들면 "공유수면 관리 및 매립에 관한 법률" 제57조 제1항에 따른 손실보상에 관하여 협의가 성립하지 아니한 경우에는 토지수용위원회에 재결신청을 할 수 있는 것으로 규정하고 있는 경우(동법 제57조 제3항)가 이에 해당한다.

(7) 토지 또는 물건의 인도 등에 관한 사항

토지 또는 물건의 인도 등에 관한 사항은 토지보상법상의 재결사항이 아니고 학설 역시 이에 대해서는 재결의 효과로 설명하는 것이 일반적이다.

그러나 법 제43조는 "토지소유자 및 관계인과 그 밖에 토지소유자나 관계인에 포함되지 아니하는 자로서 수용하거나 사용할 토지나 그 토지에 있는 물건에 관한 권리를 가진 자는 수용 또는 사용의 개시일까지 그 토지나 물건을 사업시행자에게 인도하거나 이전하여야 한다."고 규정하고 있다. 나아가서 수용 또는 사용의 개시일이나 기간은 재결사항에 포함되고, 손실보상이 재결사항이므로(법 제50조 제1항 제2호, 제3호) 손실보상의 목적물 역시 재결사항에 포함될 수밖에 없다. 이러한 토지보상법의 규정을 종합하면 손실보상의 목적물인 토지 또는 물건의 인도 등에 관한 사항은 재

184) 대판 1997.10.24. 97다31175.

결사항에 포함된다고 해석하는 것이 가능할 뿐만 아니라, 토지 또는 물건의 인도의무자의 의무 이행 일자를 확정한다는 점에서 보더라도 토지 또는 물건의 인도 등에 관한 사항은 재결사항에 포함하는 것이 옳다고 본다.

재결 실무상으로도 재결서의 주문에서 토지소유자나 관계인에게 피수용토지나 지상 물건에 대해서 이전할 의무가 있음을 밝히고 있다.[185] 본서에서는 토지 또는 물건의 인도 등에 관한 재결을 인도재결이라고 부르기로 한다.

나. 불고불리의 원칙

(1) 수용에 의한 취득에 있어서는 재결절차가 필수불가결한 절차이기는 하지만 사업시행자에게 사업인정을 받은 모든 토지를 수용할 의무가 부과되어 있는 것은 아니다.[186] 토지수용위원회 역시 사업시행자에게 재결신청을 강제하거나 신청의 범위를 벗어나는 내용의 재결을 할 수 없다. 즉 재결에 있어서는 불고불리의 원칙이 적용됨에 따라 토지수용위원회는 사업시행자 · 토지소유자 또는 관계인이 신청한 범위 안에서 재결하여야 한다.

(2) 손실보상청구권의 존부나 범위는 사익과 관련된 사항으로서 원칙적으로 민사소송법상의 당사자처분권주의가 적용되는 영역이다. 그러나 수용에 있어서는 정당한 보상을 하는 것은 헌법상의 요구이기 때문에 토지보상법은 손실보상에 관해서는 당사자처분권주의의 예외로서 토지소유자의 신청이 없더라도 증액재결이 가능한 것으로 규정하고 있다(법 제50조 제2항). 감정의 결과 토지소유자가 신청한 금액보다 적은 보상금이 산출되면

---

185) 일본의 토지수용법은 기업자(사업시행자)는 필요한 경우에 명도재결 신청을 할 수 있고(법 제47조의 3), 토지수용위원회는 명도재결을 할 경우에는 손실의 보상과 토지 및 물건의 인도 또는 물건의 이전의 기한을 기재하도록 규정하고 있다(법 제49조).

186) 대판 1997.12.26. 97누2191.

감액재결이 가능함은 물론이다. 그러나 사업시행자가 제시한 보상금보다 적은 보상액으로 감액재결하는 것은 허용되지 아니한다고 본다.

다. 재결의 한계

토지보상법은 사업인정기관과 재결기관을 분리하여 사업인정은 국가나 지방자치단체 등의 권한으로, 재결은 토지수용위원회의 권한으로 각각 정하고 있고, 특히 법 제50조 제1항은 토지수용위원회의 재결사항을 열거하고 있다. 한편 사업인정권자는 사업시행자가 수행하고자 하는 사업의 공익성을 검토하여 공익성이 인정되는 경우에도 사업인정을 할 것인지 여부에 대한 결정을 함에 있어서 재량권이 있다. 이러한 점을 종합하면 토지수용위원회는 사업인정에 관해서는 다음과 같은 권한상의 한계가 있다고 본다.

(1) 사업인정의 유효성에 관한 재결

토지수용위원회는 사업인정의 유효성을 판단하는 내용의 재결은 할 수 없다. 이러한 재결은 법 제50조 제1항에 열거된 재결사항이 아니다. 사업인정기관의 사업인정 처분에 불복하는 경우에는 일반적인 행정처분에 대한 쟁송절차를 이용하여야 한다.

(2) 사업인정을 무의미하게 하는 재결

재결신청의 다른 요건을 모두 구비한 적법한 재결신청이 있는 경우에, 수용의 필요성이 소멸되었거나 미약하다는 이유로 사업시행자의 재결신청을 기각하는 재결을 하게 되면 사업시행이 불가능해지므로 결과적으로 사업인정 자체를 무의미하게 만든다. 이러한 재결은 토지수용위원회의 기능이나 권한을 고려할 때 할 수 없는 것으로 해석함이 타당하다. 판례도 같은 취지이다.[187] 그러나 재결신청기간이 경과한 후의 재결신청과 같이 요건을 결여한 재결신청에 대해서는 각하하는 재결을 할 수 있다.

(3) 공익사업의 목적물의 범위를 변경하는 내용의 재결

공익사업의 목적물은 사업인정권자가 사업시행자의 사업신청서에 기재한 내용에 대해서 사업인정을 하고 이를 고시함으로써 확정되므로, 공익사업의 목적물의 범위를 결정하는 것은 사업인정 처분의 내용으로 사업인정권자의 권한이다. 따라서 토지나 건물 등의 소유자가 자신의 토지나 건물 등을 수용의 목적물에서 제외해 달라고 하거나 포함시켜 달라고 하는 주장을 하는 경우에, 토지수용위원회는 이러한 주장을 인용하는 내용의 재결을 할 수 없는 것이 원칙이다.[188] 다만 잔여지에 대한 수용청구(법 제74조 제1항), 소수잔존자의 수용청구(법 시행규칙 제61조), 공익사업 시행지구 밖의 공작물 등에 대한 수용청구(동 규칙 제62조) 등의 경우에는 예외적으로 공익사업의 목적물을 변경하는 내용의 재결이 가능하다.

Ⅷ. 재결의 효과

1. 재결의 효과 개관

가. 재결절차는 토지수용위원회의 재결로써 종료되고, 사업시행자가 보상금을 지급하거나 공탁하면 수용의 효과가 발생한다. 통설은 재결의 효과로서, 사업시행자가 보상금의 지급 또는 공탁을 하면 수용 또는 사용의 개시일에 토지 등에 관한 권리를 원시취득하고, 피수용자는 수용 목적물에 대한 인도나 이전의무를 부담하는 한편 손실보상청구권과 환매권을 취득한다고 설명한다.[189] 공용수용의 효과와 재결의 효과 및 수용권 행사의 효과는 각기 상이한 용어지만, 통설에서 알 수 있듯이 공용수용의 효과는

187) 대판 2007.1.11. 2004두8538; 1994.11.11. 93누19375.

188) 대판 1994.1.11. 93누8108.

189) 김동희, 행정법Ⅱ(2017) 404면; 류해웅 · 허강무, 앞의 책 254면; 박균성, 행정법론(하)(2011) 466면; 박준평 · 박창석, 앞의 책 131면; 박윤흔, 행정법강의(하) 810면; 석종현, 앞의 책 414면; 이선영, 앞의 책 254면.

토지수용위원회의 입장에서 보면 재결의 효과이고, 사업시행자의 입장에서 보면 수용권 행사의 효과라 할 수 있어서 실재로는 엄격히 구분하여 사용되지 아니하고 있다.

나. 사업시행자는 수용의 개시일까지 손실보상금을 지급할 의무를 부담하지만, 이 의무를 이행하지 아니하면 재결의 효력이 소멸함으로써 보상금 지급의무, 다시 말해서 손실보상청구권도 소멸한다. 따라서 보상금 지급의무의 이행은 재결의 효력발생의 요건이 된다. 이런 점에서 손실보상청구권이 재결의 효과, 즉 수용권 행사의 효과로 발생한다는 통설의 견해는 논리적으로 성립할 수 없는 주장이다. 손실보상청구권은 재결의 효과로 발생하는 권리가 아니라 수용권과 마찬가지로 사업인정에 의해서 발생한다는 것은 여러 번 설명하였다.

다. 재결은 사업인정에 의해서 추상적으로 발생한 수용권이나 손실보상청구권의 존부와 구체적인 범위를 확정하는 효력을 가진다. 수용재결에 따라 수용목적물에 대한 소유권을 원시취득하는 형성적 효력은 토지수용위원회의 의사표시적 처분행위에 기인한 것이 아니라, 형성권인 수용권의 존부와 범위에 대한 확인의 결과, 법률이 인정하는 힘에 기인한 것이다.

라. 환매권은 재결에서 정한 수용의 시기에 발생한다는 다수설의 입장에서 수용의 효과 가운데 하나로서 설명하고 있음은 앞에서 언급하였다. 그러나 환매권은 수용절차가 완전히 종료한 이후에 공익사업이 폐지 · 변경됨으로써 피수용토지에 대한 수용의 효과를 유지할 필요가 없게 된 경우에 토지보상법이 인정한 특별한 권리라는 점에서 수용의 효과로 발생하는 권리는 아니라고 본다. 이에 대해서는 뒤에서 살펴본다.[190]

---

190) 504면 참조.

마. 협의성립 확인재결이나 비수용손실에 대한 손실보상재결은 수용재결과 상이하므로 이러한 재결에는 수용의 효과가 발생할 여지가 없다.

(1) 협의성립 확인재결은 협의취득계약이 체결된 후에 사업시행자의 신청에 따라 행하여지는 재결로서 승계취득한 토지에 대해서 사후에 원시취득의 효과를 부여하기 위한 것이다. 통상적인 경우에는 계약의 목적물에 대하여 대금이 지급되고 그에 대한 인도나 이전이 종료된 경우가 대부분이다. 그러므로 협의성립 확인재결에 있어서는 보상금의 지급 또는 공탁이라는 문제는 발생하지 아니한다.

(2) 비수용손실에 대한 손실보상재결은 손실보상금의 액수를 확정하는 효과만 발생한다. 이 재결은 수용과는 무관한 것이므로 보상금을 지급하지 아니하더라도 재결의 효력이 상실한다는 규정은 적용되지 아니한다.

바. 수용의 효과 발생시기

(1) 수용의 효과가 발생하기 위해서는 보상금을 지급하여야 하므로 수용의 효과는 사업시행자가 토지소유자 등에게 보상금을 지급함과 동시에 발생하는 것이 공평하다. 다만 피수용토지의 필지가 다수인 경우에 보상금의 지급시기가 상이함에 따라 수용의 효과 발생일이 필지마다 상이하게 되면 수용을 둘러 싼 법률관계가 번잡해질 우려가 있다. 이러한 사태를 피하고 수용에 관한 법률관계를 획일적으로 규율하기 위해서 토지보상법은 수용개시일 제도를 두고 있다.

(2) 사업시행자는 수용의 개시일에 토지나 물건의 소유권을 취득하며, 그 토지나 물건에 관한 다른 권리는 이와 동시에 소멸한다(법 제45조 제1항).

(가) 토지보상법은 수용 또는 사용의 개시일이란 "토지수용위원회가 재결로써 결정한 수용 또는 사용을 시작하는 날"(법 제40조 제1항)이라고 규정하고 있는데, 이는 수용 또는 사용의 효과가 개시일부터 발생한다는 의

미이다. 수용 또는 사용의 개시일은 토지수용위원회의 재결사항 중의 하나로서(법 제59조 제1항 제3호) 재결서의 주문에 기재된다.

(나) 사업시행자가 수용의 개시일까지 보상금을 지급하면 수용의 개시일에 수용의 효과가 발생한다. 수용 개시일 이전에 보상금이 지급되더라도 수용의 효과는 수용의 개시일에 발생하고, 보상금의 지급 없이 수용의 개시일이 경과하면 재결의 효력 자체가 상실하게 된다. 그러므로 수용의 개시일은 수용의 효력발생일인 동시에 손실보상금의 지급 또는 공탁의 종기(終期)가 된다(법 제40조 제2항).

사. 보상금의 지급과 재결과의 관계

(1) 토지보상법의 규정

토지보상법은 사업시행자가 수용의 개시일까지 보상금을 지급하거나 공탁하지 않으면 재결은 그 효력을 상실하는 것으로 규정하고 있다(법 제42조 제1항).

여기서 "재결은 그 효력을 상실한다."는 의미에 대해서, 일설에 의하면 이미 발생한 재결의 효력, 즉 사업시행자의 토지소유권의 취득과 토지소유자의 소유권의 박탈이라는 효과가 소멸한다는 것이 아니라, 재결이 처음부터 존재하지 아니한 것과 같은 효과가 있다는 의미라고 설명한다.[191]

재결의 형성적 효력은 보상금을 지급하여야 발생하므로 보상금을 지급하거나 공탁하지 아니한 경우에는 재결의 형성적 효력은 처음부터 발생하지 아니한다. 따라서 "재결은 그 효력을 상실한다."는 것은 수용권과 손실보상청구권의 존부와 범위를 확인한 재결의 확인행위로서의 효력이 소멸한다는 의미지만, 재결의 형성행위로서의 효력은 처음부터 발생하지 아니한다.

---

191) 박평준 · 박창석, 앞의 책 135면.

(2) 통설은 사업시행자는 보상금의 지급 또는 공탁을 "조건"으로 수용의 개시일에 토지에 관한 권리를 원시취득한다고 하거나,[192] 보상금의 지급이나 공탁은 재결의 효력발생의 정지조건이라고 설명한다.[193] 그렇다면 보상금의 지급이나 공탁은 재결이 그 본래의 효력을 발생하는데 필요한 조건이거나 부담, 다시 말해서 행정행위의 부관의 일종인가?

재결은 기본적으로 수용권의 존부와 손실보상금을 확정하는 토지수용위원회의 판단행위로서 준법률행위적 행정행위인 확인행위로서의 성격을 가지고 있다. 따라서 이에 대해서는 행정행위의 부관인 조건을 붙일 수 없는 것이 원칙이다. 이런 점에서 보상금의 지급 또는 공탁에 대해서 재결이라는 토지수용위원회의 주된 의사표시에 부가된 조건이라거나 정지조건으라고 보는 견해는 타당하다고 할 수 없다.

사견으로는 보상금의 지급이나 공탁은 피수용토지의 소유권을 강제취득하는 효과를 발생하는 법정요건으로 이른바 법정부관의 일종이다. 민법상 법률행위에 의한 부동산물권변동에 있어서 등기가 그 효력발생요건이듯이(민법 제186조), 토지수용에 있어서는 보상금의 지급이나 공탁이 피수용토지에 대한 소유권 변동의 효력발생요건이다. 보상금의 지급 또는 공탁은 수용의 효력발생요건인 점은 수용과 보상을 불가분적으로 결합하고 있는 헌법 제23조 제3항에 근거할 뿐만 아니라, 보상금의 지급 또는 공탁 의무를 규정한 토지보상법 제40조 제1항과 재결의 실효를 규정한 제42조 제1항의 해석으로 도출할 수 있다.

(3) 보상금의 지급이나 공탁을 재결의 효력발생의 요건이라고 한다면 보상금에 관한 재결의 법적 성격은 무엇이냐가 문제이다. 즉 재결 가운데 보상금을 정한 부분인 손실보상재결은 사업시행자에 대해서는 보상금 지

192) 김동희, 행정법Ⅱ(2017) 404면; 류해웅 · 허강무, 앞의 책 254면; 박윤흔, 행정법강의(하) 610면; 박평준 · 박창석, 앞의 책 131면.

193) 박평준 · 박창석, 앞의 책 148면; 이선영, 앞의 책 246면.

급의무, 토지소유자에게는 손실보상청구권이 있음을 각각 확인하는 확인행위인가, 아니면 그와 같은 권리를 부여하고 의무의 이행을 명하는 명령적 행정행위인가?

손실보상재결은 민사소송의 이행판결과 같이 사업시행자에게 보상금의 지급을 명하는 명령적 행정행위의 일종인 하명이 아닌 것은 분명하다.[194] 사업시행자가 보상금을 지급하거나 공탁하지 아니하는 경우에 그 이행이 강제되거나 행정벌이 가해지는 것이 아니라 재결의 효과가 발생하지 아니하는 점에서 보더라도 그러하다. 그렇다면 손실보상재결 역시 권리수용재결과 동일하게 손실보상청구권의 존재와 범위에 관한 확인행위라고 이해하는 것은 당연하다.

2. 보상금의 지급 또는 공탁 의무의 확정

가. 사업시행자는 수용 또는 사용의 개시일까지 관할 토지수용위원회가 재결한 보상금을 지급하여야 한다(법 제40조 제1항).

재결의 기본적인 효과인 사업시행자의 보상금 지급 의무의 확정은 토지소유자 등의 입장에서 보면 손실보상청구권의 구체적인 내용이 확정되는 것이다. 그러나 보상금 지급 의무는 재결에 의해서 발생하는 것이 아니라 사업인정에 의하여 사업시행자에게 수용권을 부여함과 동시에 발생하는 의무이고, 재결은 단지 보상금 지급의무의 내용을 구체적으로 확정하는 토지수용위원회의 확인행위이다.

나. 보상금의 지급의 예외

공용사용의 약식절차인 천재지변 시의 토지사용(법 제38조 제1항)과 시급을 요하는 경우의 토지사용(법 제39조 제1항)의 경우에는 보상금의 지급 또

---

194) 그러나 토지보상법 제86조 제1항은 확정된 이의재결서는 집행력있는 판결정본과 동일한 효력을 가지는 것으로 규정하고 있다.

는 공탁 이전에 토지수용위원회의 사전 허가를 받아 해당 토지를 먼저 사용할 수 있는 예외가 인정된다.

다. 보상금의 공탁

(1) 보상금의 공탁의 의의

토지소유자 등이 재결에서 정한 보상금의 수령을 거부하는 등 일정한 사유가 발생한 경우에 사업시행자는 보상금을 공탁할 수 있다(법 제40조 제2항).

민법상 공탁이란 변제자가 변제의 목적물을 채권자를 위하여 공탁소에 임치하여 채무를 면하는 제도이다(변제공탁). 이러한 민법상 공탁은 채무의 소멸 원인 중의 하나로 제삼자를 위한 임치계약이라는 것이 통설이다.

(2) 보상금의 공탁의 법적 성격

(가) 토지보상법은 보상금의 공탁에 대해서 민법과는 달리 사업시행자의 손실보상금 지급 채무의 소멸이라는 면에서 규정하지 아니하고, 수용효과의 발생이라는 면에서 규정하고 있다. 또한 차액공탁의 법적 성격에 관하여는 학설이 갈라지고 있다. 즉 보상금의 공탁은 원칙적으로 변제공탁이지만, 예외적으로 사업시행자가 관할 토지수용위원회가 재결한 보상금에 대하여 불복하는 경우에는(동법 제40조 제2항 제3호, 제85조 제1항) 보상금을 받을 자에게 자기가 산정한 보상금을 지급하고, 그 금액과 토지수용위원회가 재결한 보상금 또는 보상금 소송의 판결상의 금액과의 차액을 공탁하는 경우에는 불완전변제공탁이라고 하는 설과,[195] 담보공탁이라고 파악하는 설[196]이 있다.

(나) 토지보상법은 보상금의 공탁에 대해서 보상금의 지급과 동일하게

---

195) 이선영, 앞의 책 257면.

196) 박평준 · 박창석, 앞의 책 151면.

수용의 효과 발생을 위한 요건으로 규정하기 때문에 보상금을 공탁하지 아니하면 보상금 지급의무의 소멸이라는 효과가 불발생하는 것이 아니라, 권리변동이라는 수용의 효과, 즉 재결의 효과가 발생하지 아니하게 된다. 그렇지만 사업시행자로서는 수용의 효과를 향수하기 위해서는 보상금을 지급하지 아니할 수 없으므로 보상금의 지급은 사실상 강제되어 있다. 이렇게 볼 때 보상금의 지급이나 공탁의 본질은 어디까지나 수용의 효과를 발생하도록 하는데 있지만, 보상금 지급의무의 소멸이라는 효과도 발생하므로 보상금의 공탁 역시 민법상의 변제공탁의 일종이라 할 수 있다.

담보공탁이란 당사자의 소송행위나 가압류 · 가처분, 강제집행의 정지 · 실시 · 취소 등 법원의 처분으로 인하여 상대방이 받게 될 손해를 담보하기 위한 공탁을 의미한다.[197] 차액공탁은 사업시행자가 산정한 보상금을 지급함으로써 수용의 효과가 발생한 이후에 재결 또는 판결로써 증액된 보상금을 추가로 지급할 것에 대비하기 위한 공탁이다. 따라서 이는 조건부 변제공탁의 성격을 가진 것으로서 그 성격은 보상금의 일부이고, 피공탁자의 손해를 담보하기 위한 것은 아니다.

(3) 공탁 사유

사업시행자는 다음 각 호의 어느 하나에 해당할 때에는 수용 또는 사용의 개시일까지 수용하거나 사용하려는 토지 등의 소재지의 공탁소에 보상금을 공탁할 수 있다(법 제40조 제2항).

(가) 보상금을 받을 자가 그 수령을 거부하거나 보상금을 수령할 수 없을 때

다만 보상금을 받을 자가 보상금의 수령을 거절할 것이 명백하다고 인정되는 경우에는 사업시행자는 보상금을 현실제공하지 아니하고 바로 공

---

197) 대결 2010.8.24. 2010마459.

탁할 수 있다.[198]

(나) 사업시행자의 과실 없이 보상금을 받을 자를 알 수 없을 때

1) "과실 없이" 보상금을 받을 자를 알 수 없다는 것은 사업시행자가 선량한 관리자의 주의를 다하여도 보상금을 받을 자를 알 수 없다는 것을 의미한다.

2) "보상금을 받을 자를 알 수 없을 때"라는 것은 보상금을 수령할 수 있는 자를 특정할 수는 있지만 특정된 여러 명 가운데 누가 보상금을 받을 수 있는 자인지 상대적으로 알 수 없는 상대적 불확지인 경우뿐만 아니라, 보상금을 받을 수 있는 자가 누구인지 전혀 알 수 없어서 특정조차 할 수 없는 절대적 불확지인 경우도 포함한다.[199] 민법상의 변제공탁은 채권자가 상대적 불확지인 경우에만 인정되지만,[200] 토지보상법상의 보상금의 공탁은 보상금을 지급 받을 자가 절대적 불확지인 경우에도 인정된다는 점에서 민법상의 변제공탁과 차이가 있다.

피수용토지가 압류되어 있다 하더라도 수용에 따른 보상금 청구권이 압류되어 있지 아니한 이상 보상금을 받을 자는 토지소유자이기 때문에, 이러한 경우에는 사업시행자가 "과실 없이 보상금을 받을 자를 알 수 없을 때"에 해당하지 아니한다.[201] 피수용토지에 처분금지 가처분등기나 근저당권 설정등기가 되어 있는 경우도 동일하다. 그러나 소유권이전등기 말소등기청구권을 피보전권리로 하는 처분금지 가처분등기가 되어있는 경우 등 수용대상 토지에 대한 소유권의 귀속에 관하여 다툼이 있는 경우에는 사업시행자가 과실 없이 보상금을 받을 자를 알 수 없는 경우에 해당하므로 공탁할 수 있다.[202]

---

198) 대판 1998.10.20. 98다30537.
199) 대판 1997.10.16. 96다11747.
200) 대판 2004.11.11. 2004다37737.
201) 대판 1998.8.24. 92누9548.

3) 사업시행자가 보상금 수령권자의 절대적 불확지를 이유로 보상금을 공탁한 경우, 자기가 보상금의 진정한 출급권자라고 주장하는 자는 국가나 사업시행자 중 누구를 피고로 하여 공탁금 출급청구권의 확인의 소를 제기하여야 하는지에 대해서는 견해가 대립되고 있으나 대법원의 다수 의견은 사업시행자를 피고로 하여야 한다는 입장이다.[203)]

(다) 관할 토지수용위원회가 재결한 보상금에 대하여 사업시행자가 불복할 때

1) 이 경우에 사업시행자는 보상금을 받을 자에게 자기가 산정한 보상금은 지급하고 그 금액과 토지수용위원회가 재결한 보상금과의 차액을 공탁하여야 한다(법 제40조 제4항 전단).

이를 공탁사유의 하나로 인정하는 이유는 재결에 후속하는 쟁송절차인 이의재결이나 행정소송 절차에서 보상금이 감액될 경우 사업시행자의 보상금의 회수를 용이하도록 하자는데 있다.[204)] 여기서 말하는 "자기기 산정한 보상금"이란 사업시행자가 재결신청서에 기재한 보상액[205)]을 말한다.

2) 차액공탁의 경우에 보상금을 받을 자는 그 불복의 절차가 종결될 때까지 공탁된 보상금을 수령할 수 없다(법 제40조 제4항 후단).

그러나 차액공탁의 경우에 보상금을 받을 자에게 보상금의 수령을 제한하는 것은 토지소유자 등의 정당한 손실보상청구권의 보호보다는 사업시행자의 보상금 회수청구권을 보장하는 규정이라는 점에서 타당성이 의심스럽다. 재결은 그 대부분이 사업시행자와 토지소유자 등의 사이에서 보상금에 관하여 협의가 불성립함을 전제로 하여 토지수용위원회가 수용권의 존부와 범위 및 정당한 보상금에 관하여 유권적인 판단을 하는 준사법

202) 대판 1996.3.22. 95누5509.
203) 위 대판 1997.10.10. 96다11747 사건 참조.
204) 박평준 · 박창석, 앞의 책 149면; 小澤道一, 앞의 책 217면.
205) 토지보상법 시행령 제12조 제1항 제7호.

적 행위인데, 사업시행자가 재결에 불복한다는 이유로 공탁된 차액보상금의 수령을 제한한다는 것은 지나친 것이 아닌가 한다.[206] 정당한 손실보상청구권을 보장하기 위해서는 보상액뿐만 아니라 보상금 지급 시기까지도 적정하여야 한다. 사업시행자는 자기가 산정한 보상금을 지급함으로써 피수용토지를 원시취득하는 반면에 토지소유자는 토지소유권을 상실함에도 불구하고 불복의 절차가 종료될 때까지 공탁된 차액보상금을 수령할 수 없다고 규정한 토지보상법 제40조 제4항 후단의 규정은 헌법 제23조 제3항에 규정된 "정당한 보상"의 취지에 반한다고 본다.

(라) 압류나 가압류에 의하여 보상금의 지급이 금지되었을 때

압류나 가압류에 의하여 보상금의 지급이 금지되었다는 것은 피수용토지가 채권자에 의하여 압류나 가압류가 되었다는 뜻이 아니라, 보상금 청구권 자체가 압류나 가압류됨으로써 그 지급이 금지되었다는 것을 의미한다.[207] 단지 피수용토지에 압류 또는 가압류 등기가 있는 경우에는 "사업시행자가 과실 없이 보상금을 지급 받을 자를 알 수 없을 때"는 물론이고 "보상금의 지급이 금지되었을 때"에 해당하지 아니한다.

(4) 공탁의 효과

(가) 적법한 보상금의 공탁은 보상금의 지급과 동일하게 재결의 효력발생요건인 동시에 보상금 지급의무의 소멸이라는 효과도 발생한다.

(나) 보상금의 공탁이 적법하지 아니한 경우에는 이미 발생한 재결의 효력이 상실되는 것이 아니라(법 제42조 제1항), 처음부터 발생하지 아니한다. 그러므로 부적법한 공탁을 한 사업시행자는 피수용토지에 대한 소유권을

---

206) 구 토지수용법(제61조 제3항)이나 일본 토지수용법(제95조 제3항)상으로는 차액공탁의 경우에 보상금을 지급받을 수 있는 자의 보상금 수령권을 제한하지 아니하고 있다.

207) 대판 2000.5.26. 98다22062.

처음부터 원시취득할 수 없다는 점은 보상금을 지급하지 아니한 경우와 동일하다.

판례에 나타난 부적법한 공탁의 예로는 공탁의 요건에 해당하지 아니한 경우, 일부의 공탁, 조건부공탁 등을 들 수 있다. 이 중에서 공탁의 요건에 해당하지 아니하는 경우는 공탁사유를 설명할 때 언급하였으므로 여기에서는 일부의 공탁과 조건부공탁에 대해서만 살펴보기로 한다.

1) 일부공탁

변제공탁이 유효하려면 채무 전부에 대한 변제의 제공 및 채무 전액에 대한 공탁이 있어야 하고, 채무 전액이 아닌 일부에 대한 공탁은 그 부족액이 아주 근소하다는 등의 특별한 사정이 있는 경우를 제외하고는 채권자가 이를 수락하지 않는 한 그 공탁 부분에 관하여서도 채무소멸의 효과가 발생하지 아니하므로,[208] 재결의 효력도 발생하지 아니한다. 이러한 경우에 채권자가 공탁금을 채권의 일부에 충당한다는 유보의 의사표시를 하고 이를 수령한 때에는 그 공탁금은 채권의 일부의 변제에 충당되지만,[209] 이는 보상금의 일부 지급과 동일한 결과가 되므로 역시 재결의 효력이 발생하지 아니한다.

2) 조건부공탁

사업시행자가 보상금을 공탁하면서 보상금을 수령할 수 있는 자에게 반대급부의 제공을 요구하는 조건부공탁은 보상금 수령권자가 그러한 반대급부를 수락하지 아니하는 한 무효가 되는 점은 일부공탁의 경우와 동일하다.[210]

(다) 재결에서 정한 수용시기 이후에 일부공탁이나 조건부공탁이 보충 또는 철회되어 적법한 공탁으로 변경되었다면 공탁의 효력이 발생하게 되

208) 대판 1998.10.13. 98다17046.
209) 대판 1996.7.26. 96다14616.
210) 대판 1989.8.8. 89누879.

는가?

공탁금의 일부를 보충하거나 조건을 철회하더라도 그 효력은 당초의 공탁시까지 소급하는 것은 아니기 때문에, 재결에서 정한 수용시기 이후에 일부공탁이나 조건부공탁이 보충 또는 철회되었다면 공탁의 효력은 발생할 수 없다. 따라서 재결의 효력도 발생하지 아니한다.[211)]

마. 보상금 또는 공탁금 수령권자의 변동

사업인정고시가 된 후 권리의 변동이 있을 때에는 그 권리를 승계한 자가 보상금 또는 공탁금을 받는다(법 제40조 제3항).

사업인정이 고시되면 법 제2조 제5호에 규정된 관계인을 고정하는 효과가 발생한다. 그러나 사업인정은 수용 또는 사용할 토지나 물건 등에 대한 처분을 금지하는 효과는 없기 때문에 토지소유자나 관계인은 수용 또는 사용할 토지나 물건에 대한 권리를 임의로 처분할 수 있다. 이러한 경우에 보상금이나 공탁금은 수용 또는 사용할 토지나 물건에 관한 권리를 승계한 자가 받아야 하는 것은 당연하다. 재결 이후 보상금의 지급 또는 공탁금의 수령 전에 권리가 승계된 경우도 동일하다.

바. 공탁금의 수령 제한

(1) 사업시행자는 토지수용위원회가 재결한 보상금에 불복하는 경우 보상금을 받을 자에게 자기가 산정한 보상금을 지급하고 그 금액과 토지수용위원회가 재결한 보상금과의 차액을 공탁하여야 한다. 이 경우 보상금을 받을 자는 그 불복의 절차가 종결될 때까지 공탁된 보상금을 수령할 수 없다(법 제40조 제4항).

(2) 사업시행자나 토지소유자 등은 수용재결이나 이의재결에 불복하여 행정소송을 제기할 수 있고, 이 경우에 사업시행자는 증액된 보상금을 공

---

211) 대판 1986.8.19. 85누280.

탁하여야 하며, 보상금을 받을 자는 소송이 종결할 때까지 공탁된 보상금을 수령할 수 없다(법 제85조 제1항).

이 조항은 제40조 제4항과 동일한 취지로서 행정소송이 제기된 경우에도 증액된 공탁금을 수령할 수 없음을 주의적으로 규정한 것이다.

사. 이의를 유보하지 아니한 보상금 또는 공탁금 수령의 효과

(1) 판례는 보상금을 수령할 수 있는 자가 이의를 유보하지 아니하고 보상금이나 공탁금을 수령하는 것은 토지수용위원회의 재결에 승복한 것으로 보기 때문에 추후에 재결에 대해서 이의신청을 하거나 행정소송을 제기하는 것은 부적법하다고 한다.[212] 즉 이의신청이나 행정소송의 제기는 이의를 유보한다는 의사표시에 해당하지 아니한다.[213]

(2) 이의를 유보한다는 것은 재결에서 정한 보상금액이나 재결 자체의 효력에 대해서 승복하지 아니한다는 명시적 또는 묵시적인 의사표시를 말한다. 이러한 의사표시는 사업시행자에 대해서 하여야 하지만 공탁 후에는 공탁공무원에 대해서도 할 수 있다.[214]

아. 재결의 실효

(1) 사업시행자가 수용 또는 사용의 개시일까지 관할 토지수용위원회가 재결한 보상금을 지급하거나 공탁하지 아니하였을 때에는 해당 토지수용위원회의 재결은 효력을 상실한다(법 제42조 제1항).

(가) 사업시행자가 재결에서 정한 보상금을 지급하거나 공탁하지 아니한다는 것은 일종의 의무불이행이라고 할 수 있는데, 이러한 경우에 보상금 지급의무의 이행을 강제하지 아니하고 재결 자체를 실효케 하는 것

---

212) 대판 1992.10.13. 91누13342; 2001.11.13. 2000두1003; 1999.3.23. 97누6834.
213) 대판 1990.1.25. 89누4109.
214) 대판 1993.9.14. 93누4618.

은 보상이 없으면 수용이 없다는 헌법상의 수용과 보상간의 결합관계가 토지보상법에 반영된 결과이다.

(나) 사업시행자가 수용시기까지 재결에 정한 보상금을 지급하거나 공탁하지 아니하면 수용의 효과, 즉 사업시행자가 피수용토지의 소유권을 원시취득하는 효과는 처음부터 발생하지 아니하는 것으로 확정된다. 이러한 재결의 효력의 상실은 확정적이기 때문에 사업시행자가 수용의 개시일 이후에 보상금을 지급하거나 공탁하더라도 수용의 효력이 되살아날 수는 없다.[215)]

(2) 재결의 효력이 발생하지 아니하는 것으로 확정되면 재결의 전제가 된 재결신청도 그 존재의 의미를 상실하게 되므로 그 효력을 상실한다고 본다.[216)] 만일 재결의 효력이 발생하지 아니하였음에도 불구하고 재결신청의 효력만은 그대로 존속한다면 토지수용위원회는 사업시행자가 재결에서 정한 수용시기까지 보상금을 지급하거나 공탁하지 아니하더라도 임의로 다시 동일한 재결을 할 수 있다는 불합리한 결론에 이르게 된다.

따라서 보상금을 지급하거나 공탁하지 아니함으로써 사업시행자가 수용하지 못하게 된 토지를 다시 수용하기 위해서는 다시 재결신청을 하여야 한다.[217)] 이 경우에 사업인정 고시일로부터 이미 1년이 경과하였다면 해당 토지에 대한 사업인정의 효력까지 상실하므로(법 제23조 제1항), 만일 사업시행자가 해당 토지를 다시 수용하고자 한다면 해당 토지에 대해서는 새로운 사업인정을 받아야 한다.[218)]

215) 대판 1990.6.12. 89다카24346.
216) 대판 1987.3.10. 84누158.
217) 박평준·박창석, 앞의 책 135면.
218) 대판 1987.3.10. 84누158.

3. 권리의 변동

가. 권리의 취득과 소멸

(1) 사업시행자는 수용의 개시일에 토지나 물건의 소유권을 취득하며, 그 토지나 물건에 관한 다른 권리는 이와 동시에 소멸한다(법 제45조 제1항). 사업시행자가 수용의 개시일 이전에 보상금을 지급하거나 공탁한 경우에도 소유권 취득의 효과가 발생하는 시기는 수용의 개시일이다.

(2) 피수용토지상에 있는 건축물 · 입목 · 공작물과 그 밖에 토지에 정착한 물건으로 수용의 대상이 아닌 물건에 대해서는 해당 물건의 소유자가 이를 철거 또는 이전하거나 수거하여야 한다. 이 경우에 사업시행자는 이전에 필요한 비용이나 가격을 보상하여야 한다(법 제75조 제1항).

(3) 수용에 의한 소유권의 취득은 종전의 소유자의 소유권을 승계하는 승계취득이 아니라 원시취득이다.

(가) 사법상의 매매계약에서는 매수인의 매매대금 지급은 매도인의 매매목적물에 대한 소유권이전에 대한 대가이기 때문에 매수인은 매도인이 매매목적물에 대하여 종전에 보유하고 있던 권리를 그대로 승계하고, 원칙적으로 소유권의 이전이 있을 때까지 대금 지급을 거절할 수 있는 항변권을 보유한다.

그러나 수용에 있어서는 보상금의 지급은 수용목적물의 소유권 취득에 대한 대가가 아닐 뿐만 아니라, 피수용자는 보상금을 지급 받을 때까지 수용목적물에 대한 소유권의 이전을 거절할 수 있는 항변권도 인정되지 아니한다. 수용은 피수용자의 종전의 소유권과 무관하게 법률의 규정에 따라 수용목적물을 강제적으로, 그리고 아무런 하자 없이 완전하게 취득하는 제도로서, 그에 대한 보상은 피수용자의 특별한 희생에 대하여 전체적인 평등 부담의 견지해서 행하여지는 조절적인 급부이다.[219]

---

219) 대판 1979.9.25. 79다1369.

(나) 수용에 의한 소유권의 취득은 법률행위가 아니라 법률의 규정에 의한 물권변동이기 때문에, 수용목적물이 부동산인 경우에도 등기를 하지 아니하더라도 재결에서 정한 수용 시기까지 보상금을 지급하거나 공탁하면 수용목적물에 대한 소유권을 취득한다. 따라서 수용에 의한 부동산 물권변동에 있어서는 등기가 아니라 보상금의 지급이나 공탁이 그 효력발생의 요건이다.

수용과는 달리 토지보상법 제17조에서 규정하고 있는 협의취득계약에 의한 소유권의 취득은 승계취득이다. 그러나 협의성립에 대해서 토지수용위원회로부터 확인을 받으면 수용재결을 받은 것으로 간주되기 때문에(법 제29조 제4항), 토지수용위원회의 확인을 받은 시점부터 원시취득의 효과가 발생한다.

(4) 수용으로 인하여 소멸하는 권리는 토지수용위원회의 재결로 인정된 권리(법 제45조 제3항)를 제외하고는, 토지소유자 및 관계인의 권리뿐만 아니라 그 이외의 모든 자의 권리를 포함한다. 그러나 광업권, 어업권, 댐사용권 등은 사업시행자가 취득하는 피수용토지에 관한 권리에 속하지 아니한 독립한 권리이므로 이들 권리를 소멸시키기 위해서는 별도의 수용절차가 필요하다.

(5) 사업시행자는 사용의 개시일에 토지나 물건의 사용권을 취득하며, 그 토지나 물건에 관한 다른 권리는 사용기간 중에는 행사하지 못한다(법 제45조 제2항). 그러나 토지수용위원회의 재결로 인정된 권리는 행사가 정지되지 아니한다(법 제45조 제3항).

(가) 사업시행자가 취득하는 사용권은 수용의 경우와 동일하게 원시취득으로, 토지에 관한 사용권의 취득에 대해서도 등기를 요하지 아니하며, 사용권의 성격은 공익사업에 제공하기 위하여 토지보상법에 의하여 인정된 공법상의 권리이다.[220] 사용권의 내용은 재결에서 정한 사용방법과 기간에 따라 결정된다(법 제50조 제1항 제1호, 제3호 참조).

(나) 사업시행자는 토지나 물건의 사용기간이 끝났을 때나 사업의 폐지·변경 또는 그 밖의 사유로 사용할 필요가 없게 되었을 때에는 지체없이 그 토지나 물건을 그 토지나 물건의 소유자 또는 그 승계인에게 반환하여야 한다(법 제48조 제1항). 재결에서 정한 사용기간 이후에도 계속해서 토지나 물건을 사용할 필요가 있는 경우에는 사업시행자는 미리 사업인정 절차부터 다시 밟아서 사용권을 취득하여야 한다.[221]

(다) 사업시행자는 토지소유자가 원상회복을 청구하면 미리 그 손실을 보상한 경우를 제외하고는 그 토지를 원상으로 회복하여 반환하여야 한다(동조 제2항). 즉 사업시행자의 원상회복의 의무는 토지소유자가 원하는 경우에만 발생한다.

4. 인도 또는 이전의무

가. 인도 또는 이전의무의 의의

(1) 토지보상법의 규정

토지소유자 및 관계인과 그 밖에 토지소유자나 관계인에 포함되지 아니하는 자로서 수용하거나 사용할 토지나 그 토지에 있는 물건에 관한 권리를 가진 자는 수용 또는 사용의 개시일까지 그 토지나 물건을 사업시행자에게 인도하거나 이전하여야 한다(법 제43조).

인도란 공익사업의 목적물에 대한 점유를 사업시행자에게 이전하는 것을 말하고, 이전이란 공익사업에 필요하지 아니한 물건을 원래의 효용을 유지하면서 피수용토지 밖으로 반출하는 것을 말한다.

인도 또는 이전 의무가 있는 자는 토지소유자나 관계인에 한하지 아니하고, 널리 해당 토지나 물건을 사실상 지배하고 있는 자를 모두 포함한

220) 小澤道一, 앞의 책 227면; 中川善之助·兼子一, 앞의 책 263면.
221) 小澤道一, 앞의 책 236면.

다. 따라서 사업인정의 고시 이후에 기존의 권리를 승계한 자가 아닌 자나 본권 없이 해당 토지나 물건을 점유하고 있는 자 등도 포함된다.

(2) 사견에 의하면 토지나 물건의 인도 또는 이전은 재결에 따른 토지소유자 등의 의무일 뿐만 아니라 토지수용위원회의 재결사항 중의 하나로 인정하여, 이에 대한 재결은 특히 인도재결이라고 부른다는 점에 대해서는 앞에서 언급하였다.

나. 인도 또는 이전의무의 법적 성격

(1) 토지보상법 제43조에 규정된 토지나 물건의 인도 또는 이전의무는 수용의 효과로 발생하는 공법상의 의무로서 사법상의 법률관계에서 발생하는 토지나 물건의 인도 혹은 이전의무와 상이하다. 법 제43조에 규정된 인도 또는 이전의무에 대해서는 대행이 가능하고(법 제44조 제1항) 의무를 이행하지 아니할 경우에는 행정대집행의 방법으로 집행할 수 있으며(법 제89조 제1항, 제2항), 의무불이행자에 대해서는 200만원 이하의 벌금에 처하고(법 제97조 제4호), 법인인 경우에는 양벌규정이 적용된다(법 제98조).

(2) 사업시행자가 수용 또는 사용의 개시일까지 토지소유자 등에게 지급하는 보상금의 내용에는 이전에 필요한 비용이 포함되어야 하고, 보상금이 지급되지 아니하면 재결의 효력은 상실한다(법 제43조). 그렇다면 인도 또는 이전의무와 보상금의 지급의무는 어떤 관계에 있는지 문제이다.

일설에 의하면 양 의무는 동시이행의 관계에 있다고 하나[222] 반대설은 양 의무 사이에는 아무런 관계가 없다고 한다.[223]

보상금의 지급을 수용의 효력발생요건으로 이해하는 사견으로는, 사업시행자가 수용 또는 사용의 개시일까지 이전에 필요한 비용이 포함된 보

222) 류해웅 · 허강무, 앞의 책 262면.

223) 박평준 · 박창석, 앞의 책 160면; 이선영, 앞의 책 263~264면; 高田賢造, 앞의 책 405면; 中川善之助 · 兼子一, 앞의 책 266면.

상금을 지급하지 아니하면 사업시행자에게는 해당 토지나 물건 등에 대한 소유권이나 사용권의 원시취득의 효과가 발생하지 아니할 뿐만 아니라 토지소유자 등에게는 공익사업의 목적물에 대한 인도 또는 이전의무도 발생하지 아니한다. 이러한 의미에서 사업시행자의 보상금을 지급 또는 공탁 의무는 토지소유자 등의 인도 또는 이전의무보다 먼저 이행하는 것이 사실상 강제되어 있다.

(3) 보상금을 지급한 사업시행자는 토지보상법 제45조 제1항에 따라 피수용토지에 대한 소유권을 취득하므로 소유권에 기하여 피수용자에 대해서 해당 토지에 대한 인도청구권을 행사할 수도 있다. 그 결과 사업시행자는 소유권에 기한 물권적청구권을 행사하거나 법 제43조에 기한 인도청구를 할 수 있는 선택권이 있다.[224] 그러나 판례는 행정대집행의 절차가 인정되는 경우에는 따로 민사소송의 방법으로 철거나 수거 등을 구할 수는 없다고 한다.[225]

다. 인도 또는 이전의무가 없는 경우[226]

(1) 잔여지가 수용되는 경우(법 제74조 제1항)에는 수용되는 잔여지에 대해서는 인도 또는 이전의무가 부과되지만, 잔여지 위에서 존속이 인정되는 권리(동 조 제2항)에 대해서는 당해 권리를 행사하는데 필요한 범위 내에서는 인도 또는 이전의무가 없다.

(2) 사용에 갈음하여 수용되는 토지(법 제72조)에 관해서는 위에서 본 잔여지가 수용되는 경우와 동일하다. 토지사용의 경우에는 재결에 의하여 설정된 사용권의 행사와 충돌하는 범위에서만 이 의무가 부과되는데 그친다.

224) 같은 취지 高田賢造 앞의 책 405면.

225) 대판 2000.5.12. 99다18909.

226) 小澤道一, 앞의 책 229면~230면.

(3) 판례에 의하면, 지장물인 건물에 대하여 취득비로 보상한 경우에는 그 취득가격에 그 건물의 철거비를 포함시키거나 공제하여서는 아니되고, 특별한 사정이 없는 한 사업시행자가 그 철거비를 부담하여 철거할 뿐이므로 이러한 경우 이전 의무자는 사업시행자에 대하여 해당 건물을 철거할 의무가 없고 단지 이전할 기한까지 이를 비워주기만 하면 된다고 한다.[227)]

라. 인도 또는 이전의무의 대행

(1) 특별자치도지사, 시장 · 군수 또는 구청장은 토지나 물건을 인도하거나 이전하여야 할 자가 고의나 과실 없이 그 의무를 이행할 수 없을 때, 또는 사업시행자가 과실 없이 토지나 물건을 인도하거나 이전하여야 할 의무가 있는 자를 알 수 없을 때에는 사업시행자의 청구에 의하여 토지나 물건의 인도 또는 이전을 대행하여야 하고(법 제43조 제1항), 이 경우에 그로 인한 비용은 그 의무자가 부담한다(동조 제2항).

(2) 토지보상법은 수용의 목적을 달성하기 위해서 먼저 피수용자에게 목적물에 대한 인도 또는 이전의무를 부과한다(법 제43조). 다만 목적물의 인도 또는 이전의무의 이행이 불가능한 경우에는 민법상의 위험부담의 법리를 고려하여 사업시행자가 수용목적물의 멸실 또는 훼손으로 인한 손실을 부담하도록 규정하고 있다(법 제46조).

공익사업의 목적물의 인도 또는 이전의무의 이행이 가능함에도 불구하고 이행되지 아니한 경우는 다시 사업시행자나 의무자에게 책임지울 수 없는 사유로 이행되지 아니한 경우와, 의무자가 이행할 수 있음에도 불구하고 이행하지 아니하고 있는 경우로 나누어 후자에 대해서는 행정대집행에 의하도록 하되(법 제89조), 전자에 대해서는 굳이 엄격한 요건을 필요로 하는 행정대집행의 수단으로 우회하지 아니하고 바로 사업시행자의 청구

227) 대판 2002.11.13. 2002도4582; 1998.1.20. 96두12597.

에 의하여 자치단체의 장이 인도 또는 이전의무를 대행하도록 규정하고 있다.[228]

(3) 대행의 요건

자치단체의 장이 인도나 이전의무를 대행하기 위해서는 토지나 물건을 인도하거나 이전하여야 할 자가 고의나 과실 없이 그 의무를 이행할 수 없거나(법 제44조 제1항 제1호), 사업시행자가 과실 없이 토지나 물건을 인도하거나 이전하여야 할 의무가 있는 자를 알 수 없을 때(동항 제2호)에 해당하여야 한다.

의무자가 고의나 과실 없이 그 의무를 이행할 수 없는 때란 소재불명, 해외거주, 의무자가 미성년자나 제한능력자로서 법정대리인이 없는 경우 등을 말한다. 사업시행자가 과실 없이 의무자를 알 수 없을 때란 사업시행자가 통상의 주의를 기울여도 의무자를 알 수 없는 경우로서[229] 그 사유가 법률상이든 사실상이든 묻지 아니한다.[230]

마. 인도 또는 이전의무의 대집행

(1) 토지보상법의 규정

토지보상법 제89조 제1항 전단에 의하면 "이 법 또는 이 법에 따른 처분으로 인한 의무를 이행하여야 할 자가 그 정하여진 기간 이내에 의무를 이행하지 아니하거나 완료하기 어려운 경우 또는 그로 하여금 그 의무를 이행하게 하는 것이 현저히 공익을 해친다고 인정되는 사유가 있는 경우에는 사업시행자는 시·도지사나 시장·군수 또는 구청장에게 행정대집행법에서 정하는 바에 따라 대집행을 신청할 수 있다."고 규정하고 있다.

---

228) 高田賢造, 앞의 책 407면에 의하면, 동 규정은 자치단체의 장에게 일종의 법정관재인적인 입장의 권한을 부여함으로써 의무의 실현을 도모하는 것이라고 한다.

229) 小澤道一, 앞의 책 231면.

230) 高田賢造, 앞의 책 407면.

따라서 공익사업의 목적물에 대한 인도의무나 지장물에 대한 이전의무가 대집행의 대상으로 될 수 있는 의무로 인정되는 경우에는 사업시행자의 신청에 의해서 행정대집행법에 의한 대집행이 가능하다.

(2) 대집행이 가능한 의무

(가) 토지보상법 제89조 제1항 전단은 공익사업의 목적물에 대한 인도의무나 지장물에 대한 이전의무뿐만 아니라, 널리 토지보상법이나 동법에 따른 처분으로 발생한 의무 전반에 대해서도 대집행이 가능한 것으로 규정하고 있다. 인도 또는 이전의무 외에 토지보상법이 규정하고 있는 토지소유자 등의 의무 가운데 행정대집행이 가능한 경우는 사업인정의 고시 이후에 토지보전 의무에 위반한 건축물에 대한 원상회복의무가 있다. 즉 사업인정의 고시가 있은 후에 고시된 토지에 건축물의 건축·대수선, 공작물의 설치 또는 물건의 부가·증치를 하려는 자는 특별자치도지사, 시장·군수 또는 구청장의 허가를 받아야 하는데(법 제25조 제2항), 이에 위반하여 건축물의 건축·대수선, 공작물의 설치 또는 물건의 부가·증치를 한 토지소유자 또는 관계인은 해당 건축물·공작물 또는 물건을 원상으로 회복하여야 한다(동조 제3항).

따라서 토지소유자 또는 관계인이 원상회복의무를 이행하지 아니한 경우에는 사업시행자의 신청에 따라 특별자치도지사, 시장·군수 또는 구청장은 행정대집행의 방법으로 원상회복의무를 강제적으로 실현할 수 있는 것으로 해석된다.

(나) 인도 또는 이전의무의 대집행 허용 여부

토지보상법 제43조나 제44조는 공익사업의 목적물의 인도 또는 이전의무에 대해서 행정대집행이 가능하다는 전제하에서 규정하고 있지만, 행정대집행의 방법으로 실현할 수 있는 의무는 "타인이 대신하여 행할 수 있는 행위" 즉 공법상의 대체적 작위의무에 한정된다(행정대집행법 제2조).

1) 이전의무

가) 물건의 이전이란 공익사업에 불필요한 물건의 원래의 효용을 유지하면서 이를 피수용토지의 외부로 반출하는 것을 의미한다. 따라서 건물인 경우에는 건물의 원래의 모습을 유지한 채 다른 장소로 옮기거나 이를 해체하였다가 다른 장소로 옮긴 후에 다시 원래의 모습으로 복원하는 것이 원칙이다. 그러나 건물은 이를 이전할 수 있도록 해체한 다음 피수용토지 밖으로 반출하는 것으로 충분하다고 하는 반대설이 있다.[231] 생육하는 농작물이나 수목 혹은 동물(가축이나 사육하는 야생동물)은 이전 후에도 생육에 적당한 상태를 유지하도록 하여야 한다.

나) 물건의 이전의무는 대체적 작위의무에 해당하므로 행정대집행이 가능하다. 물건의 이전의 한 형태인 철거(건물의 경우)나 수거(동산의 경우), 이식(수목의 경우)의 의무 등은 행정대집행이 가능한 대체적 작위의무에 해당한다.

2) 인도의무

인도란 물건에 대한 점유 즉 사실상의 지배를 사업시행자에게 이전하는 것으로 인도의무의 이행은 기본적으로 의무자가 직접 이행하여야 하는 의무이다. 그래서 이러한 인도의무 불이행이 있는 경우에 행정대집행이 가능한지 여부에 대해서는 논의가 있다.

가) 부 정 설

판례에 의하면 인도나 명도의무는 그것을 강제적으로 실현함에 있어서 직접적인 실력행사가 필요한 것이지 대체적 작위의무라고 볼 수 없으므로 특별한 사정이 없는 한 행정대집행법에 의한 대집행의 대상이 될 수 있는 것은 아니라고 하여 부정설을 취하고 있다.[232] 특히 판례는, 지장물인 건

231) 中川善之助 · 兼子一, 앞의 책 268면.

232) 대판 2005.8.19. 2004다2809; 1998.10.23. 97누157.

물에 대하여 취득비로 보상한 경우에는 그 취득가격에 그 건물의 철거비를 포함시키거나 공제하여서는 아니 되고, 특별한 사정이 없는 한 사업시행자가 그 철거비를 부담하여 철거할 뿐이므로 이러한 경우 이전의무자는 사업시행자에 대하여 해당 건물을 철거할 의무가 없고 단지 이전할 기한까지 이를 비워주기만 하면 된다[233]고 한다. 그러므로 퇴거의무자가 퇴거하지 아니한 채 건물을 점유하고 있는 경우에 부정설에 의하면 행정대집행의 방법으로 퇴거의무의 이행을 강제할 수 없게 된다.

나) 제한적 긍정설

학설은 제한적인 경우에는 행정대집행이 가능하다고 보는 제한적 긍정설이 유력하다. 즉 물건에 대한 사실상의 지배가 점유자의 신체를 가지고 직접 이루어지고 있는 경우(예를 들면 건물의 점거)에는 대집행을 통하여 강제적으로 실현할 수는 없지만, 가재도구 등 동산을 수용목적물인 토지나 건물에 존치하는 방법으로 점유하고 있는 경우에는 존치된 물건을 반출하는 방법으로 점유를 풀고 인도의 대상인 토지나 물건에 대한 현실의 지배를 사업시행자에게 취득하도록 하는 것은 가능하기 때문에 그와 같은 방법으로 인도의 목적을 달성할 수 있는 특별한 사정이 있는 경우에는 그러한 집행을 대집행으로서 행한 것으로 하여, 인도에 관한 대집행은 그 한도에서만 가능한 것으로 해석한다.[234] 따라서 제한적 긍정설은 존치된 물건의 이전을 통해서 부동산에 대한 점유를 푸는 방법으로 부동산을 인도할 수 있는 경우에는 행정대집행이 가능하다고 보는 입장이다.

그러나 이는 엄밀하게 말해서 인도의 대집행은 아니고, 존치 물건에 대한 반출의 대집행에 따라 나타난 결과를 인도의 대집행으로 의제하는 것이라고 할 수 있다.[235]

---

233) 대판 2002.11.13. 2002도4582; 1998.1.20. 96두12597.

234) 中川善之助 · 兼子一, 앞의 책 268~269면.

235) 이와 관련하여 "존치물건의 반출은 건물의 명도 또는 퇴거의무의 이행에 수반하는

다) 긍 정 설

긍정설은 토지보상법 제89조에서 공익사업의 목적물인 토지나 물건의 인도 또는 이전에 대한 대집행을 명문으로 인정하고 있으므로 대집행이 가능한 것으로 보아야 하는데, 이 경우의 대집행은 실질적으로는 직접강제라고 보는 설이다.[236)]

라) 결 론

건물 내부에 동산을 존치하는 방법으로 건물을 점유하는 경우에, 동산을 수거하거나 반출하는 것이 건물에 대한 점유를 푸는 것으로 인정되는 범위 내에서 건물의 인도의무의 대집행이 허용된다는 제한적 긍정설이 현실적으로 타당하다고 본다.

(3) **대집행의 요건**

(가) 대집행은 의무자가 정하여진 기간 내에 의무를 이행하지 아니하거나 완료하기 어려운 경우, 또는 의무자로 하여금 그 의무를 이행하게 하는 것이 현저히 공익을 해친다고 인정되는 사유가 있는 경우 등에 할 수 있다.

1) "정하여진 기간"이란 재결에서 정한 수용 또는 사용의 개시일을 말한다. 의무자가 정하여진 기간 내에 인도나 이전의무를 이행하였으나 불완전하게 이행한 경우에도 대집행이 가능하다.

2) "기간 내에 완료하기 어려운 경우"란 그 의무의 내용과 이미 이루어진 이행의 정도 및 이행의 의사 등에 비추어 해당 의무자가 그 기한 내에 의무 이행을 완료하기 어려운 것이 명백하다고 인정되는 경우를 의미한다.[237)]

필연적인 행위이고 그것 자체가 독립하여 의무 내용을 이루는 것이 아니므로 건물의 명도 또는 퇴거에 대한 대집행이 허용되지 아니하는 이상 그것만이 독립하여 대집행의 대상이 될 수 없다."(서울행법 2010.1.7. 2009구합32598)는 견해가 있다.

236) 박균성, 행정법론(하)(2011) 471면.

3) "의무자로 하여금 그 의무를 이행하게 하는 것이 현저히 공익을 해친다고 인정되는 사유가 있는 경우"란 의무자가 스스로 의무를 이행함에도 불구하고 이행하는 시기나 방법이 현저하게 공익을 해친다고 인정되는 경우에는 사업시행자가 스스로 대집행을 할 수 있다는 의미이다.

(나) 행정대집행법에 의한 대집행의 요건으로는 "다른 수단으로써 그 이행을 확보하기 곤란하고 또한 그 불이행을 방치함이 심히 공익을 해할 것으로 인정될"것을 요하지만(법 제2조), 토지보상법에 의한 대집행의 경우에는 이러한 요건은 필요하지 아니하고 위에서 든 3가지 경우 중 어느 하나에 해당하면 대집행이 가능하다.

(다) 사업시행자는 행정대집행이 가능한 경우에 행정대집행에 의하지 아니하고 민사소송절차를 통하여 인도 또는 이전의무자에 대해서 건물의 철거나 물건의 이전을 구할 수 있을까?

피수용자가 토지 또는 물건에 대한 인도 또는 이전의무를 부담하는 것은 사업시행자가 공익사업의 목적물에 대하여 소유권 등을 원시취득함에 따른 민법상의 의무가 아니라, 토지보상법이 특별히 인정하고 있는 공법상의 의무이다. 그렇다고 하더라도 피수용자가 토지소유자인 사업시행자에 대해서 부담하는 민법상의 인도 또는 이전의무는 소멸된다고 볼 수는 없다. 따라서 사업시행자는 토지보상법이 인정하는 행정대집행법의 방법과 민법상 소유권자 또는 사용권자로서 민사집행법상의 강제집행의 방법을 선택적으로 행사할 수 있다고 해석하는 것이 이론상 가능하다. 다만 행정대집행권을 행사함으로써 간편하게 권리의 내용을 실현할 수 있음에도 불구하고 굳이 민사소송절차와 민사집행법상의 강제집행을 통하여 철거 또는 이전을 구하는 것은 소송경제에 반하는 것으로 유효적절한 권리행사 방법이 아니다. 이러한 소송법적인 이유에서 판례는 민사소송절차를 통하

237) 대판 2002.11.13. 2002도4582 참조.

여 건물의 철거나 이전을 구하는 것은 부적법한 권리행사 방법이라고 보고 이를 허용하지 아니하고 있다.[238]

(4) 이전대집행의 대상

이전대집행의 대상이 되는 물건은 동산에 한하지 아니하고 건물도 포함한다. 건물에 대한 이전대집행의 경우에는 해체된 건물의 잔존물뿐만 아니라 건물 내부에 존치된 동산의 이전도 대집행의 대상이 된다. 또한 이전대집행의 대상이 되는 지장물은 재결서에 기재된 물건에 한하지 아니하고 이전할 의무가 있는 물건 전부가 대집행의 대상이 된다. 점유이전금지 또는 처분금지가처분의 대상인 물건에 대해서도 대집행이 가능하다.[239]

(5) 대집행의 절차

(가) 대집행은 사업시행자의 신청에 의하여 시 · 도지사나 시장 · 군수 또는 구청장이 실시한다. 시 · 도지사나 시장 · 군수 또는 구청장은 정당한 사유가 없으면 대집행을 하여야 한다(법 제89조 제1항). 이 경우에 시 · 도지사나 시장 · 군수 또는 구청장은 스스로 대집행을 실시할 수도 있고, 제삼자로 하여금 이를 행하게 할 수도 있다(행정대집행법 제2조). "제삼자"에는 사업시행자도 포함되는 것으로 해석된다.[240] 즉 공익사업에 관한 개별법에는 국토해양부장관 또는 지방자치단체의 장은 공익사업을 시행하는 공법인에 대해서 행정대집행의 권한을 위탁할 수 있는 것으로 규정하는 경우가 다수 있다.[241]

(나) 대집행은 문서에 의한 계고(행정대집행법 제3조 제1항), 대집행영장에

238) 대판 2011.9.8. 2010다48240; 2017.4.13. 2013다207941.

239) 小澤道一, 앞의 책 233면.

240) 小澤道一, 앞의 책 233면.

241) 한국토지주택공사법 제19조 제3항 제8호; 한국수자원공사법 제24조 제4항; 한국도로공사법 제13조의 2 제1호.

의한 대집행의 통지와 대집행의 실시(같은 조 제2항), 대집행 비용의 징수(법 제6조)의 순서에 따라 진행된다.

계고는 상당한 기간 내에 대집행의무의 이행을 하지 아니하면 대집행한다는 의사를 표시하는 독립된 행정처분으로 준법률행위적 행정행위이다.

계고의 상대방은 재결서에서 정하여진 인도 또는 이전 의무자이다. 계고 이전에 소유자가 변경된 경우에도 대집행이 가능하다. 인도 또는 이전 의무의 대집행은 피수용토지 내에 있는 일체의 물건을 대상으로 행하여지는 것이므로 계고서나 대집행영장에 기재되지 아니한 물건에 대해서도 원칙적으로 대집행이 가능하다고 본다.

바. 비용의 징수

(1) 특별자치도지사, 시장 · 군수 또는 구청장은 인도 또는 이전의무자가 그 비용을 납부하지 아니할 때에는 지방세 체납처분의 예에 따라 징수하는데(법 제90조), 실제로 대집행 비용을 징수하기 위해서는 실제의 비용액과 납기일을 정하여 의무자에게 문서로써 납부를 명하여야 한다(행정대집행법 제5조).

대집행 비용은 원칙적으로 대집행이 종료한 이후에 징수하여야 하고 재결에서 정한 이전보상비에서 미리 공제하여서는 아니된다.

(2) 앞에서 살펴본 바와 같이 건물의 이전은 이전비로 보상하는 것이 원칙이므로(법 제75조 제1항 본문) 물건의 이전의 개념에 비추어 볼 때, 건물 이전비에는 해체비, 반출비(운반비), 재건축비 등이 포함되어야 한다. 그런데 건물 등은 대체로 이전이 어렵거나, 이전으로 인하여 종래의 목적대로 사용할 수 없게 되거나(동조 제1항 제1호) 혹은 이전비가 그 물건의 가격을 넘게 되는 경우(동조 제1항 제2호)가 보통이다. 이런 이유에서 건물은 취득비로 보상하는 것이 보상 실무상 일반적이다. 그렇다면 건물 철거의 경우에는 특별한 사정이 없는 한 사업시행자가 철거비를 부담한다고

할 수 있다.[242)]

5. 재결 이후의 손실부담

가. 의 의

(1) 토지보상법의 규정

토지수용위원회의 재결이 있은 후 수용하거나 사용할 토지나 물건이 토지소유자 또는 관계인의 고의나 과실 없이 멸실되거나 훼손된 경우 그로 인한 손실은 사업시행자가 부담한다(법 제46조).

(2) 위 규정의 의미에 대해서 통설은 토지보상법상의 위험부담에 관한 규정이라고 설명하고 있다. 이에 따라 토지보상법상의 위험부담을 정의한다면, 재결 이후에 공익사업의 목적물이 토지소유나자 관계인의 책임 없는 사유로 멸실 또는 훼손된 경우에 발생하는 손실에 대해서 사업시행자가 부담하는 것을 말한다. 수용재결이 있더라도 보상금을 지급하기 전까지는 재결의 효과가 발생하지 아니하므로 피수용토지나 물건에 대한 권리는 여전히 종전의 토지소유자 또는 관계인이 보유하고 있다. 이 경우에 피수용토지나 물건이 그 소유자 등의 귀책사유 없이 멸실되거나 훼손되어 사업시행자가 그에 대한 권리를 취득하지 못하는 경우, 사업시행자는 보상금을 지급하여야 하는지에 대해서는 의문이 있지만, 토지보상법은 사업시행자가 이러한 경우에도 보상금을 지급하여야 하는 것으로 규정하고 있는 것이다.

(3) 민법상 위험부담이란 쌍무계약에서 자신의 채무가 이행불능으로 소멸되는 경우에 그와 대가관계에 있는 상대방에 대한 채권이 소멸하게 되는 법률적 불이익을 의미한다.[243)] 민법은 쌍무계약에서 한쪽의 채무가

242) 대판 2002.11.13. 2002도4582; 1998.1.20. 96두12597.
243) 곽윤직, 채권각론(2003) 67면.

그 이행이 종료하기 전에 이행불능으로 말미암아 소멸하게 되면 다른 쪽의 채무 역시 소멸하는 것으로 규정하고 있는데(법 제537조) 이를 채무자 위험부담주의라고 한다.

수용보상법률주의를 채택하고 있는 헌법상으로는 보상이 없으면 수용이 없다는 원칙이 확립되어 있기 때문에 수용의 효력은 보상 여부에 일방적으로 의존하고 있다. 더욱이 사업시행자의 수용권과 피수용자의 손실보상청구권은 쌍무계약에 의해서 발생하는 권리가 아니고 대가관계에 있는 것도 아니며, 사업시행자의 손실보상의무에 대응하는 피수용자의 수용의무란 개념상 존재하지 아니한다. 따라서 민법상의 쌍무계약에서 양 채무간의 존속상의 견련관계를 인정하는 위험부담의 이론은 수용목적물의 멸실이나 훼손의 경우에 전용(轉用)하기가 어렵다. 이런 점에서 보면 토지보상법 제40조에 대해서 위험부담에 관한 규정이라고 하는 것은 적절하지 아니하고, 동법이 규정한 바에 따라 재결 이후의 손실부담이라고 하는 편이 적절하다고 본다.

나. 사업시행자 손실부담의 근거

(1) 재결 이후 보상금의 지급 전까지 토지나 물건의 멸실 또는 훼손으로 인한 손실을 사업시행자에게 부담시키는 근거에 관해서는 대체로 공평의 원리에서 피수용자를 보호하고자 하는 것이라고 설명한다. 즉 재결 이후의 수용목적물에 관한 법률관계에 대해서는, "소유권은 피수용자에게 속하고 사업시행자는 일종의 공법상의 물권적 권리를 가진 것으로 되어서 수용의 시기까지 보상금을 지불하는 것을 조건으로 하여 수용의 시기에 소유권을 취득할 수 있는 일종의 조건부권리를 가진 것이라고 할 수 있다. 이와 같은 권리관계 하에서는 특별한 명문의 규정이 없으면 목적물의 멸실·훼손은 피수용자측의 부담으로 돌아갈 수밖에 없다. 그래서 이와 같은 경우 민사에 관해서는 민법 제534조·제535조[244]의 위험부담의 법리

의 적용이 있지만, 이 경우는 공법관계이기 때문에 당연히 이것을 적용할 수는 없다. 그러나 조리상은 민법 제534조의 규정으로부터 유추한다면 이런 종류의 위험부담을 의연히 피수용자인 소유자로 한다는 것은 공평의 원리에 비추어 소유자에게 너무 가혹"하기 때문이라고 설명한다.[245]

(2) 수용권은 조건부권리가 아니라 쟁송절차에서만 행사하여야 하는 형성권이고 보상금의 지급은 수용권의 형성적 효력이 발생하기 위한 법정요건이다. 위 설이 주장하는 사업시행자와 피수용자간의 법률관계는 이미 사업인정에 의해서 발생한 것이고 재결은 수용권과 손실보상청구권의 존부나 범위를 구체적으로 확정하는 것이다. 재결 이후 손실보상금 지급 전까지 사업시행자에게 수용목적물의 멸실 또는 훼손으로 인한 위험을 부담하게 하는 것이 사업인정 이후 재결시까지 수용목적물의 소유자에게 같은 부담을 지우는 것에 비해서 특별히 사업시행자에게 불공평하다거나 가혹하다고 보기도 어렵다. 재결신청은 수용목적물의 소유자의 의사에 관계없이 그 소유권을 강제적으로 취득하고자 하는 사업시행자의 의사표시이고 이에 대한 재결은 구속력과 확정력을 가진 토지수용위원회의 준사법적 판단행위로서 수용권과 보상금의 범위를 확정하는 효과를 발생한다. 재결 이후에도 수용목적물이 멸실 또는 훼손된 경우에 그 손실을 수용목적물의 소유자에게 부담하게 하는 것은 사업시행자가 재결신청으로 표시한 수용권 행사의 의사표시와 모순되는 것이고, 토지수용위원회의 재결이 가지는 구속력과 확정력을 무시하는 것으로 된다. 재결 이후에는 보상이 없으면 수용도 없지만 수용이 없어도 보상은 하여야 하는 이유는, 보상금의 지급은 사업시행자의 선택에 달려 있기 때문에 재결 이후에는 사업시행자가 수용목적물의 멸실이나 훼손으로 인한 손실을 부담하는 것이 공평하다는

244) 우리 민법 제537조, 제538조에 해당.

245) 高田賢造, 앞의 책 415~416면; 같은 취지, 박평준 · 박창석, 앞의 책 165면; 이선영, 앞의 책 266면.

데서 그 근거를 찾을 수 있다.

다. 구체적인 적용

(1) 사업시행자 손실부담의 규정은 재결 이후 수용의 시기 즉 보상금 지급 전까지 제3자의 행위 또는 지진이나 홍수 등 천재지변이나 화재 등으로 인하여 피수용토지나 건물이 멸실 또는 훼손되는 경우 등을 염두에 둔 규정이다. 사업인정의 고시 이후 재결시까지는 수용목적물의 소유자 등이 손실을 부담하고 재결 이후에는 사업시행자가 이를 부담하여야 한다.

(2) 재결 이후 수용의 시기까지 소유자의 과실로 손실이 발생한 경우에는 그 손실을 사업시행자가 부담할 이유가 없다. 이 경우에는 보상금의 감면이나 재결의 변경이라는 문제가 발생하게 된다. 통상적으로는 사업시행자가 재결에 대하여 불복함으로써 새로운 보상금을 확정하게 될 것이다.

(3) 사업시행자가 손실을 부담한다는 것은 멸실 또는 훼손을 이유로 하는 보상금의 감면청구권을 인정하지 아니한다는 의미이다. 재결 이후 목적물의 멸실 또는 훼손이 아니라 가격하락의 경우는 손실부담의 문제가 아니라 보상금 산정의 기준시점의 문제이므로 법 제46조가 적용될 여지가 없다.

(4) 재결 이후에는 목적물의 멸실이나 훼손으로 인한 손실은 사업시행자가 부담하는 결과, 수용 또는 사용의 시기까지 보상금의 지급이나 공탁이 없더라도 재결의 효력은 상실하지 아니한다. 즉 법 제46조가 적용되는 경우에는 재결의 실효에 관한 법 제42조가 적용될 여지가 없다.

(5) 토지나 물건을 사용하는 경우에도 손실부담의 규정이 적용되므로, 사업시행자는 재결에서 정한 대로 사용료 상당의 보상금을 지급하여야 한다. 그러나 원상회복 의무에 관한 동법 제48조 제2항은 적용되지 아니하므로, 사업시행자가 책임질 수 없는 사정으로 멸실 또는 훼손된 경우에는 그 상태대로 반환하면 된다.[246)]

6. 담보물권과 보상금

가. 의 의

공익사업의 목적물이 수용되면 그에 관한 다른 권리는 소멸하게 되므로(법 제45조 제1항), 담보물권 역시 수용으로 인하여 소멸하게 된다.

그러나 우선변제적 효력이 인정되는 담보물권[247]은 그 성격상 물상대위성이 있어서 담보물권자는 목적물의 멸실, 훼손 또는 공용징수로 인하여 담보물권의 설정자가 받을 금전 기타 물건에 대해서도 같은 권리를 행사할 수 있다(민법 제342조, 제355조, 제370조). 토지보상법은 위 민법의 규정에 따라 담보물권의 목적물이 수용 또는 사용이 된 경우에도 물상대위성을 인정하여 담보물권자는 목적물의 수용 또는 사용으로 인하여 채무자가 받을 보상금에 대하여 행사할 수 있는 것으로 규정하고 있다(법 제47조 본문).

나. 개별보상의 원칙과의 관계

(1) 문제의 소재

토지보상법은 담보물권에 대해서 보상금에 대한 물상대위성을 인정하면서도 보상금이 지급되기 전에 압류할 것을 요하는 것으로 규정하고 있다(법 제47조 단서). 한편 토지보상법은 개별보상의 원칙을 채택하여 손실보상은 토지소유자나 관계인에게 개인별로 하여야 하고(법 제64조 본문), 다만 예외적으로 개인별로 보상액을 산정할 수 없을 때는 수용 또는 사용의 목적물 전체에 대해서 일괄하여 보상액을 재결할 수 있는 것으로 규정하고 있다(동조 단서).

---

246) 高田賢造, 앞의 책 417면.

247) 담보물권의 물상대위성은 교환가치의 취득을 목적으로 하는 담보물권에 대해서 우선변제적 효력을 인정하는데 따르는 속성이다. 그러나 유치권은 목적물을 유치함으로써 채무자로 하여금 채무의 변제를 간접적으로 강제할 뿐이고, 교환가치의 취득을 목적으로 하는 권리는 아니다. 이러한 유치권에는 우선변제적 효력이 없으므로 물상대위성도 인정되지 아니한다는 것이 통설이다.

공익사업의 목적물에 대한 질권자나 저당권자는 토지보상법상 관계인에 해당하므로 개별보상의 원칙을 적용하게 되면 특별히 물상대위를 인정하거나 압류를 하지 아니하더라도 피담보채권에 대해서 보상을 받을 수 있게 된다. 여기에서 개별보상에 관한 법 제64조의 규정과 물상대위에 관한 같은 법 제47조와의 관계를 어떻게 이해할 것인가의 문제가 제기된다.

(2) 이에 관하여 물상대위에 관한 법 제47조의 규정은 담보물권에 관한 개별보상의 원칙에 대한 예외규정이라고 하는 설이 있다.248) 이 설에 의하면 통상의 경우에는 압류를 하지 아니하더라도 개별보상의 원칙에 따라 담보권자에게 보상금을 지급하여야 하지만, 담보목적물의 소유자와 담보권자 등 개인별로 보상액을 산정할 수 없을 때나(법 제64조 단서) 사업인정의 고시 이후에 담보권이 설정됨으로써 담보권자가 토지보상법상 관계인에 해당하지 아니하는 경우에는 개별보상의 원칙에 대한 예외로서 압류를 하여야 물상대위의 규정에 따라 보상금에서 우선변제를 받을 수 있는 것으로 해석한다.

이와는 달리, 수용 또는 사용의 목적물에 질권이나 저당권이 부착된 경우에는 이러한 권리에 대한 보상은 원칙적으로 재결에서 그 목적물에 대한 보상에 포함하여 일괄하여 결정되는데(법 제64조 단서), 이에 따라 이러한 담보물권은 소멸되거나 제한을 받는 것으로 되므로, 이에 대한 대상(代償) 조치로 이러한 담보물권에 대해서는 그 목적물의 수용 또는 사용에 따라 채무자가 받게 될 보상금에 대해서도 행사하는 것이 가능하도록 물상대위의 규정을 둔 것이라고 설명하는 설도 있다.249)

(3) 담보목적물이 수용됨으로써 담보물권이 소멸되더라도 피담보채권은 소멸되는 것이 아니다. 담보물권이라는 권리 자체에 대한 보상액은 산정하기 어려운 것이어서 담보목적물의 보상금에 포함되어 일괄하여 그 소

248) 高田賢造, 앞의 책 418면.

249) 小澤道一, 앞의 책 222면.

유자에게 지급될 수밖에 없다. 하나의 피수용토지에 여러 개의 담보물권이 중첩적으로 설정되어 있더라도 보상금의 최대액은 토지에 대한 평가액으로 제한되고, 개별보상의 원칙을 적용한다고 해서 사업시행자나 토지수용위원회가 담보권자간의 우열관계나 피담보채권액까지 밝혀서 보상액을 각 담보권자별로 안분하여 지급하거나 재결할 수는 없다. 근본적으로 현행 토지보상법의 해석상 담보물권 자체에 대해서는 보상하지 아니하므로 토지보상법상 물상대위의 규정이 개별보상의 원칙에 대한 예외규정이라는 설은 타당하지 아니하다. 담보물권에 대해서는 담보목적물의 교환가치를 확보하기 위한 수단으로 피담보채권에 대한 우선변제권을 보장한다는 것이 현행 토지보상법의 입장이라고 본다면, 담보목적물에 대한 보상금이 지급되기 전에 압류하도록 하는 것은 피담보채권에 대하여 우선변제권을 확보하는 법률적 수단이라고 할 수 있다. 그렇다면 토지보상법의 물상대위에 관한 규정은 담보물권에 관한 민법 규정이 토지보상법에도 그대로 적용된다는 사실을 확인하는 의미에 불과한 것이고, 개별보상의 원칙에 대한 예외규정이라고 할 것은 아니다. 이런 의미에서 제2설이 타당하다고 본다.

(4) 적용 요건

(가) 담보권자가 보상금에서 우선변제를 받기 위해서는 담보목적물의 소유자가 보상금을 지급 받기 전에 미리 보상금을 압류하여야 한다. 담보물권에 대한 보상은 소멸하는 담보물권 자체에 대한 것이 아니라 피담보채권에 대하여 우선변제권을 확보해 주는 방법으로 이루어지기 때문에 보상금이 담보목적물의 소유자에게 지급되기 전에 압류할 것이 요구된다. 담보권자가 보상금에 대해서 압류하지 아니함으로써 사업시행자가 담보목적물의 소유자에게 보상금을 지급하였다면, 담보권자는 사업시행자에게 담보권 소멸에 대한 보상을 청구할 수 없다.

보상금의 공탁은 그 지급과 동일하게 수용의 효력발생요건이지만 공탁이 되더라도 보상금은 아직 목적물 소유자의 일반재산에 혼입된 것이 아니므로 목적물의 교환가치를 대표하는 특정성이 유지 · 보전되고 있다고 할 수 있다. 공탁된 보상금은 출급되기 전까지는 지급되었다고 할 수 없기 때문에 이에 대해서는 압류를 할 수 있다.[250)]

(나) 압류는 재결 이후에 할 수 있는 것이 원칙이지만, 사업인정이 있게 되면 먼저 협의취득절차가 개시되므로, 담보권자는 재결 이전에 협의취득을 위한 협의가 성립한 경우에는 담보목적물의 소유자가 받게 될 보상금에 대해서 미리 압류나 가압류를 할 수 있는 것으로 해석된다.[251)]

(다) 사업인정의 고시 이전에 협의가 성립한 경우에도 담보권자는 담보목적물의 소유자가 받게 될 보상금에 대해서 물상대위를 할 수 있을까

1) 판례에 의하면 이러한 경우의 협의는 사법상의 매매계약과 같은 성질을 가진 것에 불과하여 공용징수에 해당하지 아니하므로 목적물이 사업시행자에 이전된다 할지라도 담보권자는 담보물권으로 담보목적물에 추급할 수 있으므로 목적물의 소유자가 사업시행자로부터 지급받을 보상금(실질은 매매대금)에 대하여 물상대위권을 행사할 수 없다고 한다.[252)]

2) 토지보상법은 사업인정 이전의 협의절차를 사업인정 이후의 협의절차에 준용하고 있고 사업인정 이전에 협의절차를 거친 경우에는 토지조서나 물건조서에 변동이 없으면 사업인정 이후에 또다시 협의절차를 거칠 필요가 없는 것으로 규정하고 있다. 사업인정 이전에 협의절차를 거친 사업시행자는 협의취득 목적물에 설정된 담보권을 소멸시키기 위해서 협의

---

250) 대결 1992.7.10. 92마380,381.

251) 판례는 "기업자는 수용목적물에 제한물권이 설정되어 있으면, 협의성립 후에 토지수용법상의 재결의 효과를 발생시키므로써 제한물권을 소멸시키기 위하여 협의성립의 확인을 신청할 것임이 명백하다."는 이유에서 협의성립 이후에도 보상금에 대한 압류나 가압류가 가능하다고 한다(대판 1979.7.24. 79다655).

252) 대판 1981.5.26. 80다2109.

성립의 확인재결을 신청할 것이 명백하다는 것은 판례도 인정하고 있다. 그렇다면 이러한 경우에 사업인정을 기다려서 물상대위권을 인정할 것이 아니라 사업인정 이전에 협의가 성립하였다면 곧바로 물상대위권을 인정하는 것이 더 적절하다고 본다. 협의취득계약의 법률적 성격은 사업인정 전후를 통해서 동일하게 공법상계약이라는 입장에서는 물상대위권 역시 사업인정 이전의 협의취득계약에 의한 보상금에 대해서도 인정하는 것이 옳다.

7. 반환 및 원상회복의무

가. 반환의무

(1) 공익사업에 필요한 토지나 물건을 사용할 경우, 그 사용기간은 토지수용위원회의 재결사항 중의 하나이다(법 제50조 제1항 제3호). 사업시행자는 토지나 물건의 사용기간이 끝났을 경우에는 물론이고, 사업의 폐지·변경 또는 그 밖의 사유로 사용할 필요가 없게 되었을 때에도 지체 없이 그 소유자 또는 승계인에게 반환하여야 한다(법 제48조 제1항).

(2) 재결에서 정한 사용기간이 종료한 후에도 토지나 물건을 계속해서 사용할 필요가 있는 경우에는 사용기간이 종료하기 전에 미리 사업인정부터 다시 받은 다음 해당 토지나 물건에 대한 사용재결의 절차를 거쳐서 사용하여야 한다.[253)]

재결에서 정한 사용기간이 종료하기 전에 사업이 폐지되거나 변경된 경우에는 재결의 전제가 된 종전의 사업인정 자체가 효력을 상실함에 따라 사업시행자가 해당 토지나 물건을 사용할 법률적 근거가 소멸하였다고 할 것이므로 소유자나 승계인에게 이를 반환하여야 한다.

(3) 본조에 기한 토지소유자나 승계인의 반환청구권은 민법상 소유권에

253) 小澤道一, 앞의 책 236면.

기한 반환청구권과는 별개의 권리라고 본다.[254]

나. 원상회복의무

(1) 사업시행자가 토지를 반환할 경우에 토지소유자가 원상회복을 청구하면 원상으로 회복하여 반환하여야 한다(법 제48조 제2항).

사업시행자의 원상회복의무를 토지소유자의 의사에 따르도록 한 이유는, 사업시행자의 토지사용으로 인하여 토지의 가치가 증대하거나 토지소유자가 원하는 방향으로 형질이 변경됨으로써 토지소유자가 원상회복을 바라지 아니하게 될 경우가 있기 때문인 것으로 설명하고 있다.[255]

(2) 사업시행자가 미리 손실을 보상한 경우에는 원상회복의무가 없고 사용 이후의 상태대로 반환하면 된다(법 제48조 제2항).

동 조항에서 말하는 "손실"이란 어떤 것인지 분명치 아니하지만 사업시행자의 원상회복의무와 관련하여 볼 때 원상회복의 곤란으로 인하여 토지소유자가 입게 된 경제적 손실을 의미하는 것으로 해석된다.

그런데 현행 토지보상법은 토지 사용으로 인하여 형질이 변경되는 등의 사정으로 원상회복이 곤란하게 될 경우에는 토지소유자는 그 토지에 대하여 수용청구를 할 수 있는 것으로 규정하고 있지만(법 제72조 제2호), 그 외에 사업시행자가 미리 손실을 보상하여야 한다는 점에 대해서는 규정하는 바가 없다. 입법적인 보완이 필요하다.[256]

---

254) 高田賢造, 앞의 책 420면.

255) 小澤道一, 앞의 책 236면; 高田賢造, 앞의 책 420면.

256) 일본 토지수용법은 제80조의 2 제1항에서 "토지를 사용하는 경우에 있어서 사용의 방법이 토지의 형질을 변경하거나 당해 토지를 원상으로 회복하는 것을 곤란하게 하는 경우에는 그에 의하여 생기는 손실까지 보상하지 아니하면 아니된다."는 규정을 둠으로써 원상회복의무의 면제에 관한 동법 제105조 제2항 단서(우리 토지보상법 제48조 제2항에 해당)의 근거 규정을 마련하고 있다.

IX. 공용수용의 약식절차

1. 의 의

가. 개 념

토지보상법은 앞에서 살펴본 공익사업의 목적물 취득의 통상적인 절차 외에도 ① 천재지변이나 그 밖의 사변으로 인하여 공공의 안전을 유지하기 위한 공익사업을 긴급히 시행할 필요가 있을 때(법 제38조 제1항), ② 토지수용위원회의 재결을 기다려서는 재해를 방지하기 곤란하거나 그 밖에 공공의 이익에 현저한 지장을 줄 우려가 있다고 인정되는 때(법 제39조 제1항)에는 특별자치도지사 시장 · 군수 또는 구청장(동법 제38조 제1항)이나 토지수용위원회(동법 제39조 제1항)의 허가를 받아 타인의 토지를 일시 사용할 수 있는 것으로 규정하고 있다. 이러한 경우에는 협의, 토지조서 및 물건조서의 작성, 재결이라는 공익사업용지 취득의 통상적인 절차를 거치지 아니하고 타인의 토지를 사용할 수 있는데 이를 일반적으로 공용수용의 약식절차라고 부르고 있다.

나. 제도의 취지

사업시행자가 사업인정에 의해서 공익사업수행권을 취득하더라도 해당 토지를 점유하여 사용할 수 있는 권리는 여전히 토지소유자가 보유한다. 따라서 사업시행자로서는 사업용지를 수용하기 전까지는 해당 토지에서 곧바로 공익사업을 수행할 수는 없고, 공익사업의 준비 등을 위한 토지출입권만 행사할 수 있다. 공용수용의 약식절차는 특별한 사정이 있는 경우에 사업시행자로 하여금 토지출입권을 넘어서서 바로 공익사업을 수행할 수 있도록 강제적으로 토지사용권을 취득하게 하는 제도로서 사업인정 이전에 공익사업을 준비하기 위한 토지출입권의 취득절차(법 제9조)와 유사하다.

2. 사 용 권

가. 공용수용의 약식절차는 공익사업의 목적물을 수용하는 절차가 아니라 특별한 사정이 있는 경우에 타인의 토지를 일시적으로 사용하는 절차이므로 공용사용의 약식절차라고 부르는 것이 정확하다.[257] 이 절차에 의해서 사업시행자가 사용권을 취득하면 토지소유자의 소유권은 제한되므로 이 절차에 의한 사용권의 취득은 공용사용에 해당한다.

나. 수용권은 사업인정을 받은 사업시행자가 법률의 규정에 의해서 당연히 취득하는 권리지만, 사용권은 사업인정을 받은 사업시행자의 신청과 이에 대한 특별자치도지사 등 지방자치단체의 장이나 토지수용위원회의 허가에 의해서 취득하는 권리라는 점에서 차이가 있다.

다. 사용권의 내용은 타인의 토지를 일시적으로 사용하는 것으로, 토지소유자에 대하여 해당 토지의 사용을 청구할 수 있는 채권적 권리가 아니라 해당 토지를 직접 점유 · 사용할 수 있는 권리라는 점에서 민법상의 지상권이나 전세권과 유사한 물권적 권리이다.

라. 사용권을 부여하는 허가는 강학상 일반적인 금지를 해제하여 사업시행자에게 자연의 자유를 회복해 주는 의미에서의 허가가 아니라, 사용권이라는 특별한 권리를 설정하는 행위로서 협의의 특허에 해당한다. 따라서 사용권의 허가는 신청을 전제로 하는 재량행위이다.

---

257) 류해웅 · 허강무, 앞의 책 197면; 박평준 · 박창석, 앞의 책 140면.

3. 사용권의 구체적인 내용

가. 천재지변 시의 토지사용(법 제38조 제1항 내지 제5항)

(1) 의 의

천재지변이나 그 밖의 사변으로 인하여 공공의 안전을 유지하기 위한 공익사업을 긴급히 시행할 필요가 있을 때, 통상적인 공용수용의 절차를 거치지 아니하고 타인의 토지를 사용하는 것을 말한다.

(2) 요건 및 절차

(가) 사업시행자는 공익사업에 대해서 사업인정을 받고 있을 것

토지보상법은 이 점에 대해서 분명하게 규정하지 아니하고 있다. 그러나 사업시행자가 사용허가 신청을 하기 위해서는 시급한 토지사용과 동일하게 먼저 사업인정은 받고 있을 것을 요한다고 본다. 이 점은 사업인정 이전에 사업 준비를 위하여 사업시행자에게 인정되는 토지출입권(법 제9조)과 상이하다.

(나) 천재지변이나 그 밖의 사변으로 인하여 공공의 안전을 유지하기 위한 공익사업을 긴급히 시행할 필요가 있을 것

(다) 허가와 통지

사업시행자는 공익사업의 종류 및 명칭, 사용하고자 하는 토지의 구역과 사용의 방법 및 기간 등을 정하여(법 시행령 제18조 제1항) 특별자치도지사, 시장 · 군수 또는 구청장 등에게 해당 토지에 대한 사용의 허가 신청을 하고, 이들로부터 허가를 받아 즉시 타인의 토지를 사용할 수 있다(법 제38조 제1항).

사업시행자가 국가일 때에는 그 사업을 시행할 관계 중앙행정기관의 장이 특별자치도지사, 시장 · 군수 또는 구청장에게, 사업시행자가 특별시 · 광역시 또는 도일 때에는 특별시장 · 광역시장 또는 도지사가 시장 · 군수

또는 구청장에게 각각 통지하고 사용할 수 있으며, 사업시행자가 특별자치도, 시 · 군 또는 구일 때에는 특별자치도지사, 시장 · 군수 또는 구청장이 허가나 통지 없이 사용할 수 있다(법 제38조 제1항).

(라) 토지소유자 및 점유자에 대한 통지

특별자치도지사, 시장 · 군수 또는 구청장은 허가를 하거나 통지를 받은 경우 또는 특별자치도지사, 시장 · 군수 · 구청장이 타인의 토지를 사용하려는 경우에는 공익사업의 종류 및 명칭, 사용하고자 하는 토지의 구역과 사용의 방법 및 기간 등을 즉시 토지소유자 및 토지점유자에게 통지하여야 한다.

(마) 천재지변 시 등의 토지의 사용기간은 6개월을 넘지 못한다(제3항). 이는 사용권의 제척기간이다.

(3) 손실보상

공용사용의 약식절차에 따른 사용으로 인한 손실의 보상은 사업시행자와 손실을 입은 자가 협의하여 결정하되(법 제38조 제5항, 제9조 제6항), 협의가 성립되지 아니하면 사업시행자나 손실을 입은 자는 관할 토지수용위원회에 재결을 신청할 수 있다(제9조 제7항). 손실의 보상은 손실이 있음을 안 날부터 1년이 지났거나 손실이 발생한 날부터 3년이 지난 후에는 청구할 수 없다(제9조 제9항).

이 손실보상은 수용에 수반하는 수용손실보상에 대응하여 사용손실보상[258]의 일종이라 할 수 있다. 수용손실보상청구권이 사업인정 시에 발생[259]하는 것과는 달리 사용손실보상청구권은 특별자치도지사, 시장 · 군수 또는 구청장 등의 허가 시에 발생한다. 토지수용위원회의 사용손실보

258) 280면 참조.
259) 274면 참조.

상재결은 이미 발생한 손실보상청구권의 액수만을 구체적으로 확정하는 것이고, 확정된 사용손실보상재결에 대해서는 집행력이 인정되어야 하는 점에서 수용손실보상청구권과 동일하다. 그러나 이 재결에 대해서는 재결의 실효에 관한 토지보상법 제42조 제1항이 적용될 여지가 없다.

나. 시급한 토지사용(법 제39조 제1항)

(1) 의 의

토지수용위원회의 재결을 기다려서는 재해를 방지하기 곤란하거나 그 밖에 공공의 이익에 현저한 지장이 있는 경우에 재결이 있기 전에 미리 해당 토지를 공익사업에 사용하는 것을 말한다.

토지소유자나 관계인이 다수이거나 권리관계가 복잡한 경우에는 재결절차가 지연되기가 쉽다. 이러한 사태에 대응하여 공익사업을 긴급히 수행할 필요가 있는 경우에 사업시행자는 재결신청 이후에 토지수용위원회의 허가를 받아 미리 해당 토지를 사용할 수 있도록 한 것이다.

(2) 요건 및 절차

(가) 사업시행자가 재결신청을 하고 있어야 한다. 즉 시급한 토지사용은 사업인정을 전제로 하여 인정된다.

(나) 토지수용위원회의 재결을 기다려서는 재해를 방지하기 곤란하거나 그 밖에 공공의 이익에 현저한 지장을 줄 우려가 있다고 인정되어야 한다.

(다) 사업시행자는 담보를 제공하여야 한다. 다만, 국가나 지방자치단체가 사업시행자인 경우에는 담보를 제공하지 아니할 수 있다(법 제39조 제1항).

(라) 토지수용위원회의 허가를 받아야 한다. 토지수용위원회의 허가 역시 사업시행자에게 해당 토지에 대한 사용권을 부여하는 처분으로 협의

의 특허이다.

(마) 토지소유자 및 점유자에 대한 통지

토지수용위원회가 해당 토지에 대한 사용허가를 함에 있어서는 공익사업의 종류 및 명칭, 사용하고자 하는 토지의 구역과 사용의 방법 및 기간 등을 즉시 토지소유자 및 토지점유자에게 통지하여야 한다(법 제39조 제3항, 제38조 제2항).

(3) 시급한 토지사용의 기간은 6개월을 넘지 못한다(법 제39조 제2항).

(4) 손실보상

(가) 시급한 토지사용의 경우, 토지수용위원회의 재결이 있기 전에 토지소유자나 관계인이 청구할 때에는 사업시행자는 자기가 산정한 보상금을 토지소유자나 관계인에게 지급하여야 한다(법 제41조 제1항).

(나) 토지소유자나 관계인은 사업시행자가 토지수용위원회의 재결에 따른 보상금의 지급시기까지 보상금을 지급하지 아니하면 제공된 담보의 전부 또는 일부를 취득한다(동조 제2항).

(다) 나머지 점은 앞에서 본 천재지변 시의 손실보상에 대한 설명과 동일하다.

제4장 손실보상

이 책의 제1장에서는 행정상 손실보상의 개념 및 근거와 손실보상청구권에 대한 헌법 규정의 효력 등 손실보상의 총론에 해당하는 부분에 대해서 살펴보았다. 이 장에서는 헌법이 규정한 손실보상청구권이 토지보상법에서 구체화된 모습을 살펴보기로 한다.

토지보상법상의 손실보상청구권을 이해하기 위해서는 동 권리의 발생시기와 수용권과의 관계를 파악하는 것이 중요하다. 손실보상청구권의 법적 성격에 관해서는 학설과 판례가 견해를 달리하고 있다. 이 문제에 대해서는 제1절에서 다루고 있다.

토지보상법이 규정하는 개개의 손실보상은 그 법적 성격은 물론이고 인정 근거나 보상의 범위 등도 반드시 동일하다고 하기 어렵다. 따라서 손실보상을 종류별로 분류하는 것은 개개의 손실보상의 본질을 이해하는데 도움을 준다. 본장의 제2절에서 각종의 손실보상을 여러 가지 기준에 따라 분류하여 개괄적인 설명을 한다.

제3절에서는 각종의 손실보상액의 산정 등에 관한 일반원칙에 대하여 설명을 한 다음 제5절에서는 손실보상의 각론이라고 할 수 있는 개개의 손실보상의 구체적인 내용에 대해서 다룬다. 보상업무의 위탁과 보상협의회에 대해서는 제6절과 제7절에서 간략히 다루고 있다.

제 1 절 손실보상청구권 개설

Ⅰ. 토지보상법상 손실보상청구권의 의의

1. 개 념

헌법이나 행정법의 저술에서는 행정상 손실보상이란 "공공필요에 의해서 개인의 재산권에 가하여진 특별한 희생에 대해서 전체적인 평등부담의 견지에서 행하는 조절적인 보상"이라고 정의하고 있다. 이를 토지보상법의 관점에서 정의해 보면, 손실보상이란 사업시행자가 공익사업의 수행에 필요한 토지 등을 취득 또는 사용하거나 이에 부수되는 행위에 의해서 손실을 입은 사람들에게 지급하는 보상이라고 할 수 있다.

2. 헌법 규정의 구체화

헌법 제23조 제3항에 규정된 "공공필요"는 토지보상법상으로는 "공익사업의 수행에 필요한 경우"로 구체화되고, 개인의 재산권에 가하여진 특별한 희생의 원인은 "수용 또는 사용 및 이에 부수되는 행위"로 특정된다. 또한 헌법상의 수용보상법률주의는 토지보상법 제4조 각호와 별표상의 법률에 의해서, 정당보상주의는 토지보상법에서 규정하고 있는 손실보상의 구체적인 내용에 의해서 각각 구현되고 있다.

3. 손실보상청구권에 관한 규정의 결여

토지보상법상의 손실보상은 사업시행자 측에서 보면 보상금 지급의무, 토지소유자 등의 입장에서 보면 손실보상청구권이라 할 수 있다. 그러나 토지보상법은 사업시행자의 보상금 지급의무의 면에서 규정할 뿐, 토지소유자 등의 손실보상청구권이라는 권리에 관해서는 직접적인 규정을 두지 아니하고 있다. 이에 따라 손실보상청구권은 언제, 어떻게 발생하며, 재결에서 확정된 보상금에 대해서 토지소유자 등은 손실보상청구권을 적극적으로 행사할 수 있는지 여부 등에 관해서는 전적으로 이론에 맡겨져 있다.

4. 토지보상법상 손해배상의 취급

토지보상법에는 공익사업의 수행 과정에서 부수적으로 발생하는 손실에 대한 보상 규정이 다수 존재한다.[260] 그런데 이러한 손실을 야기하는 원인행위 중에는 실질적으로는 불법행위나 의무불이행에 해당하는 경우도 있다. 예를 들면 토지출입권을 행사하는 중에 사업시행자의 고의나 과실로 인하여 토지점유자에게 피해를 입힌 경우(법 제9조 제4항, 제12조 제4항)에는 불법행위에 해당할 수 있다. 재결신청기간의 경과로 사업인정이 실효된 경우(법 제23조 제2항)나 재결에서 정한 보상금을 지급하지 아니함으로 인하여 재결이 실효되는 경우(법 제42조 제2항)에 토지소유자 등이 입은 손실에 대한 보상은 보상금 지급의무 불이행에 따른 손해배상과 다를 바 없다. 나아가서 공익사업 시행지구 밖에서 발생하는 사업손실에 대한 보상은 손해배상과 손실보상 중 어느 쪽에 해당하는지 명확하게 구별하기가 어려운 경우도 적지 아니하다.

이러한 경우에 토지보상법은 침해행위가 적법한 행위인지 아니면 불법한 행위인지 여부를 구별하지 아니하고 공익사업의 수행으로 발생한 피해에 해당하는 경우에는 보상을 하도록 규정하고 있다. 따라서 대체로 토지보상법은 공익사업의 수행으로 발생한 피해의 전보에 관해서는 실질적으로 손해배상에 해당하는 경우에도 손실보상으로 해결하고 있다고 말할 수 있다.

260) 법 제9조 제4항, 제12조 제4항, 제23조 제2항, 제24조 제6항, 제42조 제2항 등.

Ⅱ. 수용과 손실보상과의 관계

1. 개 설

수용권의 본질을 개인의 재산권에 대한 강제취득권이라고 보느냐 아니면 형성권의 일종으로 보느냐 여부에 관계없이 수용이라는 개념 자체에는 보상이 포함되어 있지 아니하지만 헌법에서 수용보상법률주의의 원칙을 규정함으로써 수용은 보상과 불가분적으로 결합하고 있다. 그에 따라 수용을 규정한 법률에 보상규정이 없으면 해당 법률은 위헌적인 법률로 되는 것이다.

2. 수용권의 효력발생요건

토지보상법은 사업시행자가 수용 또는 사용의 개시일까지 관할 토지수용위원회가 재결한 보상금을 지급하거나 공탁하지 아니하였을 때에는 해당 토지수용위원회의 재결은 효력을 상실한다고 규정하고 있다(법 제42조 제1항).

앞에서 살펴본 바와 같이 여기서 "재결은 효력을 상실한다."는 것은 수용권과 손실보상청구권의 존부와 범위를 확인한 재결의 확인행위로서의 효력이 소멸한다는 의미지만, 재결의 형성행위로서의 효력은 처음부터 발생하지 아니한다. 그 이유는 보상금의 지급이나 공탁은 수용의 효력발생요건이기 때문이다. 이러한 해석은 보상이 없으면 수용도 없다는 수용보상법률주의의 원칙에서 도출되는 것이다.

Ⅲ. 손실보상청구권의 발생 시점

1. 문제의 소재

손실보상청구권이 언제 발생하느냐에 대해서는 토지보상법에는 직접적인 규정이 없고 단지 사업시행자는 수용 또는 사용의 개시일까지 관할 토지수용위원회가 재결한 보상금을 지급하여야 한다고 규정할 뿐이다(법 제40조 제1항). 일반적으로 손실보상청구권은 피해자에게 구체적인 손실이 발생하였을 때 발생한다면, 수용에 의한 손실의 경우에도 토지소유자 등이 수용의 효과로서 소유권을 상실하였을 때 손실보상청구권이 발생한다고 해석된다. 또한 수용의 효과는 재결에 의해서 발생한다면 손실보상청구권 역시 토지수용위원회의 재결 시에 발생한다고 보아야 할 것이다. 그렇지만 현행 토지보상법상으로는 재결이 있더라도 토지소유자 등이 사업시행자에게 적극적으로 손실보상청구권을 행사할 수 있다는 규정이 없을 뿐만 아니라, 손실보상청구권이 재결에 의해서 발생한다는 견해는 다음에서 살펴보는 바와 같이 타당하다고 할 수 없다. 판례는 피수용자의 손실보상금 채권은 재결로 인하여 비로소 발생한다고 인정하면서도, 사업인정 고시가 있으면 수용대상 토지에 대한 손실보상금의 지급은 확실시된다는 이유에서 사업인정 고시 후 재결 이전 단계에 있는 피수용자의 기업자에 대한 손실보상금 채권에 대해서 피전부적격을 인정하고 있을 뿐만 아니라[261] 생활보상의 일종인 주거이전비와 이사비 지급청구권은 사업인정고시일 등에 바로 취득한다고 한다.[262]

2. 사업인정과 손실보상청구권

손실보상청구권의 발생 시점에 대해서 구체적으로 논하고 있는 학자는 없다. 아마도 재결에 의해서 보상액이 결정되므로 손실보상청구권의 발생 시점 역시 재결시라고 보는 것은 당연하다고 생각하는 것이 아닌가 한다.

토지소유자 등은 재결이 있다고 해서 바로 손실을 입게 되는 것도 아니

---

261) 대판 2000.1.21. 99다212.

262) 대판 2006.4.27. 2006두2435, 이에 관해서는 424면 참조.

고, 재결을 근거로 사업시행자에 대해서 적극적으로 손실보상금의 지급을 청구할 수 있다는 토지보상법의 규정도 없다. 또한 사업시행자가 재결에서 정한 수용 또는 사용의 개시일에 보상금을 지급하지 아니하면 재결의 효력은 상실하므로 이 경우에도 손실은 발생하지 아니한다. 따라서 손실보상청구권이 재결에 의해서 발생한다고 하는 주장은 논리적으로 성립할 수 없다.

사견으로는 수용으로 인하여 직접 발생하는 수용손실보상청구권은 사업인정시에 발생하고 토지수용위원회의 재결은 이미 발생한 손실보상청구권의 구체적인 액수만을 확정하는 것이라고 본다. 여러 번 설명한 바와 같이 수용권은 사업시행자가 사업인정권자로부터 사업인정을 받음으로써 토지보상법 제19조 제1항에 따라 취득하는 권리로서 재결절차에서만 행사할 수 있는 형성권의 일종이다. 수용과 보상은 헌법 제23조 제3항에 의해서 결합되어 있기 때문에 보상이 없으면 수용도 없다. 이를 역으로 말하면 수용권이 발생하면 손실보상청구권도 동시에 발생하는 것이 된다. 사업시행자는 사업인정의 효과로서 법률의 규정에 의해서 수용권을 취득하므로, 토지소유자 등의 수용손실보상청구권 역시 사업인정시에 취득한다고 해석하는 것이다.[263] 사업인정 이후에 토지소유자 등에게 인정되는 재결신청청구권(법 제30조 제1항)의 본질을 손실보상청구권으로 파악하는 견해에 의하더라도 손실보상청구권은 사업인정에 의해서 발생한다는 것은 위 규정의 해석에 의해서 도출될 수 있다고 본다. 다만 수용을 수반하지 아니하는 비수용손실에 대한 손실보상청구권은 실제로 손실이 발생한 때 발생하게 되는데, 이 경우의 손실은 수용과 무관하기 때문이다.

---

263) 일본의 토지수용법 제46조의 2 제1항에 의하면, 토지소유자 또는 토지에 관한 권리를 가진 관계인은 사업인정의 고시가 있은 후에는 재결 전이라도 기업자에 대해서 토지 또는 토지에 관한 소유권 이외의 권리에 대한 보상금의 지불을 청구할 수 있다고 규정하고 있다. 이는 손실보상청구권이 재결에 의해서 발생하는 권리가 아니라는 것을 의미한다.

Ⅳ. 손실보상청구권의 법적 성격

1. 권리로서의 손실보상청구권

앞에서 살펴본 바와 같이 토지보상법은 사업시행자의 보상금 지급의무의 관점에서 손실보상을 규정하고 있을 뿐이고, 토지소유자 등의 손실보상청구권에 대해서는 아무런 규정을 두고 있지 아니하다. 심지어는 재결에 의해서 보상액이 결정된 이후에도 토지소유자 등이 손실보상청구권을 적극적으로 행사할 수 있는지 여부나 어떤 방법으로 행사하는지 여부 등에 대해서도 침묵하고 있다. 토지보상법은 사업시행자가 수용 또는 사용의 개시일까지 보상금을 지급 또는 공탁하지 아니하면 재결의 효력이 상실한다고만 규정함으로써 간접적인 방법으로 손실보상의무의 이행을 강제하고 있을 뿐이다. 그러나 비수용손실에 대한 보상의무에 대해서는 그 이행을 간접적으로 강제할 방법조차 없다. 이로써 손실보상청구권의 권리로서의 효력은 그만큼 약화되어 있다.

2. 법적 성격

가. 손실보상청구권의 개념 요소는 "공공필요에 따른 적법한 공권력의 행사"와 그로 인한 "개인의 재산권의 침해에 대한 보상청구"로 나누어 생각할 수 있다. 이 중에서 "공공필요에 따른 적법한 공권력의 행사"를 강조하면 손실보상청구권은 공권으로 이해하는 입장을 취하게 되고, "개인의 재산권의 침해에 대한 보상청구"에 초점을 맞춘다면 동 권리는 본질상 사권의 일종으로 인정하게 된다. 학설은 공권설이 통설[264]이지만 판례는 사권설의 입장이다.

손실보상청구권은 개인의 재산권의 일종인 것은 분명하지만, 수용에 대

264) 박윤흔, 행정법강의(상)(2004) 756면; 석종현, 앞의 책 103면; 홍정선, 행정법원론(상) (2015) 781면.

한 대가관계에 있는 권리가 아니라 공동체가 부담하여야 하는 비용을 전제적인 평등부담의 이념에서 행하는 조절적인 보상에 대한 청구권이자 수용권이라는 공권의 행사에 대응하여 개인의 재산권을 보장하고 방어하기 위한 수단으로 인정되는 권리라는 성격도 가지고 있기 때문에, 공권적 특성을 무시할 수 없다.

나. 손실보상청구권은 반드시 적법한 공권력의 행사에 기인한다고 보기 어려운 다양한 원인으로 발생하고 있다. 특히 사업손실(간접손실)로 발생한 손해나 토지보상법 별표상의 법령에도 근거 규정이 없는 손실에 대한 보상청구권은 민사상의 손실보상청구권과 구분하기가 어렵다. 따라서 손실보상청구권은 일률적으로 공권 또는 사권이라고 단정할 수는 없고 개개의 경우에 따라서 공권인지 여부를 결정하는 것이 옳다고 본다. 사권설에 입각한 판례는 특히 토지보상법 별표상의 법률에 근거규정이 없는 손실보상청구권에 대해서는 민사소송의 방법으로 청구하여야 한다는 견해를 취하고 있음은 앞에서 살펴본 바와 같다.

제 2 절 손실보상의 분류

I. 토지보상법상의 손실보상의 종류

토지보상법이 규정하고 있는 손실보상의 종류를 열거하면 다음과 같다.

① 타인의 토지에 출입하여 측량 · 조사함으로써 발생하는 손실(법 제9조 제4항, 제27조 제4항)

② 타인의 토지에 출입하여 장애물의 제거 등으로 인하여 발생하는 손실(법 제12조 제4항)

③ 사업인정이 실효됨으로 인하여 토지 소유자나 관계인이 입은 손실

(법 제23조 제2항)

④ 사업의 전부 또는 일부를 폐지 · 변경함으로 인하여 토지 소유자 및 관계인이 입은 손실(법 제24조 제6항)

⑤ 천재지변시에 타인의 토지를 사용함으로써 발생하는 손실(법 제38조 제4항)

⑥ 시급한 토지 사용에 대한 보상(법 제41조 제1항)

⑦ 재결의 효력이 상실됨으로 인하여 토지 소유자 또는 관계인이 입은 손실(법 제42조 제2항)

⑧ 취득하는 토지의 보상(법 제70조)

⑨ 사용하는 토지의 보상(법 제71조)

⑩ 잔여지의 손실과 공사비의 보상(법 제73조)

⑪ 건축물등 물건에 대한 보상(법 제75조)

⑫ 잔여건축물의 손실에 대한 보상(법 제75조의 2)

⑬ 권리의 보상(법 제76조)

⑭ 영업의 손실 등에 대한 보상(법 제77조)

⑮ 이주대책(법 제78조)

⑯ 공장의 이주대책(법 제78조의 2)

⑰ 그 밖의 토지에 관한 공사비보상(법 제79조 제1항)과 기능 상실에 대한 보상(동조 제2항)

Ⅱ. 수용손실보상, 비수용손실보상, 공용사용에 의한 손실보상

이는 공용침해의 발생원인에 따른 손실보상의 분류이다

1. 수용손실보상

수용손실보상은 수용 자체로 인하여 발생한 손실에 대한 보상을 말하는

데, 여기서는 뒤에서 보는 부수적수용손실보상까지 포함한다. 위에 열거된 손실보상 중에서 ⑦항 내지 ⑯항의 손실보상은 수용손실보상에 해당한다.

2. 비수용손실보상

비수용손실보상은 수용 자체로 인한 손실이 아니라 공익사업의 시행 과정에서 발생한 손실에 대한 보상을 말한다. 비수용손실은 토지 등의 수용과는 무관하기 때문에 사업시행자가 보상금을 지급 또는 공탁하지 아니하더라도 수용재결이 무효로 될 여지가 없다. 또한 비수용손실보상청구권은 사업인정 시에 발생하는 것이 아니라 손실이 발생하는 때에 발생한다. 비수용손실에 대한 보상은 원인이 되는 침해로 인하여 통상적으로 발생하는 손실에 대해서만 보상하는 것이므로 이에 대해서는 완전보상이란 의미가 없다. 나아가서 비수용손실보상에 대해서는 재결이 있으면 피해자는 이의재결과 마찬가지로 사업시행자에 대해서 직접 손실보상을 청구할 수 있다고 해석하여야 할 것이다(법 제84조 제2항). 이와 같이 비수용손실보상은 수용손실보상과는 여러 면에서 차이가 있다.

비수용손실보상 중 ①항 내지 ④항의 손실보상에 관해서는 관련 항목에서 이미 설명하였고, ⑰항의 손실보상에 관해서는 뒤에서 설명한다.

3. 사용손실보상

사용손실보상은 이 책에서는 수용손실보상의 개념에 대응하여 공용사용에 따른 손실보상을 지칭하는 용어로 사용한다. ⑤항과 ⑥항은 공용사용 중에서 천재지변 기타 긴급 시의 약식절차에 의한 공용사용에 따르는 손실에 대한 보상이고, ⑨항은 공용사용 일반에 대한 손실보상의 방법에 관한 규정이다.

Ⅲ. 대인보상, 대물보상

1. 개념의 정리

일설에 의하면 대인보상이란 공익사업의 목적물의 객관적 가치를 기준으로 하지 아니하고 피수용자가 공익사업의 목적물에 대하여 가지는 주관적 가치를 기준으로 하는 보상을, 대물보상이란 공익사업의 목적물의 객관적 가치를 기준으로 하는 보상을 각각 의미한다.[265)]

그러나 보상은 공익사업의 목적물에 대한 객관적 가치를 기준으로 이루어지기 때문에(토지보상법 제70조 제2항) 위와 같은 의미의 대인보상은 우리 토지보상법상 인정되지 아니하는 개념이다. 그래서 이 책에서는 보상의 목적이 수용으로 인하여 상실한 재산권 자체의 회복에 있는 보상은 대물보상으로, 피수용자의 상태나 생활의 회복에 있는 보상은 대인보상으로 각각 개념 규정하고자 한다. 이렇게 보면 토지보상법 제78조 각호에서 규정하고 있는 생활보상[266)]은 피수용자의 종전의 생활을 회복을 목적으로 하는 보상이므로 그 내용에 따라 대인보상에 해당하거나 대물보상의 성격도 함께 구비하고 있다.

2. 구별의 필요성

대물보상과 대인보상의 개념을 위와 같이 규정하면 재산권보상과 생활보상의 구분과 중복된다고 할 수 있다.[267)] 그러나 대인보상을 받을 수 있는 지위는 일신전속적인 성격을 구비하고 있고 일정한 기간 동안 양도가

---

265) 류해웅 · 허강무, 앞의 책 110면; 홍정선, 행정법원론(상)(2015), 797면.

266) 김동희 행정법 I (2017), 625면에 의하면 협의의 생활보상을 대인주의보상이라고 한다.

267) 석종현, 앞의 책 136면에 의하면, 생활보상은 주관적 성격이 강한 대인보상보다 객관적 성격이 강하고, 대물보상은 수용의 대상과 보상의 대상이 일치함을 원칙으로 한다고 설명하고 있다.

금지되거나 제한되는 경우가 있어서 위와 같은 개념 구분은 개개의 손실보상의 법적 성격을 파악하는데 도움이 된다.

Ⅳ. 현금보상, 채권보상, 현물보상

이는 손실보상의 방법에 따른 분류이다.

1. 현금보상

현금보상은 공익사업의 목적물의 재산적 가치를 교환가치로 환산하여 현금으로 보상하는 것을 말한다. 손실보상은 법률에 다른 규정이 있는 경우를 제외하고는 현금으로 지급하여야 한다(법 제63조 제1항 본문).

2. 채권보상

채권보상은 현금보상에 갈음하여 사업시행자가 발행하는 상환기한이 최장 5년을 초과하지 아니하는 채권으로 보상하는 것을 말한다. 채권보상은 다시 임의적 채권보상과 필수적 채권보상으로 구별할 수 있다.

가. 임의적 채권보상은 토지소유자가 원하거나, 부재 부동산 소유자의 토지에 대한 보상액이 일정액을 초과하는 경우에 초과하는 액에 대해서 사업시행자의 선택에 따라 현금 대신에 채권으로 보상할 수 있는 것을 말한다(법 제63조 제7항).

나. 필수적 채권보상이란 토지 투기가 우려되는 지역에서 공익사업을 시행하는 경우에 부재 부동산 소유자의 토지에 대한 보상금이 일정액을 초과하는 경우에 초과금에 대해서는 반드시 사업시행자가 발행하는 채권으로 보상하는 것이 강제된 경우이다(법 제63조 제8항).

3. 현물보상

피수용토지에 갈음할 수 있는 다른 택지나 대체경작지 등 토지 자체로 보상하는 것을 말한다. 현물보상에 대해서는 토지보상법 제63조 제1항에서 상세히 규정하고 있다. 또한 동법 제78조 제1항에 따라 이주대책의 일환으로 이주대책 대상자에게 공급되는 택지나 주택은 현물보상의 일종이다(법 시행령 제40조).

V. 재산권보상, 생활보상, 사업손실보상

이는 손실보상의 대상에 따른 분류이다. 재산권보상은 헌법 제23조 제1항이 규정하는 전통적 의미의 재산권과 재산적 가치가 있는 법률상의 이익에 대한 침해에 따른 보상을 말한다. 생활보상은 헌법 제34조에 규정된 인간다운 생활을 보장하기 위하여 전통적 의미의 재산권이라고 할 수 없는 "종전의 생활상태의 지속"이라는 생활권 내지 생활상의 이익이 수용으로 인하여 침해된 경우에 이루어지는 보상을 말한다. 사업손실보상은 수용으로 인하여 사업지구 밖에서 발생한 손실에 대한 보상으로 비수용손실보상의 일종인 점에서 수용손실보상인 재산권보상과 구별되고, 보상의 본질이나 헌법상 근거 등에서 생활보상과 구별된다.

1. 재산권보상

재산권보상이란 광의로는 공용침해로 인하여 재산권에 발생한 손실 전체에 대한 보상으로 헌법 제23조 제3항이 규정하는 보상의 개념을 말한다. 그러나 이 책에서는 토지보상법의 관점에서 재산권보상이란 수용으로 인하여 침해를 당한 재산권 자체에 대해서 교환가치로 행하는 보상 즉 수용손실보상과, 수용으로 인하여 부수적으로 발생하는 손실에 대한 보상을 의미하는 부수적수용손실보상만을 지칭하는 개념으로 한정한다.

가. 수용손실보상

수용손실보상이란 수용으로 인하여 헌법 제23조 제1항이 규정하고 있는 재산권 자체에 대하여 발생한 손실을 교환가치로 행하는 보상을 말한다. 통설에 의하면 수용손실보상에 대해서는 완전보상이 요구된다고 하지만 토지보상법에 의하면 토지에 대해서는 공시지가에 따라 산출한 금액으로 보상하는 것으로 규정하고 있다.

나. 부수적수용손실보상

부수적수용손실이란 수용으로 인하여 부수적으로 발생하는 손실에 대한 보상을 말한다. 부수적수용손실에 대한 보상에는 피수용토지나 건물에 대한 보상을 제외하고, 수용에 따라 부수적으로 발생하는 건물의 이전비 보상, 농업 또는 어업 등 영업보상과 잔여지에 대한 보상을 포함한다.

부수적수용손실에 대한 보상 역시 완전보상보다는 법률의 규정에 따른 보상이 이루어지고 있다. 다만 이 손실은 수용재결 및 수용손실보상과 함께 이루어지기 때문에 이 손실에 대한 보상이 없으면 재결이 효력을 발생하지 아니한다는 점에서는 수용손실보상과 동일하다.

2. 생활보상

생활보상이란 공용수용 또는 사용되는 토지를 중심으로 영위해 오던 토지소유자 등의 생활 기반이 와해됨에 따라 발생한 피해를 복원하기 위한 보상을 말한다. 재산권보상이 공용침해로 인하여 토지소유자 등의 재산권에 발생한 직접적인 손실에 대한 교환가치를 보상하는 것(재산권의 가치보장)과는 달리, 생활보상은 보상의 전후를 통하여 토지소유자 등의 생활상태를 동일하게 유지해 주기 위한 보상(재산권의 존속보장)이다.

생활보상의 개념이나 헌법상의 근거 및 내용 등에 대해서는 이론이 분분하다 이 책에서는 생활보상의 개념을 광의로 이해하는 입장에 따라 토지보상법 제78조 각항에서 규정하고 있는 이주정착지의 공급, 이주정착금의 지급, 주거이전비 및 이사비 지급, 이농비 및 이어비 보상 등을 생활보상에 포함하기로 한다.

생활보상의 대상자는 반드시 사업지구 내에 거주하는 자에 한정되지 아니하고 수용손실과 비수용손실의 어느 경우에도 발생한다는 점에서 재산권보상이나 사업손실보상과 구별된다.

3. 사업손실(간접손실)보상

사업손실보상이란 공익사업의 시행에 수반하여 사업지구 밖의 거주자에게 발생한 손실에 대한 보상을 말한다. 예를 들면 공익사업의 시행에 부수하여 발생한 수질오염, 소음, 배기가스, 전파장애 등으로 인한 손실에 대한 보상 등이다. 이러한 손실은 토지의 수용 또는 사용 자체로 인하여 토지소유자 등에게 직접 발생한 것이 아니라, 공익사업의 시행 과정이나 시행 이후에 조성된 시설물의 운영에 따라 사업지구 밖의 토지에 거주하는 거주민에게 발생한 손실이라는 점에서 수용손실과 구별하여 사업손실 또는 간접손실이라고 부른다.

사업손실보상에 대해서는 생활보상의 일종으로 파악하는 견해도 있지만,[268] 이 책에서는 생활보상과 구별하여[269] 비수용손실보상의 일종으로 분류한다.

268) 류해웅 · 허강무, 앞의 책 468면; 석종현, 앞의 책 138면.
269) 김동희, 행정법 I (2017) 629면; 박평준 · 박창석, 앞의 책 265면.

제 3 절 손실보상액 산정의 원칙

Ⅰ. 개 념

손실보상액 산정의 원칙이란 헌법상의 정당보상주의를 구체적으로 구현하기 위하여 손실보상액을 산정함에 있어서 적용되는 원칙을 말한다. 재산권에 대한 보상은 공익사업의 목적물의 객관적 교환가치의 보상을 의미하므로, 손실보상액 산정의 원칙이란 객관적 교환가치를 찾아내어 이에 대하여 정당한 보상을 하기 위하여 요구되는 원칙을 의미한다.

토지보상법은 가격시점에서의 공익사업의 목적물에 대한 시가로 보상하는 것 즉 시가보상의 원칙을 기본으로 하고(법 제67조 제1항), 사업시행자 보상의 원칙(법 제61조), 사전보상의 원칙(법 제62조), 현금보상의 원칙(법 제63조), 개인별보상의 원칙(법 제64조), 일괄보상의 원칙(법 제65조), 상계금지의 원칙(법 제66조) 등 7종의 원칙에 대해서 규정하고 있다.

Ⅱ. 시가보상의 원칙

1. 의 의

가. 토지보상법의 규정

시가보상의 원칙이란 공익사업의 목적물에 대한 보상은 협의에 의한 경우에는 협의 성립 당시의 가격을, 재결에 의한 경우에는 수용 또는 사용의 재결 당시의 가격을 기준으로 하는 원칙을 말한다(법 제67조 제1항). 토지보상법은 보상액 산정의 기준이 되는 시점을 "가격시점"이라고 규정하고 있다(법 제2조 제6호). 따라서 시가보상의 원칙이란 가격시점에서의 공익사업 목적물의 시가를 기초로 하여 보상액을 산출하는 원칙이라고 할 수 있다.

나. 공익사업의 목적물에 대하여 협의 또는 재결 시의 객관적 가치를 기

준으로 보상하는 것은 헌법이 요구하는 정당한 보상을 실현하기 위하여 요구되는 것이다. 수용의 전후를 통하여 재산권에 증감이 없도록 보장하기 위해서는 협의 또는 재결 시에 있어서 공익사업의 목적물의 객관적 가치를 보상하는 것이 가장 합리적이기 때문이다.

2. 객관적 가치의 개념

가. 공익사업의 목적물의 객관적 가치란 무엇을 의미하는지에 대해서 헌법재판소는 "재산권의 객체가 갖는 재산적 가치란 그 물건의 성질에 정통한 사람들의 자유로운 거래에 의하여 도달할 수 있는 합리적인 매매 가능 가격 즉 시가에 의하여 산정"되는 가격을 의미하는 것이라고 한다.[270)]

나. 대체성이 없는 토지는 그 특성상 객관적 가치를 확인하기가 어렵다. 그래서 헌법재판소도 "토지의 경우에는 위치 · 면적 · 지형 · 환경 및 용도 등 가격형성에 영향을 미치는 제반요소가 서로 흡사한 다른 토지를 목적물로 하여 다수의 공급자나 수요자가 합리적인 가격으로 거래한 경우를 상정한다는 것은 어려운 일이므로 그 시가를 곧바로 산정할 수는 없다. 따라서 토지의 경우 시가의 산정은 부득이 위치나 용도가 비슷하여 가장 근사한 가치를 지닌 것으로 예상되는 인근유사토지의 거래가격을 기준으로 하여 추산하는 방법에 의할 수밖에 없다."[271)]고 밝히고 있다.

Ⅲ. 사업시행자보상의 원칙

1. 의 의

사업시행자보상의 원칙이란 공익사업에 필요한 토지 등의 취득 또는 사

---

270) 헌재 1990.6.25. 89헌마107.

271) 위 같은 판례.

용으로 인하여 토지소유자나 관계인이 입은 손실은 사업시행자가 보상하여야 하는 원칙을 말한다(법 제61조).

공익사업의 수행에 필요한 토지 등을 취득 또는 사용하는 이득을 얻게 되는 사업시행자가 그로 인하여 손실을 입은 자에게 보상할 의무가 있음은 사업시행자수용권설의 입장에서는 당연한 원칙이라 할 수 있다.

2. 생활보상의 근거 규정 여부

토지보상법 제61조의 성격에 대해서는 판례는 수용손실뿐만 아니라 생활이익의 침해에 따른 손실에 대한 보상의무의 근거 규정으로도 이해하고 있다.[272] 문언상으로는 그와 같이 해석할 여지도 있지만, 동 조항의 입법취지는 어디까지나 손실보상의 일반원칙 중의 하나로 사업시행자보상의 원칙을 선언하는 것에 그치고, 더 나아가서 생활보상의 근거 조항으로 해석하는 것은 입법취지를 벗어나는 것이라고 본다.

Ⅳ. 사전보상의 원칙

1. 사전보상의 원칙의 의의

사전보상의 원칙이란 사업시행자가 해당 공익사업을 위한 공사에 착수하기 이전에 토지소유자와 관계인에게 보상액 전액을 지급하여야 하는 원칙을 말한다(법 제62조).

재결에서 정한 손실보상금의 지급은 재결의 효력, 다시 말해서 수용의 효력발생요건이라 함은 여러 번 언급한 바와 같다. 보상금을 지급하기 전에 해당 토지상에서 공익사업을 먼저 수행하는 것은 타인의 토지소유권을 침해하는 행위에 해당하므로 원칙적으로 허용될 수 없는 것이다.[273]

---

272) 대판1994.5.24. 92다35783 전원합의체 판결의 소수의견.

2. 원칙의 예외

가. 천재지변이나(법 제38조 제1항) 시급을 요하는 경우(법 제39조 제1항), 또는 토지소유자 및 관계인의 승낙이 있는 경우(법 제62조 단서)에는 먼저 타인의 토지를 사용하고 사후에 보상할 수 있다.

나. 사업준비를 위한 출입(법 제9조 제1항), 장애물 제거 등(법 제12조 제1항), 토지 및 물건에 관한 조사권의 행사(법 제27조 제1항) 등을 위한 토지의 사용으로 인하여 발생한 손실 등과 같은 비수용손실에 대해서는 사전보상의 원칙이 적용될 여지가 없다. 국토계획법 제130조 제1항에 규정된 토지출입권의 경우도 동일하다.[274)]

Ⅴ. 현금보상의 원칙

1. 현금보상의 원칙의 의의

손실보상은 다른 법률에 특별한 규정이 있는 경우를 제외하고는 현금으로 지급하여야 한다(법 제63조 제1항 본문). 따라서 현금보상의 원칙이란 공익사업의 목적물에 대한 객관적 교환가치를 산출하여 현금으로 보상하는 원칙을 말한다.

재산권의 보장은 기본적으로 보상의 전후를 통하여 피수용자의 재산이 동일하게 유지하도록 가치보장을 하는 것이어야 하므로 현금보상은 보상의 원칙적인 방법이다.

---

273) 토지보상법 시행규칙 제25조 제1항은 '종전에 시행된 공익사업의 부지로서 보상금이 지급되지 아니한 토지(미지급용지)의 존재를 전제로 하고 있다. 즉 토지보상법에서는 사전보상의 원칙이 규정되어 있음에도 불구하고 현실적으로는 공익사업이 종료된 이후까지 보상금이 지급되지 아니하고 있는 미지급용지가 다수 존재하고 있다.

274) 대판 2019.9.9., 2016다262550.

현금보상에서는 공익사업의 목적물에 대한 교환가치를 산정하는 시점을 언제로 할 것이냐 하는 점이 무엇보다도 중요하다. 이에 대해서 법 제67조 제1항은 "보상액의 산정은 협의에 의한 경우에는 협의성립 당시의 가격을, 재결에 의한 경우에는 수용 또는 사용의 재결 당시의 가격을 기준으로 한다."라고 규정하고 있다.

2. 채권보상

가. 채권보상의 의의

채권보상이란 피수용토지에 대한 현금보상에 갈음하여 사업시행자가 발행하는 상환기한이 최장 5년을 초과하지 아니하는 채권으로 보상하는 것을 말한다(법 제63조 제7항 내지 제9항). 채권보상은 현금보상과 함께 금전보상의 일종이다.

사업시행자는 피수용토지에 대한 소유권을 원시취득하는 반면에 토지소유자는 그에 대한 보상으로 장래의 금전지급청구권을 내용으로 하는 채권을 취득하도록 허용한다는 점에서 채권보상은 원칙적으로 정당한 보상으로 인정하기 어려운 점이 있다. 따라서 채권보상은 특별한 경우에 예외적으로 인정되는 보상방법이어야 한다.

나. 채권보상의 종류

(1) 임의적 채권보상

(가) 임의적 채권보상의 개념

임의적 채권보상은 토지소유자가 원하거나, 부재부동산 소유자의 토지에 대한 보상액이 일정액을 초과하는 경우에 초과하는 액에 대해서 사업시행자의 선택에 따라 현금 대신에 채권으로 보상할 수 있는 것을 말한다(법 제63조 제7항 제1호, 제2호).

(나) 임의적 채권보상의 요건

1) 임의적 채권보상을 할 수 있는 사업시행자는 국가, 지방자치단체, 그 밖에 공공기관의 운영에 관한 법률에 따라 지정 · 고시된 공공기관 및 공공단체인 경우에 한한다.

2) 임의적 채권보상을 할 수 있는 경우는 다음 중 어느 하나에 해당하여야 한다.

① 토지소유자나 관계인이 원하는 경우

② 사업인정을 받은 사업의 경우에는 부재부동산 소유자의 토지에 대한 보상금이 일정 금액[275]을 초과하는 경우로서 그 초과하는 금액에 대하여 보상하는 경우

(2) 필수적 채권보상

(가) 필수적 채권보상의 개념

필수적 채권보상이란 토지 투기가 우려되는 지역에서 택지개발사업, 산업단지개발사업, 그 밖에 대규모개발사업 등을 시행하는 공공기관 및 공공단체는 부재부동산 소유자의 토지에 대한 보상금 중 1억원 이상의 일정 금액[276]을 초과하는 부분에 대하여는 반드시 해당 사업시행자가 발행하는 채권으로 지급하여야 하는 경우를 말한다(법 제63조 제8항 제1호 내지 제3호).

(나) 필수적 채권보상의 요건

1) 필수적 채권보상의 지역적 요건은 투기가 우려되는 지역에서 공익사업을 시행하는 경우이어야 한다.

2) 필수적 채권보상을 할 수 있는 공익사업의 종류는 택지개발촉진법에 따른 택지개발사업, 산업입지 및 개발에 관한 법률에 따른 산업단지개

275) 1억원이다(법 시행령 제27조 제1항).

276) 1억원이다(법 시행령 제27조 제1항).

발사업, 그 밖에 대규모 개발사업으로서 대통령령으로 정하는 사업에 한한다.

3) 필수적 채권보상을 할 수 있는 사업시행자는 공익사업을 시행하는 자 중에서 공공기관의 운영에 관한 법률에 따라 지정·고시된 공공기관 및 공공단체이어야 한다.

다. 채권보상의 방법

(1) 보상채권의 발행

국가는 도로공사, 산업단지개발사업, 철도의 건설사업, 항만개발사업, 그 밖에 대통령령으로 정하는 공익사업을 위한 토지 등의 취득 또는 사용으로 인하여 토지소유자 및 관계인이 입은 손실을 보상하기 위하여 채권으로 지급하는 경우에는 일반회계나 교통시설 특별회계의 부담으로 보상채권을 발행할 수 있다(법 제69조 제1항). 보상채권은 제1항 각 호의 회계를 관리하는 관계 중앙행정기관의 장의 요청으로 기획재정부장관이 발행한다(동조 제2항). 기획재정부장관은 보상채권을 발행하려는 경우에는 회계별로 국회의 의결을 받아야 한다(동조 제3항).

보상채권은 토지소유자 및 관계인에게 지급함으로써 발행한다(동조 제4항). 보상채권은 양도하거나 담보로 제공할 수 있다(동조 제5항).

사업시행자는 보상채권으로 보상하려는 경우에는 토지소유자 및 관계인에게 보상채권 지급결정 통지서를 발급하고 보상채권 취급기관(한국은행의 본점이나 지점 또는 대리점)에 이에 관한 사항을 통지하여야 한다(법 시행령 제35조 제1항). 보상채권 취급기관은 보상채권 지급결정 통지서를 발급받은 토지소유자 및 관계인이 해당 보상채권 취급결정통지서를 제출하면 보상채권을 교부하여야 한다(동조 제2항). 보상채권은 무기명증권으로 최소 액면금액이 10만원인 액면금액으로 발행한다(동령 제31조 제1, 2항). 보상채권의 원리금은 상환일에 일시 상환한다(동령 제32조 제2항).

3. 현물보상

가. 현물보상의 의의

(1) 토지보상법의 규정

토지보상법 제63조 제1항 단서에 의하면, 토지소유자가 원하는 경우로서 사업시행자가 해당 공익사업의 합리적인 토지이용계획과 사업계획 등을 고려하여 토지로 보상이 가능한 경우에는 토지소유자가 받을 보상금 중 현금 또는 채권으로 보상받는 금액을 제외한 부분에 대하여 그 공익사업의 시행으로 조성한 토지로 보상할 수 있다고 규정하고 있다.

위 규정과는 별도로, 법 제78조 제3항에서는 동조 제1항에 의한 이주대책의 수립 · 실시에 따른 주택지의 조성 및 주택의 건설을, 법 제78조의 2에서는 공장의 이주를 위한 산업단지의 입주에 관해서 규정하고 있다.

그러나 이주대책으로 실시되는 토지나 주택의 공급은 토지보상법 제63조 제1항 단서에서 규정하고 있는 현물보상과 그 성격을 달리한다. 여기서는 토지보상법 제63조 제1항 단서에서 규정하고 있는 현물보상에 대해서만 살펴보기로 한다.

(2) 개 념

토지보상법 제63조 제1항 단서에 규정된 현물보상이란 토지소유자가 원하는 경우에 피수용토지에 대한 현금보상금 중 일부에 대하여 공익사업의 시행으로 조성한 토지로 보상하는 것을 말한다. 조성되는 토지로 보상한다는 것은 택지 등을 분양받을 수 있는 권리를 부여하는 방법으로 이루어지는 것을 말한다.

나. 현물보상의 성격

(1) 현물보상은 현금보상 또는 채권보상을 받은 부분을 제외한 부분에 대하여 하는 보충적인 보상으로 재산권보상의 일종이다. 따라서 생활보상

의 일종인 이주대책으로 실시되는 토지나 주택의 공급과는 그 성격이 다르다.

(2) 현물보상은 사업시행자가 해당 공익사업의 합리적인 토지이용계획과 사업계획을 고려하여 토지보상이 가능하다고 판단하는 경우에 이루어지는 보상이다. 따라서 현물보상을 하느냐 여부는 사업시행자의 재량에 맡겨져 있다. 사업시행자는 해당 사업계획의 변경 등 국토교통부령으로 정하는 사유로 보상하기로 한 토지의 전부 또는 일부를 토지로 보상할 수 없는 경우에는 현금으로 보상할 수 있다. 이 경우 현금보상액에 대한 이자율은 제9항 제2호 가목에 따른 이자율로 한다.

(3) 현물보상은 토지소유자가 원하는 경우에만 가능한 보상방법이다. 법 제63조 제1항 단서에 따라 토지소유자가 토지로 보상받기로 한 경우, 그 보상계약 체결일부터 1년이 지나면 이를 현금으로 전환하여 보상하여 줄 것을 요청할 수 있다. 이 경우 현금보상액에 대한 이자율은 제9항 제2호 가목에 따른 이자율로 한다.

다. 현물보상을 위한 토지의 확보

토지보상법 제63조 제1항에 의하면 현물보상은 "그 공익사업의 시행으로 조성한 토지"로써 이루어진다고 규정하고 있다. 즉 현물보상의 수단이 되는 토지는 보상의 원인이 되는 공익사업을 시행하기 위하여 취득한 토지를 통하여 확보된다. 그렇기 때문에 현물보상을 위한 토지를 확보하기 위한 수용은 확장수용에 해당한다고 할 수 있다.

라. 현물보상의 방법

(1) 현물보상을 받을 수 있는 자는 대지의 분할 제한 면적 이상의 토지를 사업시행자에게 양도한 자에 한한다(법 제63조 제1항 제1호 전단). "사업시행자에게 양도한 자"라 함은 일정 면적 이상의 공익사업용지를 토지보상

법 제17조에 의한 협의취득계약을 통하여 사업시행자에게 이전한 자를 의미한다. 협의가 불성립하여 사업시행자가 수용재결을 신청한 토지소유자는 현물보상을 받을 수 있는 자에 해당하지 아니한다.

현물보상 대상자가 경합하는 경우에는 부재부동산 소유자가 아닌 자로서 채권으로 보상을 받는 자에게 우선하여 토지로 보상하며, 그 밖의 우선순위 및 대상자 결정 방법 등은 사업시행자가 정하여 공고한다(법 제63조 제1항 제1호 후단).

(2) 보상하는 토지 가격의 산정 기준 금액은 다른 법률에 특별한 규정이 있는 경우를 제외하고는 일반 분양가격으로 한다(법 제63조 제1항 제2호).

(3) 보상계획을 공고할 때에 토지로 보상하는 기준을 포함하여 공고하거나 토지로 보상하는 기준을 따로 일간신문에 공고할 것이라는 내용을 포함하여 공고한다(법 제63조 제1항 제3호).

(4) 토지소유자에게 토지로 보상하는 면적은 사업시행자가 그 공익사업의 토지이용계획과 사업계획 등을 고려하여 정한다. 이 경우 그 보상면적은 주택용지는 990제곱미터, 상업용지는 1천100제곱미터를 초과할 수 없다(법 제63조 제2항).

마. 전매금지

(1) 전매금지의 의의

전매금지란 토지소유자가 토지로 보상받기로 결정된 권리는 보상계약의 체결일부터 해당 토지에 대한 소유권이전등기를 마칠 때까지 상속 및 부동산투자회사법에 따른 개발 전문 부동산토자회사에 현물출자를 하는 경우를 제외하고 매매, 증여 그 밖에 권리의 변동을 수반하는 모든 처분행위를 할 수 없는 것을 말한다(법 제63조 제3항 전단). 토지소유자가 토지로 보상 받기로 결정된 권리란 사업시행자에 대한 토지공급청구권을 의미하는데 이는 민법상 지명채권의 일종이므로, 전매금지는 토지공급청구권의 양도 등의 방법에 의한 전매금지를 의미한다.

전매금지는 토지보상법 외에도 택지개발촉진법에 의해서 조성된 택지를 공급 받는 권리(법 제19조의 2 제1항 본문)나 주택법상 주택으로 보상받기로 결정된 권리(법 제64조) 등에 대해서도 적용된다. 위 법률에 의한 택지나 주택의 공급청구권은 토지보상법 제63조 제3항에 규정된 토지공급청구권과 성격상 차이가 있지만 권리의 본질이나 전매금지의 이유는 동일하다. 판례는 택지나 주택의 공급청구권을 특별히 수분양권이라고 불러 왔는데, 이에 대해서는 뒤에서 살펴보기로 하고[277] 여기에서는 토지공급청구권의 전매금지에 대해서만 살펴본다.

토지공급청구권에 대해서 전매를 금지하는 이유는 현물보상의 목적인 토지에 대한 투기를 방지하고 현물로 보상되는 토지가 피수용토지의 소유자에게 귀속되도록 함으로써 현물보상의 입법취지를 살리기 위한 것이다. 따라서 현물보상의 목적인 토지에 대한 투기의 위험이 적어진 후에는 개인의 재산권 행사를 보장한다는 취지에서 전매금지를 계속 유지할 필요성은 적어진다고 할 수 있다.

(2) 전매금지의 기간

토지공급청구권의 전매금지의 기간은 보상계약의 체결일부터 해당 토지에 대하여 소유권이전등기를 마칠 때까지이다. 보상계약의 체결일이란 토지보상법 제17조에 의한 협의성립계약을 체결한 일자를 의미하는 것으로 해석된다. 따라서 협의가 성립되지 아니하여 토지가 수용되는 피수용자에게는 토지공급청구권이 인정되지 아니한다.

(3) 전매금지 규정에 위반한 처분행위의 효력

토지공급청구권을 가진 토지소유자가 전매금지에 위반할 때에는 사업

---

277) 424면 이하 참조.

시행자는 토지로 보상하기로 한 보상금을 현금으로 보상할 수 있다(법 제63조 제3항 전문). 현금으로 보상할 경우에 현금보상액에 대한 이자율은 3년 만기 정기예금 이자율의 2분의 1로 한다(동항 후문).

이와 같이 토지보상법은 전매금지 규정에 위반한 처분행위의 효력을 무효라고 규정하지 아니하고 사업시행자가 토지소유자와 체결한 토지공급약정의 효력을 부인하고 현금으로 보상할 수 있는 권한을 부여함에 그치고 있다.

또한 전매금지 규정에 위반하여 토지공급청구권을 전매한 자는 3년 이하의 징역 또는 1억원 이하의 벌금에 처한다(법 제93조의 2).

한편 택지개발촉진법 제19조의2 제2항 전문에서는 택지공급청구권의 전매행위에 대해서는 무효라고 규정하고 있다. 토지보상법 제63조 제1항 단서에 규정된 토지공급청구권이나 택지개발촉진법상의 택지공급청구권에 대해서 전매를 금지하는 취지는 동일하므로, 입법론상으로는 토지보상법상의 토지공급청구권의 전매행위의 효력에 대해서도 택지개발촉진법과 같이 무효라고 규정하는 것이 타당하다고 본다.

Ⅵ. 개인별보상의 원칙

1. 개인별보상의 원칙의 의의

가. 토지보상법의 규정

개인별보상의 원칙이란 하나의 공익사업의 목적물 위에 여러 권리자의 권리가 중첩되어 있는 경우에 손실보상은 피수용자별로 산정하여 보상한다는 원칙을 말한다. 토지보상법은 “손실보상은 토지소유자나 관계인에게 개인별로 보상하여야 한다.”고 규정하여 동 원칙을 손실보상의 방법으로 채용하고 있다(법 제64조 본문).

나. 대위주의와 개별주의

예를 들어 타인에게 임대한 토지가 공익사업의 목적물인 경우에 손실보상금을 지급하는 방법은, 토지소유자에게 손실보상금 전액을 지급하고 임차인의 손실보상금은 토지소유자가 사업시행자에 대위하여 지급하게 하거나(대위주의), 사업시행자가 토지소유자와 임차인의 손실보상금을 개별적으로 산정하여 개인별로 지급할 수도 있다(개별주의).

대위주의는 공익사업의 목적물 위에 존재하는 모든 권리에 대한 평가액은 목적물에 대한 소유권의 평가액보다 크지 아니하다는 것을 전제로 한 손실보상의 방법이다. 이는 토지소유자가 임차인 등의 손실보상금을 사업시행자에 대위하여 지급해 줄 것이라는 전제 하에서 인정되는 방법으로, 사업시행자의 편의에 치중한 것이라고 할 수 있다. 대위주의는 정당보상주의의 원칙에 부합하는 손실보상의 방법이라고 인정하기 어렵기 때문에 개별주의 즉 개인별보상의 원칙이 요구되는 것이다.

2. 원칙의 예외

개인별로 보상액을 산정할 수 없는 경우에는 개인별보상의 원칙이 적용되지 아니한다(법 제64조 단서).

공익사업의 목적물이 질권이나 저당권 등 담보물권의 목적인 경우에 수용으로 인하여 질권자나 저당권자가 입게 되는 담보권 상실의 손실은 개인별로 보상액을 산정할 수 없는 경우에 해당한다. 공익사업의 목적물이 부동산인 경우에 압류 또는 가압류 채권자나 가처분 또는 가등기 권리자의 등기가 말소되는 경우도 이에 해당한다. 공유자나 공유지분이 불명확한 경우에도 개인별로 보상액을 산정할 수 없거나 곤란한 경우에 해당하므로 이러한 경우에는 총 보상액을 공탁하여야 할 것으로 생각한다.

3. 보상항목 유용의 법리와의 관계

가. 보상항목 유용의 법리의 의의

토지소유자 등이 보유한 공익사업의 목적물이 여러 개인 경우에는 손실보상청구권은 목적물의 숫자에 대응해서 여러 개이고 사업시행자는 각각의 목적물에 대해서 개별적으로 보상액을 결정하여야 한다. 이러한 원칙을 손실보상금 청구소송(보상금증감소송)에 적용한다면 법원은 토지수용위원회가 재결에서 정한 개개의 공익사업의 목적물에 대한 보상금에 대해서 개별적으로 그 당부를 판단하여야 한다는 결론에 이르게 된다.

그런데 만일 피보상자 1인에 대한 여러 개의 공익사업의 목적물의 보상금에 관한 보상금증감소송에서 보상항목[278)]간의 과부족금을 합산하여 하나의 손실보상금액으로 결정할 수 있다면 판결의 주문은 번잡하지 아니하고 소송경제에도 도움이 될 뿐만 아니라 소송당사자에게도 편리하다. 이와 같이 보상금증감소송에서는 재결에서 정한 보상금과 비교하여 보상항목간의 과부족금을 합산하여 하나의 손실보상금으로 통합하여 계산하는 방법을 "보상항목의 유용" 또는 "보상항목간의 보상금의 유용"[279)]이라고 한다.

나. 판례는 일찍이 보상항목간의 보상금의 유용을 인정하면서 그 근거는 개인별보상의 원칙에서 찾았다.[280)] 즉 동 판례에 의하면 개인별보상의 원칙을 "보상은 수용 또는 사용의 대상이 되는 물건별로 하는 것이 아니라

278) 보상항목이란 "피보상자별로 어떤 토지, 물건, 권리 또는 영업이 손실보상 대상에 해당하는지, 나아가 그 보상금액이 얼마인지를 심리·판단하는 기초단위"를 말한다(대판 2018.7.20. 2015두4044).

279) "보상항목간의 보상금의 유용"이라는 표현 보다 "보상항목의 유용"이라는 표현을 사용하는 것이 일반적이지만, 유용하는 것은 항목이 아니라 금액이므로 이 책에서는 "보상항목간의 보상금의 유용"이라는 용어를 사용한다.

280) 대판 1991.5.28. 92누5331.

피보상자의 개인별로 행하여지는 것"이라고 이해하여, 1인이 여러 개의 공익사업의 목적물을 보유한 경우에 보상금 총액을 산정하는 방법으로 이용하였던 것이다.

그러나 개인별보상의 원칙은 하나의 공익사업의 목적물에 대해서 권리자가 여러 명이 있는 경우에 보상은 권리자 개인별로 하여야 한다는 원칙을 의미하는 것으로 보상항목간의 보상금의 유용과는 무관한 것이다.

판례가 인정하고 있는 보상항목간의 보상금의 유용의 법리는 보상금증감소송의 소송물과 관련된 이론이다. 보상금증감소송의 소송물이론에 의하면 보상을 받을 수 있는 피보상자의 법률적 지위 자체를 하나의 소송물로 볼 것인지 혹은 재결의 개수를 기준으로 할 것인지, 아니면 피보상자가 보유한 개개의 공익사업의 목적물에 대한 개별적인 손실보상청구권을 소송물로 볼 것인지에 대해서 다양한 견해가 있다. 보상금증감소송의 소송물을 무엇으로 볼 것이냐에 따라 보상항목간의 보상금의 유용의 근거나 한계에 관한 설명을 달리 하게 되는데,[281] 이에 대해서는 뒤에서 다시 살펴본다.[282]

Ⅶ. 일괄보상의 원칙

일괄보상의 원칙이란 동일한 사업지역에 보상 시기를 달리하는 동일인 소유의 토지 등이 여러 개 있는 경우 토지소유자 또는 관계인이 요구할 때는 한꺼번에 보상금을 지급하여야 하는 원칙을 말한다(법 제65조).

다만 매장문화재 보호 및 조사에 관한 법률 제11조 제1항, 제3항에 의한 매장문화재 발굴사업의 경우와 같이, 연차적으로 사업지역이 확장될 수

281) 이상덕, "보상금증감소송의 소송물이론과 보상항목 유용 법리에 관한 고찰", 사법49호(2019).

282) 481면 이하.

있는 때에는 사업지역이 확장되는 시점을 기준으로 일괄보상의 원칙도 연차적으로 적용될 것으로 해석된다.[283)]

Ⅷ. 상계금지의 원칙

1. 상계금지의 원칙의 의의

가. 상계금지의 원칙이란 동일한 소유자에게 속하는 일단의 토지의 일부를 취득하거나 사용하는 경우, 해당 공익사업의 시행으로 인하여 잔여지의 가격이 증가하거나 그 밖의 이익이 발생한 경우에도 사업시행자는 그 이익을 그 취득 또는 사용으로 인한 손실과 대등액에서 소멸케 할 수 없다는 원칙을 말한다(법 제66조).

토지보상법상 개발이익에 대한 보상은 허용되지 아니하지만(법 제67조 제2항), 개발이익의 일종인 잔여지 가격 상승의 이익에 대해서는 상계금지의 원칙이 적용되는 범위 내에서 토지소유자에게 귀속되는 것을 예외적으로 허용하는데 위 조항의 취지가 있다. 그 이유는 일단의 토지의 일부를 수용당한 잔여지소유자와 수용되지 아니한 인근의 토지소유자 간에 불균형이 발생하는 것을 방지하기 위한 것이다.[284)]

나. 민법상 상계란 채권자와 채무자가 서로 동종의 채권과 채무를 가지는 경우에 그 채권과 채무를 대등액에서 소멸케 하는 채무자의 일방적인 의사표시를 말한다(민법 제492조 제1항 본문). 그러나 토지보상법이 금지하는 상계란 일단의 토지의 일부가 수용됨으로 인하여 토지소유자가 받게 되는 보상액에서 잔여지의 가격 상승 등으로 토지소유자가 얻게 되는 이익을 공제하는 것을 의미한다. 따라서 이는 민법상의 상계는 아니고 이득공제

283) 대전고판, 2017.11.2. 2017누190454 참조.

284) 土地收用法令硏究會, 앞의 책 256면.

라고 하는 것이 정확한 표현이다.

2. 원칙의 적용 확대

앞에서 살펴본 바와 같이 토지보상법상의 상계금지란 일단의 토지 중에서 수용되는 토지의 보상금을 산정함에 있어서 잔여지의 가격상승으로 인한 이득을 공제하여서는 아니된다는 것을 의미한다. 그러나 판례[285)]는 "잔여지가 이 사건 수용의 목적사업인 도시계획사업에 의하여 설치되는 너비 10m의 도로에 접하게 되는 이익을 누리게 되었더라도 그 이익을 수용 자체의 법률효과에 의한 가격감소의 손실(이른바 수용손실)과 상계할 수는 없는 것이므로 그와 같은 이익을 참작하여 잔여지 손실보상액을 산정할 것은 아니"라고 하여, 상계금지의 원칙을 잔여지에 관한 손실보상액을 산정하는 방법에도 확대하여 적용하고 있다.

제 4 절 손실보상의 내용

Ⅰ. 개 설

앞에서 살펴본 바와 같이 토지보상법은 수용손실보상과 비수용손실보상 등을 포함하여 법조항을 기준으로 보면 17종의 손실보상에 대해서 규정하고 있다. 비수용손실보상 중에서 법 제79조에 규정된 비용보상을 제외한 나머지 비수용손실의 보상에 대해서는 이미 관련되는 항목에서 살펴보았다. 이 절에서는 법 제70조에서 제79조까지 규정된 구체적인 손실보상의 내용에 대해서 살펴보기로 한다.

---

285) 대판 2000.2.25. 99두6439; 1998.9.18. 97누13375; 2013.5.13. 2013누437.

Ⅱ. 취득하는 토지에 대한 보상

1. 토지보상법의 규정

공익사업을 수행하기 위해서는 사업지구 내의 토지의 취득과 그에 대한 손실보상이 가장 중요하므로 토지보상법은 이를 위주로 하여 상세한 규정을 두고 있다. 즉 토지의 보상 방법은, "부동산가격 공시에 관한 법률"(부동산가격공시법)에 따른 공시지가를 기준으로 하되, 그 공시기준일부터 가격시점까지의 그 토지의 이용계획, 해당 공익사업으로 인한 지가의 영향을 받지 아니하는 지역의 지가변동률, 생산자물가상승률과 그 밖에 그 토지의 위치 · 형상 · 환경 · 이용상황 등을 고려하여 평가한 적정가격으로 보상하는 것을 원칙으로 하고 있다(법 제70조 제1항).

이를 요약하면 토지에 대한 보상의 방법은 "비교표준지의 공시지가를 기초로 한 적정가격"에 의한 보상이라고 할 수 있다. 이를 나누어 설명하면 다음과 같다.

2. 공시지가에 의한 보상

가. 개 설

(1) 토지보상법 제70조 제1항은 취득하는 토지에 대한 보상은 "부동산가격 공시에 관한 법률에 의한 공시지가"를 기준으로 한다고 규정하고 있다.

여기서 부동산가격공시법에 의한 공시지가란 "비교표준지의 공시지가"를 의미한다. 따라서 공시지가를 기준으로 적정가격에 의한 보상을 하기 위해서는 먼저 전국의 토지 중에서 표준지[286]를 선정한 다음 그에 대한

286) 국토교통부가 2020.2.13. 공시한 내용에 의하면 2020.1.1. 현재 전국의 공시대상토지 약 33,530,000필지 중에서 표준지는 500,000필지이다.

공시지가를 산출하여야 하는데 이에 관해서는 부동산가격공시법령이 규정하고 있다. 모든 표준지에 대한 가격이 산출되면 그중에서 피수용토지와 유사한 이용가치를 지닌 표준지, 즉 비교표준지를 선정하여야 한다. 비교표준지를 선정하는 방법이나 기준에 관해서는 뒤에서 보는 바와 같이 많은 판례가 집적되어 있다.

(2) 표준지의 공시지가를 기준으로 토지에 대한 보상액을 결정하는 이유는 토지에 대한 객관적 가치를 파악하는 어려움을 해결하고 개발이익이나 투기가격이 보상액에 포함되는 것을 방지하기 위한 것이다. 이러한 보상 방법이 과연 헌법상의 정당보상주의의 요청에 부합하는지 여부에 대해서는 논의가 있지만 판례는 공시지가에 의한 보상은 완전보상의 원리에 위배되지 않는다는 입장이다.[287]

공시지가제도에 관한 법령의 조항을 구체적으로 살펴보면 공시지가에 의하여 토지의 적정가격을 산출하는 것을 쉽사리 위헌이라고 단정하기는 어려운 것으로 보인다.

(3) 표준지에 대한 가격을 포함하여 피수용토지에 대한 보상액을 산출하는 작업은 전문기술을 요하는 분야로서 감정평가사의 고유한 업무 영역에 속한다(부동산가격공시법 제22조). 토지수용위원회나 법원이 보상액을 산정함에 있어서는 감정평가사에 의뢰하여야 한다. 감정평가사가 토지수용위원회나 법원의 의뢰에 따라 토지에 대한 적정가격을 산정함에 있어서는 토지보상법과 부동산가격공시법의 규정에 따라야 하되 평가 대상 토지의 가격과 표준지의 공시지가가 균형을 유지하도록 감정하여야 한다(법 제21조 제1항, 제2항).

(4) 감정평가사나 감정평가법인 등은 감정평가를 의뢰받은 토지 등의 감정평가를 위하여 필요한 경우에는 해당 토지나 물건에 출입하여 측량하

287) 대판 1993.7.13. 93누2131.

거나 조사할 수 있다(토지보상법 제27조 제1항 제2호).

나. 공시지가를 기준으로 피수용토지에 대한 적정가격을 산정하는 방법은 ① 표준지의 선정 및 공시지가의 산출, ② 비교표준지의 선정, ③ 공시기준일부터 가격시점까지의 토지의 이용계획, 지가변동률, 생산자 물가상승률 반영, ④ 지역요인과 개별요인 및 기타요인 참작이라는 순서에 따른다. 이에 대해서 나누어 설명하면 다음과 같다.

(1) 표준지의 선정 및 공시지가의 산출

(가) 표준지 공시지가의 의의

1) 표준지란 토지이용상황이나 주변환경 그 밖의 자연적 · 사회적 조건이 일반적으로 유사하다고 인정되는 일단의 토지 중에서 대표성이 인정되어 선정된 토지를(부동산가격공시법 제3조 제1항 참조), 표준지 공시지가란 동법에서 규정한 절차에 따라 국토교통부장관이 매년 공시기준일 현재를 기준으로 조사 · 평가하여 공시한 표준지의 단위 면적당 가격을 각각 의미한다(법 제2조 제5호).

표준지 공시지가는 토지시장의 지가정보를 제공하고 일반적인 토지거래의 지표가 되며, 국가 · 지방자치단체 등의 기관이 그 업무와 관련하여 지가를 산정하거나 감정평가업자가 개별적으로 토지를 감정평가하는 경우에 그 기준이 된다(법 제10조).

2) 공시지가라는 용어는 표준지의 단위 면적당 가격뿐만 아니라 개별필지의 단위 면적당 가격을 의미하는 개별공시지가라는 명칭으로도 사용되고 있다(법 제11조). 그러나 개별공시지가의 산출 방법이나 기능은 표준지 공시지가의 그것과는 상이하다. 즉 개별공시지가는 시장 · 군수 또는 구청장이 개발이익 환수에 관한 법률에 의한 개발부담금의 부과 그 밖의 다른 법령이 정하는 목적을 위한 지가 산정에 사용하기 위하여 시 · 군 ·

구의 부동산평가위원회의 심의를 거쳐 결정하는 공시지가로서, 표준지의 공시지가를 기준으로 하되 토지가격비준표를 사용하여 산정한다(동조 제3항). 그러므로 피수용토지에 대하여 개별공시지가가 공시되어 있더라도 정당한 보상액은 개별공시지가에 의하여 결정되는 것이 아니다.[288)]

(나) 표준지의 선정과 적정가격의 조사 · 평가

1) 부동산가격공시법의 규정

국토교통부장관은 토지 이용상황이나 주변환경 그 밖의 자연적 · 사회적 조건이 일반적으로 유사하다고 인정되는 일단의 토지 중에서 선정한 표준지에 대하여 매년 공시기준일 현재의 적정가격을 조사 · 평가한 다음 중앙부동산평가위원회의 심의를 거쳐 이를 공시하여야 한다(법 제3조 제1항). 따라서 표준지의 선정과 선정된 표준지에 대한 적정가격의 조사 · 평가는 토지에 대한 보상금을 산출하는 출발점이 된다.

2) 표준지 선정

가) 국토교통부장관은 표준지를 선정할 때에는 일단의 토지 중에서 당해 일단의 토지를 대표할 수 있는 필지의 토지를 선정하여야 한다(법 시행령 제3조 제1항).

부동산가격공시법 제3조 제1항의 "일단의 토지"란 토지 이용상황이나 주변환경 그 밖의 자연적 · 사회적 조건이 일반적으로 유사하다고 인정되는 토지의 집단을 의미한다고 할 수 있다. 이러한 일단의 토지의 개념은 토지보상법 제73조 제1항에 규정된 일단의 토지에 대해서 판례가 정의한 개념[289)]보다 넓다.

288) 대판 2002.3.29. 2000두10106; 1993.6.8. 92누18931.

289) 토지보상법상 "일단의 토지"란 용도상 불가분의 관계에서 한 필지의 토지처럼 이용되는 여러 필지의 토지라 할 수 있다. 여기서 용도상의 불가분의 관계란 일단의 토지로 이용되고 있는 상황이 사회적 · 경제적 · 행정적 측면에서 합리적이고 당해 토지의 가치형성적 측면에서도 타당하다고 인정되는 관계를 말하는데, 이러한 일단

나) 표준지 선정의 구체적인 방법은 "표준지의 선정 및 관리지침(법 제19조 제1항 제1호)에 따라야 한다(법 시행령 제3조 제2항).

3) 표준지 공시지가에 대한 적정가격의 조사 · 평가

가) 적정가격의 개념

표준지 공시지가는 당해 토지의 "적정가격"을 반영한 것이라고 할 수 있는데, 여기서 "적정가격"이란 통상적인 시장에서 정상적인 거래가 이루어지는 경우 성립될 가능성이 가장 높다고 인정되는 가격을 말한다(법 제2조 제6호). 통상적인 시장이란 수요나 공급 독점이 없는 완전 시장을 의미하지만[290] 현실적으로는 합리적으로 행동을 하는 다수의 실수요자를 중심으로 시간적으로 비교적 장기간에 걸쳐서 유사한 가격이 형성되는 시장을 의미한다. 정상적인 거래란 대상 토지의 경제적 가치나 용도 등에 관해서 충분한 정보를 가진 당사자들 간의 투기적 거래가 아닌 거래를 말한다. 그리고 성립될 가능성이 가장 높다고 인정되는 가격이란 체결된 사례가 가장 많은 가격(최고빈도가격)을 의미한다.

이상을 요약하면, "적정가격"이란 대상 토지가격에 관해서 충분한 정보를 가진 실수요자들 사이에 비교적 장기간에 걸쳐서 형성된 투기적 거래가격이 아닌 가격으로 체결된 사례가 가장 많은 가격을 의미한다고 할 수 있다.

나) 적정가격의 조사 · 평가 방법

적정가격을 조사 · 평가하기 위해서는 인근 유사토지의 거래사례를 비교하거나(거래사례비교법), 임대료 수입을 기초로 해서 피수용 토지의 자산 가격으로 환원해 보거나(수익환원법), 유사 토지의 조성에 필요한 비용

의 토지는 그 전체를 1필의 토지로 보고 토지특성을 조사하여 전체에 대해서 단일 가격으로 평가하여야 한다(대판 2005.5.26. 2005두1428).

290) 이선영, 앞의 책 415면.

추정액(원가법) 등을 종합적으로 참작하여야 한다(법 제5조 제1항).

4) 공시지가 결정에 대한 불복

표준지 공시지가의 결정은 이를 기초로 한 재결 등과는 별개의 독립한 처분으로서 서로 독립하여 별개의 법률효과를 목적으로 하는 행정처분이다. 이에 대해서 이의가 있으면 표준지 공시지가의 공시일부터 30일 이내에 서면으로 국토교통부장관에게 이의신청 절차를 거쳐서(법 제8조 제1항) 공시지가 결정의 취소를 구하는 행정소송을 제기할 수 있다.[291]

판례는 "표준지 공시지가 결정에 위법이 있는 경우에는 그 자체를 행정소송의 대상이 되는 행정처분으로 보아 그 위법 여부를 다툴 수 있음은 물론, 수용보상금의 증액을 구하는 소송에서도 선행처분으로서 그 수용대상 토지 가격 산정의 기초가 된 비교표준지 공시지가 결정의 위법을 독립된 사유로 주장할 수 있다."[292]고 한다.

그러나 위 판례와는 달리 개별 토지가격 결정을 다투는 소송[293]이나 조세소송[294]의 경우에는 그 전제가 되는 표준지 공시지가 결정의 위법성을 다툴 수 없다고 한다.

개별공시지가에 대한 불복이 있는 경우에는 개별공시지가의 결정 · 공시일부터 30일 이내에 서면으로 시장 · 군수 또는 구청장에게 이의를 신청할 수 있다(법 제12조 제1항). 개별공시지가의 결정 역시 항고소송의 대상이 되는 행정처분이다.[295]

5) 토지가격비준표에 의한 보상금 산정의 적법성

부동산가격공시법 제11조 제3항에서 규정하고 있는 토지가격비준표란

291) 대판 1994.12.13. 94누5038.
292) 대판 2008.8.21. 2007두13845.
293) 대판 1996.12.6. 96누1832.
294) 대판 1997.4.11. 96누8895.
295) 대판 1994.2.8. 93누111.

개별토지가격을 결정함에 있어서 당해 토지와 유사한 이용가치를 지니는 표준지의 공시지가를 기준으로 국토교통부장관이 제공하는 표준지와 당해 토지의 지가형성요인에 관한 표준적인 비교표를 말한다.[296)]

토지가격비준표는 개별공시지가가 공표되지 아니한 토지에 대한 가격을 산정하기 위한 자료로 제공되는 것으로, 토지수용에 따른 보상액 산정의 기준이 되는 것은 아니고 단지 참작자료에 불과하다.[297)] 따라서 토지가격비준표에 의해서 계산된 표준지와 해당 토지간의 비준율을 그대로 적용하여 보상액을 산정하는 것은 위법하다.[298)]

(2) 비교표준지의 선정

(가) 비교표준지의 개념

감정평가업자는 타인의 의뢰를 받아 토지를 개별적으로 감정 평가할 때에는 그 토지와 이용가치가 비슷하다고 인정되는 표준지의 공시지가를 기준으로 하여야 한다(부동산가격공시법 제21조 제1항 본문). 이러한 표준지는 통상적으로 여러 개가 있기 때문에 감정평가업자는 "인근지역에 있는 표준지 중에서 대상토지와 용도지역 · 이용상황 · 주변환경 등이 같거나 비슷한 표준지를 선정"(감정평가에 관한 규칙 제14조 제2항 제1호 본문)하여야 한다. 이와 같이 인근지역의 표준지 가운데 대상 토지의 가격을 산출하기 위하여 선정된 표준지를 비교표준지라 한다.

(나) 비교표준지의 선정 방법

비교표준지의 선정 방법에 관해서는 오랫동안 집적된 판례에 의해서 세부적인 기준이 확립되어 있다. 다만 판례 중에는 부동산가격공시법에서 규정하고 있는 개별공시지가(개별토지가격)를 산정하는데 필요한 비교표

---

296) 대판 1994.4.12. 93누19245.

297) 대판 2007.7.12. 2006두11507.

298) 대판 1995.7.25. 93누786.

준지를 선정하는 기준에 관한 판례와 피수용토지의 보상액 산정을 위한 비교표준지를 선정하는 기준에 관한 판례가 모두 포함되어 있다. 그렇지만 표준지를 선정하는 기준으로서는 양자 간에 차이가 없다. 비교표준지 선정 방법에 관하여 판례가 제시하는 기준은 다음과 같다.

- 표준지는 수용 대상 지역 밖에서 선정하는 것도 가능하다(대법원 1993. 9. 10. 선고 93누5307 판결).
- 평가 대상 토지 주위에 달리 적절한 표준지가 없는 이상 표준지와 평가 대상 토지가 상당히 떨어져 있다는 것만으로는 그 표준지 선정이 위법하다고 할 수는 없다(대법원 1992. 11. 13. 선고 92누1377 판결).
- 비교표준지는 대상토지와 용도지역, 지목, 토지용도(실제용도), 주위환경, 위치 기타 자연적·사회적 조건이 가장 유사한 인근지역 소재 표준지 중에서 선정하는 것이 가장 합리적인 선정 방법이다(대법원 2001. 7. 13. 선고 99두10391 판결).
- 적합한 표준지를 비교표준지로 선정한 이상 종전의 비교표준지를 바꾼 것만으로는 비교표준지 선정에 있어 어떠한 위법이 있다고 할 수 없다(대법원 2001. 7. 13. 선고 99두10391 판결).
- 평가 대상 토지에 대한 표준지를 선정함에 있어 인근에 용도·지목·주변환경 등이 동일한 표준지가 있으면 이를 표준지로 할 것이지만, 그렇지 아니하는 경우에는 용도지역이 같은 표준지를 선정함이 상당하다(대법원 2000. 3. 24. 선고 96두13942 판결).
- 당해 토지와 유사한 이용가치를 지닌다고 인정되는 표준지라 함은 공부상의 지목과는 관계없이 현실적 이용상황이 같거나 유사한 표준지를 의미한다(대법원 1993. 5. 25. 선고 92누15215 판결).
- 비교표준지는 특별한 사정이 없는 한 도시지역 내에서는 용도지역을 우선으로 하고, 도시지역 외에서는 현실적 이용상황에 따른 실제 지목을 우선으로 하여 선정해야 한다. 또한 수용대상토지가 도시지역 내에 있는

경우 용도지역이 같은 비교표준지가 여러 개 있을 때에는 현실적 이용상황, 공부상 지목, 주위환경, 위치 등의 제반 특성을 참작하여 자연적, 사회적 조건이 수용대상 토지와 동일 또는 유사한 토지를 당해 토지에 적용할 비교표준지로 선정해야 하고, 마찬가지로 수용대상토지가 도시지역 외에 있는 경우 현실적 이용상황이 같은 비교표준지가 여러 개 있을 때에는 용도지역까지 동일한 비교표준지가 있다면 이를 당해 토지에 적용할 비교표준지로 선정해야 한다(대법원 2011. 9. 8. 선고 2009두4340 판결).

- 비교표준지는 특별한 사정이 없는 한 도시계획구역 내에서는 용도지역을 우선으로 하고, 도시계획구역 외에서는 현실적 이용상황에 따른 실제지목을 우선으로 하여 선정하여야 하나, 이러한 토지가 없다면 지목, 용도, 주위 환경, 위치 등의 제반 특성을 참작하여 그 자연적, 사회적 조건이 감정대상 토지와 동일 또는 가장 유사한 토지를 선정하여야 하고, 표준지와 감정대상 토지의 용도지역이나 주변 환경 등에 다소 상이한 점이 있더라도 이러한 점은 지역요인이나 개별요인의 분석 등 품등비교에서 참작하면 되는 것이지 그러한 표준지의 선정 자체가 잘못된 것으로 단정할 수는 없다(대법원 2009. 9. 10. 선고 2006다64627 판결).

3. 토지의 이용계획, 지가변동률, 생산자 물가변동률 참작

비교표준지가 선정되면 이를 기초로 다시 토지보상법의 규정에 따라 피수용토지에 대한 보상액이 되는 적정가격[299]을 산출하여야 한다. 토지보상법 제70조 제1항은 토지에 대한 보상액이 되는 적정가격을 산출함에 있

299) 부동산가격공시법 제3조 제1항이나 제5조 제1항에서 말하는 "적정가격"은 표준지의 공시지가 자체를 의미하고, 토지보상법 제70조 제1항에 규정된 적정가격은 표준지의 공시지가에 일정한 사항을 참작하여 산출된 피수용토지의 정당한 보상액을 의미하므로, 양법이 규정하는 적정가격의 개념은 다르다.

어서 공시기준일부터 가격시점까지의 기간 동안 참작하여야 할 사항에 대해서 규정하고 있다. 이를 살펴보면 다음과 같다.

가. 공시기준일

국토교통부장관은 토지 이용상황이나 주변 환경 그 밖의 자연적 · 사회적 조건이 일반적으로 유사하다고 인정되는 일단의 토지 중에서 선정한 표준지에 대하여 매년 공시기준일 현재의 적정가격을 조사 · 평가하고, 중앙부동산평가위원회의 심의를 거쳐 이를 공시하여야 한다(부동산가격공시법 제3조 제1항).

공시기준일이란 표준지의 공시지가를 산정한 기준이 되는 일자로서 1월 1일이다. 다만 국토교통부장관이 표준지조사 · 평가인력 등을 감안하여 부득이하다고 인정되는 때에는 일부지역을 지정하여 당해 지역에 대하여는 따로 공시기준일을 정할 수 있다(법 시행령 제4조).

나. 가격시점

(1) 보상액 산정의 가격시점은 협의에 의한 경우에는 협의성립 당시의 가격을, 재결에 의한 경우에는 수용 또는 사용의 재결 당시를 가격을 각각의 기준으로 한다(법 제67조 제1항).

(2) 수용재결과 이의재결 사이에 공시지가에 변동이 있는 경우에는 어느 공시지가를 기준으로 보상금을 산정하는지에 대해서는 판례는 다음과 같이 밝히고 있다. 즉 "공시지가는 공시기준일을 기준으로 하여 효력이 있다 할 것이므로 그 공시기준일 이후를 가격시점으로 한 평가나 보상은 공시된 공시지가를 기준으로 하여 산정하여야 할 것이고 비록 수용재결시에 기존의 공시지가가 공시되어 있다 하더라도 이의재결시에는 새로운 공시지가의 공시가 있었고 그 공시기준일이 수용재결일 이전으로 된 경우에는 이의재결은 새로 공시된 공시지가를 기준으로 하여 평가한 금액으로 행하

는 것이 옳다."[300]고 한다.

다. 관계 법령에 따른 그 토지의 이용계획

이는 국토기본법이나 국토계획법 기타 법령에서 해당 토지의 이용에 관한 규정을 두고 있는 경우에는[301] 그러한 계획에 의한 제한은 해당 토지의 보상액 산정에 고려되어야 한다는 의미이다. 판례는 "공법상 제한을 받는 토지의 수용보상액을 산정함에 있어서는 공법상 제한이 당해 공공사업의 시행을 직접 목적으로 하여 가하여진 경우에는 제한을 받지 아니하는 상태대로 평가하여야 하고, 반면 당해 공공사업의 시행 이전에 이미 당해 공공사업과 관계없이 도시계획법에 의한 고시 등으로 일반적 계획제한이 가하여진 상태인 경우 그러한 제한을 받는 상태 그대로 평가하여야 한다."[302]고 밝힌 바 있다. 이러한 판례의 견해는 토지보상법 시행규칙 제23조 제1항으로 입법화되었다.

라. 대통령령으로 정하는 지가변동률

(1) 법 제70조 제1항에 규정된 "대통령령으로 정하는 지가변동률"이란 부동산 거래신고 등에 관한 법률 시행령 제17조에 따라 국토교통부장관이 조사 · 발표하는 지가변동률로서 평가대상 토지와 가치형성요인이 같거나 비슷하여 해당 평가대상 토지와 유사한 이용가치를 지닌다고 인정되는 표준지(이하 "비교표준지"라 한다)가 소재하는 시(행정시를 포함한다. 이하 이 조에서 같다) · 군 또는 구(자치구가 아닌 구를 포함한다. 이하 이 조에서 같다)의 용도지역별 지가변동률을 말한다. 다만, 비교표준지와 같은 용

---

300) 대판 1993.3.23. 92누265.

301) 예를 들면 도시계획법 제34조에 따라 개발제한구역으로 지정된 토지나 군사시설보호법 제4조 제1항에 따라 보호구역으로 지정된 토지.

302) 대판 1993.10.12. 93누1252.

도지역의 지가변동률이 조사 · 발표되지 아니한 경우에는 비교표준지와 유사한 용도지역의 지가변동률, 비교표준지와 이용상황이 같은 토지의 지가변동률 또는 해당 시 · 군 또는 구의 평균지가변동률 중 어느 하나의 지가변동률을 말한다(법 시행령 제37조 제1항).

(2) 위 규정에 따라 대통령령으로 정하는 지가변동률을 적용함에 있어서는, "비교표준지가 소재하는 시 · 군 · 구의 용도지역의 지가변동률"이 우선하여 적용되고, 다만 비교표준지와 같은 용도지역의 지가변동율이 조사 · 발표되지 아니한 경우에는 "유사한 용도지역의 지가변동률"과 "비교표준지와 이용상황이 같은 토지의 지가변동률" 또는 "시 · 군 · 구의 평균지가변동률" 중에서 어느 하나를 선택하여 적용하게 된다.

그런데 2013. 5. 28. 대통령령 제24544호로 개정되기 전의 토지보상법 시행령 제37조 제1항은 대통령령으로 정하는 지가변동률이란 위 (1)항과는 달리 "평가대상 토지가 소재하는 시 · 군 · 구의 지가변동률"이라고만 규정하고 있을 뿐이고, 용도지역별 지가변동률을 우선 적용한다는 규정이 없었다. 그래서 당시의 판례는 "지가변동률을 참작함에 있어서는 수용대상토지가 도시지역 내에 있는 경우에는 원칙적으로 용도지역별 지가변동률에 의하여 보상금을 산정하는 것이 더 타당하나, 개발제한구역으로 지정되어 있는 경우에는 일반적으로 이용상황에 따라 지가변동률이 영향을 받으므로 특별한 사정이 없는 한 이용상황별 지가변동률을 적용하는 것이 상당"하다고 하였다.[303)]

그러나 토지보상법 시행령 제37조 제1항이 개정됨에 따라 개발제한구역으로 지정된 토지일지라도 용도지역별 지가변동율이 우선적으로 적용되는 것으로 해석하여야 할 것이다.

303) 대판 2014.6.12. 2013두4620.

마. 생산자 물가상승률

생산자 물가상승률이란 한국은행법 제86조에 따라 한국은행이 조사·발표하는 생산자 물가지수에 따라 산정된 비율을 말한다(법 제70조 제1항).

4. 토지의 위치·형상·환경·이용상황에 대한 고려

가. 토지보상법 제70조 제1항에서는 피수용토지의 "위치·형상·환경·이용상황 등"을 고려한다고 규정하고 있다. 이와 관련하여 감정 실무상으로는 한국감정평가협회가 제정한 보상평가지침에 따라 토지가격 형성에 영향을 미치는 요인을 지역요인과 개별요인 및 기타요인 등으로 세분하여 피수용토지에 대한 보상액을 산정하고 있다.

(1) 지역요인

지역요인이란 토지가격 형성에 영향을 미치는 지역적 특성을 말하는데 이는 택지지역, 농지지역, 임지지역으로 분류되고, 택지지역은 다시 주거지역, 상업지역, 공업지역으로 세분된다. 피수용토지에 대한 비교표준지는 기본적으로 지역요인이 동일한 표준지 중에서 선정하여야 하므로, 피수용토지와 비교표준지의 지역요인은 동일하게 된다.

(2) 개별요인

개별요인이란 토지가격 형성의 요인이 되는 개별 토지의 특성을 말한다. 개별요인에는 가로조건(가로의 폭, 구조 등 가로의 상태), 접근조건(도심과의 거리 및 교통시설 상태, 인근 교통시설의 편의성과 도심과의 접근성, 상가·공공시설·편의시설 등의 배치 상태), 환경조건(일조, 통풍, 조망, 경관, 지질 지반 등의 기상조건이나 자연환경 또는 사회환경), 행정적조건(행정상의 규제 정도, 용도지역, 지구, 구역의 내용), 획지조건(면적, 접면 너비, 깊이, 형상, 방위, 고저), 기타조건(장래의 동향, 이용상태, 및 효용성) 등이 포함된다.

위에서 본 지역요인과 개별요인의 개개 항목에 관하여 피수용 토지와 비교표준지와의 우열관계를 수치화하여 양 토지의 가치를 비교하는 것을 품등비교라 한다.

(3) 기타요인

기타요인이란 인근 토지의 매매사례나 평가선례를 말한다. 판례는 "수용대상 토지의 정당한 보상액을 산정함에 있어서 인근 유사토지의 정상거래사례를 반드시 조사하여 참작하여야 하는 것은 아니지만, 인근 유사토지가 거래된 사례나 보상이 된 사례가 있고 그 가격이 정상적인 것으로서 적정한 보상액 평가에 영향을 미칠 수 있는 것임이 입증된 경우에는 이를 참작할 수 있고, 여기서 '인근 유사토지의 정상거래가격'이라고 함은 그 토지가 수용대상 토지의 인근지역에 위치하고 용도지역, 지목, 등급, 지적, 형태, 이용상황, 법령상의 제한 등 자연적 · 사회적 조건이 수용대상 토지와 동일하거나 유사한 토지에 관하여 통상의 거래에서 성립된 가격으로서, 개발이익이 포함되지 아니하고, 투기적인 거래에서 형성된 것이 아닌 가격을 말한다."[304]고 한다.

이와 같이 판례가 인근 유사토지의 매매사례를 참작할 수 있는 요건에 대해서 엄격한 제한을 가함에 따라 인근 유사토지의 거래사례가 보상액 산정에 참작되는 경우는 실무상 찾아보기 어렵다. 이로 인하여 공시지가에 의한 보상액은 인근 유사토지의 거래 가격과 괴리가 발생하는 현상은 피할 수 없게 되었다.

나. 감정평가서에서 보상액 산정요인을 기술하는 정도

판례는 감정평가사가 피수용토지에 대한 감정평가서를 작성함에 있어서 개별요인 등 보상액 산정요인을 기술하는 정도에 대해서 다음과 같은

304) 대판 2002.4.12. 2001두9783.

기준을 제시하고 있다.[305)]

“토지의 수용 · 사용에 따른 보상액을 평가할 때에는 관계 법령에서 들고 있는 모든 산정요인을 구체적 · 종합적으로 참작하여 그 요인들을 모두 반영하여야 하고, 이를 위한 감정평가서에는 모든 산정요인의 세세한 부분까지 일일이 설시하거나 그 요인들이 평가에 미치는 영향을 수치적으로 나타내지는 않더라도 그 요인들을 특정 · 명시함과 아울러 각 요인별 참작 내용과 정도를 객관적으로 납득할 수 있을 정도로 설명을 기재하여야 한다. 이는 보상선례를 참작하는 것이 상당하다고 보아 이를 보상액 산정요인으로 반영하여 평가하는 경우에도 마찬가지라 할 것이므로, 감정평가서에는 보상선례토지와 평가대상인 토지의 개별요인을 비교하여 평가한 내용 등 산정요인을 구체적으로 밝혀 기재하여야 한다. 따라서 보상선례를 참작하면서도 위와 같은 사항을 명시하지 않은 감정평가서를 기초로 보상액을 산정하는 것은 위법하다고 보아야 한다.”

5. 개발이익 배제의 원칙

가. 개발이익 배제의 원칙의 의의

(1) 개발이익의 개념

개발이익 배제의 원칙을 정확하게 이해하기 위해서는 개발이익의 개념을 규정할 필요가 있다. 개발이익이라는 용어는 법령에 따라서 다음과 같이 다양한 의미로 사용되고 있다.[306)]

(가) 광의의 개발이익

광의의 개발이익이란 개발이익 환수에 관한 법률 제2조 제1호에서 규정

305) 대판 2013.6.27. 2013두2587.

306) 정의남 · 김승종 · 박동길 외 “토지에 대한 개발이익환수제도의 개편방향” 국토연구원(2003).

하고 있는 개념이다.[307] 이에 의하면, 개발이익이란 개발사업의 시행이나 토지이용계획의 결정이나 변경, 그 밖에 사회적 · 경제적 요인에 따라 정상지가상승분을 초과하여 개발사업시행자나 토지소유자에게 귀속되는 토지가액의 증가분을 말한다. 따라서 동법에서 말하는 개발이익은 개발사업과 무관하게 사회적 · 경제적 요인에 의해서 발생하는 토지가액 증가분까지 포함한 전체 토지가액 증가분 가운데 정상지가상승분을 공제한 차익을 의미하며 이러한 개발이익 전체가 개발이익부담금을 통하여 환수의 대상이 된다.

판례 역시 "개발부담금에 의한 환수의 대상이 되는 개발이익은 개발사업의 시행 기타 사회 · 경제적 요인에 의하여 개발부담금의 부과대상사업이 시행되는 지역에서 개발사업이 시행되는 기간 동안에 발생하는 토지가액의 증가분[308]"을 의미한다고 하여 광의의 개발이익의 개념에 입각하고 있다.

(나) 협의의 개발이익

협의의 개발이익이란 개발사업의 시행이나 토지이용계획의 결정 · 변경 등으로 인하여 발생한 지가 상승분만을 의미한다. 따라서 광의의 개발이익 가운데 사회적 · 경제적 요인으로 발생한 지가상승분은 제외한 이익을 의미한다.[309]

---

307) 김동희, 행정법Ⅱ(2017) 496면; 박윤흔, 행정법강의(하)(2004) 728면; 박평준 · 박창석, 앞의 책 301면; 석종현, 앞의 책 140면.

308) 대판 2017.3.9. 2015두929.

309) 강교식 · 김원보 · 임호정, 앞의 책 444면에 의하면 개발이익환수법상의 개발이익은 보상액산정에서 배제되는 개발이익과 같지 않다고 한다. 또한 한국감정평가협회의 보상평가지침에는, 개발이익이라 함은 공익사업의 계획 또는 시행이 공고 또는 고시되거나 공익사업의 시행 기타 공익사업의 시행에 따른 절차로서 행하여진 토지이용계획의 설정 · 변경 · 해제 등으로 인하여 토지소유자가 자기의 노력에 관계없이 지가가 상승되어 현저하게 받은 이익으로서 정상지가상승분을 초과하여 증가된 부분을 말한다(지침 제3조 제2호)고 규정하고 있다.

(다) 최협의의 개발이익

최협의의 개발이익이란 협의의 개발이익 가운데 토지이용계획의 결정·변경이라는 무형의 개발에서 발생한 이익을 제외한 유형적인 공공사업의 시행으로 인하여 발생한 토지가격의 증가분만을 의미한다.

(라) 결 론

개발이익에서 말하는 "개발"이란 공익사업의 시행을 위한 절차적·사실적 행위 전체를 의미한다. 이에는 유형적인 공익사업뿐만 아니라 토지의 지목변경, 건물의 용도변경, 개발제한구역의 해제 등 무형적인 개발까지 포함하는 것으로 본다.

그러나 도시로의 인구 집중, 건축경기의 활성화, 금리 또는 경기의 변동 등 사회적·경제적 요인으로 발생한 토지가격상승분은 개발이익에서 말하는 "개발"의 개념에 포함되지 아니한다고 본다(협의의 개발이익).

"이익"이란 피수용토지의 소유자의 노력과 관계없이 오로지 개발행위로 인하여 발생한 토지가격 상승분만을 의미한다. 그러나 구 국토이용관리법에서 규정한 바와 같이 공공사업에 따른 지가 상승이 반드시 인근 유사지역의 지가에 비하여 현저하게 상승하여야 할 필요는 없다고 본다.[310)]

(2) 개발이익 배제의 원칙

개발이익 배제의 원칙이란 피수용토지에 대한 정당한 보상액을 산정함에 있어서 당해 공익사업의 시행으로 인한 지가상승의 이익, 다시 말해서 협의의 개발이익은 제외한다는 원칙을 말한다. 토지보상법은 제67조 제2

---

310) 구 국토이용관리법 제3조의 2에 의하면, 국가지방자치단체 또는 정부투자기관의 개발사업이나 정비사업 등에 의하여 토지소유자가 자신의 노력에 관계없이 지가가 현저하게 상승되어 받는 이익을 개발이익이라고 규정하였다. 이러한 구 국토이용관리법상의 개발이익의 개념은 협의의 개발이익을 의미하는지 아니면 최협의의 개발이익만을 의미하는지 분명치 않다. 더욱이 위 법은 지가의 현저한 상승분만 개발이익으로 인정하고 있다는 점에서 일반적인 개발이익의 개념과는 다르게 규정하고 있다. 위 법은 2003. 1. 1.부터 국토계획법이 시행됨에 따라 폐지되었다.

항에서 “보상액을 산정할 경우에 해당 공익사업으로 인하여 토지 등의 가격이 변동되었을 때에는 이를 고려하지 아니한다.”고 규정하여 개발이익 배제의 원칙을 보상액 산정의 원칙으로 채택하고 있다.

나. 개발이익 배제의 원칙의 근거

피수용토지에 대한 보상금의 산정에 있어서 개발이익을 보상금 산정에서 제외하는 이유는, 그것이 헌법 제23조에 규정된 “정당한 보상”에 포함되지 아니한다고 보기 때문이다. 헌법재판소는 개발이익을 정당한 보상에서 제외하는 근거에 대해서 다음과 같이 밝히고 있다.

“공익사업의 시행으로 지가가 상승하여 발생하는 개발이익은 기업자의 투자에 의하여 발생하는 것으로서 피수용자인 토지소유자의 노력이나 자본에 의하여 발생한 것이 아니다. 따라서 이러한 개발이익은 형평의 관념에 비추어 볼 때, 토지소유자에게 당연히 귀속되어야 할 성질의 것은 아니고, 오히려 투자자인 기업자 또는 궁극적으로는 국민 모두에게 귀속되어야 할 성질의 것이다. 또한 개발이익은 공공사업의 시행에 의하여 비로소 발생하는 것이므로 그것이 피수용토지가 수용 당시 갖는 객관적 가치에 포함된다고 볼 수도 없다. 개발이익이란 시간적으로 당해 공익사업이 순조롭게 시행되어야 비로소 현재화될 수 있는 것이므로 아직 공익사업이 시행되기도 전에 개발이익을 기대하여 증가한 지가부분은 공익사업의 시행을 볼모로 한 주관적 가치부여에 지나지 않는다. 즉 수용에 의하여 토지소유자가 입은 손실과 공익사업의 시행으로 발생하는 이익은 별개의 문제이다. 그러므로 공익사업이 시행되기도 전에 미리 그 시행으로 기대되는 이용가치의 상승을 감안한 지가의 상승분을 보상액에 포함시킨다는 것은 피수용토지의 사업시행 당시의 객관적 가치를 초과하여 보상액을 산정하는 셈이 된다. 따라서 개발이익은 그 성질상 완전보상의 범위에 포함되는 피수용자의 손실이라고는 볼 수 없으므로, 개발이익을 배제하고 손실보상액을 산정한다 하여 헌법이 규정한 정당보상의 원리에 어긋나는 것이라고는 판단되지 않는다."[311)]

대법원 판례 역시 "정당한 보상이라 함은 원칙적으로 피수용재산의 객관적인 재산 가치를 완전하게 보상하여야 한다는 완전보상을 뜻하는 것이라 할 것이나, 투기적인 거래에 의하여 형성되는 가격은 정상적인 객관적 재산 가치로는 볼 수 없으므로 이를 배제한다고 하여 완전보상의 원칙에 어긋나는 것은 아니며, 공익사업의 시행으로 지가가 상승하여 발생하는 개발이익은 궁극적으로는 국민 모두에게 귀속되어야 할 성질의 것이므로 이는 완전보상의 범위에 포함되는 피수용토지의 객관적 가치 내지 피수용자의 손실이라고는 볼 수 없다."[312)]고 하여, 개발이익은 완전보상의 범위에 포함되지 아니한다고 밝히고 있다. 학설 역시 정당한 보상에는 개발이익이 포함되지 아니한다는데 대해서 의견의 일치를 보고 있다.[313)]

다. 개발이익 배제의 원칙에 대한 비판

그러나 개발이익 배제의 원칙에 대해서는 다음과 같은 비판이 따르고 있다.[314)]

(1) 토지소유권에 대한 본질적 침해

토지소유권의 내용 중의 하나인 수익권은 지가 상승의 이익도 토지소유자에게 귀속되는 것을 의미한다. 그런데 지가 상승의 이익 가운데 개발행위로 인한 이익은 토지소유자의 노력이나 자본에 의해서 발생한 것이 아니라는 이유로 토지소유자에게 귀속하여서는 아니 된다는 주장[315)]은 다른

311) 헌재 1990.6.25. 89헌바107.

312) 대판1993.7.13. 93누2131.

313) 박윤흔, 행정법강의(하)(2004) 728면; 류해웅 · 허강무, 앞의 책 104면; 박평준 · 박창석, 앞의 책 302면; 석종현, 앞의 책 140면.

314) 정의남 · 김승종 · 박동길 외, 앞의 논문.

315) 석종현, 앞의 책 141면.

재화의 가격 상승의 경우와 비교하여 볼 때 유독 토지소유권에 대해서만 특별한 제한을 가하는 것으로서 이는 토지소유권의 본질적 내용을 침해하는 것에 해당한다.

(2) 개발이익의 현실적 귀속자

토지에 대한 보상액은 기본적으로 개발사업계획의 발표 단계인 사업인정 고시일 이전에 공고된 공시지가를 기준으로 하도록 규정함으로써(토지보상법 제70조 제4항, 제5항) 사업인정 고시 이후의 지가 상승에 따른 개발이익이 토지소유자에게 귀속되는 것을 봉쇄하고 있다. 그러므로 개발이익은 지가가 상승하기 전의 가격에 따라 해당 토지를 수용한 다음 개발사업 진행 중 또는 종료 후 개발이익이 포함된 가격으로 이를 매각 또는 분양하여 개발비용을 회수하는 개발사업 시행자에게 대부분 귀속되고, 나머지 추가적인 토지가격 상승분은 개발사업 시행자로부터 새로이 토지를 취득한 자에게 귀속된다고 할 수 있다. 이렇게 보면 피수용토지의 소유자는 생산요소 가운데 하나인 토지를 개발사업에 출연하였음에도 불구하고 개발이익의 분배에서는 배제되는 반면에, 자본을 출연한 사업시행자나 사업시행자로부터 새로이 토지를 취득한 자에게만 개발이익이 귀속된다는 것은 공평하다고 할 수 없다.

(3) 개발이익을 향수하는 인근 토지소유자와의 형평성

개발사업이 시행되면 해당 지역뿐만 아니라 시간이 경과함에 따라 인근 지역의 지가까지 상승하게 된다. 이러한 인근 지역의 지가 상승 가운데 정상적인 지가 상승분을 초과하는 부분 역시 개발이익이라 할 수 있다. 만일 이러한 개발이익까지 환수하지 아니하면 피수용토지의 소유자는 개발이익이 배제된 보상금으로는 인근 유사 토지를 취득할 수 없게 된다. 인근 유사 토지에 발생한 개발이익을 회수하지 아니한다면 피수용토지에 대한 보상금에는 적어도 인근 유사 토지의 지가상승분에 해당하는 개발이익은 포

함되어야 하는 것이 정당한 보상이라 할 것이고 평등의 원칙에도 부합한다.[316]

(4) 혐오시설 등의 설치사업으로 인한 지가하락에 대한 손실보상과 비교

공익사업 중에는 공해를 유발하는 혐오시설이나 위험시설의 설치 사업도 다수 있는데 이러한 사업의 시행은 해당 지역과 인근 지역의 지가를 동시에 하락하게 한다. 개발사업으로 인한 지가 상승의 이익을 토지소유자에게 귀속시키지 않겠다는 것이 개발이익 배제의 원칙이라고 한다면 개발사업으로 인한 지가하락의 손실에 대해서는 정당한 보상을 하는 것이 공평하다. 이러한 개발사업으로 인한 손실에 대해서는 수인한도를 넘어가는 경우에만 예외적으로 보상을 인정하고 있는 점에서 보면 개발이익 역시 사회적으로 용인될 수 있는 한도를 초과하는 경우에만 보상에서 제외되어야 하는 것이 타당하다.

따라서 개발이익 배제의 원칙을 극단적으로 관철하면 재산권의 본질적 내용을 침해하게 될 뿐만 아니라 정당한 보상의 원리나 평등의 원칙에 위반될 소지가 있다. 그러므로 인근 유사 토지의 지가상승액과 동일한 정도의 개발이익에 대해서는 보상하는 것이 옳다고 본다.

라. 개발이익 배제 원칙의 구현 방법

(1) 표준지 선정의 기준일

개발이익 배제의 원칙을 관철하기 위해서는 무엇보다도 개발이익이 포함되지 아니한 비교표준지를 선정하여야 한다. 이를 위해서 토지보상법은 다음과 같은 두 가지의 방안을 마련해 두고 있다.

---

316) 류해웅 · 허강무, 앞의 책 108면 참조; 일본 최고재판소 1973.10.13. 판결에 의하면 "금전으로 보상하려면 피수용자가 인근에서 피수용토지와 동등한 대체지 등을 취득하기에 충분한 금전의 보상을 요한다."고 한다.

(가) 사업인정 고시일 전의 시점을 공시기준일로 하는 공시지가의 적용

사업인정 후에 공익사업용지를 취득하는 경우에는 공시지가는 사업인정 고시일 전의 시점을 공시기준일로 하는 공시지가로서, 당해 토지에 관한 협의의 성립 또는 재결 당시 공시된 공시지가 중 당해 사업인정 고시일에 가장 가까운 시점에 공시된 공시지가를 기준으로 보상액을 산출한다(법 제70조 제4항).

동 규정의 취지는 사업인정이 고시되면 개발에 대한 기대감으로 인하여 사업시행 지역의 지가가 폭등하여 자연적인 지가상승분을 초과하는 투기적인 가격이 형성되는데 이렇게 형성된 가격은 개발이익이 포함된 것이므로, 비교표준지 선정의 단계에서 사업인정고시 전에 고시된 비교표준지의 공시지가를 기준으로 보상액을 산정하도록 함으로써 개발이익 배제의 원칙을 확보하고자 하는 것이다.

(나) 공익사업의 계획이나 그 시행이 공고 또는 고시되어 가격 변동이 있는 경우

사업인정 이전에 공익사업의 계획 또는 시행이 공고 또는 고시된 시점에서 이미 취득할 토지의 가격이 변동된 경우에는, 당해 공고일 또는 고시일 전의 시점을 공시기준일로 하는 공시지가로서 당해 토지의 가격시점 당시 공시된 공시지가 중 당해 공익사업의 공고일 또는 고시일에 가장 가까운 시점에 공시된 공시지가를 기준으로 보상액을 산출하여야 한다(법 제70조 제5항).

공익사업을 시행하기 위한 절차를 살펴보면 먼저 공익사업을 실시할 지구를 선정하여 사업계획을 수립하고, 국가로부터 사업지구 지정을 받은 후에 구체적인 사업실시계획에 대한 승인 즉 사업인정을 받아서 공익사업에 착수하게 된다. 이와 관련하여 개발사업(공익사업)과 지가변동간의 상관관계에 대한 실증적인 연구에 의하면, 개발지역의 지가는 개발사업 발표

단계, 공사 착수단계, 공사 완공단계 등 3단계로 나누어 상승하되 각 단계에서 단기간 급상승하고 해당 단계가 경과하면 장기간 완만한 상승을 하는 것으로 밝혀졌다.[317] 토지보상법 별표상의 법률에서 사업인정의제 제도를 도입한 이유 중의 하나는 위와 같은 개발지역의 지가상승의 특성을 고려하여 표준지의 공시지가 기준일을 사업인정 일자보다 좀 더 이전으로 소급함으로써 개발이익이 공시지가에 침투하는 것을 가능한 한 방지하기 위한 것이다.

(다) 비교표준지의 공시지가 기준일을 사업인정 이전의 특정 시점으로 소급하는 방법으로 개발이익을 배제하고자 하는 것은 표준지의 공시지가에 개발이익이 포함될 수 있음을 전제로 한 것이라 하겠는데,[318] 이는 표준지의 공시지가는 공시기준일 현재의 적정가격(부동산가격공시법 제2조 제6호)을 조사·평가한 것이라는 부동산가격공시법 제3조 제1항의 규정과 반드시 일치한다고 말하기 어렵다.

(라) 공시지가에서 개발이익을 배제하기 위한 요건

판례는 공시지가에 개발이익이 포함된 경우에 이를 배제하기 위해서는 단순히 표준지의 전년도 공시지가에 대비한 공시지가변동율이 공공사업이 없는 인근지역의 지가변동율에 비교하여 다소 높다는 사유만으로는 부족하고, 그 지가변동율의 차이가 현저하여 당해 사업 시행으로 인한 개발이익이 개재되어 수용 대상 토지의 지가가 자연적인 지가상승분 이상으로 상승되었다고 인정될 수 있는 경우이어야 한다[319]고 한다. 다만 현행 토지보상법 제70조 제5항에 따라 현실적으로 공시지가에 개발이익이 포함된 표준지가 피수용토지에 대한 비교표준지로 선정될 가능성은 없어졌다고

317) 한국감정원, 보상평가실무지침서(1992) 47면.

318) 대판 1993.7.13. 93누227.

319) 대판 1993.7.13. 93누227.

할 수 있다.

(2) 기타요인 참작 시의 개발이익 배제

앞에서 살펴본 바와 같이 판례는 "인근 유사 토지"에 대한 거래사례나 보상사례가 있고 그 가격이 정상적인 것으로서 적정한 보상액 평가에 영향을 미칠 수 있는 것임이 입증된 경우에는 이를 참작할 수 있는데, '인근 유사 토지의 정상 거래가격'에는 개발이익이 포함되지 아니하고, 투기적인 거래에서 형성된 것이 아닌 가격을 의미하는 것이라고 하여[320] 개발이익은 기타요인 참작 시에도 배제되고 있다.

마. 개발이익배제의 원칙 적용의 예외

(1) 정당한 보상액의 산정에서 제외되는 개발이익은 당해 공익사업에 따라 직접 발생한 지가 상승의 이익에 한정되므로(법 제67조 제2항), 인근 지역에서 시행되는 다른 공익사업에 의하여 발생한 지가 상승의 이익은 보상의 대상에 포함된다.[321]

(2) 일단의 토지의 일부만 공익사업의 시행에 따라 수용되고 남은 잔여지의 가격상승의 이익은 당해 공익사업의 시행으로 인한 개발이익의 일종이지만, 이에 대해서는 피수용토지의 보상금과의 상계를 금지함으로써(법 제66조) 잔여지의 개발이익이 피수용토지의 소유자에게 귀속되는 것이 허용되고 있다.

6. 현황평가의 원칙

가. 현황평가의 원칙의 개념

(1) 현황평가의 원칙이란 토지에 대한 보상액을 산정함에 있어서 가격

320) 대판 2002.4.12. 2001두9783.
321) 대판 1999.1.15. 98두8896.

시점에서의 현실적인 이용상황과 일반적인 이용방법에 의한 객관적 상황을 고려하여 산정하되, 일시적인 이용상황과 토지소유자나 관계인이 갖는 주관적 가치 및 특별한 용도에 사용할 것을 전제로 한 경우 등은 고려하지 아니한다는 원칙을 말한다(법 제70조 제2항).

(2) 현실적 이용상황이란 토지대장 등 공부상에 기재된 지목과 관계없이 가격시점에 있어서 그 토지가 현실적으로 이용되고 있는 상황를 말한다.

일반적인 이용방법이란 일반인이 그 토지를 취득할 경우에 통상적으로 이용하는 방법을 말한다. 토지소유자가 그 토지에 대하여 가지는 주관적 가치나 토지소유자나 제삼자가 그 토지를 특별한 용도에 사용하는 것을 전제로 발생하는 가치 등은 일반적인 이용방법에 의한 객관적인 상황에서 비롯한 가치라고 볼 수 없으므로 토지에 대한 보상액의 산정에서 제외된다.

나. 현황평가의 원칙이 적용되지 아니하는 경우

토지는 공부상의 지목이나 토지 이용에 대한 행정기관의 허가 등에 의하여 이용이 제한되는데, 이를 위반한 이용에 대해서는 현황평가의 원칙이 적용되지 아니한다. 무허가건축물이 건축된 토지나 불법 형질변경 된 토지 및 일시적 이용상황 등이 이에 해당한다.

(1) 무허가건축물의 부지에 대한 평가

(가) 무허가건축물이란 건축법 등 관계 법령에 의하여 허가를 받거나 신고를 하고 건축 또는 용도변경을 하여야 하는 건축물을 허가를 받지 아니하거나 신고를 하지 아니하고 건축 또는 용도변경한 건축물을 말한다(토지보상법 시행규칙 제24조).

(나) 무허가건축물에 대한 부지를 평가함에 있어서 현황평가주의를 고수하면 공부상의 지목에 관계없이 대(垈)[322]로 평가하여야 하는데 이는 법

---

322) 공간정보관리법 시행령 제58조 제8호 가목 참조.

규에 위반하는 행위로 인하여 발생한 결과를 용인하는 것이 되므로 부당하다. 또한 건축물은 건축 당시의 부지의 용도지역에 맞추어서 용도가 지정되어 허가되거나 신고하여야 하므로, 건축물의 용도를 변경하기 위해서도 용도지역에 맞추어서 허가를 받거나 신고를 하여야 한다(건축법 제19조 제1항, 제2항). 만일 허가를 받지 아니하거나 신고하지 아니하고 건축물의 용도를 임의로 변경한 경우에 해당 부지에 대해서 현황평가주의를 적용하면 무허가건축물의 경우와 동일하게 부당한 결과를 초래한다. 이와 같은 이유로 무허가건축물이나 용도변경한 건축물의 부지는 건축 또는 용도변경할 당시의 이용상황을 상정하여 평가하는 것으로 규정하고 있다(토지보상법 시행규칙 제24조).

다만 1989. 1. 24. 당시의 무허가 건축물 등에 대해서는 보상을 함에 있어서는 적법한 건축물로 보고 있다(토지보상법 시행규칙 부칙 제5조 제1항). 이는 장기간 방치된 무허가건축물이나 그 부지에 대해서는 기득권을 보호하기 위한 취지이다.

(2) 불법 형질변경된 토지의 평가

(가) 형질변경의 개념

토지의 형질변경이란 "절토 · 성토 · 정지 · 포장 등의 방법으로 토지의 형상을 변경하는 행위와 공유수면의 매립"을 말하고, 경작을 위한 토지의 형질변경은 제외한다(국토계획법 시행령 제51조 제1항 제3호). 형질변경은 토지의 형질을 외형상으로 사실상 변경시킬 것과 그 변경으로 인하여 원상회복이 어려운 상태에 있을 것을 요하지만, 형질변경 허가에 관한 준공검사를 받거나 토지의 지목까지 변경시킬 필요는 없다.[323]

---

323) 대판 2015.7.23. 2012누28926.

(나) 형질변경 제한 또는 금지의 법적 성격

1) 국토계획법상의 형질변경 제한

국토계획법 제56조 제1항은 토지의 형질변경은 도지사나 시장 등 지방자치단체의 장의 허가를 요하는 개발행위의 일종으로 규정하고 있다(법 제56조 제1항 본문). 다만 건축물의 건축 또는 공작물의 설치나 경작을 위한 경우로서 대통령령이 정하는 토지의 형질변경에 대해서는 허가를 요하지 아니한다(동항 단서, 법 시행령 제51조 제2항).

한편 동법 제80조에는 개발제한구역에서의 행위제한에 대해서는 따로 법률로 정한다고 규정하고 있는데, 이에 따라 개발제한구역법 제12조 제1항 제1호, 제1호의 2에서는 개발제한구역에서의 토지의 형질변경에 대해서는 지방자치단체의 장의 허가를 받도록 규정하고 있다.

이와 같이 토지의 개발행위에 해당하는 형질변경이나 개발제한구역에서 이루어지는 형질변경의 제한은 특정 공익사업과 무관한 토지에 대한 일반적인 공법상의 제한으로 계획제한의 일종이라 할 수 있다.

2) 사업인정 이후의 형질변경의 금지

토지보상법 별표상의 법률에는 대체로 사업인정이나 의제사업인정을 받은 공익사업용지에 대해서는 형질변경을 금지한다는 규정을 두고 있다. 이러한 형질변경의 금지는 피수용토지 소유자에게 부과되는 토지보전의무의 내용 중의 하나로(토지보상법 제25조 제1항) 공법상 제한 중 사업제한의 일종임은 앞에서 살펴본 바와 같다.

(다) 불법 형질변경 토지에 대한 평가 방법

허가를 요하는 토지의 형질변경에 대해서 허가 없이 이루어진 경우에는 무허가건축물의 부지와 동일하게 토지가 형질변경될 당시의 이용상황을 상정하여 평가한다(법 시행규칙 제24조). 다만 1995. 1. 7. 당시 공익사업 시행지구에 편입된 불법 형질변경 토지 또는 무허가 개간 토지에 대하여는 현실적인 이용상황에 따라 보상하거나 개간비를 지급하여야 한다(법 시행규칙 부칙 제6조).

사업인정 또는 의제사업인정 이후에 이루어진 토지의 형질변경의 경우에도 형질변경 당시의 이용상황을 상정하여 보상액을 평가하여야 함은 물론이고, 토지소유자에게는 토지보상법상 원상회복의무도 부과된다(법 제25조 제3항).

(3) 일시적 이용상황에 대한 평가

(가) 일시적 이용상황의 개념

일시적인 이용상황이란 "관계 법령에 따른 국가 또는 지방자치단체의 계획이나 명령 등에 따라 해당 토지를 본래의 용도로 이용하는 것이 일시적으로 금지되거나 제한되어 그 본래의 용도와 다른 용도로 이용되고 있거나 해당 토지의 주위 환경의 사정으로 보아 현재의 이용방법이 임시적인 것"을 말한다(법 시행령 제38조).

이러한 일시적인 이용상황에 대해서는 현황평가의 원칙이 적용되지 아니하고, 일시적인 이용상황이 제거된 원래의 이용상황에 따라 평가하여야 한다.

(나) 판례는 대체로 불법 형질변경 토지의 이용이나, 관계 법령에 따라 지목과 다른 토지의 이용에 대한 허가를 받은 경우라도 단기간 내에 원래의 지목으로의 복구가 예정되어 있는 경우 등은 일시적 이용상황으로 인정하고 있다. 판례가 일시적 이용상황이라고 인정하는 경우는 다음과 같다.

- 지목이 답인 농지에 대해서 농지 일시전용허가를 받아 잡종지로 이용하던 중 전용 허가기간이 만료한 후에도 계속하여 잡종지로 이용하고 있는 경우(대법원 2002. 2. 8. 선고 2001두7121 판결)
- 개발제한구역 내의 임야의 일부를 무단 형질변경하여 식당 부속 주차공

간으로 이용하고 있는 경우(대법원 2000. 12. 8. 선고 99두9957 판결)

- 지목이 전이나 답인 농지를 불법 형질변경하여 대지 또는 잡종지로 장기간 이용하고 있었다 하더라도 이러한 이용은 일시적 이용상황에 불과하다(대법원 1999. 7. 27. 선고 99두4327 판결).
- 임야를 불법 형질변경하여 잡종지나 전으로 이용하고 있더라도 불법 형질변경된 부분의 이용방법은 임시적인 것으로서 일시적 이용상황에 불과하다(대법원 2005. 5. 12. 선고 2003두9565 판결).
- 임야인 과수원의 일부 공간을 음식점 영업의 공간으로 사용하고 있더라도 자연녹지지역에서 무허가 영업 활동을 한 것으로서 일시적인 이용상황에 불과하다(대법원 1998. 5. 15. 선고 98두1062 판결).
- 건물 신축 과정에서 수용대상토지를 일시적으로 잡종지로 이용한 경우에는 수용대상토지는 잡종지가 아니라 대지이다(대법원 1994. 5. 27. 선고 93누23121 판결).
- 지목이 임야인 채석지의 이용상황이 잡종지이기는 하지만 가까운 장래에 채석기간이 만료되어 훼손된 채석지에 대한 산림복구가 법령상 예정되어 있다면 이러한 이용상황은 일시적인 것에 불과하다(대법원 2000. 2. 8. 선고 97누15845 판결).
- 지목이 임야인 토지에 대해서 택지개발예정지구로 지정되었다 하더라도 임야로 이용되는 것이 일시적인 이용상황이라고 할 수 없다(대법원 2004. 6. 11. 선고 2003두14703 판결).

다. 토지에 대한 주관적 가치와 특별한 이용 목적에 대한 평가

토지에 대한 보상액은 토지소유자나 관계인이 갖는 주관적 가치 및 특별한 용도에 사용할 것을 전제로 하는 경우 등을 고려하지 아니한다(법 제70조 제2항).

토지에 대한 손실보상은 피수용토지에 대한 객관적 교환가치, 즉 정상

가격에 의하여 이루어져야 한다. 토지소유자가 해당 토지에 대해서 가지는 주관적 가치나 해당 토지를 특정한 용도에 사용한다는 개인적 목적 등은 토지에 대한 통상의 용도와는 무관한 것으로 정상가격을 형성하는 요소로 인정되지 아니한다. 또한 토지에 대한 보상액은 현황평가의 원칙에 따라 가격시점에서의 현실적인 이용상황과 일반적인 이용방법에 의한 객관적 상황을 고려하여 산정하여야 하는데 토지에 대한 주관적 가치나 특별한 이용목적 등은 현황평가와 무관한 것이다. 토지보상법은 이러한 사정에 대해서는 보상 평가에서 제외된다는 점을 예시적으로 규정하고 있는 것이다.[324]

라. 공법상 제한을 받는 토지에 대한 평가

(1) 토지보상법 시행규칙의 규정

공법상 제한을 받는 토지에 대하여는 제한받는 상태대로 평가한다. 다만, 그 공법상 제한이 당해 공익사업의 시행을 직접 목적으로 하여 가하여진 경우에는 제한이 없는 상태를 상정하여 평가한다(규칙 제23조 제1항).

당해 공익사업의 시행을 직접 목적으로 하여 용도지역 또는 용도지구 등이 변경된 토지에 대하여는 변경되기 전의 용도지역 또는 용도지구 등을 기준으로 평가한다(동조 제2항).

(2) 위 규정의 취지

(가) 공법상 제한을 받는 토지란 토지의 이용이 법령에 의해서 제약 또는 규제되는 토지를 말한다. 규칙 제23조 제1항에 의하면 피수용토지에 대한 공법상 제한의 목적이 무엇이냐에 따라서 피수용토지에 대한 평가

---

324) 하천구역으로 지정되어 있는 피수용토지에 골재가 매장되어 있는 경우, 골재의 채취는 당해 토지의 일반적인 이용방법이 아니며 채취 허가가 가능한 것을 전제로 한 해당 토지소유자의 주관적 가치 내지는 특별한 용도에 사용할 것을 전제로 한 것이라는 취지의 판례(대판 1983.2.28. 81도2344).

방법을 달리하고 있다. 즉 토지에 대한 공법상의 제한이 특정 공익사업과 관계없이 토지에 대한 일반적인 이용을 규제하기 위한 제약에 해당하는 경우에는 그와 같은 제한이 있는 상태대로 평가하고(본문), 그러한 제한이 특정 공익사업을 직접 목적으로 하는 개별적인 제약에 해당하는 경우에는 그러한 제약이 없는 상태를 상정하여 평가를 하여야 한다(단서).

(나) 분리이론에 의하면 재산권의 내용과 한계규정은 재산권의 내용을 확정하는 일반적, 추상적 규정이고, 공용수용은 개별적, 구체적으로 재산권자로서의 법적 지위를 박탈하는 규정이라고 설명한다. 그러므로 재산권에 대한 제한이 재산권의 사회적 제약에 해당하느냐 아니면 공용수용이냐를 구별하는 기준은 제한의 형식과 목적에 있는 것이지, 재산권 제한의 정도에 있는 것은 아니라고 보는 것이다.[325]

이러한 분리이론에 비추어 보면, 규칙 제23조 제1항 본문은 재산권의 내용과 한계규정 즉 재산권에 내재하는 사회적 제약에 해당하여, 그러한 공법상 제한에 대해서는 현황대로 평가함으로써 보상하지 아니한다는 취지를 규정한 것이다. 이와는 달리 동항 단서는 특정 공익사업을 목적으로 개별적, 구체적으로 토지소유권을 제한하는 규정으로, 이는 보상을 요하는 사회적 제약이 아니라 특정 공익사업을 위한 제한, 즉 공용제한에 관한 규정으로 이해할 수 있다. 다만 보상에 있어서는 공용제한 자체에 대하여 보상하는 것이 아니라 공용제한이 없는 상태를 상정하여 토지가격을 평가함으로써 간접적인 방법으로 보상하고 있다.

(다) 뒤에서 살펴보는 바와 같이 국토계획법은 국토의 이용계획에 따라 용도지역 · 용도지구 · 용도구역 등으로 지정하고 있다. 이러한 지정은 토지 이용에 대한 일반적인 공법상 제한에 해당하므로 규칙 제23조 제1항 본문에 따라 현황대로 평가하여야 한다. 그러나 특정 공익사업의 시행을

---

325) 20면 이하 참조.

목적으로 용도지역 또는 용도지구 등을 변경하는 것은 개별적, 구체적으로 토지소유권을 제한하는 것이므로 동항 단서에 따라 변경되기 전의 용도지역 또는 용도지구 등을 기준으로 평가하여야 하는 것이다(규칙 제23조 제2항).[326]

(3) 공법상 제한의 유형별 보상의 요부

공용제한의 종류로는 계획제한, 사업제한, 보전제한, 공물제한, 공용사용 등을 드는 것이 다수의 견해이다.[327] 그런데 토지보상법 시행규칙 제23조 제1항 분문에 의하면 공법상 제한에 대해서는 제한받는 상태대로 평가한다는 현황평가의 원칙이 적용됨에 따라 보상을 요하지 아니하는 것이 원칙이다. 뿐만 아니라 뒤에서 상세히 살펴보는 바와 같이 토지보상법 별표상의 법률에서는 해당되는 공법상 제한에 대해서도 보상을 요한다는 규정이 없다.

그러나 헌법상으로는 공용제한에 대해서 보상을 하여야 하므로, 다수설이 거론하는 공용제한 중에서 보상을 요하는 공용사용을 제외한 나머지는 공용제한이 아니라 보상이 불필요한 공법상 제한이라고 하는 것이 옳다. 다만 예외적으로 그 공법상 제한이 당해 공익사업의 시행을 직접 목적으로 하여 가하여진 경우나(규칙 제23조 제1항 단서) 용도지역 등이 변경된 경우(동조 제2항)에는 그러한 제한이나 변경이 없는 상태를 상정하여 평가하여야 하므로, 이런 경우의 공법상 제한은 공용제한에 해당한다고 할 것이다.

이하에서는 토지보상법 별표상의 법률에서 규정하고 있는 공법상 제한을 유형별로 분류한 다음 보상 여부를 구체적으로 살펴보기로 한다.

---

326) 대판 1993.3. 23. 92누2653.

327) 김동희, 행정법Ⅱ(2017) 377면; 박윤흔, 행정법강의(하)(2004) 575면; 홍정선, 행정법원론(하)(2015) 607면; 그러나 석종현, 앞의 책 171면은 공용제한을 내용, 목적, 근거형식에 따라 분류하고 있다.

(가) 계획제한

1) 계획제한이란 국토의 이용 · 개발과 보전을 위한 계획에 따라 토지소유권이 제한되는 것을 말한다. 계획제한은 장기적인 관점에서 국토의 이용 · 개발과 보전을 위한 계획에 따른 일반적 제한으로, 특정 공익사업을 위한 개별적 제한은 이에 해당하지 아니한다.

2) 국토의 이용 · 개발과 보전을 위한 기본법으로 국토계획법이 있다. 동법에서는 전 국토를 토지의 이용 및 건축물의 용도, 건폐율, 용적율, 높이에 따라 용도지역, 용도지구, 용도구역으로 구분한 다음(제2조 제15호 내지 제17호), 용도지역은 도시지역, 관리지역, 농림지역, 자연환경보정지역으로, 용도지구는 경관지구 등 10개의 지구로, 용도구역은 개발제한구역, 도시자연공원구역, 시가화조정구역, 수산자원보호구역 등으로 세분하고 있다(제36조 내지 제40조). 이와 같이 토지를 경제적, 효율적으로 이용하기 위하여 용도지역 · 용도지구 · 용도구역 등으로 나누어 규제하는 제도를 지역 · 지구제(Zoning System)라고 한다.[328] 따라서 계획제한은 지역 · 지구제라는 토지 이용계획에 의하여 토지소유권의 행사가 제한되는 것을 의미한다고 할 수 있다.

용도지역 등은 국토계획법이 규정하고 있는 종류 외에도 뒤에서 보는 바와 같이 토지보상법 별표상의 법률에서 해당 공익사업의 시행상의 필요에 따라 별개의 명칭으로 규정하고 있다. 그래서 국토계획법이 계획제한에 관한 일반법이라면 토지보상법 별표상의 법률은 계획제한에 관한 특별법이라고 할 수 있다.

3) 계획제한에 의해서 토지소유권이 제한되는 경우에는 토지보상법 시행규칙 제23조 제1항 본문에 따라 그러한 제한을 받는 상태대로 보상액을 평가하여야 하므로, 계획제한에 대해서는 보상을 하지 아니하는 것이

---

328) 박윤흔, 행정법강의(하)(2004) 576면.

원칙이다. 즉 계획제한은 보상을 요하는 공용제한이 아니라 보상이 불필요한 공법상 제한의 일종이다. 디만 예외적으로 계획제한이 동조 제2항에 따라 변경된 경우에는 현황평가의 원칙의 적용을 배제함으로써 결과적으로 보상을 받는 것과 동일하게 된다.

그러나 이러한 계획제한으로 인하여 토지소유권에 내재하는 사회적 제약을 초과하는 본질적인 침해가 발생하여 헌법상 비례의 원칙, 평등의 원칙, 과잉금지의 원칙 등에 위배되는 것으로 인정될 경우에는 해당 법률에 대해서 위헌 선언을 할 것인지 아니면 손실보상을 통해서 해결할 것인지, 손실보상을 인정한다면 그 근거는 무엇인지 등에 대해서는 학설이 일치되지 아니하고 있었다. 이러한 가운데 헌법재판소는 1998. 12. 24. 선고 89헌마214 등 헌법소원 사건에서 개발제한구역 지정에 관한 구 도시계획법 제21조에 대해서 헌법불합치결정을 함으로써 입법을 통하여 이 문제를 해결할 것을 주문하였다.[329] 그러나 토지소유자에 대해서 개발제한구역 지정처분에 대한 이의나 손실보상 또는 손해배상 청구는 인정하지 아니하였음은 주지의 사실이다.

위 헌법재판소의 결정에 따라 국회는 2000. 1. 28. 법률 제6241호로 "개발제한구역의 지정 및 관리에 관한 법률"(개발제한구역법)을 제정하여 이 문제를 입법적으로 해결하기에 이르렀다. 동법에 의하면 개발제한구역에 대해서는 행위제한을 할 수 있고(제11조 제1항), 토지소유자에게는 토지매수청구권을 부여하고 있지만(제16조 제1항) 손실보상청구권은 인정하지 아니하고 있다. 그러므로 계획제한은 동법에 의하더라도 공용제한이 아니라 보상을 요하지 아니하는 공법상 제한에 해당한다.

4) 토지보상법 별표상의 법률에 규정된 계획제한

토지보상법 별표상의 법률에 규정된 계획제한은 국토계획법상의 계획

---

329) 이러한 헌법재판소의 견해는 헌법 제23조 제3항의 효력에 관한 입법자에 대한 직접효력규정설과 분리이론을 부분적으로 절충한 것이라고 할 수 있다.

제한에 관한 일반 규정을 보다 구체화한 것으로 이를 살펴보면 다음과 같다.

- 공항시설법에 의한 비행장예정지역의 지정(제10조 제1항).
- 기업도시법에 의한 개발구역의 지정(제5조 제1항)
- 금강수계법, 낙동강수계법, 영산강섬진강수계법, 한강수계법에 의한 수변구역의 지정(제4조 제1항), 상수원 보호구역의 지정(제7조 제1항)
- 급경사지법에 의한 붕괴위험지역의 지정(제6조 제1항)
- 농어촌리모델링법에 의한 정비구역의 지정(제6조 제1항)
- 농어촌정비법에 의한 한계농지등 정비구역의 지정(제94조 제1항)
- 농업기반시설법에 의한 농업생산기반시설등 활용구역의 지정(제7조 제1항)
- 도로법에 의한 도로노선의 지정 · 고시(제11조 내지 제18조).
- 도시개발법에 의한 개발구역의 지정(제3조 제1항)
- 도시교통정비법에 의한 도시교통정비지역의 지정(제3조), 특별관리구역의 지정(제42조 제1항)
- 도시정비법에 의한 정비구역의 지정(제8조 제1항)
- 도청이전법에 의한 도청이전신도시 개발예정지구의 지정(제6조 제1항)
- 해안내륙발전법에 의한 개발구역의 지정(제7조 제1항)
- 마리나항만법에 의한 마리나항만구역의 지정(제10조 제1항)
- 문화재보호법에 의한 금연구역의 지정(제14조의 4 제1항)
- 물류시설법에 의한 물류단지의 지정(제22조, 제22조의 2)
- 민간임대주택법에 의한 촉진지구의 지정(제22조 제1항)
- 사방사업법에 의한 사방지의 지정(제4조 제1항)
- 산림복지법에 의한 산림복지지구의 지정(제27조 제1항)
- 산업입지법에 의한 각종 산업단지 및 농공단지의 지정(제6조 내지 제8조의 3)

- 수도법에 의한 상수원보호구역의 지정(제7조 제1항)
- 수목원 · 정원법에 의한 수목원조성예정지의 지정(제6조의2 제1항)
- 신항만건설법에 의한 예정지역의 지정(제5조 제1항)
- 어촌 · 어항법에 의한 어촌관광을 위한 구역의 설정(제18조 제1항)
- 어촌특화발전법에 의한 어촌특화발전계획구역의 지정(제9조 제1항)
- 역세권법에 의한 개발구역의 지정(제4조 제1항)
- 연구개발특구법에 의한 특구의 지정(제4조 제1항), 토지의 용도 구분(제35조 제1항)
- 연안관리법에 의한 관리구역의 지정(제20조의 2)
- 온천법에 의한 온천공보호구역의 지정(제5조 제1항)
- 용산공원법에 의한 용산공원 정비구역의 지정(제11조 제1항)
- 자동차관리법에 의한 자동차서비스복합단지의 지정(제68조의 10 제1항)
- 자연공원법에 의한 자연공원의 지정(제4조 제1항)
- 자연재해대책법에 의한 자연재해 위험개선지구의 지정(제12조 제1항)
- 자연환경보전법에 의함 생태 · 경관보전지역의 지정(제12조 제1항)
- 재해이주대책법에 의한 개선사업지구의 지정(제6조 제1항)
- 저수지댐법에 의한 정비지구의 지정(제12조 제1항)
- 전원개발촉진법에 의한 전원개발사업예정지구의 지정(제11조 제1항)
- 접경지역법에 의한 접경특화발전지구의 지정(제17조 제1항)
- 제주특별법에 의한 투자진흥지구의 지정(제162조 제1항)
- 미군공여구역법에 의한 지원도시사업구역의 지정(제29조 제1항)
- 미군이전평택지원법에 의한 국제화계획지구의 지정(제21조 제1항)
- 중소기업진흥법에 의한 중소기업특별지원지역의 지정(제62조의 23 제1항)
- 지능형로봇법에 의한 로봇랜드 조성지역의 지정(제30조 제1항)
- 지역개발지원법에 의한 지역개발사업구역의 지정(제11조 제1항)

- 지역특구법에 의한 특구의 지정(제8조 제1항)
- 청소년활동법에 의한 청소년수련지구의 지정(제47조 제1항)
- 친수구역법에 의한 친수구역의 지정(제4조 제1항)
- 택지개발촉진법에 의한 택지개발지구의 지정(제3조 제1항)
- 폐기물시설촉진법에 의한 폐기물처리시설의 입지 선정(제9조 제1항), 주변영향지역의 결정(제17조 제1항)
- 하수도법에 의한 배수구역 또는 하수처리구역의 공고(제15조 제1항)
- 하천법에 의한 하천구역의 결정(제10조 제1항), 홍수관리구역의 지정(제12조 제1항)
- 항만법에 의한 항만구역의 지정(제3조 제1항). 항만시설관리권은 물권(제17조), 항만배후단지의 지정(제42조 제1항), 재개발사업구역의 지정(제56조 제1항)
- 항만재개발법에 의한 사업구역의 지정(제12조 제1항)
- 해수욕장법에 의한 해수욕장의 지정(제6조 제1항)
- 해양산업클러스터법에 의한 해양산업클러스트의 지정(제9조 제1항)
- 해저광물자원법에 의한 해저광구 또는 해저조광구의 설정(제2조의 3 제1항)
- 혁신도시법에 의한 혁신도시개발예정지구의 지정(제6조 제1항)
- 도시재생법에 의한 혁신지구의 지정(제41조 제1항)

(나) 사업제한

사업제한이란 사업인정이나 의제사업인정 이후 공익사업용지 내에서 일정한 행위를 하는 것이 제한되는 것을 말하는데, 토지보상법 별표상의 법률에서 행위제한 등이라고 규정하고 있는 경우가 이에 해당한다.

사업제한은 공익사업에 대한 사업인정 또는 의제사업인정 이후에 해당 공익사업의 용지에 편입된 토지의 소유자에게 가하여지는 공법상의 제한으로, 토지보상법 제25조 제1항 내지 제3항에 규정된 토지소유자 등의 토지현황 보전의무와 동일하게 사업시행자의 공익사업수행권에 대한 침해의 금지를 내용으로 하는 공법상 의무로서의 성격을 가지고 있다.

사업인정 또는 의제사업인정 이후에 공익사업용지의 현상을 변경하게 되면 사업비용이 추가될 뿐만 아니라 공익사업의 신속한 수행에 방해가 되기 때문에 이러한 제한을 가하는 것이다. 사업제한을 받는 토지는 추후에 사업시행자가 취득하게 되지만 사업제한 자체는 보상을 요하는 공용제한이 아니라 보상이 불필요한 공법상 제한에 해당한다. 별표상의 법률에서 사업제한을 규정하고 있는 경우는 다음과 같다.

- 간척지법에 의한 행위제한(제13조 제1항)
- 경제자유구역법에 의한 행위제한(제7조의 5 제1항)
- 고도육성법에 의한 행위제한(제11조 제1항)
- 공공주택특별법에 의한 행위제한(제11조 제1항)
- 국제경기대회법에 의한 행위제한(제26조)
- 국토계획법에 의한 개발행위의 허가(제56조 제1항)
- 금강수계법, 낙동강수계법, 영산강섬진강수계법, 한강수계법에 의한 행위제한(제5조 제1항), 수질오염원 관리(제6조 제1항)
- 기업도시법에 의한 행위제한(제9조 제1항)
- 농어촌리모델링법에 의한 행위제한(제10조 제1항)
- 농업기반시설법에 의한 행위제한(제9조 제1항)
- 도로법에 의한 행위제한(제27조 제1항)
- 도시개발법에 의한 행위제한(제9조 제5항)
- 도시정비법에 의한 행위제한(제19조 제1항)
- 도시철도법에 의한 행위제한(제13조)
- 도청이전법에 의한 행위제한(제8조 제1항)
- 마리나항만법에 의한 행위제한(제12조 제1항)

- 물류시설법에 의한 행위제한(제25조 제1항)
- 사방사업법에 의한 행위제한(제14조 제1항)
- 산림복지법에 의한 산림복지단지의 지목 변경 제한(제40조)
- 산업입지법에 의한 행위제한(제12조 제1항)
- 새만금사업법에 의한 행위제한
- 어촌특화발전법에 의한 행위제한(제18조 제1항)
- 역세권법에 의한 행위제한(제11조)
- 연안관리법에 의한 행위제한(제20조의 5)
- 온천법에 의한 토지굴착 제한(제15조 제1항)
- 재해이주대책법에 의한 행위제한(제7조 제1항)
- 저수지댐법에 의한 행위제한(제17조 제1항)
- 지역개발지원법에 의한 행위제한(제17조 제1항)
- 친수구역법에 의한 행위제한(제9조 제1항)
- 택지개발촉진법에 의한 행위제한(제6조 제1항)
- 토양환경보전법에 의한 이용제한(제20조) 및 행위제한(제21조 제1항)
- 폐기물시설촉진법에 의한 행위제한(제11조의 2 제1항)
- 하수도법에 의한 행위제한(제19조 제2항)
- 공항시설법에 의한 행위제한(제10조 제1항)
- 항만법에 의한 행위제한(제97조 제1항)
- 항만재개발법에 의한 행위제한(제14조 제1항)
- 혁신도시법에 의한 행위제한 (제9조 제1항)
- 해수욕장법에 의한 이용제한(제28조 제1항)
- 도시재생법에 의한 행위제한(제23조)

(다) 공물제한

1) 널리 공물제한이란 사인(私人) 또는 공기업이 소유한 물건이 공공의

목적에 제공됨에 따라 소유권의 행사가 제한되는 것을 말한다. 토지에 대한 현황평가주의와 관련해서는 도로법에 의한 사권의 제한(제4조), 하천법에 의한 사권의 제한(제4조 제2항) 등이 공물제한의 대표적인 경우이다.

2) 도로나 하천의 부지로 편입된 토지에 대해서는 수용을 통하여 보상하는 것이 원칙이다. 공물제한을 받고 있는 토지에 대해서 보상이 이루어지지 아니한 상태에서 새로운 공익사업이 시행될 경우에 해당 토지는 이른바 미지급용지에 해당한다. 이러한 미지급용지에 대하여는 종전의 공익사업에 편입될 당시의 이용상황을 상정하여 평가하되, 종전의 공익사업에 편입될 당시의 이용상황을 알 수 없는 경우에는 편입될 당시의 지목과 인근토지의 이용상황 등을 참작하여 평가한다(토지보상법 시행규칙 제25조 제1항).[330]

(라) 보전제한

문화재 보전이나 농지와 산지를 비롯하여 하천, 해양 등 자연환경의 보전 등을 위한 공법상 제한을 말한다. 보전제한이 계획제한과 상이한 점은 보전제한은 특정 공익사업과 관련하여 보전 자체를 주된 목적으로 하는 제한이라는 데 있다. 그러나 보상을 하지 아니하는 점에 있어서는 양자가 동일하다.

- 농어촌정비법상 농어촌용수의 수질보전을 위한 저수지 상류지역에서의 공장설립의 제한(제22조 제1항)
- 문화재보호법에 의한 역사문화환경 보존지역의 지정(제13조 제1항)
- 새만금사업법에 의한 특별관리지역 지정(제32조 제1항)
- 석면안전관리법에 의한 자연발생석면 관리지역의 지정(제14조 제1항)
- 소하천정비법에 의한 소하천등에서의 행위제한(제14조 제1항)
- 수도법에 의한 상수원보호구역 외의 지역에서의 공장설립의 제한(제7조

330) 대판 1992.11.10. 92누4822.

제1항)
- 수목원 · 정원법에 의한 국립수목원 완충지역의 지정(제19조 제1항)
- 수질 및 수생태계 보전에 관한 법률에 의한 수변생태구역의 지정(제19조 제1항), 낚시 금지 · 제한구역의 지정(제20조 제1항)
- 용산공원법에 의한 금지행위(제22조 제1항)
- 자연공원법에 의한 행위 허가(제23조 제1항)
- 자연환경보전법에 의한 행위제한(제15조 내지 제17조)
- 지하수법에 의한 지하수 보전구역의 지정(제12조 제1항), 행위제한(제13조 제1항)
- 토양환경보전법에 의한 토양보전대책지역의 지정(제17조 제1항), 이용제한(제20조). 행위제한(제21조 제1항)
- 하천법에 의한 점용 허가(제33조 제1항), 홍수관리구역 안에서의 행위제한(제38조 제1항), 하천 안에서의 행위제한(제46조)

(마) 사용제한

사용제한은 특정 공익사업의 시행을 위하여 사업시행자에게 타인의 토지에 대해서 공용사용을 허용함에 따라 토지소유자의 권리가 제한되는 것을 말한다.

공용사용의 약식절차를 통하여 인정되는 천재지변 시의 토지사용(법 제38조 제1항)과 시급한 토지사용(법 제39조 제1항) 등에 따른 토지소유자의 사용제한도 이에 포함된다. 사업시행자에게 인정되는 토지출입권의 행사에 따라 해당 토지에 대하여 토지점유자의 사용이 제한되는 경우(법 제9조 제1항)도 사용제한의 일종으로 볼 수 있다. 사용제한에는 지표뿐만 아니라 토지의 지하 및 지상의 공간에 대한 사용제한까지 포함한다(법 제71조 제1항). 지하나 지상공간에 대한 사용제한은 구분지상권을 설정하는 방법으로 이루어진다.[331]

이러한 사용제한에 대해서는 보상을 하여야 하고(법 제71조 제1항), 사용제한이 당해 공익사업을 시행하기 위하여 가하여진 경우에는 해당 토지에 대한 현황을 평가함에 있어서는 사용제한이 없는 상태로 평가하여야 한다.

Ⅲ. 토지에 대한 소유권 외의 권리에 대한 보상

1. 권리의 내용

토지에 대한 소유권 외의 권리에 대해서도 보상을 요한다(법 제70조 제2항). 토지에 대한 소유권 이외의 권리란 토지에 대한 용익물권인 지상권, 지역권, 전세권과 채권인 사용차권, 임차권 등을 말하는 것으로 제3조 제1호에 규정한 권리의 내용과 동일하다. 점유권은 보상을 요하는 권리로 보지 아니하는데(법 시행령 제28조 제1항 후단), 유치권도 이와 마찬가지이다.

2. 보상 평가의 방법

가. 토지에 대한 소유권 외의 권리에 대한 보상액 산정 및 평가 방법은 투자비용, 예상수익 및 거래가격 등을 고려하여 국토교통부령[332]으로 정한다(법 제70조 제6항).

나. 취득하는 토지가 소유권 외의 권리의 목적이 되고 있는 경우에 해당 토지에 대하여는 당해 권리가 없는 것으로 하여 평가한 금액에서 소유권 외의 권리의 가액을 뺀 금액으로 평가한다(법 시행령 제29조). 이는 개인별 보상의 원칙이 적용된 것이다.

---

331) 345면 참조.
332) 토지보상법 시행규칙 제28조 제1항, 제2항.

Ⅳ. 사용하는 토지에 대한 보상

1. 사용하는 토지의 의의

사용하는 토지란 공익사업을 수행하기 위하여 사용권을 취득하는 토지 즉 공용사용의 목적물인 토지를 말한다. 여기서 공용사용은 정식절차에 의한 경우 외에도 약식절차에 의한 공용사용(법 제38조 제4항, 제41조 제1항)이나 사업시행자의 토지출입권(법 제9조 제1항)의 취득절차에 의한 경우까지 포함하는 것으로 본다.

2. 보상평가의 방법

가. 임대사례비교법과 적산법

사용하는 토지에 대하여는 그 토지와 인근 유사토지의 지료 · 임대료 · 사용방법 · 사용기간 및 그 토지의 가격 등을 참작하여 평가한 적정가격으로 산정된 보상액을 결정하여야 한다(법 제71조 제1항). 이와 같이 평가 대상이 되는 토지 또는 물건과 동일성 내지 유사성이 인정되는 다른 토지 또는 물건의 임대사례를 비교하여 당해 토지 또는 물건의 사용료를 산정하는 방법을 임대사례비교법이라 한다.

그러나 적정한 임대사례가 없거나 대상 토지의 특성으로 보아 임대사례비교법으로 평가하는 것이 적정하지 아니한 경우에는 적산법으로 평가할 수 있다(법 시행규칙 제30조). 적산법이란 평가 대상이 된 토지나 물건의 정상가격에 기대이율을 곱한 금액에 계속 사용하는데 필요한 경비를 가산하여 사용료를 산정하는 방법을 말한다.

나. 토지의 지하 공간과 지상 공간에 대한 사용

(1) 구분지상권의 설정

사업시행자가 타인의 토지를 사용하기 위해서는 반드시 민법상의 용익

물권을 설정하고 이에 대하여 등기를 하여야 하는 것은 아니다. 그러나 지하나 지상 공간에 건물이나 공작물을 설치하여 해당 토지를 장기간 사용하는 것이 불가피한 경우에는 위치나 기간을 특정하기 위하여 등기를 설정할 필요가 있다. 지하에 도로나 철도를 건설하거나 지상에 고압송전선을 가설하는 경우가 이에 해당한다. 민법이 규정하는 구분지상권은 이러한 필요에 대응하기 위한 지상권이다. 구분지상권이란 타인이 소유한 토지의 지하 또는 지상의 공간에 상하의 범위를 정하여 건물 기타 공작물을 소유하기 위하여 설정되는 지상권을 말한다(민법 제289조의 2). 토지보상법 별표상의 법률 중 사업시행자에게 구분지상권의 설정을 위한 재결신청을 인정하고 있는 경우는 수도법(제60조의 3 제1항), 지역개발지원법(제28조 제1항), 철도건설법(제12조의 3 제1항), 도시철도법(제12조 제1항) 등이 있다.

(2) 사용료에 대한 보상의 방법

(가) 토지의 지하 또는 지상 공간을 사용하는 경우 토지의 지표를 제외하고 토지의 지하 또는 지상 공간만을 사실상 영구적으로 사용하거나 일정한 기간 동안 사용하는 경우에도 사용료에 대한 적정한 보상을 하여야 한다. 이러한 경우에 보상액을 산정하는 방법은 당해 토지의 가격(사실상 영구적으로 사용하는 경우)이나 당해 토지의 사용료(일정한 기간 동안 사용하는 경우)에 당해 공간을 사용함으로 인하여 토지의 이용이 저해되는 정도에 따른 적정한 비율, 즉 입체이용저해율을 곱하여 산정한다(법 시행규칙 제31조 제1항, 제2항).[333)]

(나) 선하지에 대한 보상 평가

토지의 지상 공간에 대한 사용 가운데 대표적인 경우로 선하지(線下地)에 대한 사용을 들 수 있다. 선하지란 송전선이 통과하는 지상 공간의 아

333) 대판 2003.7.11. 2001다1911,1928.

래에 있는 토지를 말한다. 선하지는 송전선의 양측 최외선(最外線)의 직하 토지 및 이와 법정 이격(離隔)거리 내에 있는 이격지(離隔地)에 한정되지 아니하고 송전선이 지나가는 해당 토지 전체를 포함한다.[334]

선하지에 대한 보상 평가는 송전선이 없는 상태를 상정하여 평가하여야 하고(법 시행규칙 제22조 제1항),[335] 평가 방법은 위 (가)항에서 본 입체이용저해율에 의한다.

3. 매수청구 또는 수용청구

가. 의 의

(1) 토지보상법의 규정

사업인정 고시가 된 후 토지의 사용기간이 3년 이상이 되거나(법 제72조 제1호), 토지의 사용으로 인하여 토지의 형질이 변경되거나(동조 제2호) 사용하고자 하는 토지에 그 토지소유자의 건축물이 있는 경우(동조 제3호)에는, 당해 토지소유자는 사업시행자에게 그 토지의 매수를 청구하거나 관할 토지수용위원회에 그 토지의 수용을 청구할 수 있다(법 제72조 전단).

(2) 완전수용

위 규정과 같이 공용사용을 통해서 공익사업을 수행할 수 있는 경우에 사용에 갈음하여 공용수용을 하는 것을 완전수용이라 한다. 공용수용은 공익사업의 수행에 필요한 한도 내에서 타인의 토지를 취득하는 것이 원칙이지만 완전수용은 공익사업에 필요한 범위를 초과하는 토지에 대해서 예외적으로 수용을 인정하는 것이다. 완전수용은 뒤에서 보는 잔여지에

---

334) 감정평가사협회의 "선하지의 공중부분 사용에 따른 손실보상평가지침은"은 감정평가협회의 내부지침에 불과하고 대외적인 구속력이 있는 법규가 아니다(대판 2014. 11.13. 2012다108108).

335) 대판 2012.3.29. 2011다104253.

대한 수용과 함께 확장수용의 일종으로 그 취지는 수용의 방법으로 토지소유자의 손실보상청구권을 보다 확실하게 보장하기 위한 것이다.

나. 법적 성격

토지소유자는 잔여지에 대해서는 사업인정 이전에는 매수청구를, 사업인정 이후에는 수용청구를 각각 할 수 있는데 비해서 완전수용의 경우에는 이러한 구분이 없다. 토지소유자의 매수청구와 수용청구의 법적 성격은 잔여지에 대한 매수 또는 수용청구와 동일하므로 뒤에서 살펴본다.

다. 협의절차의 요부

토지소유자가 완전수용을 위한 재결신청을 하기 위해서는 미리 사업시행자와 해당 토지의 매수에 관하여 협의절차를 거쳐야 하는가? 법 규정상으로는 수용의 청구에 앞서서 협의절차를 필수적으로 선행할 필요가 없는 것으로 해석되지만, 잔여지 매수청구와 동일하게 완전수용을 위한 재결신청 시에도 협의절차를 선행하여야 할 것으로 본다.

라. 지상 공간의 사용과 완전수용

건축물이 존재하는 토지의 지상 공간에 송전선을 가설하는 경우나 선하지의 직하토지 이외의 잔여지에 건축이 가능한 경우 등에 있어서 해당 토지의 소유자는 매수 또는 완전수용을 청구할 수 있을까? 이러한 경우에는 토지의 지상 공간의 사용이 해당 토지의 통상의 용법을 방해하지 아니하므로, 지상 공간에 대한 공용사용에 따르는 보상 외에 완전수용은 청구할 수 없다고 해석하는 것이 옳다.[336)]

---

336) 小高剛, 土地收用法(1981) 438면; 일본 토지수용법 제81조 제2항 단서에 의하면, 공간 또는 지하를 사용하는 경우에 토지의 통상의 용법을 방해하지 아니하는 때에는 토지소유자는 수용을 청구할 수 없는 것으로 규정하고 있다.

마. 권리존속의 청구

(1) 완전수용의 경우에 관계인은 사업시행자 또는 관할 토지수용위원회에 그 권리의 존속을 청구할 수 있다(법 제72조 후단). 완전수용은 원래 공용사용만으로도 해당 공익사업을 수행하는데 지장이 없는 토지에 대해서 토지소유자의 청구에 의하여 수용을 하는 것이므로 관계인은 자신의 의사와 관계없이 권리를 상실하게 된다. 이러한 관계인이 해당 토지에 대하여 보유하고 있는 기존의 권리를 보호하기 위하여 토지보상법은 관계인에게 권리의 존속을 주장할 수 있는 기회를 부여하고 있는 것이다.

(2) 권리 존속의 청구를 할 수 있는 관계인은 완전수용의 목적인 토지에 대한 소유권 이외의 권리를 가진 자에 한하고, 토지 이외의 물건에 대한 권리를 가진 자는 포함되지 아니하는 것으로 해석된다. 잔여지의 경우에는 "잔여지에 있는 물건에 관하여 권리를 가진 자"에게도 수용청구권이 인정된다고 명문으로 규정하고 있다는 점에서 완전수용의 경우와는 상이하다(법 제72조 제2항).

(3) 재결을 통해서 관계인의 토지에 대한 권리가 존속하는 것으로 인정되면, 사업시행자는 해당 공익사업의 수행에 필요한 한도 내에서 관계인에 대해서 보상을 하고 해당 토지를 사용하게 된다.

V. 잔여지에 대한 보상

1. 잔여지보상의 의의

가. 토지보상법의 규정

사업시행자는 동일한 소유자에게 속하는 일단의 토지의 일부가 취득되거나 사용됨으로 인하여 잔여지의 가격이 감소하거나 그 밖의 손실이 있을 때 또는 잔여지에 통로 · 도랑 · 담장 등의 신설이나 그 밖의 공사가 필요할 때에는 국토해양부령으로 정하는 바에 따라 그 손실이나 공사의 비용을 보상하여야 한다(제73조 제1항 본문).

나. 개 념

잔여지란 동일한 소유자에 속하는 일단의 토지의 일부가 공익사업용지에 편입되어 사업시행자가 취득하거나 사용하고 남은 토지를 말한다. 사업시행자가 해당 토지를 취득하는 원인은 협의에 의한 것인지, 수용에 의한 것인지 여부는 묻지 아니한다.

일단의 토지란 여러 필지의 토지가 한 필지의 토지처럼 일체를 이루어 용도상의 불가분의 관계에 있는 것을 말하고, 용도상의 불가분의 관계에 있는 경우란 일단의 토지로 이용되고 있는 상황이 사회적 · 경제적 · 행정적 측면에서 합리적이고 당해 토지의 가치형성 측면에서도 타당하다고 인정되는 관계를 말한다.[337]

잔여지보상이란 일단의 토지의 일부가 공익사업에 제공됨에 따라 남게 된 토지의 가격 하락분이나 이를 사용하는데 필요한 공사비의 지출에 대한 보상을 말한다. 잔여지의 가격 하락의 원인은 잔여지를 반드시 종래의 용도로 사용할 수 없게 된 것에 한정되지 아니한다. 즉 잔여지의 형태가 변경되거나,[338] 맹지로 된 경우[339]는 물론이고, 변전소의 시설과 같이 위험 · 혐오시설이 건축됨으로 인하여 잔여지의 가격이 하락한 경우[340]도 이에 포함된다.

다. 일단의 토지는 그 전체를 1필지의 토지로 보고 토지의 특성을 조사하여 단일한 가격으로 평가하여야 하고, 일단의 토지의 일부가 공익사업

337) 대판 2001.7.27. 99두8824.
338) 대판 1997.10.10. 96누19666.
339) 대판 1998.9.8. 97누10680.
340) 대판 1993.4.23. 92누6600.

용지에 편입됨으로써 잔여지의 가격이 하락하였다면 가격 감소분도 보상하여야 하며, 잔여지가 종래의 용도로 사용할 수 없게 되었다면 잔여지까지 수용함으로써 완전보상을 실현하고자 하는 것이 동 규정의 취지이다.

2. 잔여지 손실보상의 특징

가. 잔여지에 관하여 발생한 손실은 피수용토지에 대한 손실 즉 수용손실에 대비하여 피수용토지 이외의 토지에서 발생한 비수용손실로서, 사업손실의 일종이다.[341]

나. 토지보상법이 규정하는 비수용손실 중에는 잔여지에 대한 손실 이외에도, 공익사업의 준비를 위하여 타인이 점유하는 토지에 출입하여 측량 · 조사함으로써 발생하는 손실(제9조 제4항), 장애물의 제거 등을 함으로써 발생한 손실(제12조 제4항), 공익사업의 전부 또는 일부를 폐지·변경함으로 인하여 토지소유자나 관계인이 입은 손실(제24조 제6항), 공익사업이 시행되는 지역 밖에 있는 토지 등에 대한 비용 보상(제79조 제1항)과 기능 상실에 대한 보상(제79조 제2항) 등이 있다. 이러한 비수용손실이 발생하는 토지 중에서 토지소유자가 해당 토지에 대하여 수용까지 청구할 수 있는 경우는 잔여지 소유자와 소수잔존자[342] 뿐이고, 그 외의 토지에 발생한 비수용손실에 대해서는 토지소유자는 손실보상에 관한 재결만을 청구할 수 있다.

---

341) 조태제 "사업손실보상"(한국토지공법학회, 토지공법연구 29집, 2005.12.) 165면에서는 잔여지보상을 수용손실로 보고 있다.

342) 435면 참조.

3. 잔여지의 매수청구와 수용청구

가. 의 의

(1) 토지보상법의 규정

동일한 소유자에게 속하는 일단의 토지의 일부가 협의에 의하여 매수되거나 수용됨으로 인하여 잔여지를 종래의 목적에 사용하는 것이 현저히 곤란할 때에는 해당 토지소유자는 사업시행자에게 잔여지를 매수하여 줄 것을 청구할 수 있으며, 사업인정 이후에는 관할 토지수용위원회에 수용을 청구할 수 있다(법 제74조 제1항 전문). 이 경우 수용의 청구는 매수에 관한 협의가 성립되지 아니한 경우에만 할 수 있으며, 사업완료일까지 하여야 한다(동항 후문).

(2) 공익사업의 목적물인 토지의 범위는 사업시행자가 작성한 신청서의 기재와 사업인정권자의 사업인정으로 확정되고 토지소유자의 의사로 이를 변경할 수 없는 것이 원칙이다. 이에 따른 당연한 귀결로서 토지수용위원회는 토지소유자의 청구에 의해서 특정 토지를 수용의 목적물에 포함하거나 제외한다는 내용의 재결을 할 수 없다. 잔여지 매수청구나 수용청구는 잔여지소유자의 의사에 기하여 공익사업의 목적물의 물리적 범위를 변경하는 예외적인 제도라는 점에서 잔여지소유자에게 인정되는 특별한 권리이다.[343)]

나. 법적 성격

잔여지 매수청구나 수용청구는 형식적으로 보면 토지소유자의 의사에 의하여 공익사업의 목적물을 확장하는 것이지만 실질적으로는 잔여지 자체를 매수하거나 수용하는 방법으로 잔여지에 발생한 손실을 보상하는 제도이다. 따라서 잔여지 매수청구권이나 수용청구권은 손실보상청구권을

---

343) 법 시행규칙 제61조에 규정된 소수잔존자의 수용청구도 이와 동일하다.

보완하는 잔여지소유자의 권리라 할 수 있다.[344)]

(1) 잔여지매수청구권

판례에 의하면 구 공특법 제4조 제6항에서 규정한 잔여지 매수청구권은 "토지소유자에게 그 일방적인 의사표시에 의하여 매매계약을 성립시키는 형성권으로서 잔여지 매수청구권을 인정하고 있다고 볼 수는 없고, 공특법에 의한 협의취득절차에서도 토지소유자가 사업시행자에게 잔여지 매수청구를 할 수 있음은 의문이 없으나, 이는 어디까지나 사법상의 매매계약에 있어 청약에 불과하다고 할 것이므로 사업시행자가 이를 승낙하여 매매계약이 성립하지 아니한 이상, 토지소유자의 일방적 의사표시에 의하여 잔여지에 대한 매매계약이 성립한다고 볼 수 없다."[345)]고 한다.

위와 같은 판례의 견해는 현행 토지보상법 하에서도 그대로 유지될 것으로 보인다. 사업인정 이전에 잔여지소유자에게 매수청구권을 인정한 이상 이 권리는 매매계약의 청약이 아니라 형성권으로 인정하는 것이 사업인정 이후에 인정되는 수용청구권과의 균형상 옳다고 생각한다. 양 권리는 모두 실질적으로는 잔여지소유자의 손실보상청구권을 보충하는 취지에서 인정된 권리로서 사업인정을 전후로 형성권이라는 권리의 성격을 달리 보아야 할 이유가 없다.

(2) 잔여지수용청구권

(가) 개 념

1) 잔여지수용청구권을 토지보상법 제74조 제1항의 문언에 따라 정의하면, 잔여지소유자가 사업인정 이후에 관할 토지수용위원회에 잔여지를 수

344) 小澤道一, 앞의 책 180면에 의하면, 잔여지수용의 제도는 완전보상의 견지에서 나온 것으로 손실보상의 일환을 이루는 제도라고 한다. 대판 2010.8.19. 2008두822도 같은 취지.

345) 대판 2004.9.24. 2002다68713.

용해 줄 것을 청구하는 권리라고 할 수 있다. 여기서 토지수용위원회에 잔여지를 "수용해 줄 것을 청구"한다는 것은 무슨 의미인가?

국가수용권설에 의하면 사업시행자의 재결신청은 국가에 대한 수용청구, 토지소유자의 재결신청은 손실보상의 청구라고 각각 설명한다.[346] 따라서 "수용해 줄 것을 청구"한다는 것은 국가수용권설의 입장에서 사업시행자가 수용권을 가진 국가에 대해서 수용의 효력이 발생하는 재결을 하여 줄 것을 청구하는 의사표시, 즉 재결신청을 의미한다.

사업시행자수용권설에 의할 경우, 수용권이 없는 잔여지소유자가 마찬가지로 수용권이 없는 토지수용위원회에 대하여 해당 잔여지를 수용해달라는 취지의 청구를 하는 것은 논리적으로 불가능하다. 따라서 이 설의 입장에서는 잔여지의 수용청구란 잔여지소유자가 수용권을 보유한 사업시행자에게 해당 잔여지를 수용해 줄 것을 청구하는 의미라고 이해할 수밖에 없다. 그럼에도 불구하고 토지보상법 제74조 제1항은 잔여지수용청구권에 대해서 잔여지소유자가 토지수용위원회에 자신의 잔여지를 수용할 것을 청구하는 권리하고 명백히 규정하고 있으므로, 사업시행자수용권설의 입장에서 수용권의 본질과 관련하여 위 규정을 어떻게 해석할 것이냐가 문제이다.

2) 사견에 의하면 잔여지수용청구권은 잔여지소유자가 수용권을 가진 사업시행자에 대해서 잔여지를 수용해 줄 것을 청구할 수 있는 권리로서 토지수용위원회에 재결신청을 하는 방법으로 행사하여야 하는 권리이다. 수용권은 사업시행자가 보유하는 권리로서 재결절차에서만 행사할 수 있는 형성권이므로, 만일 사업시행자가 잔여지에 대해서도 수용을 한다고 가정하면 동일하게 재결신청을 통하여 수용권을 행사하여야 할 것이다. 그런데 잔여지는 일단의 토지 가운데 사업시행자가 수용하지 아니함으로

346) 이선영, 앞의 책 216면.

써 수용에서 제외된 토지이므로, 이에 대해서는 잔여지소유자가 재결신청을 통하여 사업시행자로 하여금 잔여지도 수용할 것을 청구할 수 있도록 토지보상법이 특별히 인정한 권리가 바로 잔여지수용청구권이다.

(나) 법적 성격

1) 형성권적 성격

사업시행자가 보유한 수용권의 형성적 효력이란 토지수용위원회의 재결에 따라 보상금을 지급하면 피수용토지에 대한 권리를 원시취득하는 효과가 발생하는 것을 말한다. 잔여지수용청구권은 원래 사업시행자가 수용하였어야 하는 잔여지에 대해서 잔여지소유자의 잔여지수용청구권의 행사를 통하여 수용권의 행사와 동일한 효과를 부여하기 위한 권리이므로, 수용권과 동일한 형성적 효력이 인정되는 것이다.

이와 관련하여 판례는 잔여지수용청구권에 대해서, 손실보상의 일환으로 토지소유자에게 부여되는 권리로서[347] 그 요건을 구비한 때에는 잔여지를 수용하는 토지수용위원회의 재결이 없더라도 그 청구에 의하여 수용의 효과가 발생하는 형성권적 성질을 가지는 권리라고 한다.[348] 그러나 이러한 판례의 견해에는 뒤에서 살펴보는 바와 같이 찬성하기 어렵다.

2) 손실보상청구권으로서의 실질

잔여지수용청구권은 형식적으로는 사업시행자에게 잔여지를 수용하여 줄 것을 청구하는 권리로서 규정하고 있지만 실질적으로는 잔여지에 대한 손실보상청구권을 보장하기 위하여 수용이라는 법적 수단을 이용하는 권리라고 설명하고 있다.[349]

---

347) 대판 2010.8.19. 2008두822.

348) 대판 1993.11.12. 93누11159; 2001.9.4. 99두11080.

349) 高田賢造, 앞의 책 312면에는 "여기서 말하는 수용은 실질적으로는 손실보상의 한 방법으로 토지소유자의 기업자에 대한 매수청구의 의미를 가진 것이지만 형식상은 수용이라는 의제로 입법된 것"이라고 한다.

3) 재결신청청구권과의 비교

재결신청청구권은 사업인정 고시가 된 후 협의가 성립되지 아니한 때에 토지소유자 및 관계인 등이 대통령령이 정하는 바에 따라 서면으로 사업시행자에 대해서 재결의 신청을 할 것을 청구할 수 있는 권리이다(법 제30조 제1항).[350] 이는 공익사업의 목적물인 피수용토지 등에 대해서 직접 수용재결신청을 할 수 없는 토지소유자 등을 위하여 인정되는 권리로서 그 본질은 손실보상청구권이라고 설명한다.

이에 비하여 잔여지수용청구권은 잔여지소유자가 원래는 피수용토지가 아닌 잔여지에 대해서 토지수용위원회에 직접 재결신청을 하는 방법으로 이 권리를 행사할 수 있다는 점에서 재결신청청구권보다 강력하다고 할 수 있다. 그러나 양 권리는 토지소유자의 손실보상청구권을 보강하는 권리라는 점에서는 본질적으로 동일하다.

사견에 의하면 토지보상법상의 잔여지수용청구권은 법조항의 문언적 의미에서 볼 때는 국가수용권설의 입장에서 규정한 것으로 오해하기가 쉽다. 사업시행자수용권설을 취하고 있는 사견으로는 잔여지수용청구권이란 잔여지소유자가 재결신청을 통하여 사업시행자로 하여금 잔여지를 수용할 것을 청구할 수 있는 예외적인 권리라고 파악하므로, 이 권리 역시 법 제30조 제1항에서 규정하고 있는 재결신청청구권과 동일하게 규정하는 것으로 충분하였을 것으로 본다.

(다) 잔여지수용청구권 행사의 요건

1) 동일한 소유자에 속하는 일단의 토지의 일부가 협의매수 되거나 수용될 것

이 요건은 잔여지의 개념상 당연히 요구되는 것이다.

---

350) 202면 참조.

2) 잔여지를 종래의 목적에 사용하는 것이 현저히 곤란할 것

"잔여지를 종래의 목적에 사용하는 것이 현저히 곤란할 때"의 판단 기준에 관해서는 토지보상법 시행령 제39조에 규정되어 있다. 즉 동조 제2항에 의하면 종래의 목적에 사용하는 것이 현저하게 곤란한 때에 해당하는지 여부를 판단함에 있어서는 잔여지의 위치 · 형상 · 이용상황 및 용도지역과 공익사업 편입토지의 면적 및 잔여지의 면적 등을 종합적으로 고려하여야 한다고 규정하고 있다. 그리고 제1항 제1호 내지 제4호에서는, 대지로서 면적의 과소 또는 부정형 등의 사유로 인하여 건축물을 건축할 수 없거나 건축물의 건축이 현저히 곤란한 경우, 농지로서 농기계의 진입과 회전이 곤란할 정도로 폭이 좁고 길게 남거나 부정형 등의 사유로 인하여 영농이 현저히 곤란한 경우, 공익사업의 시행으로 인하여 교통이 두절되어 사용 또는 경작이 불가능하게 된 경우, 기타 이와 유사한 정도로 잔여지를 종래의 목적대로 사용하는 것이 현저히 곤란하다고 인정되는 경우 등을 예로 들고 있다.

이러한 토지보상법 시행령의 엄격한 규정에 따라 종래의 목적에 사용하는 것이 현저하게 곤란한 때에 해당하여 잔여지를 매수 또는 수용청구를 할 수 있는 경우는 실제로는 그다지 많지 아니할 것으로 보인다.

3) 잔여지 매수에 관한 협의가 성립되지 아니하였을 것

사업인정 이전에 협의가 불성립하면 잔여지소유자는 잔여지 매수청구권을 행사할 수 있다. 그런데 판례는 잔여지매수청구권은 형성권이 아니라 매매계약의 청약에 불과하다고 보므로 사업시행자는 잔여지 매수청구에 응할 의무가 없어서 토지보상법이 이 권리를 인정한 취지가 무색해진다. 따라서 판례에 의하면 협의가 불성립한 경우에는 잔여지소유자는 매수청구권을 행사하기보다는 사업인정을 기다렸다가 수용청구를 하는 방법을 택하게 될 것이다.

(라) 행사의 시기와 방법

1) 잔여지소유자는 사업인정 이후에 관할 토지수용위원회에 수용을 청구하는 방법으로 잔여지수용청구권을 행사한다(법 제74조 제1항 본문 후단). 여기서 "수용을 청구하는 방법"이란 앞에서 살펴본 바와 같이 잔여지에 대하여 토지수용위원회에 수용재결을 신청하는 방법을 말한다. 일단의 토지 중 수용에서 제외된 잔여지를 사업시행자가 수용한다고 가정하면, 잔여지에 대해서 "수용을 청구하는 방법"은 잔여지에 대해서 수용재결신청을 하는 것이다. 그런데 잔여지에 대해서는 잔여지소유자가 수용청구권을 행사함으로써 마치 사업시행자가 수용권의 행사로서 수용재결을 신청하는 것과 동일한 효과를 부여하고 있으므로 위와 같이 해석하는 것이다. 따라서 "수용을 청구"한다는 것은 잔여지수용청구권을 쟁송절차에서 행사한다는 의미로서 민사소송에서의 소송상 청구와 동일한 의미이다.

판례는 동 조항을 근거로 잔여지수용청구권의 상대방은 토지수용위원회라고 한다.[351] 그러나 앞에서 살펴본 바와 같이 위 조항에서 잔여지소유자가 "토지수용위원회에" 수용을 청구한다는 것은 잔여지에 대한 수용재결신청을 토지수용위원회에 하여야 한다는 의미이다. 이와는 달리 잔여지수용청구권을 문언적 의미대로 이해하여 이 권리의 상대방이 토지수용위원회라고 하는 것은 국가수용권설을 전제로 하는 주장이다. 일단의 토지 중에서 수용의 목적물이 된 피수용토지에 대한 수용권과 피수용토지에서 제외된 잔여지에 대한 수용청구권은 모두 토지수용위원회에 대하여 수용재결을 신청하는 방법으로 행사하여야 하지만, 동 권리의 상대방은 어디까지나 각각 토지소유자 또는 사업시행자라고 하여야 할 것이다.

2) 잔여지수용청구권은 사업인정 이후 해당 사업완료일까지 하여야 한다(법 제74조 제1항 후문). 이러한 행사기간은 제척기간이라는 것이 판례

351) 대판 2010.8.19. 2008두822.

이고[352] 이설은 없다.

(마) 행사의 효과

1) 판례에 의하면, 잔여지소유자가 수용청구권을 행사하면 토지수용위원회의 재결이나 보상금의 지급 없이 바로 수용의 효과, 다시 말해서 사업시행자가 잔여지에 대한 소유권 취득의 효과가 발생한다고 한다.

사업인정에 따라 사업시행자가 취득하는 피수용토지에 대한 수용권조차도 토지수용위원회의 재결과 그에 따른 보상금의 지급이 있어야 비로소 소유권에 대한 원시취득의 효과가 발생한다. 그럼에도 불구하고 피수용토지에 해당하지 아니한 잔여지에 대해서는 재결은 물론이고 보상금의 지급이 없이도 잔여지소유자 스스로가 하는 수용청구의 의사표시만으로써 수용의 효과 즉 잔여지소유권이 사업시행자에게 이전되고 사업시행자에게 보상금 지급의무가 발생한다는 판례의 견해는 무엇보다도 "보상이 없으면 수용이 없다."는 원칙에 위배된다는 점에서 타당하지 아니하다. 잔여지수용청구권은 수용권과 동일하게 재결절차에서 행사하여야 하는 형성권이고, 그러한 형성적 효력은 재결에 따른 보상금의 지급이 있어야 발생한다고 해석하여야 할 것이다.

2) 잔여지소유자가 재결신청을 통하여 보상금을 청구하면 토지수용위원회는 잔여지를 수용한다는 재결은 불필요하고 보상금에 대해서만 재결하는 것으로 충분하다는 견해가 있다.[353]

그러나 잔여지수용청구권은 토지수용위원회에 "수용을 청구하는 방법"으로 행사하여야 하므로 잔여지소유자는 사업시행자가 피수용토지에 대하여 수용재결을 신청하는 것과 동일한 방법으로 수용재결신청을 하여야 한

352) 위 같은 판례.

353) 임준호, "토지수용법상 잔여지가 공유인 경우, 각 공유자가 구 소유지분에 대하여 각별로 잔여지수용청구를 할 수 있는지 여부(적극) 및 잔여지수용청구권 행사방법(행정소송)", 대법원 판례해설 제36집.

다. 따라서 잔여지소유자는 수용재결신청서에서 잔여지를 특정하고 동 토지에 대해서 수용을 원한다는 취지와 보상액을 기재하여야 한다. 토지수용위원회 역시 사업시행자의 피수용토지에 대한 수용재결신청과 동일하게 잔여지에 대한 수용여부와 수용개시일 및 보상액 등에 대해서 빠짐없이 재결하여야 한다고 본다.

3) 잔여지수용청구권의 행사에 따라 잔여지에 대한 권리수용재결이 이루어진 경우에는 재결의 실효에 관한 토지보상법 제42조 제1항은 적용될 여지가 없다. 그 이유는 잔여지소유자의 수용청구권은 실질에 있어서 손실보상청구권을 확보해 주기 위한 방법으로 사업시행자로 하여금 잔여지를 수용하도록 강제하는 권리이므로, 재결에 의해서 손실보상청구권의 발생은 확정적이기 때문이다.

4) 권리 존속의 청구

토지소유자가 잔여지의 매수 또는 수용의 청구를 한 토지에 대하여, 소유권 이외의 권리를 가진 관계인 및 그 토지에 있는 물건에 대하여 권리를 가진 관계인이 그 권리의 존속을 원할 때에는 사업시행자 또는 관할 토지수용위원회에 대하여 그 권리의 존속을 청구할 수 있다(법 제74조 제2항). 이러한 청구가 있는 경우에 사업시행자는 그 권리가 존속된 상태에서 잔여지를 협의매수할 수 있고, 협의가 불성립한 경우에는 토지수용위원회는 그 권리가 존속된 상태에서 잔여지를 수용할 수 있다.

5) 사업인정의 의제

잔여지는 일단의 토지 가운데 사업인정고시에서 제외된 부분이지만 사업시행자가 잔여지를 협의취득하거나 수용을 통하여 취득하게 되면 사업인정고시가 된 것으로 본다(법 제74조 제3항, 제73조 제3항).

(바) 잔여지 수용재결에 대한 불복 방법

판례는 "잔여지수용청구를 받아들이지 아니한 토지수용위원회의 재결에 대하여 토지소유자가 불복하여 제기하는 소송은 공익사업법 제85조 제2항에 규정되어 있는 '보상금의 증감에 관한 소송'에 해당하여 사업시행자를 피고로 하여야 한다."[354]고 한다.

그러나 이러한 판례의 견해에는 찬성할 수 없다. 잔여지에 대한 수용청구 자체를 기각한 재결에 대한 불복은 토지수용위원회를 피고로 하여 잔여지에 대한 권리수용재결[355]의 취소까지 함께 하여야 하고, 권리수용재결을 인정한 재결인 경우에 보상액에 대해서만 불복한다면 판례와 같이 사업시행자를 상대로 보상금 증감소송만 제기할 수 있다고 생각한다. 상세한 것은 뒤에서 살펴본다.[356]

Ⅵ. 사업지구 밖의 토지에 대한 공사비 및 기능 상실에 대한 보상

1. 토지보상법의 규정

가. 공사비보상

사업시행자는 공익사업의 시행으로 인하여 취득하거나 사용하는 토지(잔여지를 포함한다) 외의 토지에 통로·도랑·담장 등의 신설이나 그 밖의 공사가 필요할 때에는 그 비용의 전부 또는 일부를 보상하여야 한다. 다만, 그 토지에 대한 공사의 비용이 그 토지의 가격보다 큰 경우에는 사업시행자는 그 토지를 매수할 수 있다(법 제79조 제1항).

나. 기능상실에 대한 보상

공익사업이 시행되는 지역 밖에 있는 토지 등이 공익사업의 시행으로 인하여 본래의 기능을 다할 수 없게 되는 경우에는 국토교통부령으로 정

354) 대판 2010.8.19. 2008두822.

355) 455면 참조.

356) 475면 참조.

하는 바에 따라 그 손실을 보상하여야 한다(법 제79조 제2항).

2. 손실보상의 성격

가. 위 두 가지의 손실은 비수용손실 중 사업손실의 일종이다. 공익사업의 시행으로 인하여 피수용토지 외의 토지에 관하여 발생한 공사비 기타 비용이나 해당 토지의 기능상실에 따른 피해에 대한 보상은 불법행위로 인한 손해배상으로서의 성격을 가진 경우도 있지만, 토지보상법은 이러한 종류의 피해에 대해서는 손해배상 혹은 손실보상 중 어느 쪽에 해당하는지를 구별하지 아니하고 사업시행자에게 손실보상의 의무가 있는 것으로 규정하고 있다.

나. 토지의 기능상실에 대한 보상을 규정한 토지보상법 시행규칙 제59조는 소수잔존자에 대한 보상을 규정한 동 규칙 제61조와 중복되는 경우[357]도 예상된다. 토지의 기능이 상실됨으로 인하여 발생한 손실은 사업손실로서 대물보상의 일종이고, 소수잔존자에 대한 보상은 대인보상으로, 생활보상으로 분류된다는 점에서는 차이가 있지만 법률적 취급에는 큰 차이가 없다.

다. 공사비 보상에 있어서 공사의 비용이 해당 토지의 가격보다 큰 경우에 사업시행자에게 인정되는 매수청구권은 형성권이라고 보아야 할 것이다.

3. 보상의 절차와 방법

가. 보상의 공고

사업시행자는 토지의 기능상실에 따른 보상이 필요하다고 인정하는 경

357) 예를 들면 공익사업 시행의 결과 대지로의 교통이 두절하면 대지의 기능이 상실됨과 동시에 대지에 거주하던 사람은 소수잔존자에 해당하는 경우가 발생한다.

우에는 보상계획을 공고할 때에 보상을 청구할 수 있다는 내용을 포함하여 공고하거나 대통령령으로 정하는 바에 따라[358] 보상에 관한 계획을 공고하여야 한다. 공사비보상의 경우에는 공고를 요하지 아니한다.

나. 보상의 절차

사업시행자와 손실을 입은 자는 비용보상과 기능상실보상에 관해서 먼저 협의를 한 다음(법 제80조 제1항), 협의가 성립되지 아니한 경우에 사업시행자나 손실을 입은 자는 토지수용위원회에 재결을 신청할 수 있다(동조 제2항). 재결을 거치지 아니한 채 곧바로 사업시행자를 상대로 손실보상을 청구하는 것은 허용되지 아니한다.[359]

다. 보상의 방법

공익사업 시행지구 밖의 대지(조성된 대지를 말한다) · 건축물 · 분묘 또는 농지(계획적으로 조성된 유실수단지 및 죽림단지를 포함한다)가 공익사업의 시행으로 인하여 산지나 하천 등에 둘러싸여 교통이 두절되거나 경작이 불가능하게 된 경우에는 그 소유자의 청구에 의하여 이를 공익사업 시행지구에 편입되는 것으로 보아 보상하여야 한다. 다만, 그 보상비가 도로 또는 도선시설의 설치비용을 초과하는 경우에는 도로 또는 도선시설을 설치함으로써 보상에 갈음할 수 있다(법 시행규칙 제59조).

라. 공사비나 기능상실에 대한 보상은 잔여지에 대한 보상과 마찬가지로 해당 시업의 공사완료일로부터 1년이 지난 후에는 청구할 수 없다(법 제79조 제5항, 제73조 제2항). 불법행위의 요건을 구비한 경우에는 손해배상의 청구도 가능하다.[360]

---

358) 전국을 보급지역으로 하는 일간신문에 공고하는 방법을 말한다(동법 시행령 제41조).

359) 대판 2011.9.29. 2009두10963; 2019.11.28. 2018두227.

Ⅶ. 건축물 등 물건에 관한 보상

1. 토지보상법의 규정

건축물 · 입목 · 공작물과 그 밖에 토지에 정착한 물건은 이전비로 보상하는 것이 원칙이다. 그러나 건축물 등을 이전하기 어렵거나 그 이전으로 인하여 건축물 등을 종래의 목적대로 사용할 수 없게 된 경우, 건축물 등의 이전비가 그 물건의 가격을 넘는 경우, 혹은 사업시행자가 공익사업에 직접 사용할 목적으로 취득하는 경우와 같이 예외적인 경우에는 취득비로 보상하여야 한다(법 제75조 제1항).

2. 보상의 방법

가. 지장물의 개념

지장물이란 공익사업 시행지구 내의 토지에 정착한 건축물 · 공작물 · 시설 · 입목 · 죽목 및 농작물 그 밖의 물건 중에서 당해 공익사업의 수행을 위하여 직접 필요하지 아니한 물건을 말한다(법 시행규칙 제2조 제3호). 이러한 지장물의 개념은 법 제75조 제1항에서 규정한 건축물 등과는 구별된다. 건축물 등은 지장물 외에도 당해 공익사업의 수행을 위하여 직접 필요한 물건으로 수용의 대상이 되는 물건까지 포함한다.

그러나 지장물은 당해 공익사업의 수행을 위하여 직접 필요로 하지 아니하는 물건으로 취득수용의 목적물이 아니기 때문에, 이에 대한 이전비를 보상 받은 소유자는 이를 공익사업 시행지구 밖으로 이전 · 이설 · 이식하여야 한다(법 제43조).

---

360) 손실보상청구권의 제척기간이 경과한 경우에는 손해배상의 청구가 가능하다(대판 2019.11.28. 2018두227).

나. 이전비보상

이전비란 대상 물건의 유용성을 동일하게 유지하면서 이를 당해 공익사업 시행지구 밖의 지역으로 이전 · 이설 또는 이식하는데 소요되는 비용을 말하고, 여기에는 물건의 해체비, 건축허가에 일반적으로 소요되는 경비를 포함한 건축비와 적정거리까지의 운반비를 포함하나, 건축법등 관계 법령에 의하여 요구되는 시설의 개선에 필요한 비용은 제외된다(법 시행규칙 제2조 제4호).

다. 취득비보상

건축물 등을 이전하기 어렵거나 그 이전으로 인하여 건축물 등을 종래의 목적대로 사용할 수 없게 된 경우, 건축물 등의 이전비가 그 물건의 가격을 넘는 경우, 혹은 사업시행자가 공익사업에 직접 사용할 목적으로 취득하는 경우와 같이 예외적인 경우에는 취득비로 보상하여야 한다. 이 때 이전이 어려운지 여부는 물리적 또는 기술적인 면에서 판단할 문제가 아니라 경제적 관점에서 판단할 문제이고,[361] 이전비로 보상할 경우에는 이전이 현저하게 곤란하거나 이전으로 인하여 종래의 목적에 사용할 수 없게 되는지의 여부를 먼저 가려보고 그에 따라 이전비용 또는 취득가액 중 어느 것으로 보상할 것인지를 정하여야 한다.[362]

라. 철거비용의 부담

건축물의 소유자가 이전비로 보상을 받은 경우에는 자신의 비용으로 해당 건물을 철거하고 사업지구로부터 반출하여 이전의무를 이행하여야 한다. 그러나 이전비가 취득비를 초과하여 취득비로 보상을 받은 경우에도 건축물의 소유자가 철거비용을 부담하여야 하는지 여부에 대해서는 의문

---

361) 대판 1991.10.22. 90누10117; 대판 1991.1.29. 90누3775.

362) 대판 1994.4.26. 93누13360.

이 있을 수 있다.

이 점에 관하여 토지보상법 시행규칙은 물건의 가격으로 보상한 건축물의 철거비용은 사업시행자가 부담하는 것으로 하되(제33조 제4항 본문) 다만 건축물의 소유자가 당해 건축물의 구성부분을 사용 또는 처분할 목적으로 철거하는 경우에는 건축물의 소유자가 부담하는 것으로 규정하고 있다(동항 단서). 판례도 건축물의 소유자가 취득비로 보상을 받은 경우에는 건축물을 철거할 의무는 없고 단지 이전할 기한까지 건축물을 비워주기만 하면 된다고 한다.[363] 이러한 판례의 견해에 의하면 이전비로 보상한 경우에는 건축물이 수용되지 아니하므로 그 소유권은 소유자에게 남아있고, 취득비로 보상한 경우에는 사업시행자가 소유권을 취득하게 된다.

3. 무허가건축물에 대한 보상

가. 일정한 규모 이상의 건축물을 건축하거나 구조변경 등의 행위를 하기 위해서는 건축법상의 허가를 받거나(건축법 제11조 제1항)나 신고를 하여야 한다(법 제14조 제1항). 그런데 허가나 신고 없이 건축된 건축물이 지장물인 경우에 이에 대해서도 이전비나 취득비를 보상하여야 하는지 문제가 된다.

토지보상법에 의하면, 사업인정고시 이후에는 누구든지 사업인정이 고시된 토지에 대해서는 보전의무가 있고(법 제 25조 제1항), 이러한 토지에 건축물의 건축·대수선, 공작물의 설치 또는 물건의 부가·증치를 하려는 자는 특별자치도지사, 시장·군수 또는 구청장의 허가를 받아야 하며(동조 제2항), 이에 위반하여 건축물의 건축·대수선, 공작물의 설치 또는 물건의 부가·증치를 한 토지소유자 또는 관계인은 해당 건축물·공작물 또는 물건을 원상으로 회복하여야 하며 이에 관한 손실의 보상을 청구할 수 없는

363) 대판 2002.11.13. 2002도4582; 1998.1.20. 96누12597.

것으로 규정하고 있다(동조 제3항). 이와 같이 현행법상 사업인정 고시 이후에 건축된 무허가건축물에 대해서는 보상청구권이 인정되지 아니하므로, 무허가건축물에 대한 보상을 인정할 것인지 여부가 문제되는 것은 사업인정의 고시 이전에 건축된 무허가 건축물에 한정된다.

나. 이에 관해서는, 사업인정의 고시 이전에 건축된 무허가건축물에 대해서는 토지보상법 제25조 제3항의 규정을 반대해석하여 예외 없이 보상의 대상이 된다는 긍정설과 무허가건축물에 대해서는 어떠한 경우에도 보상의 대상에서 제외되어야 한다는 부정설이 있다.

(1) 긍정설은 무허가건축물이나 가설건축물일지라도 법률상 보호받아야 하는 재산권의 객체가 되고, 공공필요에 따른 이러한 재산권에 대한 침해 역시 특별한 희생에 해당하므로, 기득권의 보호와 전체적인 평등부담의 견지에서 보상을 하는 것이 마땅하며, 무허가건축물이라는 이유로 전면적으로 보상의 대상에서 제외한다는 것은 재산권의 본질적 내용을 침해하는 것으로 위헌의 소지가 있다고 한다.

(2) 부정설은 건축법에 위반한 건축물은 원래 건축법상 철거의 대상임에도 이에 대해서 보상을 인정하게 되면 공익사업의 실시를 위한 사업인정의 고시의 시기가 임박할수록 보상금을 받기 위한 위법한 건축행위를 조장하는 결과를 초래하고, 토지의 경우에는 위법한 형질변경행위 등에 대해서는 그로 인한 가치의 증가분은 물론이고 조성비 등 순수한 비용조차도 보상 대상에서 제외하고 있는 것과 균형이 맞지 아니하며, 위법한 영업행위에 대해서도 영업권보상에서 제외되는 등 현행 토지보상법상으로는 위법행위에 대해서는 보상의 대상에서 제외하는 것이 일반적이라는데 근거한 주장이다.

(3) 구 토지수용법과 구 공특법 하에서의 판례는, 사업인정의 고시 이전에 건축된 주거용건축물에 대해서는 건축허가를 받았는지 여부에 관계없

이 손실보상의 대상이 되고,[364] 주거용건축물이 아닌 위법한 건축물의 경우에는 그 위법의 정도가 관계 법령의 규정이나 사회통념상 용인할 수 없을 정도로 크고 객관적으로도 합법화될 가능성이 거의 없어 거래의 객체도 되지 아니하는 경우에는 예외적으로 수용보상 대상이 되지 아니한다[365]고 하여 절충적인 입장을 취하고 있었고, 이에 찬성하는 학설도 있다.[366]

다. 법령의 개정

구 토지수용법이나 공특법에서는 무허가건축물에 대한 보상에 관해서는 아무런 규정이 없다가 1989. 1. 24. 건설부령 제444호로 개정된 구 공특법 시행규칙 제5조의 9 단서 규정과 부칙 제4항에서 비로소 무허가건축물에 대한 보상에 관한 규정을 두게 되었다. 즉 신설된 시행규칙 제5조의 9에서는 무허가 또는 무신고 건축물에 대해서는 동 건축물의 평가액을 보상액으로 한다고 규정하고, 부칙 제4항에서는 규칙 시행 당시의 무허가건물 등의 보상은 종전 규정에 의한다는 경과 규정을 신설하였다.

그래서 판례는 사업인정 고시 이전의 주거용건축물에 대해서는 건축법상의 허가 여부에 관계없이 손실보상의 대상이 된다는 입장을 취하고 있었던 것이다.

그 후에 2002. 2. 4. 법률 제6656호로 토지보상법을 제정하면서 동 시행규칙 부칙 제5조 제1항에서, 1989. 1. 24. 당시의 무허가건축물 등에 대하여는 보상을 함에 있어서는 적법한 건축물로 간주하는 규정을 두게 되었다. 따라서 1989. 1. 24. 당시의 무허가건축물은 용도가 주거용인지 여부를 불문하고 적법한 건축물로 간주되어 보상을 하여야 하고, 위 일자 이후

364) 대판 2000.3.10. 99두10869.

365) 대판 2001.4.13. 2000두6411.

366) 강교식 · 김원보 · 이호정, 앞의 책 525면.

에 건축된 무허가건축물은 주거용이라 하더라도 보상의 대상에서 제외하게 되었다. 따라서 현행 토지보상법상 무허가건축물에 대한 보상의 문제는 입법적으로 해결되었다.

Ⅷ. 잔여건축물에 대한 보상

1. 토지보상법의 규정

동일한 소유자에게 속하는 일단의 건축물의 일부가 취득되거나 사용됨으로 인하여 잔여건축물의 가격이 감소하거나 그 밖의 손실이 있을 때에는 국토해양부령으로 정하는 바에 따라 그 손실을 보상하여야 한다(법 제75조의 2 제1항 본문).

이는 잔여지에 대한 손실의 보상을 규정한 제73조 제1항과 동일한 취지이다. 동 조항에서 말하는 "그 밖의 손실"이란 잔여건축물에 보수가 필요한 경우의 보수비를 말한다(법 시행규칙 제35조 제2항).

2. 잔여건축물의 매수청구와 수용청구

가. 잔여건축물의 가격 감소분과 보수비를 합한 금액이 잔여건축물의 가격보다 큰 경우에는 사업시행자는 그 잔여건축물을 매수할 수 있다(법 제75조의 2 제1항 단서).

나. 동일한 소유자에게 속하는 일단의 건축물의 일부가 협의에 의하여 매수되거나 수용됨으로 인하여 잔여건축물을 종래의 목적에 사용하는 것이 현저히 곤란할 때에는 그 건축물소유자는 사업시행자에게 잔여건축물을 매수하여 줄 것을 청구할 수 있고, 사업인정 이후에는 관할 토지수용위원회에 수용을 청구할 수 있다. 이 경우 수용청구는 매수에 관한 협의가 성립되지 아니한 경우에만 하되, 사업완료일까지 하여야 한다(법 제75조의 2 제2항).

잔여건축물에 대한 매수청구와 수용청구에 대한 설명은 앞에서 살펴 본 잔여지에 대한 설명과 동일하다.

다. 잔여건축물에 대한 평가방법에 관해서는 법 시행규칙 제35조 제1항과 제1항에서 규정하고 있다.

Ⅸ. 권리의 보상

1. 토지보상법의 규정

광업권 · 어업권 · 양식업권 및 물(용수시설을 포함한다) 등의 사용에 관한 권리에 대하여는 투자비용, 예상 수익 및 거래가격 등을 고려하여 평가한 적정가격으로 보상하여야 하는데(법 제76조 제1항), 보상액의 구체적인 산정 및 평가방법은 국토해양부령에서 정하는 바에 의한다(동조 제2항).

2. 광업권에 대한 보상

가. 광업권이란 등록을 한 일정한 토지의 구역(이를 광구라 한다)에서 등록을 한 광물과 이와 같은 광상에 묻혀 있는 다른 광물을 채굴하고 취득하는 권리이고(광업법 제3조 제3호), 조광권이란 설정행위에 의하여 타인의 광구에서 광업권의 목적이 되어 있는 광물을 채굴하고 취득하는 권리이다(동조 제4호). 광업권은 토지소유권과는 별개의 독립한 권리이므로 해당 토지가 수용될 경우에는 사업시행자는 광업권에 대해서 보상하여야 한다. 조광권은 토지보상법상 공익사업의 목적물은 아니지만 조광권자는 법 제2조 제5호의 관계인에 해당하므로 조광권 역시 보상하여야 하는 권리에 해당한다.

나. 조업 중인 광산에 대한 광업권의 손실 평가 방법에 관해서는 광업법

시행규칙에 따르는 바(토지보상법 시행규칙 제43조 제1항), 동 규칙 제19조에서 이에 대하여 상세하게 규정하고 있다. 그리고 조업 중인 광산이 토지 등의 사용으로 인하여 휴업하는 경우의 손실은 휴업기간에 해당하는 영업이익을 기준으로 평가하는데 이 경우에 영업이익은 최근 3년간의 연평균 영업이익을 기준으로 한다(동조 제2항). 광물매장량의 부재로 인하여 휴업 중인 광산은 손실이 없는 것으로 본다(동조 제3항).

3. 어업권에 대한 보상

가. 어업권의 개념

(1) 수산업법상 어업이란 수산동식물을 포획 · 채취하는 사업과 염전에서 바닷물을 자연 증발시켜 소금을 생산하는 사업을 말하고(법 제2조 제2호), 어업권이란 면허를 받아 어업을 경영할 수 있는 권리를 말한다(동조 제9호). 어업권은 물권으로 민법 중의 토지에 관한 규정을 준용한다(법 제16조 제2항).

(2) 보상의 대상으로 되는 어업은 면허어업뿐만 아니라 허가어업이나 신고어업까지 포함한다(법 제81조 제1항 제1호). 다만 보상계획의 공고(토지보상법 제15조 제1항 본문)나 사업인정의 고시(법 제22조)가 있은 날 이후에 어업권의 면허나 허가를 받거나 신고한 자에 대하여는 보상하지 아니한다(법 시행규칙 제44조 제3항).

한편 구 수산업법(1990년 8월 1일 법률 제4252호로 개정되기 전의 것) 제40조 제1항에서는 관행어업에 대해서 규정하고 있었으나 동법의 개정으로 관행어업 제도는 폐지되었다.[367)]

367) 관행어업권이 공익사업의 시행으로 상실함에 따른 손해배상에 대해서는 동법 제22조 소정의 신고어업에 대한 보상에 관한 규정을 유추적용한다는 판례가 있다(대판 2001.9.25. 2000다16893).

나. 어업보상의 원인

우리나라의 경우 간척사업뿐만 아니라 해안공단조성사업, 항만개발사업이 활발하였고, 선박사고도 빈발하여 이에 따른 어업 피해와 보상을 둘러싼 법적 분쟁이 장기간에 걸쳐서 대규모로 발생하여 관련된 판례가 다수 집적되고 연구도 활발하게 이루어졌다. 어업보상에 관해서는 토지보상법령 외에 수산업법에서 규정하고 있다.

(1) 토지보상법

토지보상법상의 어업보상의 원인은 공익사업의 시행으로 인하여 어업권이 제한 · 정지 또는 취소되거나 어업면허의 유효기간의 연장이 허가되지 아니하는 경우이다. 이 경우에 사업시행자는 해당 어업권 및 어선 · 어구 또는 시설물에 대해서 보상하여야 하고(법 제44조 제1항), 법 시행규칙 제44조 제1항과 제4항은 면허어업(어업권)뿐만 아니라 허가어업이나 신고어업 등이 공익사업으로 인하여 제한 · 정지 또는 취소되거나 유효기간이 연장되지 아니하는 경우의 손실평가의 기준에 대해서 규정하고 있다.

(2) 수산업법

수산업법상 어업보상의 원인이 되는 사유는 수산자원의 증식 · 보호, 군사훈련 또는 주요 군사기지의 보위, 국방, 선박의 항행 · 정박 · 계류 또는 수저전선의 부설, 폐기물 해양배출로 인하여 배출해역 바닥에서 서식하는 수산동물의 위생관리 등에 해당하는 사유로 면허 · 허가를 받거나 신고한 어업에 대하여 제한 등의 처분을 받았거나 어업면허의 유효기간의 연장이 허가되지 아니한 경우와(법 제31조 제1항 제1호 내지 제6호), 측량 · 검사에 장애가 되는 물건에 대하여 이전명령이나 제거명령을 받은 경우(동항 제2호)를 포함한다. 다만 수산자원의 증식 · 보호, 군사훈련 또는 주요 군사기지의 보위, 국방을 위하여 필요한 경우에는 허가어업이나 신고어업에 대해서는 보상하지 아니한다(법 제81조 제1항 제1호 단서).

한편 수산업법 제34조 제1항 제6호에 의하면 시장·군수·구청장은 공익사업을 위하여 필요한 경우에 면허한 어업을 제한 또는 정지하거나 어선의 계류 또는 출항·입항을 제한할 수 있다고 규정하고 있다. 따라서 시장·군수·구청장이 공익사업을 위하여 위와 같은 처분을 하였다면 피해를 입은 어업권자는 수산업법에 의한 손실보상뿐만 아니라 토지보상법에 의한 손실보상도 선택적으로 청구할 수 있을 것으로 생각한다.

다. 수산업법상의 보상청구의 상대방

수산업법상의 손실에 대해서는 보상의 원인이 되는 처분으로 인하여 손실을 입은 자는 그 처분을 행한 행정관청에 보상을 청구할 수 있다(법 제81조 제1항). 이는 공익사업의 수행으로 인하여 발생한 손실은 사업시행자가 보상한다는 토지보상법상의 보상원칙(법 제61조)과는 다른 것이다.

다만 보상의 원인이 된 처분으로 이익을 받은 자가 있으면 그 처분을 한 행정관청은 수익자에게 그가 받은 이익의 범위에서 보상액의 전부 또는 일부를 부담하게 할 수 있다(동조 제2항 전문).

수익자는 보상을 청구할 수 있는 자에게 미리 보상을 하지 아니하면 손실에 영향을 미치는 행위나 공사를 시작할 수 없다. 다만, 보상을 청구할 수 있는 자의 동의를 받은 경우에는 그러하지 아니하다(동조 제3항 본문).

라. 보상 방법

어업권에 관한 구체적인 보상 방법은 수산업법 시행령 별표 4에서 상세하게 규정하고 있다(토지보상법 시행규칙 제44조 제1항, 제2항, 수산업법 시행령 제69조).

마. 어업손실보상에 관한 쟁송방법

판례는 어업손실보상을 포함한 모든 손실보상에 대해서 재결절차를 거친 경우에는 당사자소송의 방법으로, 재결절차를 거칠 필요가 없는 경우에는 민사소송의 방법으로 각각 청구하여야 한다는 견해를 확립하고 있다. 이러한 원칙 하에서 어업손실보상에 대해서는 다음과 같이 두 종류의 쟁송방법을 인정하고 있다.

(1) 민사소송으로 제기하여야 하는 경우

판례는 "어업면허에 대한 처분 등이 행정처분에 해당된다 하여도 이로 인한 손실은 사법상의 권리인 어업권에 대한 손실을 본질적 내용으로 하고 있는 것으로서 그 보상청구권은 공법상의 권리가 아니라 사법상의 권리이고 … 보상을 청구하려는 자는 행정관청이 그 보상청구를 거부하거나 보상금액을 결정한 경우라도 이에 대한 행정소송을 제기할 것이 아니라 면허어업에 대한 처분을 한 행정관청(또는 그 처분을 요청한 행정관청)이 속한 권리주체인 지방자치단체 또는 국가를 상대로 민사소송으로 직접 손실보상금 지급청구를 하여야" 하고, "수산업법 시행령 제61조, 제63조에서 보상금 청구절차, 보상금 지급결정 및 통지 등을 규정하고 있더라도 그 규정의 취지는 행정관청이 부담하게 된 손실보상금 지급의무의 이행을 위하여 내부적 사무처리절차를 규정한 것에 불과하고 손실보상금 청구소송의 제기를 위한 필요적 전치절차를 규정한 것으로 볼 수 없다."고 한다.[368]

(2) 당사자소송으로 제기하여야 하는 경우

판례는 "구 수산업법(2007. 1. 3. 법률 제8226호로 개정되기 전의 것, 이하 같다) 제81조의 규정에 의한 손실보상청구권이나 손실보상 관련 법령의 유추적용에 의한 손실보상청구권은 사업시행자를 상대로 한 민사소송의 방법에 의하여 행사하여야 한다(대법원 2001. 6. 29. 선고 99다56468 판결 참조). 그렇지만 구 공익사업을 위한 토지 등의 취득 및 보상

368) 대판 1996.7.26. 94누13848.

에 관한 법률(2008. 2. 29. 법률 제8852호로 개정되기 전의 것, 이하 '구 공익사업법'이라 한다)의 관련 규정에 의하여 취득하는 어업피해에 관한 손실보상청구권은 민사소송의 방법으로 행사할 수는 없고, 구 공익사업법 제34조, 제50조 등에 규정된 재결절차를 거친 다음 그 재결에 대하여 불복이 있는 때에 비로소 구 공익사업법 제83조 내지 제85조에 따라 권리구제를 받아야 하며, 이러한 재결절차를 거치지 않은 채 곧바로 사업시행자를 상대로 손실보상을 청구하는 것은 허용되지 않는다."고 한다.[369]

4. 양식업권에 대한 보상

가. 양식업권은 2019. 8. 27. 법률 제16568호로 양식산업발전법이 제정되면서 어업권과는 별개의 권리로 인정되고, 이에 따라 같은 일자에 법률 제16569호로 토지보상법 제76조 제1항을 개정하여 광업권 · 어업권 및 물 등의 사용에 관한 권리와 함께 보상하는 권리의 하나로 추가된 것이다.

나. 양식산업발전법에 의하면 "양식"이란 수산동식물을 인공적인 방법으로 길러서 거두어들이는 행위(수산종자를 생산하는 행위를 포함한다)와 이를 목적으로 어선 · 어구를 사용하거나 양식시설물을 설치 · 운영하는 행위를 말하고(법 제2조 제1호), "양식업"이란 수산동식물을 양식하는 사업을 말한다(동조 제2호). "양식업권"이란 면허를 받아 양식업을 경영할 수 있는 권리로서(동조 제8호) 물권의 일종이며 민법상의 토지에 관한 규정이 준용된다(법 제28조 제2항).

다. 보상의 대상이 되는 양식업은 양식권에 의한 양식뿐만 아니라(법 제67조 제1항, 제1호) 허가에 의한 양식도 포함된다(법 제43조, 제52조).

---

369) 대판 2014.5.29. 2013두12478.

5. 물 등의 사용에 관한 권리에 대한 보상

가. 토지보상법 별표상의 법률에서 물의 이용에 관한 권리를 규정하고 있는 예는 댐사용권(댐건설법 제2조 제3호), 하천수사용권(하천법 제50조 제1항), 온천수 우선이용권(온천법 제2조 제2호), 용수에 관한 권리(광업법 제74조) 등을 들 수 있다. 이 중 댐사용권은 물권이다(댐건설법 제29조). 이러한 권리는 해당 토지와는 별도로 토지보상법 제3조 제3호에 규정된 공익사업의 목적물에 해당하여 보상의 대상이 됨은 전술한 바와 같다.

나. 하천수사용권에 대한 보상의 방법은 토지보상법 시행규칙 제44조 제1항이 준용하는 수산업법 시행령 제69조 별표 4 중 어업권이 취소되거나 어업면허의 유효기간 연장이 허가되지 않은 경우의 손실보상액 산정방법과 기준을 유추적용하여 산정한다는 것이 판례의 견해이다.[370] 하천수사용권 이외의 물 등의 사용에 관한 권리에 대한 보상에 대해서도 같은 방법으로 산정할 수 있을 것이다.

X. 영업의 손실 등에 대한 보상[371]

1. 영업손실보상의 의의

가. 토지보상법이 보상의 대상으로 규정하고 있는 영업의 손실 등은 영업의 폐업 또는 휴업에 따른 영업손실(법 제77조 제1항)과 농업손실(동조 제2항) 및 휴직 또는 실직으로 인한 근로자의 임금손실(동조 제3항) 등을 포함한다.

영업이란 일정한 장소에서 인적·물적 시설을 갖추고 계속적으로 행하

370) 대판 2018.12.27. 2014두11601.

371) 김영하, 영업손실보상에 관한 연구, 재판자료 제139집, 행정재판실무연구Ⅳ(2020) 215~245면 참조.

는 소득활동을 말한다(법 시행규칙 제45조 제1호 참조). 따라서 영업은 상업이나 공업뿐만 아니라 농업, 임업, 광업, 수산업(어업, 양식업 포함), 축산업, 잠업 등을 모두 포함한다.[372] 한편 직업은 생활의 기본적인 수요를 충족하기 위한 모든 소득활동을 의미하므로 일정한 장소나 시설을 필요로 하는 영업보다 넓은 개념이다.

나. 토지보상법은 영업 중에서 광업 · 어업 · 양식업 등에 대한 보상은 영업손실에 대한 보상과 구별하여 권리의 보상으로 규정하고 있다. 권리의 보상이라 하더라도 재산권으로서의 해당 권리 자체를 보상하는 것이 아니라 권리자가 일정 기간 동안 해당 권리를 행사하여 얻을 수 있는 이익의 상실이나 시설 폐기 또는 이전 등에 따르는 손실을 산정하여 보상하는 것이다. 영업손실에 대한 보상 역시 영업권이라는 무형의 재산적 가치에 대한 보상이 아니라 일정 기간 동안 얻을 수 있는 영업이익의 상실이나 영업시설의 폐기나 이전 등에 따르는 손실의 보상을 의미한다.

다. 영업손실이나 농업손실은 휴직 또는 실직손실과 함께 부수적수용손실의 일종이다. 휴직 또는 실직손실에 대한 보상은 생활보상으로서의 성격을 가지고 있다. 그러나 사업지구 밖에서 발생한 영업손실은 비수용손실인 사업손실의 일종인데 이에 대해서는 뒤에서 살펴본다.

라. 영업손실에 관한 보상에 있어서 영업의 폐업과 휴업을 구별하는 기준은 영업의 이전가능성이고,[373] 이전가능 여부는 법령상의 이전장애사유 유무와 당해 영업의 종류와 특성, 영업시설의 규모, 인접지역의 현황과 특성, 그 이전을 위하여 당사자가 들인 노력 등과 인근 주민들의 이전 반대

372) 토지보상법 시행규칙은 이 중에서 농업, 축산업, 잠업에 대한 손실평가 방법에 대해서만 규정하고 있다(동 규칙 제48조 내지 제50조).

373) 토지보상법 시행규칙 제47조 제1항 참조.

등과 같은 사실상의 이전장애사유 등을 종합하여 판단하여야 한다.[374)]

2. 영업손실보상의 대상이 되는 영업의 요건

가. 영업손실보상의 대상이 되는 영업은 일정한 장소에서 인적·물적 시설을 갖추고 계속적으로 행하여져야 한다(법 시행규칙 제45조 제1호 참조). 판례는 이를 영업의 지속성과 영업시설의 고정성이라고 표현하고 있다.[375)] 허가받은 가판대나 계절적으로 운영하는 영업 또는 장날만 운영하는 영업도 지속성과 영업시설의 고정성을 구비하고 있다고 본다.

나. 영업손실 보상의 대상이 되는 영업은 사업인정 고시일 이전부터 적법한 장소에서 행하는 영업이어야 한다(법 시행규칙 제45조 제1호).

(1) 영업손실 보상이 되는 영업인지 여부는 사업인정 고시일을 기준으로 판단하여야 하고, 사업인정 고시 이후에 사업지구 내의 다른 토지로 영업장소가 이전되었다 하더라도 이전된 사유나 이전된 장소에서 별도의 허가 등을 받았는지는 따지지 아니하고 손실보상의 대상이 된다.[376)]

(2) 적법한 장소란 무허가건축물 등, 불법 형질변경 토지, 그 밖에 다른 법령에서 물건을 쌓아 놓는 행위가 금지되는 장소가 아닌 곳을 말한다. 사업인정 고시일 이전에 건축 허가를 받았다 하더라도 사업인정 고시가 된 이후에 다시 허가를 받아야 하는데(법 제25조 제2항), 건축 허가만 받고 건축공사에 착수하지 아니하는 사이에 사업인정 고시가 있었음에도 다시 허가를 받지 아니하고 건축한 건축물에 대해서는 손실보상을 청구할 수 없으므로,[377)] 이러한 건축물에서 행하는 영업 역시 손실보상의 대상이 되지

374) 대판 2001.11.13. 2001두1003; 2002.10.8. 202두5498.

375) 대판 2012.3.15. 2010두26513.

376) 대판 2012.12.27. 2011두27827.

377) 대판 2014.11.13. 2013두29738,19745.

아니하는 것으로 해석된다. 다만 무허가건축물 등에서 임차인이 영업하는 경우에는 그 임차인이 사업인정 고시일등 1년 이전부터 사업자등록을 하고 행하는 경우에는 손실보상의 대상이 된다(법 시행규칙 제45조 제1호 단서).

다. 영업을 행함에 있어서 관계 법령에 의한 허가 등을 필요로 하는 경우에는 사업인정 고시일 등 전에 허가 등을 받아 그 내용대로 행하여야 한다(동조 제2호).

동 규정의 취지는 위법한 영업은 보상의 대상에서 제외하기 위한 것이다. 다만 영업의 종류에 따라서는 관련 행정법규에서 신고하도록 규정하고 있는 경우가 있지만 그러한 신고를 하도록 한 목적이나 관련 규정의 체제 및 내용 등에 비추어 볼 때 신고를 하지 않았다 하더라도 영업 자체가 위법성을 가진 것으로 평가할 수 없는 경우에는 보상을 하는 것이 헌법상 정당보상의 원칙에 합치된다.[378)]

3. 잔여영업시설에 대한 보상

가. 토지보상법 시행규칙 제47조 제3항에서는 "공익사업에 영업시설의 일부가 편입됨으로 인하여 잔여시설에 그 시설을 새로이 설치하거나 잔여시설을 보수하지 아니하고는 그 영업을 계속할 수 없는 경우의 영업손실 및 영업규모의 축소에 따른 영업손실"에 대한 보상의 방법을 규정하고 있다. 이는 잔여지에 대한 손실의 보상(법 제73조 제1항)과 동일한 취지이다.

나. "공익사업에 영업시설의 일부가 편입됨으로 인하여 잔여시설에 그 시설을 새로이 설치하거나 잔여시설을 보수하지 아니하고는 그 영업을 계속할 수 없는 경우"란, 잔여 영업시설에 시설을 새로이 설치하거나 잔여 영업시설을 보수하지 아니하고는 그 영업이 전부 불가능하거나 곤란하게

378) 대판 2012.12.13. 2010두12842.

되는 경우만을 의미하는 것이 아니라, 공익사업에 영업시설 일부가 편입됨으로써 잔여 영업시설의 운영에 일정한 지장이 초래되고, 이에 따라 종전처럼 정상적인 영업을 계속하기 위해서는 잔여 영업시설에 시설을 새로 설치하거나 잔여 영업시설을 보수할 필요가 있는 경우도 포함된다.[379] 이러한 해석은 잔여지의 경우에 잔여지를 종래의 목적에 사용하는 것이 불가능하거나 현저히 곤란한 경우뿐만 아니라, 잔여지의 가격이 감소하거나 그 밖의 손실이 있을 때에는 잔여지를 종래의 목적으로 사용하는 것이 가능한 경우라도 잔여지 손실보상의 대상이 되는 것과 동일한 것이다.

다. 잔여 영업시설에 대한 보상의 방법은 법 시행규칙 제47조 제3항 각 호에서 규정하고 있다.

XI. 사업손실(간접손실)에 대한 보상

1. 사업손실의 의의

가. 사업손실의 개념

사업손실 또는 간접손실이란 공익사업의 시행(사업계획에서부터 유지관리에 이르기까지의 모든 단계를 포함한다)에 수반하여 사업지구 밖의 토지(잔여지뿐만 아니라 널리 그 주변의 토지를 포함한다)에 발생하는 손실을 말한다.[380] 구체적인 예로는 사업지구 밖에서 발생한 수질오염, 소음, 배기가스, 악취, 전파장해 등으로 인한 손실뿐만 아니라 지가의 하락, 영업이익의 감소 등의 손실도 포함된다.[381]

---

379) 대판 2018.7.20. 2015두4044.

380) 류해웅 · 허강무, 앞의 책 466면; 박평준 · 박창석, 앞의 책 265면; 西埜章 · 田辺愛壹, 損失補償の理論と實務(2005年) 105면~106면.

381) 학자에 따라서는 사업손실의 종류를 기술적 · 물리적 손실과 사회적 · 경제적 손실로 구분하기도 한다. 김남진, 행정법강의(상)(2003) 785면.

이러한 손실은 토지의 수용 또는 사용 자체로 인하여 토지소유자나 관계인에게 직접 발생한 것이 아니라, 공익사업의 시행 과정이나 시행 이후에 조성된 시설물의 운영에 따라 사업지구 밖의 토지에 거주하는 거주민에게 발생한 손실이라는 점에서 사업손실 또는 간접손실이라고 부르며,[382] 비수용손실의 일종이다. 일설에 의하면 사업손실보상을 생활보상의 일종으로 파악한다. 그러나 사업손실보상은 실제로 발생한 피해에 대한 전보를 목적으로 하는 보상이지만, 생활보상은 헌법 제32에서 규정하고 있는 인간다운 생활권의 보장을 목적으로 하는 보상이라는 점에서 양자는 구별된다.

나. 사업손실의 특징은 손실을 야기하는 침해의 유형이나 강도가 다양하여 정형화하기 어려울 뿐만 아니라 침해에 따른 보상의 범위를 확정하기가 지극히 곤란하다는데 있다. 이러한 특징때문에 수용손실과 보상을 규정하는 법률에서도 사업손실의 유형이나 보상의 범위에 대해서는 미리 규정을 두기가 어렵다. 그래서 수용보상법률주의를 채택하고 있는 현행 헌법 하에서 사업손실에 대한 보상의 근거를 어디에서 찾을 것인지, 보상의 범위와 절차는 어떠한지 여부에 대하여 이론상이나 실무상으로 많은 문제가 제기되고 있다.

사업손실을 야기하는 침해행위의 유형과 침해의 정도가 다양하기 때문에 침해행위 중에는 위법한 행위라고 평가할 수 있는 경우도 적지 아니하다. 그래서 사업손실에 대한 손해의 전보는 손실보상과 손해배상 중 어느 것에 해당하느냐 하는 근본적인 문제가 제기되는 것이다.

---

382) 西埜章 · 田辺愛壹의 앞의 책에 의하면 사업손실은 수용손실과 대비되는 용어라고 설명하고 있다. 사견으로는 수용손실과 대비되는 용어는 비수용손실이고, 사업손실은 수용의 대상이 되는 공익사업용지 밖에서 발생하는 손실로서 비수용손실의 일종이다.

2. 사업손실보상의 근거

가. 헌법상의 근거

"공공필요에 의한 재산권의 수용 · 사용 또는 제한 및 그에 대한 보상은 법률로써 하되 정당한 보상을 지급하여야 한다."는 헌법 제23조 제3항의 문언적 의미는 재산권의 수용 · 사용 또는 제한과 그로 인한 손실 즉 수용손실에 대한 보상은 법률로써 하되 정당한 보상을 하여야 한다는 것이다. 그러므로 보상의 대상이 되는 재산권에 대한 침해는 공익사업이 시행되는 지역 내에서 발생하는 것이어야 하고, 손실은 재산권에 대한 수용 · 사용 또는 제한에 따라 직접적으로 발생한 수용손실에 한정된다는 것이 지금까지의 전통적인 견해였다.

그러나 공익사업의 규모가 커지고 기간이 장기간에 걸치게 됨에 따라 공익사업의 시행과정이나 완공된 시설물의 운영과정에서 사업지구 밖에서 발생한 손실에 대해서도 그것이 특별한 희생에 해당할 경우에는 수용손실과 구별을 두지 아니하고 보상을 하는 것이 공익사업의 시행에 따른 피해자의 재산권 보호에도 충실한 것인 동시에 "정당한 보상"의 요구에 부합한다는 견해가 일반적으로 받아들여지게 되었다. 다만 이러한 사업손실에 대한 보상청구권 역시 헌법 제23조 제3항을 근거로 바로 인정할 수 있는지 여부는 동 헌법 규정의 효력에 관한 해석의 문제임은 수용손실의 경우와 동일하다.

나. 법령상의 근거

(1) 토지보상법 제79조에서는 공익사업의 시행으로 인하여 잔여지를 포함하여 사업시행지 외의 토지에 대하여 공사가 필요한 경우에는 공사비를 보상하고(동조 제1항), 본래의 기능을 다할 수 없게 된 경우에는 국토교통부령이 정하는 바에 따라 그 손실을 보상할 것을 규정하고 있다(동조 제2항).

이와 같이 사업지구 외의 토지에 대하여 공사비 보상과 기능상실에 대한 보상 외에도 토지보상법은 "공익사업의 시행으로 인하여 발생하는 손실의 보상 등에 대하여는 국토교통부령으로 정하는 기준"에 따라 보상한다는 포괄적인 근거규정을 두고 있다(동조 제4항). 이를 근거로 국토교통부령은 제59조 내지 제65조에서 사업손실 보상에 관하여 규정하고 있다. 그 구체적인 내용은 대지의 교통두절 혹은 기능상실에 대한 보상(동령 제59조), 매매가 불가능하고 이주가 부득이한 건축물에 대한 보상(동령 제60조), 소수잔존자에 대한 보상(동령 제61조), 공작물의 기능상실에 대한 보상(동령 제62조), 어업피해에 대한 보상(동령 제63조), 일정한 영업손실에 대한 보상(동령 제64조) 등이다.

(2) 이와 같이 현행 토지보상법령에서 사업손실의 보상에 관한 개별규정과 함께 포괄적인 근거규정을 두고 있는 이유는, 사업손실을 야기하는 침해행위의 유형이 대단히 다양하고 손실의 형태나 범위 또한 예측하거나 확정하기가 어렵기 때문에 미리 법령으로 사업손실의 종류나 보상의 구체적인 내용을 빠짐없이 열거하는 것이 불가능하기 때문이다. 따라서 법 시행규칙 제59조 내지 제63조에서 규정하는 사업손실의 종류는 예시적인 것이고 그 이외의 사업손실에 대해서도 사업손실의 요건에 해당하면 보상을 하는 것이 정당한 보상의 원칙에 부합한다고 본다. 다만 수용보상법률주의와의 관계에서 국토교통부령에 규정되지 아니한 사업손실에 대해서 구체적으로 어떤 법률적 근거와 요건 하에서 인정하느냐 하는 문제는 여전히 남아 있다.

다. 판례의 입장

(1) 2003. 1. 1.부터 토지보상법이 시행됨에 따라 폐지된 구 토지수용법은 잔여지에 대한 공사비 기타 손실에 대한 보상(법 제47조), 잔여지 이외의 토지에 구거, 장책 등의 신설이나 기타의 공사가 필요한 경우의 비용 보상

(법 제56조 제1항)에 대하여 규정하고 있었다. 한편 구 공특법 제3조 제1항에서는 "공공사업을 위한 토지 등의 취득 또는 사용으로 인하여 토지 등의 소유자가 입은 손실은 사업시행자가 이를 보상하여야 한다."고 규정하고, 동 시행규칙 제23조 내지 제23조의 7에서 사업시행지 밖에서 발생한 일정한 사업손실에 대하여 보상할 것을 규정하고 있었다.

이와 같이 사업손실의 보상에 관하여 구 토지수용법과 공특법에 근거 규정이 없는 상황에서 판례는 일정한 요건 하에 민사상 손실보상청구권을 인정하는 방법으로 입법의 미비를 해결하였다.

(2) 판례는 헌법 제23조 제3항은 보상청구권의 근거뿐만 아니라 보상의 기준과 방법에 관하여서도 법률의 규정에 유보하고 있다는 전제에서 출발한다.[383] 즉 판례는 공용수용으로 재산권의 침해를 당한 국민은 직접 헌법 제23조 제3항을 근거로 손실보상청구권을 행사할 수 없다는 입장이다. 나아가서 판례는 손실을 수용손실과 간접손실로 나눈 다음 구 토지수용법 제51조에 규정된 "영업상의 손실"이란 수용손실만을 의미하므로 공공사업의 시행 결과 사업지구 밖에서 발생한 사업손실은 이에 포함되지 아니한다고 한다. 그러므로 수용에 의한 공공용지의 취득을 규정한 토지수용법 제51조나 협의에 의한 공공용지의 취득을 규정한 공특법 제3조 제1항은 사업손실 보상에 대한 근거 규정이 될 수 없다는 것이다.

다만 사업손실의 발생이 쉽게 예견되고 손실의 범위도 구체적으로 특정할 수 있는 경우에 한해서 공특법 시행규칙을 유추적용하여 사업손실보상청구권을 인정할 수 있다는 견해를 확립하였다. 이에 대해서는 뒤에서 다시 살펴본다.

383) 대판 2004.10.27. 2003두1349.

3. 사업손실보상의 본질

사업손실보상은 그 본질이 손실보상인지 손해배상인지 아니면 제삼의 유형의 손해의 전보인지 문제가 된다. 일본의 토지수용 법규는 사업지구 내에서 발생한 수용손실에 대해서만 보상을 하는 것으로 규정하기 때문에 일본에서는 사업지구 외에서 발생한 사업손실에 대해서는 어떤 방법으로 보상할 것인지의 문제를 해결하는 과정에서 사업손실 보상의 본질에 대한 논의가 전개된 것이다. 불법행위로 인한 손해배상과 적법한 공권력의 행사로 인한 손실보상을 엄격히 구분하고 있는 우리나라에서는 사업손실의 본질을 논의하는 이유는 주로 쟁송절차나 입증책임의 문제와 관련이 있기 때문이다. 사업손실보상의 본질에 대해서는 다음과 같은 학설이 있다.

가. 손해배상설

이 설은 일본의 현행 토지수용 법규들이 수용손실에 대한 보상에 한정하고 있기 때문에 수용손실이 아닌 사업손실에 대한 보상은 손실보상이 아니라 손해배상으로 파악하는 입장이다. 즉 "사업의 시행에 의하여 발생하는 그늘 · 악취 · 소음 기타 이와 유사한 것에 의한 불이익 또는 손실에 대해서는 보상하지 아니하는 것으로 한다."[384]는 전제 아래, "이러한 손해 등이 사회생활상 수인해야 할 범위를 초과하는 경우에는, 별도 손해배상의 청구가 인정되는 일도 있을 것인데, 그러한 손해 등의 발생이 확실히 예견되는 경우에 비로소 그에 대하여 배상하는데 지장이 없는 것"[385]이라고 한다.

이 설은 손해배상의 요건으로 사회생활상 요구되는 수인의 한도를 초과하는 손해가 발생할 것과 그러한 손해의 발생이 확실히 예견될 것을 들고

384) 일본, "損失補償基準要綱" (1961) 제41조.

385) 일본, "補償基準要綱の施行について"(1963.6.29. 閣議了解).

있다. 여기서 수인한도를 초과하는 손해의 발생이란 침해행위의 위법성의 요소이고, 손해발생의 예견가능성은 가해자의 귀책사유를 의미한다. 공익사업의 수행은 기본적으로 적법한 행위이므로, 이를 원인으로 발생한 침해에 대해서 손해배상을 청구하기 위해서는 별도로 행위의 위법성과 사업시행자의 귀책사유가 존재할 것이 요구된다. 이 설은 수인한도를 초과하는 손해의 발생을 바로 공익사업 수행의 위법성의 징표로 이해하고 있는 것이다.

나. 손실보상설

이 설은 사업손실 역시 적법한 공권력의 행사의 일환인 공익사업의 수행으로 인하여 발생한 특별한 희생이라는 점에서 수용손실과 본질적으로 동일하다고 보는 견해이다.

다. 결과책임설

이 설은 사업손실을 손해배상이나 손실보상이 아닌 제삼의 침해 유형으로 파악하는 입장으로, "적법한 공공용지의 취득에 의해서 간접적으로 초래된 결과로서 공공을 위하여 희생되었다는 사실에는 변함이 없기 때문에 손실보상 제도를 보완하는 일종의 결과책임으로서의 보상이 마땅히 인정되어야 할 것"[386]이고, 이 경우에는 원인행위와 손실의 발생간에 인과관계가 인정되면 보상이 이루어져야 한다는 견해이다.[387] 사업손실에 대한 보상은 손해배상도, 손실보상도 아닌 제3의 책임 유형이라는 것이다.

이 설은 원칙적으로 사업손실에 대한 보상을 인정하지 아니하고 있는 일본의 토지수용법 하에서 피해의 발생은 예견되지만 이를 수인하여야 하는 경우(예를 들면 공항의 소음)에도 보상을 함으로써 손실보상제도의 흠

---

386) 西埜章, 앞의 책 116면.

387) 秋山義昭, 國家補償法 191면.

결을 보충하기 위한 근거로 제시된 이론이다.

라. 2단계수인한도설

이 설은 사업손실에 대한 수인한도의 정도를 2단계로 구분하여, 통상의 수인한도를 초과하지만 특별한 수인한도를 초과하지 아니하는 사업손실에 대해서는 손실보상으로 파악하고, 특별한 수인한도까지도 초과하는 사업손실은 손해배상으로 파악하는 설이다.[388] 이 설에 의하면 공권력의 행사에 따른 침해가 통상의 수인한도를 초과하지 아니하는 경우에는 재산권의 내재적 제약에 해당하는 것으로 보아 보상이 불필요하고, 그 침해가 통상의 수인한도를 초과하는 경우에는 특별한 희생에 해당하여 보상이 필요하게 되며, 특별한 수인한도까지 넘어가는 침해는 위법한 행위에 해당하여 침해행위의 금지와 손해배상의 청구가 가능한 것으로 설명하고 있다.

이 설은 수인한도의 정도를 기준으로 재산권의 내재적 제약과 손실보상 및 손해배상을 단계적으로 구별함으로써 사업지구 내외를 묻지 아니하고 재산권의 침해에 대한 보상의 법리를 일원적으로 파악하고 있다는 점에서 큰 장점이 있다. 그러나 수인한도를 초과하는 재산권의 침해행위 자체는 위법한 것이지만 그 침해행위가 법률에 규정된 공익사업을 위한 것으로 보상을 전제로 하기 때문에 적법한 것으로 평가되는 것이다. 즉 수인한도의 정도, 다시 말해서 침해행위의 강도에 따라서 통상의 수인한도를 초과하는 침해행위는 적법한 행위로서 손실보상의 대상이고, 특별한 수인한도를 초과하는 침해행위는 위법한 행위로서 손해배상의 대상이 된다는 주장은 공용수용의 본질과 어긋나는 것이다. 더욱이 통상의 수인한도와 특별한 수인한도로 구별한다는 것은 현실적으로 대단히 어렵다. 그래서 이 설에 의하더라도 재산권 침해에 해당하는 행위를 미리 유형화해 두지 아니

388) 西埜章, 앞의 책 109면, 117면.

하면 어디까지가 통상의 수인한도이고 어디부터가 특별한 수인한도에 해당하는지 구별할 수 없게 된다. 무엇보다도 우리나라의 토지보상법은 사업지구 내에서 발생한 비수용적 침해에 대한 보상규정이 다수 존재하는데 이러한 유형의 손실보상은 수인한도의 정도를 기준으로 손실보상으로 인정하고 있는 것이 아니다. 토지보상법 시행규칙 제59조 내지 제63조에 규정된 사업손실 보상 역시 수인한도의 정도를 구분하지 아니하고 전부 손실보상을 하는 것으로 규정하고 있다. 이러한 점에서 2단계수인한도설은 우리 토지보상법 체계와 부합하는 이론은 아니다.

마. 이 분 설

이 설은 사업손실이 당해 공익사업으로 인하여 필연적으로 발생한 것이냐, 우연적으로 발생한 것이냐에 따라 이분하여, 전자의 경우에는 모두 적법한 손실로 파악하고 후자의 경우에는 위법한 손해로 파악하는 입장이다.[389]

이 설은 공익사업의 수행과 사업손실의 발생 사이에 인과관계가 필연적인 것이냐 우연적인 것이냐 여부에 따라 공익사업의 수행의 위법성 여부를 결정한다는 점에서 납득하기가 어렵다. 만일 이 설이 손실의 발생이 필연적인지 아니면 우연적인지 여부는 손실의 발생에 대한 예측가능성의 문제라고 한다면, 이는 귀책사유의 문제이지, 위법성의 문제는 아니라 할 것이다.

바. 구별불요설

이 설은 사업시행지 외에서 발생한 사업손실은 손실보상의 대상으로 되지 아니하는 현행 일본의 손실보상 제도 하에서 사업손실의 성격만 따로 떼어서 손해배상이냐, 손실보상이냐를 논하는 것은 그다지 의의가 없다는

389) 박균성, 간접손실보상의 재검토, 토지보상법연구 제8집(2008. 2.) 3면.

입장이다.[390] 즉 사업손실을 손실보상으로 파악하느냐, 손해배상으로 파악하느냐에 관계없이 수인한도론에 의해서 피해의 전보 여부가 결정되므로 사업손실의 성격을 규명할 실익은 없다는 것이다.

우리나라의 경우는 일정한 경우 사업손실에 관한 보상 규정이 존재하고 보상 규정이 없는 경우에는 재판 실무상 민사상 손실보상청구가 가능할 뿐만 아니라, 손실보상청구의 제척기간이 경과한 경우라도 불법행위에 기한 손해배상청구는 가능하기 때문에, 사업손실의 성격이 무엇인지 규명할 현실적인 필요성이 존재한다.

사. 수용적 침해의 이론

독일에서는 적법하고 의도된 공용침해에 대해서는 공용수용에 따른 손실보상을, 보상 규정이 없는 관계로 위법하지만 의도되지 아니한(과실 없는) 침해에 대해서는 수용유사침해의 법리에 따른 손실보상을, 적법하지만 의도되지 아니한 침해에 대해서는 수용적 침해의 법리에 따른 손실보상을 각각 인정하는 한 편, 위법하고 과실있는 침해에 대해서만 손해배상으로 해결하고 있다. 독일의 수용적 침해는 "적법한 고권적 행위(통상은 사실행위)로서 비정형적이고 예측이 되지 아니하는 부수적인 손해가 따르는"[391] 침해라고 정의되는데, 우리나라나 일본에서 사업손실을 야기하는 침해의 개념과 유사하다.[392] 이와 같이 독일에서는 수용적 침해나 수용유사침해에 대해서는 손해배상이 아니라 손실보상을 통하여 해결하고 있음을 알 수 있다.

아. 결 론

수용 자체는 재산권에 대한 직접적인 침해에 해당하여 위법한 것이지만

---

390) 일본 エネルギー法研究所, 損失補償と事業損失(1994) 54면.

391) 위 같은 책 105면.

392) 박균성, 간접손실보상의 재검토, 토지보상법연구 제8집(2008. 2.) 4면.

법률이 규정하는 일정한 공익사업을 목적으로 하고, 보상을 수반하기 때문에 적법한 행위로 평가되어 피수용자로 하여금 이를 수인하도록 요구할 수 있는 것이다. 사업손실은 적법한 공권력적 작용에 부수하여 공익사업 시행지역 외에서 발생한 손실이라는 점을 제외하면 수용손실과 동일한 것이므로, 그에 대한 보상은 본질적으로 손실보상에 해당한다. 특히 현행 토지보상법 제79조는 사업시행지 외의 토지에서 발생한 일정한 손실에 대해서도 보상할 것을 규정하고 있는바, 제1항에서는 잔여지를 포함한 사업시행지 외의 토지에 대한 공사비 보상을, 제2항에서는 토지의 본래의 기능 상실에 대한 보상을 각각 규정하고 있고, 제4항에서는 제1항과 제2항 이외에 "공익사업의 시행으로 인하여 발생하는 손실의 보상 등"에 대해서는 국토교통부령으로 정하는 기준에 따른다는 포괄적인 보상 규정을 두고 있다. 따라서 일본과는 달리 우리 토지보상법의 해석상으로도 사업손실에 대한 보상은 손실보상이라고 파악하는 것이 옳다고 본다. 다만 사업손실의 원인행위가 불법행위의 요건을 구비한 경우에는 피해자로서는 손해배상으로 청구하는 것도 가능할 것이다.

4. 사업손실보상청구권의 법적 성격

판례는 토지보상법에서 직접 규정하고 있는 사업손실보상청구권은 공법상의 권리로서 재결절차를 통하여 행사되며 그에 대한 불복절차는 행정소송법상 당사자소송에 의한다고 한다. 그러나 동법에 직접적인 보상 규정이 없는 경우의 사업손실은 사법상의 권리인 영업권 등에 대한 손실을 본질적 내용으로 하고 있는 것으로서 그에 대한 보상청구권은 사법상의 권리로서 민사소송을 통하여 권리를 실현할 수 있다고 한다.[393)]

토지보상법이나 별표상의 법률 등에 보상 규정이 없는 사업손실은 공익

393) 대판 1999.6.11. 97다56150.

사업의 시행 과정이나 시행의 결과로 완성된 시설물의 운영에 따라 발생한 것이라는 점을 제외하면 사업지구 밖에서 발생한 영업권 등 사권에 대한 침해에 따른 손실과 구별되지 아니한다. 이러한 사업손실에 대한 보상청구권은 수용손실에 대한 보상청구권과는 달리 어떠한 공권적 특징도 없을 뿐만 아니라 재결절차를 통하여 그 존부나 범위가 확정되어야 하는 권리도 아니다.

따라서 토지보상법이나 별표상의 법률에 규정되지 아니한 사업손실보상청구권의 법적 성격은 사법상의 청구권의 일종이라고 보는 판례의 견해는 타당하다고 생각한다.

5. 예견가능성과 특정가능성

가. 현행 토지보상법과 동법 시행규칙과는 달리 구 토지수용법과 공특법 및 동법 시행규칙에는 사업인정 고시 이전에 신고나 등록 또는 허가 등을 요하는 영업에 있어서 신고 등을 하지 아니하고 해당 영업을 하는 경우에 보상에서 제외한다는 규정은 물론, 사업손실의 보상에 관한 규정 자체가 없었다. 그런데 관계 법령에 따라 신고 등을 요하는 영업에 대해서 신고 유무에 관계없이 사업손실을 보상한다는 것은 적법한 영업과 불법적인 영업을 동등하게 취급하는 것을 의미한다.

이러한 결과는 개인이 입은 특별한 희생에 대해서 전체적인 평등 부담의 견지 손실을 분담한다는 손실보상의 이념이나 수용보상법정주의의 원칙과 부합한다고 보기 어렵다. 그래서 판례는 사업손실보상에 관하여 공특법 시행규칙을 유추적용하는 경우에도 제한 없이 보상을 인정함으로써 초래될 수 있는 부당한 결과를 방지하기 위하여 손실의 발생에 대한 예견가능성과 손실액의 특정가능성이 있는 경우에 한하여 보상을 인정하였던 것이다. 즉 판례는 관계 법령이 요구하는 허가나 신고 없이 김 종묘 생산

어업에 종사하는 경우,[394] 개발사업 실시계획 승인 이전에 중매인 등록을 하지 아니한 중매인이 수산업협동조합에 위탁판매를 의뢰하지 아니한 어부와 소비자들 간의 거래나 미등록 중매인들 간의 수산물 판매로 인한 수익상실의 경우,[395] 종사하던 어업을 중단하게 된 원인과 공익사업의 수행 간에 인과관계가 없는 경우[396] 등의 사례에 있어서는 손실 발생의 예견가능성과 손실액의 특정가능성이 없다는 이유로 그러한 사업손실에 대해서는 보상을 인정하지 아니하였던 것이다.

나. 피해 발생의 예견가능성은 불법행위의 요건상 가해자의 귀책사유 중의 하나인 과실의 한 내용이고, 손실액의 특정가능성은 사업손실을 야기한 침해행위와 손실간의 인과관계의 범위나 손실액을 확정하는 것으로 소송법상으로는 입증책임의 문제이다. 이렇게 보면 판례가 사업손실보상을 제한적으로 인정한 결론은 타당하지만, 사업손실보상에 대해서만 수용손실이나 여타의 비수용손실과는 다른 요건을 요구하는 점은 납득하기 어렵다. 이러한 판례의 견해는 손실보상청구권의 인정 여부를 결정함에 있어서 손해배상청구권의 발생요건에 관한 이론을 전용하고 있는 것으로 평가할 수 있다.

다만 현행 토지보상법 시행규칙 제63조 제3항, 제64조 제1항, 제45조 등에서 사업인정 고시 이전에 신고나 허가가 필요한 영업에 대해서는 신고나 허가가 선행되어야 보상을 하는 것으로 규정하고 있으므로, 사업손실보상의 경우에 더 이상 손실 발생의 예견가능성과 특정가능성까지 요구할 필요는 없어졌다고 할 수 있다.[397] 토지보상법 시행규칙이 규정하지 아니하는 사업손실에 대해서 보상을 할 경우에도 위 규정을 유추적용함으로

394) 대판 2001.3.27. 2000다50720; 2002.11.26. 2002다44352.
395) 대판 2001.3.13. 2000다18080.
396) 대판 1998.1.20. 95다29161.
397) 같은 취지, 하종대, 특별법 연구 8권(2006. 9.) 254면.

써 손실보상을 제한할 수 있을 것이다.

6. 사업손실보상의 내용

사업손실에 대한 보상은 침해행위로부터 통상적으로 발생한다고 인정되는 손실에 대한 보상을 내용으로 한다. 다만 사업손실은 침해의 유형과 범위를 예측하기가 어렵기 때문에 판례는 피해의 발생에 대한 예견가능성이 있고 특정이 가능한 손실에 대해서만 보상한다는 기준을 정립하였던 것이다. 판례가 제시한 이러한 기준은 토지보상법시행령에서 다음과 같이 구체화되고 있다.

가. 공사비보상

(1) 사업시행자는 공익사업의 시행으로 인하여 취득하거나 사용하는 토지(잔여지를 포함한다) 외의 토지에 통로 · 도랑 · 담장 등의 신설이나 그 밖의 공사에 필요한 비용의 전부 또는 일부에 대하여 보상하여야 한다(법 제79조 제1항 본문). 잔여지에 대해서는 가격의 하락, 기타 손실과 공사비까지 보상하여야 하지만(법 제73조 제1항), 사업지구 외의 토지에 대해서는 공사비에 대한 보상만 한다는 점에서 잔여지와 취급을 달리하고 있다.

(2) 사업지구 외의 토지의 가격 감소분과 그 토지에 대한 공사의 비용을 합한 금액이 그 토지의 가격보다 큰 경우에는 사업시행자는 그 토지를 매수할 수 있다(법 제79조 제1항 단서). 사견에 의하면 동 조항의 매수청구권의 성격은 일단의 토지의 일부가 수용되고 남은 잔여지에 대한 매수청구권(법 제73조 제1항 단서)과 동일한 것이다.

나. 토지의 기능상실 또는 저하에 대한 보상

(1) 사업시행자는 공익사업 시행지구 밖의 토지 등이 공익사업의 시행으로 인하여 본래의 기능이 다할 수 없게 된 경우에 그 손실을 보상하여야

한다(법 제79조 제2항). 여기에서 "토지의 본래의 기능이 다할 수 없게 된 경우"란 사업지구 밖의 대지(조성된 대지를 말한다) · 건축물 · 분묘 또는 농지(계획적으로 조성된 유실수단지 및 죽림단지를 포함한다)가 공익사업의 시행으로 인하여 산지나 하천 등에 둘러싸여 교통이 두절되거나 경작이 불가능하게 된 경우를 말한다(법 시행규칙 제59조 본문).

(2) 토지의 기능상실 또는 저하의 경우에는 사업시행자는 토지소유자의 청구에 의하여 공익사업 시행지구에 편입한 것으로 보아 보상하여야 한다. 다만 그 보상비가 도로 또는 도선시설의 설치비용을 초과하는 경우에는 도로 또는 도선시설을 설치함으로써 보상에 갈음할 수 있다(시행규칙 제59조 단서).

사업시행자는 토지의 기능상실이나 저하에 따른 보상이 필요하다고 인정하는 경우에는 보상계획을 공고할 때에 보상을 청구할 수 있다는 내용을 포함하여 공고하거나 보상에 관한 계획을 공고하여야 한다(법 제79조 제3항).

(3) 이러한 토지에 소요된 비용이나 보상은 잔여지와 동일하게 해당 사업의 공사완료일로부터 1년이 지난 후에는 청구할 수 없다(법 제79조 제6항, 제73조 제2항).

다. 건축물에 대한 보상

(1) 소유 농지의 대부분이 공익사업 시행지구에 편입됨으로써 건축물(건축물의 대지 및 잔여농지를 포함한다)만이 공익사업 시행지구 밖에 남게 되는 경우로서 그 건축물의 매매가 불가능하고 이주가 부득이한 경우에는 그 소유자의 청구에 의하여 이를 공익사업 시행지구에 편입되는 것으로 보아 보상하여야 한다(법 시행규칙 제60조).

(2) 이러한 경우에는 사업지구에 편입되지 아니한 건축물의 대지 및 잔여농지는 법 제74조 제1항에 규정된 잔여지와 동일하게 취급하여야 할 것

이므로, 그에 대한 취득과 보상에 관해서도 제74조 제2항 내지 제4항이 준용된다고 보아야 할 것이다.

라. 공작물 등의 기능상실 또는 저하에 대한 보상

공익사업 시행지구 밖에 있는 공작물 등이 공익사업의 시행으로 인하여 그 본래의 기능을 다할 수 없게 되는 경우에는 그 소유자의 청구에 의하여 이를 공익사업 시행지구에 편입되는 것으로 보아 보상하여야 한다(법 시행규칙 제62조).

마. 어업의 피해에 대한 보상

공익사업의 시행으로 인하여 해당 공익사업 시행지구 인근에 있는 어업에 피해가 발생한 경우 사업시행자는 실제 피해액을 확인할 수 있는 때에 그 피해에 대하여 보상하여야 한다(법 시행규칙 제63조 제1항 전단). 그러나 사업인정 고시일등 이후에 어업권의 면허를 받은 자 또는 어업의 허가를 받거나 신고를 한 자에 대하여는 보상하지 아니한다(동조 제3항).

바. 영업손실에 대한 보상

공익사업 시행지구 밖에서 일정한 범위의 영업[398]을 하고 있는 자가 공익사업의 시행으로 인하여 배후지의 3분의 2 이상이 상실되어 그 장소에서 영업을 계속할 수 없거나, 진출입로의 단절, 그 밖의 부득이한 사유로 인하여 일정한 기간 동안 휴업하는 것이 불가피한 경우에 해당하는 때에는 그 영업자의 청구에 의하여 당해 영업을 공익사업 시행지구에 편입되는 것으로 보아 보상하여야 한다(법 시행규칙 제64조 제1항).

---

398) 사업인정 고시일 전부터 적법한 정소에서 일정한 인적 · 물적 시설을 갖추고 계속적으로 행하는 영업으로서, 영업을 행함에 있어서 관계법령에 의한 허가 등을 필요로 하는 경우에는 사업인정 고시일 등 전에 허가 등을 받아 그 내용대로 행하는 영업을 말한다(시행규칙 제45조 제1호, 제2호).

사. 농업손실에 대한 보상

경작하고 있는 농지의 3분의 2 이상에 해당하는 면적이 공익사업 시행지구에 편입됨으로 인하여 당해 지역에서 영농을 계속할 수 없게 된 농민에 대하여는 공익사업 시행지구 밖에서 그가 경작하고 있는 농지에 대하여도 영농손실액을 보상하여야 한다(법 시행규칙 제65조).

XII. 생활보상

1. 생활보상의 의의

가. 생활보상이란 사업지구를 중심으로 영위해 오던 피보상자의 생활의 기반이 공익사업의 시행으로 인하여 와해됨에 따라 발생한 피해를 복원하는데 필요한 보상을 말한다.[399)]

전통적인 견해에 의하면, 헌법상의 재산권의 보장은 사유재산제도를 전제로 하여 전통적인 의미의 재산권을 보장하며 공용침해로 인하여 개개의 재산권에 대하여 발생한 손실에 대해서는 그 교환가치를 보상을 하는 것으로 충분한 것으로 인식되었다. 그러나 대규모 댐공사에 따르는 수몰지역의 주민의 경우에서 짐작할 수 있듯이, 피보상자의 재산권에 대한 교환가치의 보상만으로는 와해된 피보상자의 종전의 생활상태가 온전하게 복원되지 아니하고, 재산권에 대한 보상과 함께 피보상자의 생활 자체를 원상회복하여야 완전한 보상이 이루어진다고 할 수 있다. 이를 재산권에 대한 가치보장에 대비하여 존속보장이라고 한다. 생활보상의 목표는 수용 또는 사용으로 인하여 상실한 개개의 재산권의 회복(가치보장)이 아니라 피보상자가 종전까지 누려온 생활이익 자체의 보장(존속보장)을 통하여 완전보상을 실현하고자 하는데 있다.

---

399) 박균성, 행정법론(하)(2011) 877면에 의하면 생활권보상과 생활보상을 구분하고 있다.

나. 생활이익 자체가 생활보상의 대상이라고 한다면 재산권과는 별개인 생활이익의 개념을 규정할 필요가 있다. 이에 대해서는 이를 광의로 이해하는 입장[400]과 협의로 이해하는 입장[401]이 있다. 광의의 생활보상설은 널리 공익사업의 시행으로 인하여 발생하는 손실에 대한 보상 중에서 재산상의 손실과 신체적 및 정신적 손실에 대한 보상을 제외한 나머지 이익의 침해를 모두 포함하는 것으로 본다. 협의의 생활보상설은 종전의 생활근거지에서 누려 온 사실상의 생활이익에 대한 보상만을 의미하는 것으로 이해하는 입장이다. 광의의 생활보상설에서는 소수잔존자 보상이나 이직자 및 실직자보상, 이주대책을 포함한 생활재건조치 등을 생활보상의 일종으로 파악하지만 협의의 생활보상설에서는 이를 재산권에 대한 실비변상적 보상으로 파악하여 생활보상에서 제외하고 있다. 협의의 생활보상설에 의하면 이농비 등 생활비보상이나 주거이전비보상 등만 생활보상에 해당하는 것으로 파악한다.[402]

다. 생활보상의 개념을 광의로 파악할 것인지 아니면 협의로 파악할 것인지의 문제는 헌법 제23조 제1항이나 제3항에서 규정하고 있는 재산권의 개념을 어떻게 파악하며 정당한 보상을 어느 한도까지 인정할 것인가 하는 문제와 표리의 관계에 있다. 재산권의 개념을 넓게 파악하면 광의의 생활보상의 대상으로 되는 생활이익 전체가 정당한 보상의 내용에 포함될 수 있다. 이는 광의의 생활보상 중에서 실비변상적인 보상은 재산권보상에 포함시키는 협의의 생활보상설의 입장으로 통한다. 재산권의 개념을 전통적인 재산권에 한정하게 되면 광의의 생활이익에 대한 보상은 재산권에 대한 보상과는 달리 정당한 보상까지 요하는 것은 아니라고 이해하게

400) 김동희, 행정법 I (2017) 628면; 홍정선, 행정법원론(상)(2015) 799면; 석종현, 앞의 책 134면.

401) 박윤흔, 행정법강의(상)(2004) 777면.

402) 박윤흔, 위의 책 781~782면.

되며, 이는 광의의 생활보상설의 입장으로 연결된다.[403]

생활보상은 입법에 의해서 그 내용이 구체적으로 형성되는 것으로서 입법정책의 문제임을 부인할 수 없다. 공용침해에 따르는 생활보상이 미흡하다고 하더라도 헌법 제23조 제3항에 규정한 정당한 보상에 위반되는 문제는 발생하지 아니한다는 입장에서 생활보상의 개념은 광의로 파악하는 것이 옳다고 본다.

2. 생활보상의 특징

가. 생활보상은 수용 또는 사용으로 인하여 발생한 침해 중에서 전통적 의미의 재산상의 침해 및 신체적 침해를 제외한 전체 생활이익의 침해에 대한 보상을 의미한다(광의의 생활보상). 생활보상의 개념을 소극적으로 규정하는 이유는 생활보상의 구체적인 내용은 입법에 의하여 형성되므로 국가의 정책에 따라 새로운 종류의 생활보상이 발생하기 때문이다.

나. 생활보상의 대상자는 반드시 사업지구 내에 거주하고 있을 것을 요하지 아니한다. 소수잔존자에 대한 보상에서 알 수 있듯이 사업지구 밖에서 거주하더라도 공익사업의 시행으로 인하여 생활터전을 상실하게 된 잔존자에 대해서 보상하는 것도 생활보상의 일종이므로 누구를 생활보상의 대상자로 인정하느냐 하는 것은 입법정책의 문제이다. 생활보상을 대인보상의 일종으로 보는 것은 이러한 이유 때문이다.

---

403) 대판 1994.5.24. 92다35783에 의하면"…특례법상의 이주대책은 공공사업의 시행에 필요한 토지 등을 제공함으로 인하여 생활의 근거를 상실하게 되는 이주자들을 위하여 사업 시행자가 기본적인 생활시설이 포함된 택지를 조성하거나 그 지상에 주택을 건설하여 이주자들에게 이를 그 투입비용 원가만의 부담하에 개별 공급하는 것으로서, 그 본래의 취지에 있어 이주자들에 대하여 종전의 생활상태를 원상으로 회복시키면서 동시에 인간다운 생활을 보장하여 주기 위한 이른바 생활보상의 일환으로 국가의 적극적이고 정책적인 배려에 의하여 마련된 제도"라고 판시한 바, 학자들은 이 판결을 근거로 판례가 광의의 생활보상설에 입각한 것으로 이해하고 있다.

다. 생활보상은 재산권에 대한 보상과는 달리 완전한 보상을 요하는 것은 아니라고 본다. 재산권에 대한 보상은 수용되는 재산권에 대한 객관적 교환가치 전체를 보상하여야 한다는 의미에서 완전한 보상이 요구된다. 그러나 생활이익 자체를 보상의 대상으로 하는 생활보상은 교환가치로 계량할 수 있는 성질이 아니고 그 내용 또한 입법에 의해서 구체적으로 형성되므로 완전한 보상을 실현한다는 것은 사실상 불가능하다. 따라서 생활보상은 헌법상 비례의 원칙이나 평등의 원칙에 벗어나지 아니하는 범위 안에서 상당한 보상으로 충분하다고 본다.

3. 생활보상의 근거

가. 이론적 근거

댐공사나 산업단지조성공사와 같은 대규모 공익사업의 시행으로 인하여 생활공동체가 와해됨에 따라 사업지구 내의 공동체 구성원들이 입게 되는 생활상의 이익의 박탈은 전통적인 재산권의 개념에서 보면 보상되어야 할 재산권의 침해라고 보기는 어렵다. 오히려 해당 공익사업이 시행됨으로써 사업지구 인근에 거주하던 주민들은 지가상승이라는 기대하지 아니하였던 개발이익을 얻을 수도 있고 새로운 마을이 형성됨으로써 또 다른 공동체가 탄생할 수도 있다. 그럼에도 불구하고 이러한 사람들의 생활 터전의 상실에 대해서도 보상하여야 한다는 생각은 공익사업을 수행하는 과정에서 생활공동체의 상실이라는 특별한 희생을 입은 소수의 국민을 배려하는 것은 복지국가를 지향하는 국가의 책무라는 사고에서 비롯된 것이다.

법률적 측면에서는 종전의 생활상태가 변화 또는 파괴되지 아니하고 그대로 유지되는 것 자체도 보호받아야 하는 이익에 포함될 수 있다고 하는 재산권 개념의 확대에서 생활보상의 근거를 찾는 것이 일반적인 견해이다. 정책적 측면에서 보면, 종전의 생활상태의 유지나 회복을 위한 보상의 확대를 통하여 이해관계 있는 주민들의 동의를 보다 용이하게 얻어내어 공익사업을 원활히 수행할 수 있게 되고 공익사업 수행의 절차에 있어서 민주적 정당성도 확보할 수 있다는 점에서 생활보상의 근거를 발견할 수 있다.

나. 실정법적 근거

(1) 헌법상의 근거

수용에 따른 재산권의 침해에 대한 보상 이외에 생활보상을 하는 헌법상 근거는 무엇이냐에 대해서는 논의가 있다. 이 논의는 헌법 제23조 제3항에 규정된 "정당한 보상"에 생활보상까지 포함하는가라는 헌법 해석의 문제와도 관련이 있다.[404)]

(가) 이 분 설(제34조설)

이 설은 생활보상에 대한 헌법상의 근거는 제23조 제3항과는 별도로 제34조와 제13조 등에서 찾는 설이다.[405)]

이 설에 의하면, 손실보상에는 제23조 제3항에 근거한 재산권보상과 제34조에 근거한 생활보상 등 2종이 있고 정당한 보상은 재산권에 대한 보상에만 적용되는 것으로 파악한다. 생활보상은 헌법 제34조 등에 근거한 사회보장적이고 정책적 보상이기 때문에 어느 정도의 생활보상을 할 것이냐 하는 것은 입법재량의 영역에 속한다는 견해[406)]도 이에 속한다.

---

404) 일본의 하급심 판례는 "헌법 제29조는 사유재산을 재산권으로, 다시 말해서 경제적 교환가치로서 보장하고자 하는 규정으로, 이 보장을 통하여 비재산적 성격을 가진 생활권이 보장되는 일이 있다고 하더라도 직접 생활권을 보장하는 취지가 아니"라고 한다(일본 토쿄고등법원 1993.8.30.판결)

405) 김동희, 행정법 I (2017) 626면; 김철용, 행정법 I (2004) 470면.

406) 이주대책에 관한 대판 1994.5.24, 92다35783; 2013.6.28, 2011다40465; 헌재2006.2.23. 2004헌마19 등이나 주거용 건축물의 세입자에 대한 주거이전비의 지급에

(나) 통 일 설

다수설인 통일설은 헌법 제23조 제3항과 제34조 및 제13조의 규정을 통일적으로 파악하여, 위 세 개의 조항을 근거로 생활보상을 인정할 수 있다는 입장이다.[407] 이 설은 헌법 제23조 제1항에서 보장하고 있는 전통적인 재산권의 개념을 제34조와 제13조의 규정에 의해 보강·확장함으로써 완전한 보상을 실현하고자 하는 이론이라고 할 수 있다. 판례는 통일설에 입각하고 있다.[408]

(다) 결 론

헌법 제23조 제3항의 정당한 보상에 생활보상까지 포함하고 있는 것으로 해석한다면 굳이 제34조나 제13조를 생활보상의 근거 중의 하나로 추가하는 것은 논리적으로 불필요한 것으로 보인다. 다만 헌법 제23조 제1항에서 말하는 재산권이란 기본적으로는 전통적 의미의 사유재산권만 의미하는 것인데 이에 대한 교환가치의 보상만으로는 완전한 보상을 이루기에 부족한 부분이 있기 때문에 헌법 제34조를 보충적인 근거로 하여, 재산권의 보상에 생활보상까지 포함시킴으로써 완전한 보상을 달성할 수 있는 것으로 이해하는 점에서 통일설의 입장은 일면의 타당성이 있다.

그러나 헌법 제34조 제1항은 인간다운 생활권이라는 기본권을 보장하는 근거조항임에 비하여 제23조 제3항에 규정된 손실보상은 공용수용 등으로 인하여 개인의 재산권에 가하여진 특별한 희생에 대한 피해의 전보라는 점에서 양자는 근본적인 차이가 있다.[409] 생활보상의 헌법상의 근거로 제

관한 대판 2008.5.29, 2007두8129등이 이에 속한다.

407) 류해웅·허강무, 앞의 책 120면; 박윤흔, 행정법강의(상)(2004) 779면; 박균성, 행정법론(하)(2011) 862 면; 박평준·박창석, 앞의 책 257면; 석종현, 앞의 책 136면; 홍정선 행정법원론(상)(2015) 802면.

408) 대판 2011.10.13. 2008두17905.

409) 김동희, 행정법 I (2017) 626면.

34조 제1항 든다는 것은 생활보상이란 본질적으로 인간다운 생활권을 보장하기 위한 법적 수단이라는 것을 의미한다. 생활보상에 대해서 전통적인 재산권 개념의 확대를 통하여 완전보상을 실현하기 위한 수단이라고 이해한다는 것은 생활보상의 본질을 완전보상을 위한 개념으로 전용(轉用)하는 이론이라고 할 수 있다. 토지보상법상의 손실보상은 재산권의 보장이 공용수용에 반영된 제도임에 비하여, 생활보상은 인간다운 생활권의 보장이 공용수용에 반영된 제도이다. 이러한 본질적인 차이가 있기 때문에 손실보상은 기본적으로 헌법 제23조 제3항에 근거한 전통적인 재산권에 대한 보상만을 의미하고, 이에 대해서는 완전한 보상이 필요하다. 그러나 인간다운 생활권을 보장하기 위한 생활보상의 정도는 입법재량에 맡겨진 것으로서 상당한 보상으로 충분하다고 본다(이분설).

(2) 법률적 근거

토지보상법 제79조 제4항은 "…공익사업의 시행으로 인하여 발생하는 손실의 보상 등에 대하여는 국토교통부령으로 정하는 기준에 따른다."라고 규정하고 있는 바, 동 조항은 사업손실에 대한 보상뿐만 아니라, 생활보상에 대한 보상까지 포함하는 포괄적인 근거규정이라고 이해하는 것이 일반적이다.[410] 동 조항에 따라 토지보상법 시행규칙 제53조 내지 제56조에서 생활보상의 구체적인 내용을 규정하고 있다. 다만 생활보상의 구체적인 내용을 법률이 아니라 하위 법령에 포괄적으로 위임하고 있는 토지보상법 제79조 제4항이 수용보상법률주의의 원칙에 부합하는 것인지 여부에 대해서는 의문이 남는다.

---

410) 류해웅 · 허강무, 앞의 책 121면; 박윤흔 행정법강의(상)(2004), 780면; 박평준 · 박창석, 앞의 책 259면.

4. 토지보상법상 생활보상의 내용

손실보상을 보상의 대상에 따라 재산권보상과 생활보상 및 사업손실보상으로 구분할 경우 토지보상법이 규정하는 생활보상에는 생활재건조치, 소주잔존자 보상, 주거이전비 및 이사비 보상, 이농비 및 이어비 보상 등이 포함된다.

가. 생활재건조치

생활재건조치란 사업시행자가 피보상자 등에게 지급하는 보상금과는 별도로, 수용으로 인하여 종전의 생활기반을 상실한 자의 생활을 원상태로 회복하는데 필요한 각종의 행정조치를 말한다.[411] 생활재건조치는 학문적으로 정착된 개념은 아니고 생활보상의 개념을 정립하는 과정에서 토지보상법 별표상의 법률 기타 법령에 규정된 행정조치들을 모아서 생활보상의 하위 개념으로 포섭하기 위하여 붙여진 개념이다.

학자들이 생활재건조치로 들고 있는 것은 이주대책의 수립 · 실시(법 제78조 제1항, 제78조의 2), 주택도시기금의 우선지원(법 제78조 제3항), 사업시행지 거주자에 대한 우선고용 및 취업알선(법 제78조 제7항), 조세감면(조세특례제한법 제77조 제1항, 제85조의 7 제1항, 제85조의 9 제1항 등) 등이다.[412]

위와 같은 내용에서 알 수 있듯이, 생활재건조치는 생활이익 자체에 대한 보상을 직접적인 목적으로 하는 것은 아니라는 점에서 광의의 생활보상과 상이하다고 할 수 있다. 그러나 생활재건조치의 실시에 따라 피보상자가 누리게 되는 구체적인 혜택은 생활보상으로서의 성격을 구비하고 있기 때문에, 생활재건조치도 광의의 생활보상의 일종으로 파악하고 있다.

---

411) 김동희, 행정법 I (2017) 627면; 박윤흔, 행정법강의(상)(2004) 782면; 西埜章 · 田辺愛壹, 앞의 책 87면.

412) 박윤흔, 위의 책 783면.

(1) 이주대책의 수립 · 실시

(가) 이주대책의 의의

이주대책이란 사업시행자가 공익사업의 시행으로 인하여 생활의 근거를 상실하게 되는 자 즉 이주대책대상자를 위한 생활보상의 방법으로, 도로 · 급수시설 · 배수시설, 그 밖의 공공시설 등 통상적인 수준의 생활기본시설이 포함된 이주정착지를 조성하여 이주대책대상자들로 하여금 그곳으로 이주하여 정착할 수 있도록 하는 조치를 말한다(법 제78조 제1항). 따라서 이주대책의 핵심적인 내용은 생활에 필요한 기본시설을 구비한 이주정착지의 조성이라고 할 수 있다.

이주대책은 이주정착금의 지급과 함께 광의의 생활보상의 내용을 이루는 것으로, 통일설에 의하면 이러한 생활보상은 헌법 제34조와 제23조 제3항에 근거한 손실보상의 일종임은 앞에서 살펴본 바와 같다.

(나) 이주대책 수립 · 실시의무의 법적 성격

판례는 이주대책이 "본래의 취지에 있어 이주자들에 대하여 종전의 생활상태를 원상으로 회복시키면서 동시에 인간다운 생활을 보장하여 주기 위한 이른바 생활보상의 일환으로 국가의 적극적이고 정책적인 배려에 의하여 마련된 제도"[413]라고 한다. 그렇다 하더라도 이주대책의 수립 · 실시는 이주대책대상자를 위한 시혜적인 정책에 그치는 것이 아니라 사업시행자에게 부과된 법률상의 의무이다. 이주대책대상자는 사업시행자의 이러한 법률상 의무에 대응하여 일정한 법률상의 지위를 얻게 된다. 이러한 법률상의 지위는 반사적 이익이 아니라 뒤에서 살펴보는 바와 같이 생활에 필요한 기본시설이 구비된 이주정착지에 정착하거나 이주정착금을 청구할 수 있는 구체적인 권리이다.

413) 대판 1994.5.24. 92다35783 전원합의체.

(다) 이주대책 수립 · 실시의 상대방 – 이주대책대상자

1) 이주대책대상자의 의의

이주대책대상자란 공익사업의 시행으로 인하여 주거용건축물을 제공함에 따라 생활의 근거를 상실하게 되는 자를 말한다(법 제78조 제1항). 이주대책은 이주대책대상자라는 특정인에 대해서만 실시되는 생활보상의 일종이다. 공익사업의 시행으로 인하여 생활이익을 상실하는 특별한 희생을 입었다 하더라도 이주대책대상자에 해당하지 아니하면 이주대책의 수립에 따르는 보상을 받을 수 없다는 점에서 재산권에 대한 손실보상과는 다른 이주대책의 특징이 있다.

2) 이주대책대상자의 요건

이주대책대상자에 해당하기 위해서는 공익사업의 시행으로 인하여 주거용 건축물을 제공함에 따라 생활의 근거를 상실할 것을 요한다(법 제78조 제1항). 이를 나누어 설명하면 다음과 같다.

가) 건축물에 관한 요건

① 이주대책대상자는 사업지구 내에 주거용건축을 소유한 자에 한정되고, 창고 · 축사 · 사무실용 컨테이너 · 비닐하우스 등 비주거용건조물을 소유한 자는 이주대책대상자에 해당되지 아니한다. 이러한 비주거용건축물의 소유자에 대해서는 영업권을 포함한 재산권의 대상으로 보상하거나, 공장부지에 해당하는 경우 동법 제78조의 2에 해당하는 공장이주대책의 대상으로 되는 것은 논외로 하고, 동법 제78조 제1항에서 규정하고 있는 "생활의 근거를 상실"하였다고 볼 수 없기 때문이다.

② 허가를 받거나 신고를 하고 건축 또는 용도변경을 하여야 하는 건축물을 허가를 받지 아니하거나 신고를 하지 아니하고 건축 또는 용도변경을 한 건축물의 소유자는 이주대책대상자에서 제외된다(법 시행령 제40조 제3항 제1호).[414] 다만 1989. 1. 24. 당시에 이미 건축되어 있던 무허가 건축

물에 대해서는 이를 적법한 건축물로 보아, 동 건축물의 소유자는 이주대책대상자로 인정되고 있다(법 시행규칙 부칙 제5조 제1항).

③ 주거용건축물을 2동 이상 소유하고 있는 경우에는 주된 생활의 근거지가 되는 주거용건축물이 사업지구 안에 있는 경우에만 이주대책대상자에 해당하는 것으로 보아야 할 것이다. 2동 이상의 주거용건축물 가운데 어느 것이 주된 생활의 근거지인지 여부는 주거용건축물의 소유자의 직업 · 주민등록부 등 공부상의 주소 · 실제로 거주하는 주소 · 거주 기간 · 가족 구성원의 동거여부 등을 종합하여 판단하게 된다.

나) 거주기간에 관한 요건

이주대책대상자에 해당하기 위해서는 일정 기간 동안 주거용건축물에 계속 거주하여야 한다.

① 주거용건축물의 소유자일지라도 오로지 이주정착금을 지급 받을 목적으로 일시적으로 사업지구 안으로 생활의 근거지를 이전한 경우에는, 공익사업의 시행으로 인하여 생활의 근거를 상실하더라도 그러한 손실은 본인이 자초한 것이라고 볼 수 있다. 생활보상이란 수용의 전후를 통하여 생활상태의 원상회복을 위한 보상이므로 자초한 손실에 대해서는 보상에서 제외하더라도 부당하다고 할 수 없고 오히려 투기적 목적으로 생활의 근거지를 이전하는 것을 방지하기 위해서라도 거주기간에 제한을 두는 것이 바람직하다고 할 수 있다. 이러한 이유에서 해당 건축물에 공익사업을 위한 관계 법령에 따른 고시 등이 있은 날로부터 계약체결일 또는 수용재결일까지 계속하여 거주하고 있지 아니한 건축물의 소유자는 이주대책대상자에서 제외하고 있는 것이다(법 시행령 제40조 제3항 제2호 본문).

② "공익사업을 위한 관계 법령에 따른 고시 등이 있은 날"이란 예를 들면 토지보상법 제22조 제1항의 사업인정 고시일, 택지개발촉진법 제9조

---

414) 대판 2011.6.10. 2010두26216; 2013.10.24. 2011두26893.

제1항의 택지개발사업 실시계획의 승인일, 주택법 제16조 제1항의 사업계획의 승인일, 도시개발법 제7조의 도시개발구역의 지정에 관한 공람공고일[415] 등을 의미한다.

"공익사업을 위한 관계 법령에 따른 고시 등이 있은 날"은 법령에 따라 이주대책대상자와 아닌 자를 정하는 기준[416]이기 때문에, 사업시행자가 임의로 정한 이주대책 기준일은 이에 해당하지 아니한다.

"계약체결일"이란 사업시행자가 공익사업 시행지구 내의 토지를 협의취득하기 위하여 토지소유자와 매매계약을 체결하는 일자[417]를 말한다.

③ 입영이나 공무로 인한 해외 파견 등과 같이 부득이한 사유가 발생하여 일시적으로 생활의 근거지를 떠나 있는 경우에는 예외적으로 거주기간 요건을 요하지 아니한다. 즉 질병으로 인한 요양, 징집으로 인한 입영, 공무, 취학, 그 밖에 이에 준하는 부득이한 사유가 있는 경우에는 일정 기간 동안의 계속 거주의 요건을 충족하지 아니하더라도 이주대책대상자에 해당한다(법 시행령 제40조 제3항 제2호 단서).

다) 소유자 요건

이주대책대상자는 주거용건축물의 소유자에 한정되고, 세입자는 포함되지 아니한다(법 시행령 제40조 제3항 제3호).

세입자란 사업시행자가 취득 또는 사용할 건물에 대한 사용권을 가진 관계인 중에서 차임 등의 대가를 지급하고 거주하는 자를 의미한다. 공익사업 시행지구 내에 거주하는 세입자는 법 제78조 제5항에 규정된 "주거용건물의 거주자"에 해당하여 "주거 이전에 필요한 비용과 가재도구 등 동산의 운반에 필요한 비용" 즉 이사비용에 대해서는 보상받을 수 있다.

---

415) 대판 2015.8.27. 2012두26746.

416) 대판 2009.6.11. 2009두3323.

417) 토지보상법 제16조, 제17조.

(라) 이주대책 수립 · 실시의 요건 및 절차

1) 이주대책 수립 · 실시의 요건

이주대책은 사업지구 인근에 택지 조성에 적당한 토지가 없거나 이주대책에 필요한 비용이 당해 공익사업의 본래의 목적에 소요되는 비용을 초과하는 등의 사유로 당해 공익사업의 시행이 사실상 곤란하게 되는 경우 등 부득이한 사유가 있는 경우[418]를 제외하고는 이주대책대상자 중 이주정착지에 이주를 희망하는 자의 가구 수가 10호 이상인 경우에 수립 · 실시한다(법 시행령 제40조 제2항 본문).

2) 협의 및 통지

사업시행자는 이주대책을 수립하려면 미리 관할 지방자치단체의 장과 협의하여야 하고(법 제78조 제2항), 그 내용을 이주대책대상자에게 통지하여야 한다(법 시행령 제40조 제1항).

3) 이주대책대상자의 결정

가) 이주대책대상자 선정신청의 필요성 유무

사업시행자가 이주대책대상자 결정을 하기 위해서는 통지를 받은 이주대책대상자가 이주대책대상자 선정신청을 하여야 하는가?

판례는 사업시행자로부터 이주대책에 관한 내용을 통보받은 이주대책대상자는 이주대책에 정한 절차에 따라 사업시행자에게 이주대책대상자 선정신청을 할 것을 요한다고 한다.[419]

그러나 토지보상법 시행령이나 시행규칙에는 사업시행자가 이주대책대상자 결정을 하기 전에 이주대책대상자의 신청이 있어야 한다는 규정이 없다. 사견으로는 이주대책대상자 결정은 이주대책대상자의 신청이 없더라도 이주대책대상자의 요건에 해당하면 당연히 행하여야 한다고 본다.

---

418) 토지보상법 시행규칙 제52조 제1항 각호.

419) 대판 1995.6.30. 94다14391, 94다14407.

이주대책대상자를 결정하는 것은 손실보상대상자를 결정하는 것과 다를 바가 없기 때문이다. 사업시행자가 정한 이주대책대상자 결정의 절차는 내부적인 업무지침에 불과하고, 법령상 요구되는 절차가 아니다.

나) 이주대책대상자 결정의 의의

이주대책대상자 결정이란 사업시행자가 이주대책으로 조성한 이주정착지로 이주하거나 이주정착금을 지급받을 권리를 가지는 자 즉 이주대책대상자를 확정하는 것을 말한다.

사업시행자가 택지개발촉진법 또는 주택법 등 관계 법령에 따라 이주대책대상자에게 택지 또는 주택을 공급한 경우(사업시행자의 알선에 의하여 공급한 경우를 포함한다)에는 이주대책을 수립 · 실시한 것으로 간주된다(법 시행령 제40조 제2항 본문). 따라서 이주대책의 내용 중에 이주정착지를 조성하는 것은 이주대책대상자에게 택지나 주택을 공급하기 위한 것이다.

택지나 주택의 공급은 이주대책대상자의 입장에서 보면 택지나 주택을 분양받을 수 있는 권리 즉 수분양권[420)]의 취득을 의미하므로 이주대책대상자를 결정하는 것은 이주정착금 수령자 또는 수분양권자를 확정하는 것이다.

다) 이주대책대상자 결정의 법률적 성격

사업시행자가 손실보상의 상대방을 확정하는 것은 공익사업의 상대방을 확정하는 것과 동일한 손실보상 업무의 한 내용이다. 다만 이주정착금의 지급이나 수분양권의 부여를 내용으로 하는 생활보상은 손실보상의 상대방 중에서 이주대책대상자 자격을 구비한 자에게만 부여되는 보상이다. 여기서 이주대책대상자를 결정하는 것은 일반적인 손실보상의 상대방을 결정하는 것과 동일한 사업시행자의 내부적 업무에 불과한 것인지, 아니면 독립한 행정처분성을 구비한 것인지 여부가 문제로 된다. 이주대책대

420) 상세한 내용은 234면 이하 참조.

상자결정에 대해서 행정처분성을 인정하느냐 여부에 따라 동 결정 내지 수분양권에 관한 권리 구제의 방법이 달라지게 된다.

① 긍 정 설

긍정설은 "사업시행자에게 이주대책의 수립 · 실시의무를 부과하고 있다고 하여 그 규정 자체만에 의하여 이주자에게 사업시행자가 수립한 이주대책상의 택지분양권이나 아파트 입주권 등을 받을 수 있는 구체적인 권리(이하 이를 간단히 "수분양권"이라고 한다)가 직접 발생하는 것이라고는 도저히 볼 수 없으며, 사업시행자가 이주대책에 관한 구체적인 계획을 수립하여 이를 해당자에게 통지 내지 공고한 후, 이주자가 수분양권을 취득하기를 희망하여 이주대책에 정한 절차에 따라 사업시행자에게 이주대책대상자 선정신청을 하고 사업시행자가 이를 받아들여 이주대책대상자로 확인 · 결정하여야만 비로소 구체적인 수분양권이 발생"하는 것이고, "위와 같은 사업시행자가 하는 확인 · 결정은 곧 구체적인 이주대책상의 수분양권을 취득하기 위한 요건이 되는 행정작용으로서의 처분인 것이지, 결코 이를 단순히 절차상의 필요에 따른 사실행위에 불과한 것으로 평가할 수는 없는 것"[421]이라고 하여 이주대책대상자결정에 대해서 행정처분성을 인정하고 있다.

② 부 정 설

부정설은 "이주자가 분양신청을 하여 사업시행자로부터 분양처분을 받은 경우 이러한 사업시행자의 분양처분의 성질은 이주자에게 수분양권을 비로소 부여하는 처분이 아니라, 이미 이주자가 취득하고 있는 수분양권에 대하여 그의 의무를 이행한 일련의 이행처분에 불과하다고 보아야 하고, 이는 이주자가 이미 취득하고 있는 수분양권을 구체화시켜주는 과정

421) 대판1994.5.24.선고 92다35783 전원합의체 판결의 다수의견; 대판2003.12.26.선고 2003다11738.

에 불과하다."[422]고 주장한다.

③ 결 론

손실보상청구권은 헌법에 근거한 권리로서 사업인정이 있으면 토지소유자 등은 사업시행자의 의사표시가 아니라 법률의 규정에 의해서 동 권리를 취득한다. 토지보상법이 손실보상의 상대방을 확정하는 방법에 대해서는 따로 규정하고 있지 아니하는 것은 사업인정의 신청 및 고시를 하고 토지소유자 등과 보상에 관한 협의를 하는 과정에서 공익사업의 상대방이나 손실보상의 상대방이 결정되기 때문이다. 이주대책대상자결정은 생활보상의 상대방을 결정하는 것으로, 그 본질은 공익사업의 상대방인 토지소유자와 관계인을 확정하거나 손실보상의 상대방을 결정하는 것과 다름이 없다. 다만 보상의 내용은 금전이 아니라 수분양권이라는 권리이고, 보상의 상대방이 이주대책대상자라는 점에서 차이가 있을 뿐이다. 만일 긍정설의 입장을 관철한다면, 통상의 손실보상의 경우에 상대방을 결정하는 것 역시 독립한 처분성을 인정하여야 할 것이다. 따라서 이주대책대상자를 확인 · 결정하는 것을 통상의 손실보상의 상대방을 확정하는 것과 구별하여 독립한 행정작용으로 인정할 필요가 없다.

긍정설의 주장 중에 수분양권은 이주대책대상자의 선정신청을 전제로 한다는 것은 토지보상법이나 그 하위 법령 어디에도 없는 내용이다. 이주대책대상자에게 이주대책의 내용을 통보하는 것은 통상의 손실보상절차에서 토지소유자나 관계인에게 보상의 내용과 절차를 통보하는 것과 차이가 없다. 이주대책대상자 선정신청 역시 토지소유자나 관계인이 수용손실 등에 대한 보상신청을 하는 것과 차이가 없는 것으로 이주대책대상자결정의 전제가 되는 요건이 아니다.

긍정설은 사업시행자의 이주대책대상자결정을 통해서 비로소 구체적인

422) 위 대법원 전원합의체 판결의 소수의견.

수분양권이 확정된다고 하지만, 이주대책대상자를 결정하는 단계에서는 이주대책의 구체적인 내용, 즉 공급할 택지 또는 주택의 위치나 면적, 공급가격 등이 확정되기 전인 경우가 대부분이다. 구체적인 수분양권은 사업시행자와 이주대책대상자간에 분양계약이 체결되고 경우에 따라서는 추첨을 통하여 공급 받을 택지나 주택이 특정된 후에야 비로소 확정된다. 이 때의 수분양권은 해당 택지나 주택에 대한 민법상의 소유권이전등기청구권으로 구체화된다. 헌법상의 인간다운 생활권이라는 추상적인 기본권은 사업인정을 통하여 생활보상청구권의 일종인 수분양권으로 보장되고, 분양계약의 체결을 통해서 최종적으로 소유권이전등기청구권으로 구현되는 것이다. 긍정설에서 수분양권이 구체화되었다고 말하는 것은 인간다운 생활권의 실현이라는 점에서 보면 권리 내용의 변환의 한 과정일 뿐이다. 수분양권은 통상의 손실보상청구권과 동일하게 사업시행자의 특별한 처분을 기다릴 필요가 없이 사업인정과 더불어 이주대책대상자가 법률의 규정에 따라 취득하는 권리이고, 동 권리자를 확인하는 행위나 그 시점을 동 권리의 발생근거라거나 발생시점으로 이해할 것은 아니다.[423)]

다) 이주대책대상자결정에 대한 쟁송 방법

이주대책대상자결정에 대해서 행정처분성을 인정하느냐 여부에 따라 이에 대한 불복 방법도 달라지게 된다.

① 항고소송설

이주대책대상자결정에 대해서 행정처분성을 인정하는 설에 의하면 이주대책대상자 결정처분이 위법·부당한 경우에는 이주대책대상자는 사업시행자를 상대로 결정처분의 취소를 구하는 항고소송을 제기할 수 있다고 한다. 그러나 이주대책대상자 결정처분이 있기 전에는 이주대책대상자는

---

423) 박균성, 행정법론(하)(2011) 891면에 의하면 사업시행자의 이주대책의 수립에 의해 이주대책대상자의 포괄적 권리가 구체적 권리로 전환된다고 한다.

아직 수분양권을 취득하지 못하고 있으므로 사업시행자를 상대로 하여 민사소송이나 공법상의 당사자소송의 방법으로 분양의무자를 상대로 수분양권의 확인을 구할 수 없다고 한다.

② 선 택 설

이주대책대상자결정에 대해서 행정처분성을 부정하는 입장에서는 이주대책대상자결정은 행정처분이 아니라 이주자가 이미 취득하고 있는 수분양권에 대하여 사업시행자의 의무를 이행한 일련의 이행처분에 불과하고, 이주대책대상자의 분양신청은 실체적 권리인 분양신청권의 행사에 해당하므로 분양신청이 거부당한 이주대책대상자는 권리 침해를 이유로 항고소송을 제기하거나 경우에 따라서는 분양받을 지위의 확인을 구할 수 있는 선택권이 있다고 한다.[424]

③ 결 론

이주대책대상자에게 택지 또는 주택을 공급하는 것은 본질적으로 이들의 인간다운 생활을 보장하기 위한 방편이지만 토지보상법은 현물보상으로 이루어지는 손실보상의 한 내용으로 규정하고 있다.

긍정설의 문제점은 수분양권에 대해서는 통상의 손실보상청구권과는 달리 "이주자가 수분양권을 취득하기를 희망하여 이주대책에 정한 절차에 따라 사업시행자에게 이주대책대상자 선정신청을 하고 사업시행자가 이를 받아들여 이주대책대상자로 확인 · 결정하여야만 비로소 구체적인 수분양권이 발생"한다고 이해하는 점에 있다.

행정법 이론상 타인에게 권리를 설정하는 행위는 협의의 특허에 해당하는데 이는 신청(출원)을 전제로 하는 행위로서 행정청의 재량이 인정된다는 것이 통설이다. 그러나 이러한 결론은 손실보상청구권의 일종인 수분양권의 본질과는 동떨어진 것임은 두말할 필요가 없다. 이주대책대상자는

424) 박균성, 행정법론(하)(2011) 893면

이주자 중에서 공익사업의 시행으로 인하여 주거용건물을 제공함에 따라 생활의 근거를 상실하게 된 자를 의미하며, 그 구체적인 요건은 앞에서 상세하게 살펴본 바와 같다. 수분양권은 이주대책대상자의 신청이나 사업시행자의 결정과는 관계없이 토지보상법령에 규정된 자격요건을 구비하고 있는 이주자에게 당연히 인정되는 권리이지, 사업시행자의 확인이나 결정으로 비로소 발생하는 권리가 아니다. 이는 토지보상법 제2조 제4호, 제5호에 규정된 토지소유자 및 관계인에 해당하면 사업시행자의 특별한 처분이 없더라도 손실보상청구권을 취득하는 것과 동일하다. 공익사업의 상대방임에도 불구하고 손실보상에서 제외된 토지소유자나 관계인은 자신이 공익사업의 상대방임을 주장하여 사업시행자를 상대로 재결신청의 청구를 할 수 있고(법 제30조 제1항), 그럼에도 불구하고 사업시행자가 재결신청을 하지 아니하는 경우에는 항고소송의 형식으로 보상제외처분의 취소를 구할 수 있다.[425] 나아가서 토지수용위원회의 재결에 불복할 경우에는 재결의 취소와 함께 사업시행자를 피고로 하여 당사자소송의 형식으로 보상금 청구소송을 제기할 수 있을 것이다. 이러한 결론은 수분양권에 관해서도 동일하게 적용되어야 할 것이지만 현행 토지보상법상 이주대책대상자의 결정은 토지수용위원회의 재결사항으로 규정하지 아니하고 있다. 따라서 토지소유자나 관계인이 이주대책대상자에 해당함에도 불구하고 이주대책대상자에서 제외된 경우에는 사업시행자를 피고로 하여 바로 이주대책대상자 지위확인 내지 수분양권 확인을 구하는 당사자소송을 제기할 수 있다고 해석되는 것이다.

선택설은 사업시행자의 분양거부는 이주대책대상자의 분양신청권이라는 실체적 권리의 침해에 해당하므로 이에 대해서 항고소송도 가능하다고 주장한다. 그러나 이주대책대상자의 분양신청에 대하여 사업시행자가 거

425) 대판 2011.7.14. 2011두2309.

부하는 것은 결국 이주대책대상자의 수분양권을 부인하는 것이므로, 이주대책대상자의 법률적 지위의 불안은 이주대책대상자 내지 수분양자의 지위를 확인 받음으로써 가장 유효적절하게 해소될 수 있다. 특히 사업시행자의 분양거부는 내부적인 분양사무의 집행에 불과하다고 한다면, 분양거부에 대하여 권리침해를 이유로 항고소송을 제기할 수 있다는 것은 논리적으로 성립하기 어려운 주장이다.

(마) 이주대책의 내용

1) 이주대책의 구체적인 내용은 이주정착지를 조성하는 것이다. 이주정착지의 조성이란 이주대책대상자를 위한 생활보상의 방법으로, 도로·급수시설·배수시설, 그 밖의 공공시설 등 통상적인 수준의 생활기본시설이 포함된 주택단지를 건설하는 것을 말한다(법 제78조 제1항). 위 규정의 '도로·급수시설·배수시설 그 밖의 공공시설 등 당해 지역조건에 따른 생활기본시설'이란 주택법 제28조 제1항 등 관계 법령에 의하여 주택건설사업이나 대지조성사업을 시행하는 사업주체가 설치하도록 되어 있는 도로 및 상하수도시설, 전기시설·통신시설·가스시설 또는 지역난방시설 등 간선시설을 의미한다.[426]

2) 사업시행자가 택지개발촉진법 또는 주택법 등 관계 법령에 따라 이주대책대상자에게 택지 또는 주택을 공급한 경우(사업시행자의 알선에 의하여 공급한 경우를 포함한다)에는 이주대책을 수립·실시한 것으로 본다(법 시행령 제40조 제2항 단서).

이주정착지는 이주대책대상자에게 공급할 목적으로 조성하는 것이므로, 사업시행자가 이주대책대상자에게 택지나 주택을 공급하는 것은 이주정착지의 조성과 동일하게 이주대책을 수립·실시한 것으로 평가되기 때문이다.

426) 대판 2011.6.23. 2007다63089,63096.

이주대책대상자가 택지개발촉진법에 따라 택지를 공급받기 위해서는 사업시행자와의 협의에 응하여 자신이 소유하는 토지 전부를 사업시행자에게 양도하여야 한다(법 시행령 제13조의 2 제5항 제4호). 즉 토지보상법상 이주대책대상자에 해당하다라도 택지개발촉진법에 의한 택지를 공급받기 위해서는 자신이 소유한 토지에 관하여 사업시행자와 협의취득계약을 체결하여 해당 토지를 양도하여야 한다. 따라서 사업시행자의 협의신청에 응하지 아니하여 수용에 의하여 토지소유권을 상실한 자에게는 택지개발촉진법에 의한 택지의 수분양권이 인정되지 아니한다.

이러한 택지개발촉진법의 수분양권 제한규정은 헌법 제33조와 제13조를 보충적인 근거로 생활이익까지 보상함으로써 완전한 보상을 실현하기 위하여 인정되는 것이 생활보상이라고 이해하는 통일설의 입장에서는 그 헌법적 타당성을 인정하기가 어렵다고 본다.

주택법에 근거한 주택공급에 관한 규칙 제35조 제1항 제12호 바목에 의하면, 사업인정 고시일 이전부터 공익사업 시행지구 내에 있던 주택이 공익사업의 시행으로 철거되는 경우에는 동 주택소유자에게 국민주택을 특별공급할 수 있는 것으로 규정하고 있다. 동 규정은 토지보상법 시행령이 규정하는 이주대책대상자의 요건을 충족하지 못한 주택소유자에게도 국민주택을 특별공급한다는 점에서 토지보상법상의 이주대책에 의한 주택의 공급과 차이가 있다.

3) 이주대책 내용 결정의 재량성

가) 위에서 살펴본 바와 같이 택지개발촉진법에 따른 택지를 공급받을 수 있는 대상자는 해당 토지 전부에 관하여 사업시행자와의 협의취득에 응한 자로 제한되고, 주택법상의 국민주택의 특별공급대상자의 범위는 토지보상법 시행령이 규정하고 있는 이주대책대상자의 범위보다 넓다. 이와 관련하여 판례는 사업시행자는 이주대책기준을 정하거나 이주대책대

상자 중에서 이주대책을 수립 · 실시하여야 할 자를 선정하여 그들에게 공급할 택지 또는 주택의 내용이나 수량을 정함에 있어서 재량을 가진다고 한다.[427)]

관련 법령에서 택지나 주택을 공급받을 수 있는 자의 범위를 달리 규정하고, 사업시행자는 이주대책의 내용 결정에 대하여 재량이 있다는 판례의 취지를 종합해 보면, 현행법상 생활보상은 통일설과 같이 헌법 제23조 제3항과 제33조 및 제11조를 보충적인 근거로 정당보상주의를 관철하기 위하여 요구되는 손실보상이라기보다 인간다운 생활권을 보장하기 위한 수단으로 그 내용은 입법에 의하여 형성되는 정책적 보상으로서의 성격이 강하다고 본다.

나) 이주대책대상자의 확대 – 시혜적인 이주대책대상자

① 토지보상법과 동법 시행령은 이주대책대상자의 요건을 엄격하게 규정하고 있음은 앞에서 살펴보았다. 법정 요건을 충족하지 못해서 이주대책대상자에서 제외되는 토지소유자나 관계인은 보상의 확대를 요구하면서 공익사업의 시행에 저항하게 되고, 그로 인하여 커다란 사회적 문제까지 발생하고 있음은 주지의 사실이다. 이에 대한 대책으로 사업시행자는 법정 이주대책대상자에 해당하지 아니하는 공익사업의 상대방에 대해서도 이주대책을 확대하여 실시함으로써 공익사업이 수행에 대한 이해관계인의 협조를 구하고 공익사업의 원활한 수행을 도모하고 있다.

② 판례는 법령이 정한 이주대책대상자의 요건을 충족하지 못하는 공익사업의 상대방에 대해서도 이주대책을 확대하여 실시함에 따라 혜택을 받게 되는 자를 특히 “시혜적인 이주대책대상자”라고 부른다.[428)] 시혜적인 이주대책의 내용은 택지나 주택의 수분양권을 공급한다는 점에서는 통상

427) 대판 2009.3.12. 2008두12610; 2016.8.24. 2016두37218.

428) 대판 2015.7.23. 2012두22911.

의 이주대책과 동일하고 다만 이주대책대상자의 요건을 완화한 점에서 차이가 있다.

시혜적인 이주대책은 대상자에 대하여 임의적이고 정책적인 배려에서 실시되는 대책으로, 법률상의 의무인 이주대책과는 법적 성격이 반드시 동일하다고 보기 어렵고, 사업시행자는 시혜적인 이주대책대상자의 범위나 이주대책의 내용에 대해서는 더욱 넓은 재량이 인정된다.[429]

다) 이주대책의 확대 - 생활대책

① 사업시행자의 보상 실무상 공익사업의 시행에 따라 상가용지가 수용되고 상가건물이 철거됨에 따라 상가용지나 상가건물의 소유자들이 종전에 종사하던 생업을 더 이상 영위할 수 없게 됨으로 인하여 입게 된 손실에 대해서, 영업보상 이외에 상가용지나 상가건물을 공급하는 이주대책을 특히 생활대책이라고 부른다. 생활대책이라는 용어 역시 법률상의 용어가 아니고 학문적인 개념도 아니다. 통상의 이주대책이 철거되는 주거용건물의 소유자 즉 이주대책대상자를 대상으로 하는 법률상의 대책임에 비하여, 생활대책은 상가용지나 상가건물의 소유자 즉 생활대책대상자를 대상으로 사업시행자가 임의로 시행하는 대책이라는 점에서 양자 간에 차이가 있다.

② 판례에 의하면, 토지보상법이 "생활대책용지의 공급과 같이 공익사업 시행 이전과 같은 경제수준을 유지할 수 있도록 하는 내용의 생활대책에 관한 분명한 근거 규정을 두고 있지는 않으나, 사업시행자 스스로 공익사업의 원활한 시행을 위하여 필요하다고 인정함으로써 생활대책을 수립·실시할 수 있도록 하는 내부규정을 두고 있고 그 내부규정에 따라 생활대책대상자 선정기준을 마련하여 생활대책을 수립·실시하는 경우에는, 이러한 생활대책 역시 … 헌법 제23조 제3항에 따른 정당한 보상에 포함

429) 위 같은 판례.

되는 것으로 보아야 한다. 따라서 이러한 생활대책대상자 선정기준에 해당하는 자는 사업시행자에 대하여 생활대책대상자 선정 여부의 확인 · 결정을 신청할 수 있는 권리를 가진다고 할 것이어서, 만일 사업시행자가 그러한 자를 생활대책대상자에서 제외하거나 그 선정을 거부하면, 이러한 생활대책대상자 선정기준에 해당하는 자는 사업시행자를 상대로 항고소송을 제기할 수 있다."[430]고 한다.

③ 위 판례는 사업시행자가 재량으로 결정하는 생활대책까지 헌법 제23조 제3항의 정당한 보상의 범위에 속하는 손실보상의 일부로 본다는 점에서 수용보상법률주의의 원칙과는 부합하지 아니하는 견해이다. 판례의 주류적 입장에 의하면 이주대책은 이주자들에 대하여 종전의 생활상태를 원상으로 회복시키면서 동시에 인간다운 생활을 보장하여 주기 위한 이른바 생활보상의 일환으로 국가의 적극적이고 정책적인 배려에 의하여 마련된 제도[431]라고 파악하고 있다. 그러나 생활대책은 영업손실에 대한 보상(토지보상법 제77조 제1항) 외에 사업시행자가 임의로 정한 기준에 따라 상가용지나 상가건물을 추가로 공급하는 것으로, 오로지 공익사업의 상대방의 공익사업 시행에 대한 저항을 무마함으로써 공익사업을 원활하게 수행하기 위하여 마련한 시혜적인 대책이라는 점에서 토지보상법이 규정하는 생활보상은 물론이고 통상의 손실보상과도 차이가 있어서 엄밀한 의미에서 정당한 보상의 내용에 포함된다고 보기도 어렵다.

4) 이주정착지 조성비용의 부담

가) 이주대책의 구체적인 내용은 도로, 급수시설, 배수시설, 그 밖의 공공시설 등 통상적인 수준의 생활기본시설이 포함된 이주정착지를 조성하는 것으로 이에 필요한 비용은 사업시행자가 부담하여야 한다(법 제78

430) 대판 2011.10.13. 2008두17905.

431) 대판 1994.5.24. 92다35783 전원합의체.

조 제4항 전단). 이 규정은 강행규정이므로 사업시행자가 이주정착지에 대한 분양대금에 생활기본시설 설치비용을 포함하면 그 부분은 무효가 되어 부당이득으로 이주대책대상자에게 반환하여야 한다.[432]

나) 토지보상법 시행령 제40조 제2항 단서에 의해서 이주대책의 수립·실시로 간주되는 택지와 주택의 공급의 경우에도 동법 제78조 제4항에 규정된 생활기본시설을 설치할 의무가 있는가?

판례의 다수 의견은 이를 긍정하나, 반대설은 택지나 주택의 특별공급의 경우에는 생활기본시설 설치의무가 없다고 한다.[433] 이주정착지의 조성이나 이주대책으로 건설하는 주택단지의 조성, 이주대책으로 간주되는 택지의 특별공급 등은 생활보상을 위한 것이라는 점에서는 아무런 차이가 없으므로 생활기본시설 설치의무는 택지를 조성하는 모든 경우에 인정된다고 해석하는 것이 옳다고 본다.

다) 비용의 보조와 주택도시기금의 지원

① 행정청이 아닌 사업시행자가 이주대책을 수립·실시하는 경우에 지방자치단체는 비용의 일부를 보조할 수 있고(법 제78조 제4항 단서), 국가나 지방자치단체는 이주대책의 실시에 따른 주택지의 조성 및 주택의 건설에 대하여는 주택도시기금법에 따른 주택도시기금을 우선적으로 지원하여야 한다(법 제78조 제3항).

② 이주대책의 수립·실시비용의 보조나 주택도시기금의 지원은 사업시행자에 대한 지원으로, 이주대책대상자에 대한 생활보상과는 관련이 없다. 다만 주택도시기금법에 의한 주택도시기금은 국민주택규모 이하의 주택의 구입·임차 등을 위한 융자에 사용할 수 있으므로(법 제9조 제1항 제1호 나목), 이러한 경우에는 이주대책대상자의 인간다운 생활권을 보장하기

432) 대판 2011.6.23. 2007다63089,63096 전원합의체; 2015.6.11. 2012다58920.

433) 대판 2011.6.23. 2007다63089,63096 전원합의체.

위한 정책적 지원의 의미는 있다.

5) 공장의 이주대책

사업시행자는 대통령령으로 정하는 공익사업의 시행으로 인하여 공장부지가 협의 양도되거나 수용됨에 따라 더 이상 해당 지역에서 공장(산업집적활성화 및 공장설립에 관한 법률 제2조 제1호에 따른 공장을 말한다)을 가동할 수 없게 된 자가 희망하는 경우 산업입지 및 개발에 관한 법률에 따라 지정·개발된 인근 산업단지에 입주하게 하는 등 대통령령으로 정하는 이주대책에 관한 계획을 수립하여야 한다(법 제78조의 2).

(2) 이주정착금 지급

(가) 이주정착금의 의의

이주정착금이란 사업시행자가 이주대책의 수립에 갈음하여 이주대책대상자로 하여금 새로운 생활터전에 이주하여 정착할 때까지의 일정 기간 동안 지급하는 생계보조금을 말한다. 사업시행자는 공익사업의 시행으로 인하여 주거용건축물을 제공함에 따라 생활의 근거를 상실하게 되는 자, 즉 이주대책대상자를 위하여 이주정착금을 지급하여야 한다(법 제78조 제1항).

(나) 법적 성격

1) 이주정착금은 이주대책대상자가 종전의 생활상태로 복귀하는데 필요할 것으로 예상되는 자금을 지원하는 생활보상의 일종이다. 이주정착금의 지급은 현실적으로 발생한 손실에 대한 보상이 아니라 종전의 생활상태를 조기에 회복할 수 있도록 지원함으로써 이주대책대상자의 인간다운 생활을 보장해 준다는 점에서 협의의 생활보상의 일종이다.

2) 토지보상법 제78조 각항은 이주대책의 수립 등에 관한 규정으로, 그 제1항에서는 이주정착비, 제5항에서는 주거용건물 거주자에 대한 주거이전비와 동산운반비에 대하여 각각 규정하고 있다. 뒤에서 살펴보는 바와

같이 주거이전비와 동산운반비 등 주거이전비용은 광의의 생활보상의 일종으로 분류하지만 동법 제75조 제1항에 규정된 건축물 등 재산이전비용과 유사한 재산권보상의 성격도 가지고 있다. 따라서 주거이전비나 동산운반비 등 주거이전비용은 이주정착비나 주택 또는 택지의 공급과는 그 성격이 다르다.

3) 이러한 사견과는 달리 판례는 이주정착비를 이주비(주거이전비)와 같은 성격의 손실보상으로 이해하여 그 발생 시기나 쟁송 방법도 동일하게 취급하고 있다. 즉 판례에 의하면, 주거이전비는 세입자들의 조기이전을 장려하여 사업추진을 원활히 하려는 정책적인 목적과 주거이전으로 특별한 어려움을 겪게 될 세입자들을 대상으로 하는 사회보장적 차원에서 지급되는 금원으로, 주거이전비 보상청구권은 공법상의 권리이고 그에 대한 쟁송은 행정소송중 당사자소송에 의하여야 하는데, 주거이전비에 관하여 재결이 이루어진 다음에 보상금의 증감을 다투는 부분은 당사자소송으로, 보상금증감 이외의 부분을 다투는 경우에는 항고소송에 따라 권리 구제를 받을 수 있으며, 이는 이주정착금의 경우에도 그대로 적용된다고 한다.[434)]

(다) 이주정착금의 지급 요건

1) 이주정착금의 지급의무자는 사업시행자이다.

2) 이주정착금의 지급대상자는 이주대책대상자에 한한다. 이주대책대상자의 의미와 요건에 관해서는 앞에서 살펴본 바와 같다.

3) 이주정착금은 사업시행자가 이주대책을 수립·실시하지 아니하거나(법 시행령 제41조 제1호), 이주대책대상자가 이주정착지가 아닌 다른 장소로 이주하는 경우에 한하여 지급한다(동조 제2호).

이주정착지가 조성된 경우에 이주대책대상자의 입장에서는 이주정착지 내의 택지를 공급받거나 이주정착지로 이주하지 아니하고 이주정착금만을

---

434) 대판 2019.4.23. 2018두55326.

지급받는 방법 중의 하나를 선택할 수 있다. 대체로 이주정착금은 이주대책대상자가 택지의 분양대금을 납부할 자력이 없거나 분양 받게 될 택지의 가격이 상승할 가능성이 없다고 판단하여 이주정착금을 받는 것으로 만족하는 경우에 선택하게 된다.

(라) 이주정착금 지급청구권

1) 사업시행자가 이주대책대상자를 위하여 행하는 이주정착지 조성이나 이주정착금의 지급 또는 택지나 주택의 공급 등의 의무는 토지보상법 제78조 제1항, 동법 시행령 제40조 제2항에서 발생하는 공법상의 의무이다. 이를 이주대책대상자의 입장에서 보면 택지나 주택의 공급 또는 이주정착금의 지급을 청구할 수 있는 구체적인 권리이다. 그러나 토지보상법은 수용손실에 대한 보상과 마찬가지로 사업시행자의 의무라는 측면에서 이주정착금의 지급이나 택지 또는 주택의 공급에 관해서 규율하고 있다.

2) 손실보상을 재산권보상과 생활보상 및 사업손실보상으로 분류할 경우, 이주정착금 지급청구권과 택지 또는 주택의 공급청구권은 생활보상 중에서 가장 중요한 권리로서, 재산권의 수용에 따르는 수용손실 및 부수적수용손실에 대한 보상청구권과 함께 손실보상청구권의 핵심적인 내용을 이루는 권리이다. 그럼에도 불구하고 지금까지 손실보상청구권은 수용손실보상, 그 중에서도 주로 토지에 대한 손실보상을 중심으로 논의가 이루어져 왔고 이주정착금 지급청구권이나 택지 또는 주택의 공급청구권은 토지보상법상으로 그다지 주목을 받지 못하고 있었던 것이 사실이다.

3) 이주정착금 지급청구권과 택지 또는 주택공급청구권은 권리의 발생시기, 권리자, 법률적 성격, 행사방법 등이 동일하기 때문에 이주정착금 지급청구권에 대한 설명은 다음에서 살펴보는 택지 또는 주택공급청구권에 대한 설명과 동일하다.

그러나 앞에서 살펴본 바와 같이 판례는 이주정착금 지급청구권에 대해서 택지 또는 주택공급청구권이 아니라, 주거이전비 지급청구권과 동일한 성격을 가진 권리로 파악하는 한편, 주거이전비와 이사비 지급청구권은 사업인정고시일 등에 바로 취득하고,[435] 그 요건을 충족하는 경우에는 당연히 발생하는 권리라고 한다.[436]

사견에 의하면 주거이전비 지급청구권은 말할 것도 없고, 이주정착금 지급청구권이나 뒤에서 보는 택지 또는 주택 공급청구권은 모두 통상의 수용손실 보상청구권과 동일하게 사업인정고시가 있으면 사업시행자의 특별한 처분을 기다릴 필요가 없이 그 요건을 구비한 피보상자에게 당연히 발생하는 권리로서, 그에 대한 쟁송은 수용손실보상청구권과 동일하게 재결절차를 거친 후에 당사자소송의 형태로 제기하여야 한다고 본다. 다만 택지 또는 주택공급청구권의 유무에 대한 판단은 토지수용위원회의 재결사항이 아니기 때문에 이에 대한 쟁송은 재결절차를 거치지 아니하고 바로 사업시행자를 상대로 당사자소송의 방법에 의할 수밖에 없는 것이다.

(3) 택지 또는 주택의 공급청구권(수분양권)

(가) 의 의

1) 토지보상법령의 규정

사업시행자는 공익사업의 시행으로 인하여 주거용건축물을 제공함에 따라 생활의 근거를 상실하게 되는 자(이하 "이주대책대상자"라 한다)를 위하여 대통령령으로 정하는 바에 따라 이주대책을 수립 · 실시하거나 이주정착금을 지급하여야 한다(법 제78조 제1항). 사업시행자가 택지개발촉진법 또는 주택법 등 관계법령에 의하여 이주대책대상자에게 택지 또는 주택을 공급한 경우(사업시행자의 알선에 의하여 공급한 경우를 포함한다)에는 이주대책을 수립 · 실시한 것으로 본다(법 시행령 제40조 제2항 단서).

435) 대판 2006.4.27. 2006두2435.
436) 대판 2008.5.29. 2007다8129.

2) 개 념

택지 또는 주택의 공급청구권(수분양권)이란 이주대책대상자가 사업시행자에 대하여 택지 또는 주택을 공급하여 줄 것을 청구할 수 있는 권리를 말한다. 앞에서 본 토지보상법 제78조 제1항과 법 시행령 제40조 제2항 단서에 따라 사업시행자는 이주대책대상자에게 이주대책의 수립 · 실시로 간주되는 택지나 주택을 공급할 의무가 있는데 이를 이주대책대상자 측에서 보면 택지나 주택을 공급받을 수 있는 권리가 된다. 종래 판례는 이 권리를 분양권 또는 수분양권이라고 부르고 있었는데[437] 이 책에서는 택지 또는 주택을 공급받을 수 있는 권리라는 의미에서 수분양권이라는 용어를 사용하기로 한다.

3) 토지공급청구권과의 차이

앞에서 살펴본 바와 같이 토지보상법 제63조 제1항 단서에 의하면 사업시행자는 일정한 경우에 토지소유자에게 현금보상에 갈음하여 토지로 보상할 수 있는 것으로 규정하고 있다. 이 경우에 토지소유자가 취득하는 토지공급청구권은 토지에 대하여 수용손실보상을 함에 있어서 현금보상의 일부를 토지로써 보상하는데 따르는 보충적인 권리로서 현물보상의 일종이다.

그러나 수분양권은 이주대책대상자의 인간다운 생활권을 보장하기 위하여 생활보상으로 인정되는 권리로서 대인보상이라는 점에 양 권리는 법적 성격이나 헌법상의 근거 등이 상이하다. 특히 토지공급청구권은 토지에 대한 현금보상의 일부를 보충하는 보상이므로 완전보상을 요하지만, 수분양권은 생활보상의 성격상 상당한 보상이 가능하다는 점에서도 양자

---

437) 수분양권에 관한 초기 대법원 판례 중 1984.2.14. 82다카1014 사건에서는 "아파트 분양권", 1985. 11. 26. 85누198 사건에서는 "아파트 수분양권", 1986.11.11. 86누592 사건에서는 "아파트 분양권"이라는 용어를 각각 사용하였는데, 2010. 이후에는 점차 수분양권이라는 용어가 정착된 듯하다.

는 차이가 있다.

(나) 수분양권의 사회적 기능

이주대책대상자에게 수용에 따른 재산적 침해를 보상하는 것 외에 수분양권을 부여하는 이유는, 공익사업의 시행으로 인하여 생활의 근거를 상실한 피수용자에 대하여 택지나 주택 등 현물로 보상함으로써 헌법 제34조에서 규정한 인간다운 생활을 보장하는 동시에, 이해관계가 있는 주민들의 동의를 보다 용이하게 얻어냄으로써 공익사업 수행의 절차에 있어서 민주적 정당성을 확보하고 공익사업을 원활하게 수행하고자 하는데 있다. 현실적으로 보면 사업시행자는 택지나 주택에 대한 유상공급을 통하여 공익사업 시행비용의 일부를 조달할 수 있는 한 편, 이주대책대상자는 택지나 주택을 시가보다 저렴하게 공급받음으로써 사업지구에 포함된 토지 등을 수용당함에 따라 발생한 손실의 일부를 추가로 보상받을 수 있다.

그러나 이주대책대상자에서 제외되거나 이주정착금 또는 수분양권의 내용이 미흡하다고 생각하는 공익사업의 상대방은 공익사업의 시행에 격렬하게 저항할 뿐만 아니라, 수분양권의 양도나 전매를 둘러싼 분쟁의 증가, 사업지구에 인접한 토지에 대한 투기로 인한 지가의 폭등, 개발에서 소외되는 계층의 불만의 누적, 개발이익 분배상의 불평등의 심화 등 택지개발 또는 신도시개발사업의 시행과 함께 실시되는 수분양권 제도는 여러 가지 부작용을 파생하기도 하였다.

(다) 수분양권의 발생 시기

1) 두 가지 견해

수분양권의 발생 시기에 관해서는 두 가지 견해가 있다. 판례의 다수의견에 의하면, 수분양권은 사업시행자가 이주대책대상자 선정기준에 따라 이주대책대상자 결정을 하는 시점에서 권리의 귀속주체와 권리의 내용이 비로소 구체화되므로, 구체적인 수분양권의 발생 시기는 사업시행자가

이주대책대상자 결정을 한 때라고 한다.[438]

이와는 달리 수분양권은 토지보상법 제61조를 근거로 발생한 실체적인 권리로서 사업시행자의 이주대책대상자 결정은 수분양권을 부여하는 처분이 아니라, 이미 이주대책대상자가 취득하고 있는 수분양권에 대하여 그 의무를 이행한 일련의 이행처분에 불과한 것으로 이주자가 이미 취득하고 있는 수분양권을 구체화 시켜주는 과정에 불과한 것이라는 반대설이 있다.[439]

2) 결 론

사업시행자가 이주대책을 수립하기 위해서는 미리 관할 지방자치단체의 장과 협의를 하여야 한다(법 제78조 제2항). 이와 관련하여 택지개발촉진법 시행령 제8조 제3항에는 택지개발사업 실시계획 승인신청서에 첨부할 서류에 대해서 규정하고 있는데, 그 제3호에는 토지 · 물건 또는 권리의 매수 및 보상계획서를, 제7호에는 공급할 토지의 위치 및 면적, 공급의 대상자 또는 그 선정방법, 공급의 시기 · 방법 및 조건, 공급가격 결정방법을 정한 택지의 공급에 관한 계획서와 토지이용에 관한 계획에서 정한 택지의 용도 및 공급대상자별 분할도면을 각각 요구하고 있다. 이와 같이 택지개발사업의 경우 사업시행자는 개발사업에 대한 실시계획 승인신청 단계 이전에 관할 지방자치단체의 장과 이주대책에 관하여 미리 협의하여야 하고, 그 내용은 실시계획 승인신청서에 이주대책대상자에 대한 택지 공급의 내용으로 나타난다. 즉 택지개발촉진법상 이주대책대상자가 취득하는 택지의 수분양권은 사업시행자가 관할 지방자치단체의 장과 협의를 하고

438) 대판 1994.5.24. 92다35783 전원합의체 판결의 다수의견; 2003.12.26. 2003다11738. 그러나 이주정착금 지급청구권의 발생시기에 대한 판례는 없고, 주거이전비 지급청구권의 발생시기에 대해서는 사업인정고시일이라고 판시하고 있음은 앞에서 본 바와 같다.

439) 위 전원합의체 판결의 소수의견; 김남진, 앞의 논문

사업인정 신청시에 상당한 정도로 구체화된다. 그러므로 수용손실에 대한 손실보상청구권이 사업인정시에 발생하는 것과 마찬가지로, 수분양권 역시 사업인정 내지 사업인정으로 의제되는 처분시에 발생한다고 보는 것이 옳다. 수용이 있는 곳에 손실이 있다는 수용과 손실과의 결합관계에서 보더라도 이주대책대상자에 대한 생활보상의 일종인 수분양권 역시 수용권의 발생시점 즉 사업인정과 동시에 발생한다고 보는 것이 논리적으로도 일관성이 있다. 수분양권을 손실보상청구권의 일종으로 이해하는 한, 사업시행자의 이주대책대상자 결정처분에 의해서 구체적인 수분양권이 발생한다는 다수설의 견해는 손실보상청구권의 본질과 배치되는 견해라 아니할 수 없다.

사업시행자의 이주대책대상자 결정은 수분양권을 부여하는 처분이 아니라, 이미 이주대책대상자가 취득하고 있는 수분양권에 대하여 그 의무를 이행한 일련의 이행처분에 불과한 것으로 이주자가 이미 취득하고 있는 수분양권을 구체화시켜주는 과정에 불과하다는 대법원 소수의견의 견해는 이주대책대상자 결정의 성격을 정확하게 파악한 것으로 본다. 그러나 토지보상법 제61조가 수분양권의 근거 규정이라는 견해에 대해서는 찬성하기 어렵다. 위 조항은 공익사업에 대한 사업인정은 국가나 지방자치단체가 하더라도 손실보상은 사업시행자가 행하여야 한다는 취지로서, 손실보상의 일반원칙 중의 하나인 사업시행자보상의 원칙을 천명한 것이다. 따라서 위 조항을 생활보상에 대한 근거 규정으로 해석하는 것은 동 규정의 입법취지를 벗어나는 것이다.

(라) 수분양권의 전매금지

1) 법률의 규정

가) 토지보상법

토지로 보상받기로 결정된 권리는 그 보상계약의 체결일부터 소유권이전등기를 마칠 때까지 전매(매매, 증여, 그 밖에 권리의 변동을 수반하는 모든 행위를 포함하되, 상속 및 부동산투자회사법에 따른 개발전문 부동산투자회사에 현물출자를 하는 경우는 제외한다)할 수 없다(법 제63조 제3항 전단).

나) 택지개발촉진법

이 법에 따라 조성된 택지를 공급받은 자는 소유권 이전등기를 하기 전까지는 그 택지를 공급받은 용도대로 사용하지 아니한 채 그대로 전매(명의변경, 매매 또는 그 밖에 권리의 변동을 수반하는 모든 행위를 포함하되, 상속의 경우는 제외한다. 이하 같다)할 수 없다(법 제19조의 2 제1항 본문).

다) 주 택 법

사업주체가 건설 · 공급하는 주택 또는 주택의 입주자로 선정된 지위(입주자로 선정되어 그 주택에 입주할 수 있는 권리 · 자격 · 지위 등을 말한다. 이하 같다)로서 다음 각 호의 어느 하나에 해당하는 경우에는 10년 이내의 범위에서 대통령령으로 정하는 기간이 지나기 전에는 그 주택 또는 지위를 전매(매매 · 증여나 그 밖에 권리의 변동을 수반하는 모든 행위를 포함하되, 상속의 경우는 제외한다. 이하 같다)하거나 이의 전매를 알선할 수 없다(법 제64조 제1항 전문).

2) 전매금지의 개념

전매금지란 토지나 주택을 공급받을 수 있는 권리나 지위에 대한 처분행위를 일정한 기간 동안 금지하는 것을 말하는데, 광의로는 택지개발촉진법에 의한 택지와 주택법에 의한 주택을 공급받을 수 있는 권리 즉 수분양권에 대한 전매금지뿐만 아니라 토지보상법 제63조 제3항 전단에서 규정한 토지공급청구권에 대한 전매금지까지 포함한다.[440] 협의의 전매금지

440) 공공토지의 비축에 관한 법률 제23조 제1항은 토지은행사업으로써 공급받은 토지를 지정용도에 사용하지 아니하고 전매 및 전대를 금지하는 규정으로, 수분양권의 전매금지와는 상이하다.

는 택지개발촉진법에 의한 택지와 주택법에 의한 주택의 수분양권에 대한 처분금지만을 말한다. 전매금지를 이와 같이 구분하는 이유는 토지공급청구권과 수분양권은 권리의 법적 성격이 상이하기 때문이다.[441] 다만 전매금지의 이유는 양자 간에 차이가 없다. 토지공급청구권에 대해서는 앞에서 설명하였으므로 여기서는 수분양권의 전매금지에 대해서만 살펴본다.

수분양권은 사업시행자에 대하여 토지 또는 주택의 공급을 청구할 수 있는 이주대책대상자의 지위 또는 권리이므로, 분양계약을 체결하기 전에는 장차 토지 또는 주택을 공급받을 수 있는 지위에 불과하지만 분양계약을 체결한 이후에는 특정 토지나 주택(공동주택)에 대한 소유권이전등기청구권이라는 지명채권으로 구체화된다. 따라서 수분양권의 전매란 현재 또는 장래에 분양받을 토지나 주택에 대한 소유권이전등기청구권을 미리 처분하는 행위를 의미하고, 그 법률적 성격은 민법상 지명채권의 양도이다.

그러므로 수분양권의 전매금지란 지명채권의 일종인 소유권이전등기청구권에 대한 처분행위가 법률상 금지되는 것을 뜻한다.

3) 전매금지의 필요성과 문제점

1980년대에 들어서서 택지개발사업이 본격화하면서 택지나 주택의 수분양권에 대한 투기가 극심하게 발생하였음은 주지의 사실이다. 자신의 생활 터전이 사업지구으로 편입됨에 따라 생활의 기반을 상실한 이주대책대상자에게 공급되어야 할 택지나 주택의 수분양권은 투기의 대상으로 전락함으로써 택지개발정책은 왜곡되고 국민들로부터 저항과 불신을 받기에 이르렀다. 그래서 사업시행자로부터 분양받게 되는 토지나 주택에 대해서는 그에 대한 소유권이전등기를 하기 전까지 수분양권에 대한 처분행위를 금지함으로써 수분양권이 투기의 수단으로 이용되는 것을 방지할 필요가

441) 163면 참조.

있었던 것이다.

그러나 분양받을 택지나 주택에 대한 분양대금을 납부할 자력이 없는 이주대책대상자의 수분양권에 대한 전매를 완전히 금지하게 되면 이들이 전매를 통하여 수분양권을 적시에 현금화할 수 있는 기회를 박탈하는 결과를 초래하게 된다. 이와 같이 투기의 억제라는 정책 목표와 수분양권의 전매를 인정할 수밖에 없는 현실적 요구가 상충하므로, 전매금지 기간의 설정이나 전매금지에 위반한 수분양권의 처분행위의 사법상의 효력을 어떻게 해석할 것인가라는 문제가 제기되는 것이다.

4) 전매금지 규정에 위반한 처분행위의 효력

가) 수분양권은 피보상자 중에서 특히 이주대책대상자에 대한 생활보상의 수단으로 인정되는 대인보상의 일종으로 공법상 권리로서의 성격을 가지고 있다. 그러나 분양계약을 체결한 이후의 수분양권은 특정 택지나 주택에 대한 소유권이전등기청구권이라는 사법상의 재산권으로 변한다. 이와 같이 수분양권은 양면성을 가진 권리로서 법률이 투기의 방지라는 정책적 이유에서 이에 대한 전매행위를 금하더라도 금지규정의 성격을 단속규정으로 이해하느냐 아니면 효력규정으로 이해하느냐에 따라 전매행위의 사법상 효력은 달라지게 된다.

나) 구 주택건설촉진법 하에서의 판례

1981. 4. 7. 법률 제3420호로 구 주택건설촉진법이 개정되면서 동법 제38조의 3에서 국민주택사업 주체가 분양을 목적으로 건설 · 공급한 국민주택은 당해 주택을 최초로 공급한 날로부터 5년의 범위 안에서 대통령령으로 정하는 기간이 경과하지 아니한 때에는 이를 타인에게 전매할 수 없다는 규정을 처음으로 두게 되었다.

위 법률 시행 당시의 판례는 전매금지에 대해서 국민주택의 매수인이 분양자에게 그 전매사실로 대항할 수 없다는 것이지, 전매 당사자 사이의 전매계약의 사법상 효력까지 무효로 하는 것은 아니라는 견해를 취하고 있었다.[442] 이러한 판례의 견해는 수분양권의 양도의 법적 성격은 민법상 지명채권의 양도와 동일하다는 전제에서 출발한 이론이라 할 수 있다

다) 위와 같은 판례의 견해가 계속 유지되던 중, 1998. 2. 8. 법률 제5908호로 개정된 주택건설촉진법에서는 전매금지를 규정한 동법 제38조의 3이 삭제되었고 그 후에 주택건설촉진법은 2003. 5. 29. 법률 제6916호로 그 명칭이 주택법으로 변경되었다.

구 주택법은 제41조 제3항을 둠으로써 투기과열지구 내에서의 분양권의 전매행위를 원칙적으로 금지하는 규정을 부활시켰다. 판례 역시 "구 주택법은 같은 법 제39조 제1항을 위반한 행위를 효력규정 위반으로 보아 당연무효로 보는 입장을 취하지 아니하고, 대신 사업주체의 사후적인 조치 여하에 따라 주택공급을 신청할 수 있는 지위를 무효로 하거나 이미 체결된 주택의 공급계약을 취소하는 등으로 위반행위의 효력 유무를 좌우할 수 있도록 하는 입장을 취하고 있다고 해석된다. 따라서 구 주택법 제39조 제1항의 금지규정은 단순한 단속규정에 불과할 뿐 효력규정이라고 할 수는 없어 당사자가 이에 위반한 약정을 하였다고 하더라도 약정이 당연히 무효가 되는 것은 아니다."[443]라고 하여, 기본적으로 구 주택건설촉진법 하에서와 동일한 견해를 유지하고 있다.[444]

라) 한편 2007. 4. 20. 법률 제8384호로 개정된 구 택지개발촉진법은 제19조의 2를 신설하여 그 제1항에서는 "이 법에 따라 조성된 택지를 공급받은 자는 소유권이전등기 시까지 해당 택지를 공급받은 용도대로 사

442) 대판 1991.9.10. 91다21992.

443) 대판 2011.5.26. 2010다102991.

444) 그러나 대판 2019.12.19. 전원합의체 2016다24284 판결에 의하면 양도금지특약에 위반하여 이루어진 채권양도는 원칙적으로 무효라고 하므로(다수 의견), 앞으로는 수분양권의 양도를 금지한 주택공급계약에 위반한 수분양권의 양도약정 역시 원칙적으로 무효라고 판단할 것으로 예상된다.

용하지 않은 채 그대로 전매할 수 없다. 다만, 이주대책용으로 공급하는 주택건설용지 등 대통령령이 정하는 경우에는 본문의 규정을 적용하지 아니할 수 있다."고 규정하는 한 편, 제2항에서는 "택지를 공급 받은 자가 택지를 전매한 경우에는 해당 법률행위는 무효로" 한다는 규정을 두게 되었다.[445)]

마) 위에서 살펴본 바와 같이 택지개발촉진법은 주택법상의 주택 분양권과는 달리 택지공급권의 전매행위는 무효라는 명문의 규정을 두고 있고, 예외적으로 사업시행자와 택지공급계약을 체결한 이후에 택지공급권을 전매한 경우에는 시행자가 동의를 한 경우에 한해서[446)] 전매행위가 유효한 것으로 규정하고 있다. 이에 따라 판례 역시 "택지공급계약을 체결하기 전에 장차 공급받을 택지를 그대로 전매하기로 하는 내용의 택지분양권 매매계약이 체결되었다 하더라도 택지분양권 매매계약에 대한 시행자의 동의 자체가 불가능하므로 이는 무효이고 매도인이 장차 공급받을 택지에 관하여 '시행자의 동의' 절차에 협력할 의무도 지지 아니한다."[447)] 고 밝히고 있다.

바) 토지보상법 제63조 제3항 전단에 규정된 토지공급청구권에 대한 전매행위의 효력에 관해서는 택지개발촉진법과는 달리 무효로 한다는 규정이 없다. 입법론상으로는 앞에서 살펴본 바와 같이 택지개발촉진법과 같은 명문의 규정을 두는 것이 옳다고 본다.

한편 토지보상법 제78조 제1항과 제3항에 따라 이주대책으로 건설되는 주택에 대한 수분양권의 전매행위의 사법적 효력은 주택법상의 전매의 금지에 위반한 행위에 대한 사법적 효력과 동일하게 해석하여야 할 것이다.

---

445) 공공토지비축에 관한 법률에 따라 공급받은 토지의 전매행위 역시 무효이다(동법 제23조 제2항).

446) 택지개발촉진법시행령 제13조의 3 본문.

447) 대판 2017.10.12. 2016다229393,229409.

(4) 우선고용 및 취업알선

(가) 사업시행자는 해당 공익사업이 시행되는 지역에 거주하고 있는 국민기초생활보장법 제2조 제1호 · 제11호에 따른 수급권자 및 차상위 계층이 취업을 희망하는 경우에는 그 공익사업과 관련된 업무에 우선적으로 고용할 수 있으며, 이들의 취업 알선을 위하여 노력하여야 한다(법 제78조 제7항).

(나) 국민기초생활보장법은 생활이 어려운 사람에게 필요한 급여를 실시하여 이들의 최저생활을 보장하고 자활을 돕는 것을 목적으로 하는 법률(법 제1조)로서 공입사업이 시행되는 지역에 취업을 희망하는 수급권자 및 차상위 계층이 있는 경우에 사업시행자는 이들에 대하여 우선고용을 하거나 취업 알선을 하도록 유도하고 있다.

(5) 양도소득세의 감면

공익사업에 필요한 토지 등을 사업시행자에게 양도함으로써 발생한 소득이나 토지 등의 수용으로 인하여 발생하는 소득에 대해서는 일정한 범위 내에서 세액이 감면된다(조세특례제한법 제77조 제1항). 이러한 양도소득세의 감면 제도에 대해서 일부 학설은 일종의 생활재건조치라고 이해하지만,[448] 헌법재판소는 공공사업의 원활한 수행을 위한 것이라는 입장이다.[449]

조세특례제한법 제77조 제1항에 따라 양도소득세가 감면되는 경우는 극히 제한되어 있고, 양도소득세 감면대상자와 이주대책대상자는 개념상 아무런 관련이 없으며, 동법의 입법 목적은 과세의 공평과 조세정책의 효율적 수행에 있는 점을 생각해 보면, 공익사업을 위한 토지의 수용에 따라 발생한 양도차익에 대해서 제한된 범위 내에서 양도소득세를 감면하는 것

448) 김동희, 행정법 I (2017) 627면; 박윤흔, 행정법강의(상)(2004) 783면.
449) 헌재 2011.4.24. 헌바125.

을 생활재건조치의 일종이라고 보기 어렵다.

나. 소수잔존자 보상

(1) 토지보상법령의 규정

공익사업의 시행으로 인하여 1개 마을의 주거용건축물이 대부분 공익사업 시행지구에 편입됨으로써 잔여 주거용건축물 거주자의 생활환경이 현저히 불편하게 되어 이주가 부득이한 경우에는 당해 건축물 소유자의 청구에 의하여 그 소유자의 토지 등을 공익사업 시행지구에 편입되는 것으로 보아 보상하여야 한다(법 시행규칙 제61조).

(2) 소수잔존자의 의의

(가) 개 념

동(洞)이나 이(里)등, 하나 또는 그 이상의 지방 말단 행정구역에 있는 주거용건물의 대부분이 공익사업의 시행에 따라 수용됨으로써 동이나 이 단위의 생활공동체가 와해되고 거주하던 주민들의 대부분이 이산된 후에 잔존하게 된 소수의 마을주민을 소수잔존자라 한다.

(나) 소수잔존자보상의 근거

소수잔존자의 개념은 사회적 · 문화적 개념이어서 이를 법률적으로 명확하게 정의하기는 어렵다. 다만 보상과 관련하여 생각해 본다면, 대규모 댐공사가 시행되면 하나 또는 여러 개의 마을이 수몰됨에 따라 마을 단위의 생활공동체는 와해되고, 수몰을 면한 소수의 주민이 고립된 상태에서 해당 마을에 그대로 거주하더라도 생활상의 불편을 겪게 된다. 이러한 잔존주민이 입게 되는 생활상의 불편이 수용에 따르는 특별한 희생에 해당하는 것이라면 보상이 필요하다고 보는 것이다.

(3) 소수잔존자보상의 성격

수용으로 인한 재산권에 대한 직접 또는 간접의 침해에 대한 보상이 대물보상임에 비하여, 소수잔존자보상은 종래까지 영위해 오던 마을 공동체 안에서의 생활 자체가 와해됨으로 인하여 발생한 소수잔존자의 생활상의 불이익에 대한 생활보상으로 대인보상의 일종이다. 또한 사업지구 밖에 남게 된 잔존자에 대한 보상이라는 점에서는 소수잔존자보상은 사업손실보상과 동일하지만 사업손실보상은 사업지구 밖에 있는 토지나 그 소유자의 재산권에 대한 침해에 대한 대물보상이라는 점에서 소수잔존자보상과는 성격을 달리한다.

그런데 현행 토지보상법 시행규칙 제61조는 소수잔존자가 입은 생활상의 불이익 그 자체에 대하여 보상하는 것이 아니라, ① 잔여 주거용건축물 거주자의 생활환경이 현저히 불편하게 되어 이주가 부득이한 경우에 ② 당해 건축물의 소유자의 청구에 의하여 ③ 그 소유자의 토지 등을 공익사업 시행지구에 편입된 것으로 보아 보상을 하는 것으로 규정하고 있다.

따라서 현행법상의 소수잔존자에 대한 보상은 사업지구 밖에 있는 소수잔존자 소유의 토지 등에 대해서 소수잔존자의 청구에 따라 수용하고 이에 대해서 보상을 하는 것으로서, 엄밀한 의미에서는 생활보상이라기 보다는 확장수용의 일종인 잔여지의 수용(토지보상법 제74조 제1항)과 유사한 재산권보상의 일종이라고 할 수 있다.[450)]

(4) 소수잔존자의 수용청구권

소수잔존자의 수용청구권은 공익사업의 시행으로 인하여 1개 마을의 주

450) 일본의 "公共用地の取得に伴う損失補償基準要綱" 제45조는 소수잔존자 보상에 관하여 "토지 등의 취득 또는 토지 등의 사용에 관련한 토지를 사업용에 제공함으로써 생활공동체로부터 분리된 자가 발생한 경우, 그러한 자에게 수인의 한도를 넘어가는 현저한 손실이 있다고 인정되는 때에는 그러한 자에 대하여 그의 청구에 따라 개개의 실정에 응하여 적정하다고 인정되는 액을 보상할 수 있다."라고 규정하고 있다.

거용건축물이 대부분 공익사업 시행지구에 편입됨으로써 잔여 주거용건축물 거주자의 생활환경이 현저히 불편하게 되어 이주가 부득이한 경우에 당해 건축물 소유자에게 인정되는 권리이다(법 시행규칙 제61조).

여기서 말하는 "생활환경이 현저히 불편하게 되어 이주가 부득이한 경우"란 토지보상법 제78조 제1항에 규정된 이주대책대상자와는 달리 주거용건물 자체는 공익사업지구에 편입된 것은 아니지만 공익사업의 시행으로 인하여 생활환경이 현저하게 불편하게 되어 이주가 부득이하게 된 경우이므로 결국 생활의 근거를 상실하게 되었다고 평가할 정도에 이른 경우, 다시 말하면 생활환경의 침해의 정도가 수인의 한도를 초과하는 경우를 의미한다고 할 수 있다.

소수잔존자의 수용청구권의 법적 성격에 관해서 논의하고 있는 학자나 판례는 아직 없다. 사견으로는 소수잔존자의 수용청구권은 앞에서 살펴본 잔여지소유자의 수용청구권과 동일한 법적 성격을 가진 권리로서, 사업시행자로 하여금 해당 토지를 수용할 것을 재결절차를 통하여 토지수용위원회에 청구하는 권리라고 본다.

소수잔존자의 수용청구권은 잔여지에 대한 수용청구권과 동일하게 사업인정고시일부터 공사 완료시까지 행사하여야 할 것으로 해석된다.

다. 주거이전비 및 이사비보상

(1) 주거이전비 및 이사비보상의 의의

사업시행자는 주거용건물의 거주자에 대하여는 주거이전에 필요한 비용과 가재도구 등 동산의 운반에 필요한 비용을 산정하여 보상하여야 한다(법 제78조 제5항). 전자는 주거이전비보상, 후자는 이사비보상이라 한다.

(2) 법적 성격

(가) 판례는 주거이전비나 이사비의 보상에 대해서, 사업지구 안에 거주

하는 거주자의 조기이주를 장려하여 사업 추진을 원활하게 하려는 정책적 인 목적과 주거이전으로 인하여 특별한 어려움을 겪게 될 거주자들을 대상으로 하는 사회보장적인 차원에서 지급하는 금원으로서의 성격[451]을 가진 것이라고 하고, 일설은 이를 협의의 생활보상의 일종으로 파악한다.[452]

사업지구에 편입된 건축물 · 입목 · 공작물과 그 밖에 토지에 정착한 물건에 대하여는 수용의 목적물인 재산을 이전하는데 필요한 비용으로 보상하거나 해당 물건의 가격으로 보상하여야 하는데(법 제75조 제1항), 이는 "재산이전"에 필요한 비용에 대한 보상으로 재산권보상의 일종이다. 한편 주거이전비나 이사비보상은 이주, 즉 "주거이전"에 따르는 비용의 보상이라는 점에서 법 제75조 제1항에 규정된 "재산이전"에 필요한 비용에 대한 보상과 유사한 실비변상에 해당한다. 다만 재산이전에 필요한 보상과는 별도로 생활터전의 이전에 대한 보상이라는 점에서 재산권보상이 아니라 광의의 생활보상의 일종으로 분류하는 것이다. 이 점에서 주거이전비나 이사비보상은 협의의 생활보상의 일종인 이주정착금의 지급과는 그 성격이 다르다고 할 수 있다.

(나) 사업시행자가 부담하는 주거이전비와 이사비를 지급할 의무는 당사자의 합의나 사업시행자의 재량으로 그 적용을 배제할 수 없는 강행규정이다,[453] 토지보상법은 주거이전비와 이사비보상에 대해서 다른 손실보상과 마찬가지로 사업시행자의 의무로 규정하지만, 피보상자의 입장에서 보면 주거이전비와 이사비보상청구권이 된다.

(3) 주거이전비 및 이사비 보상청구권의 발생시기

(가) 사업시행자의 수용권과 토지소유자 및 관계인의 손실보상청구권은 사업인정에 따라 법률의 규정에 의해서 동시에 발생한다는 점은 여러 번

451) 대판 2008.5.29. 2007두8129; 2006.4.27. 2006두2435.
452) 박윤흔, 행정법강의(하) (2004년) 624면.
453) 대판 2011.7.14. 2011두3685.

언급한 바와 같다. 사견에 의하면 주거이전비 및 이사비보상청구권 역시 다른 생활보상청구권이나 손실보상청구권과 마찬가지로 사업인정 또는 사업인정으로 의제되는 처분 시에 발생한다. 판례도 피보상자가 주거이전비나 이사비 보상청구권은 사업시행자나 사업인정권자의 특별한 처분을 기다릴 필요 없이 사업인정 시에 당연히 발생한다는 입장이다.[454]

(나) 일설에 의하면 세입자의 주거이전비 및 이사비보상청구권은 판례의 견해와 같이 사업인정 고시일에 발생하지만, 소유자의 같은 권리는 협의취득계약일 또는 수용재결일에 발생한다고 한다.[455] 그러나 소유자의 주거이전비 및 이사비보상급청구권은 토지나 건물에 대한 보상 여부와 무관하게 토지보상법령이 정한 요건을 충족한 주거용건물 소유자에게 당연히 인정되는 손실보상청구권의 일종이므로 세입자의 경우와 달리 취급할 이유가 없다고 본다.

(4) 주거이전비 및 이사비 지급대상자[456]

이주정착금이 기본적으로 "주거용건축물의 소유자"(법 제78조 제1항)에게 지급되는 생활보상금임에 비하여, 주거이전비나 이사비는 "주거용건물[457]의 거주자"(동조 제5항)에게 지급된다는 점에서 구별된다. 구체적으로 살펴보면 다음과 같다.

---

454) 대판 2012.4.26. 2010두7475는 주거용건물 세입자의 주거이전비 보상청구권의 발생시기에 관한 판례이다.

455) 김도형, 앞의 논문 199면.

456) 자세한 내용은 이도행, 주택재개발사업에서의 주거이전비, 이사비 및 이주정착금과 관련된 실무상 문제점, 재판자료 제139집, 행정재판실무연구 Ⅳ 참조.

457) 건축법상의 용어인 건축물과 민법상의 용어인 건물은 동일한 개념이다. 그러나 건축물을 용도에 따라 분류하는 것은 건축법 제2조 제3호에 근거한 것이므로, 굳이 지적하자면 "주거용건물"보다 "주거용건축물"이 더 적절한 용어라고 생각한다. 법령 용어의 정비를 요하는 부분이다.

(가) 주거이전비

1) 주거용건물의 소유자

사업지구 내에 거주하는 주거용건물의 소유자는 주거이전비와 이사비 지급대상자일 뿐만 아니라 이주대책대상자로 선정되기 위한 전제요건을 갖추고 있다. 그러나 주거용건물 소유자가 해당 건물 또는 사업지구 내의 타인의 건물에 실제로 거주하고 있지 아니하거나, 해당 건물이 무허가건물인 경우에는 주거이전비 지급대상자에서 제외된다(법 시행규칙 제54조 제1항 단서).

2) 주거용건물의 세입자

세입자란 사업시행자가 취득 또는 사용할 건물에 대한 사용권을 가진 관계인 중에서 차임 등의 대가를 지급하고 거주하는 자를 의미한다. 주거용건물의 세입자는 주거이전비를 지급받을 수 있는 자격이 있지만 이주대책대상자에서는 제외된다는 점에서 취급상 큰 차이가 있다. 주거용건물을 무상으로 사용하는 사용차주나 단순거주자 또는 가구원 등은 세입자에 해당하지 아니하므로,[458] 이들은 사업시행자에게 직접 주거이전비의 지급을 청구할 수 없다.[459]

주거용건물의 소유자가 사업지구 내의 다른 주거용건물을 임차하고 있는 경우에는 주거용건물의 세입자에 해당하여 주거이전비를 지급받을 수 있다. 무허가건물의 소유자는 주거이전비를 지급받을 수 없지만, 사업지구 안에서 1년 이상 거주한 무허가건물의 세입자는 주거이전비를 지급받을 수 있다(법 시행규칙 제54조 제2항 단서).

(나) 이 사 비

공익사업 시행지구에 편입되는 주거용건물의 거주자가 해당 공익사업

458) 김도형, 앞의 논문 183면.
459) 대판 2011.8.25. 2010두4131.

시행지구 밖으로 이사를 하는 경우에는 가재도구 등의 운반비용인 이사비를 보상하여야 한다(법 시행규칙 제55조 제2항). 따라서 공익사업 시행지구 안으로 이사하는 경우에는 이사비를 지급하지 아니한다(동조 제3항).

(5) 불복 방법

앞에서 살펴본 바와 같이 판례는 세입자의 주거이전비 보상청구소송에 관하여, 세입자의 선택에 따라서 재결을 거치지 아니하고 행정소송법 제3조 제2호에 의한 당사자소송을 제기하거나 재결을 거친 후에 토지보상법 제85조에 의한 항고소송 또는 형식적당사자소송을 제기할 수 있다고 한다.[460)]

그러나 세입자를 포함한 거주자의 주거이전비나 이사비보상청구권은 여타의 손실보상청구권과 동일하게 어떠한 경우에도 재결을 거쳐서 보상금의 증감을 구하는 당사자소송의 형식으로 제기하여야 할 것으로 생각한다. 이를 위하여 주거이전비나 이사비보상의 대상에서 제외된 거주자는 토지보상법 제30조 제1항을 유추하여 사업시행자에 대하여 재결신청을 할 것을 청구할 수 있다고 해석하는 것이 타당하다.

라. 이농비 및 이어비 보상

(1) 법률의 규정

공익사업의 시행으로 인하여 영위하던 농업 · 어업을 계속할 수 없게 되어 다른 지역으로 이주하는 농민 · 어민이 받을 보상금이 없거나 그 총액이 국토교통부령으로 정하는 금액에 미치지 못하는 경우에는 그 금액 또는 그 차액을 보상하여야 한다(법 제78조 제6항).

(2) 보상의 성격

농업 · 어업에 관련한 보상에는, 사업시행지에 편입된 농지가 수용됨으

460) 대판 2019.4.23. 2018두55326; 2008.5.29. 2007다8129.

로써 발생하는 영업으로서의 농업손실에 대한 보상(법 제77조 제2항, 법 시행규칙 제48조)과 사업시행지 밖의 어업 및 농업손실에 대한 보상(법 시행규칙 제63조, 제65조) 및 법 제78조 제6항에 규정된 이농비와 이어비 보상 등 3종이 있다.

영업으로서의 농업에 대한 손실보상은 재산권보상 중 부수적수용손실에 대한 보상에 해당하고, 사업시행지구 밖의 농업 및 어업에 대한 손실보상은 사업손실에 대한 보상의 일종이다. 이농비나 이어비의 보상은 공익사업의 시행으로 인하여 영위하던 농업이나 어업을 계속할 수 없게 되어 타 지역으로 이주하는 농 · 어민에 대하여 1년간의 생계비를 지원하는 것으로 이주정착금의 지급과 동일한 협의의 생활보상의 일종이다.

제 5 절 보상업무 등의 위탁

Ⅰ. 토지보상법령의 규정

사업시행자는 보상 또는 이주대책에 관한 업무를 지방자치단체, 보상실적이 있거나 보상업무에 관한 전문성이 있는 공공기관 또는 지방공사로서 대통령령이 정하는 기관에 위탁할 수 있다(법 제81조 제1항). 대통령령으로 정하는 기관이란 한국토지주택공사, 한국수자원공사, 한국도로공사, 한국농어촌공사, 한국감정원을 말한다(법 시행령 제43조 제1항).

Ⅱ. 보상업무 등의 위탁

1. 개 념

사업시행자는 보상 또는 이주대책에 관한 업무를 위에 열거한 기관에 위탁할 수 있다. 위임이 법률에 규정된 행정기관의 장의 권한 중 일부를 그 보조기관 또는 하급행정기관의 장이나 지방자치단체의 장에게 맡겨 그의 권한과 책임 아래 행사하도록 하는 것을 의미함에 비하여, 위탁이란 법률에 규정된 행정기관의 장의 권한 중 일부를 다른 행정기관의 장에게 맡겨 그의 권한과 책임 아래 행사하도록 하는 것을 말한다(행정권한의 위임 및 위탁에 관한 규정 제2조 제1호, 제2호). 판례는 이를 단체위임이라고 칭하고 있다.[461] 보상업무나 이주대책에 관한 업무의 위탁은 단체위임의 일종이다.

2. 기관위임과 구별

이러한 위임과 위탁은 기관위임과는 구별된다. 기관위임이란 시·도와 시·군 및 자치구에서 시행하는 국가사무는 법령에 따른 규정이 없으면 시·도지사와 시장·군수 및 자치구의 구청장에게 위임하여 행하는 것을 말한다(지방자치법 제102조).[462] 기관위임의 경우에는 권한이 수임청으로 이관되지 아니한다는 점에서 단체위임과 구별된다.

3. 법률의 근거

권한의 위임·위탁은 법률이 정하고 있는 행정청의 권한에 관한 귀속주체를 변경하는 것이므로, 수임청의 특정은 물론이고 위임·위탁하는 권한의 범위에 대해서 반드시 법령의 근거가 있어야 한다. 토지보상법은 위탁하는 보상업무와 이주대책에 관한 업무범위와 수수료 등에 관해서는 대통령령에 위임하고 있다(법 제82조 제2항).

---

461) 대판 1995.12.22. 95추32.
462) 김동희, 행정법Ⅱ(2017) 77면.

제 6 절 보상협의회

Ⅰ. 보상협의회의 의의

1. 개 념

보상협의회란 토지보상법 제82조 제1항 제1호 제1호 내지 제7호에 규정된 사항에 관하여 사업시행자와 토지 등 소유자 및 관계인 등과 협의하기 위하여 공익사업이 시행되는 해당 지방자치단체의 장이 필요한 경우에 설치하는 협의기관을 말한다.

2. 토지보상법의 개정

구 공특법 제4조 제7항은 “토지등의 취득 또는 사용에 관련된 보상업무에 관한 사항을 심의하기 위하여 대통령령이 정하는 바에 의하여 지방자치단체에 보상심의위원회를 둘 수 있으며, 그 구성에는 토지등의 소유자가 3할 이상이 포함되어야 한다.”고 규정함에 따라, 지방자치단체는 공공용지에 대한 협의취득의 경우에 보상업무에 관한 임의적 심의기관으로서의 보상심의위원회를 설치 · 운영하였다.

그러나 보상심의위원회의 심의사항 중에는 보상액의 사정, 잔여지의 범위 인정, 사업시행자가 토지평가에 대한 재평가를 요구하는 사항[463] 등 심의기관의 업무로는 부적절하고 오히려 토지수용위원회나 법원 등의 사법적 판단을 요하는 사항까지 포함함으로써, 보상심의위원회는 공공용지의 취득을 둘러싸고 첨예한 의견대립과 민원 제기의 장으로 변질되고 분쟁의 사전조정이나 토지 등 소유자의 권익보호라는 본래의 기능을 발휘할 여지가 없었다.

---

463) 구 공특법 시행령 제9조 제3항.

토지보상법은 보상심의위원회의 운영 경험을 살려서 심의기관이 아닌 협의기관으로서의 보상협의회를 설치하고 협의사항을 대폭 축소함으로써 그 기능의 합리화를 도모하고 있다.

Ⅱ. 보상협의회의 설치

공익사업이 시행되는 해당 지방자치단체의 장은 필요한 경우에는 보상협의회를 둘 수 있다. 다만 대통령령으로 정하는 규모 이상의 공익사업을 시행하는 경우에는 보상협의회를 두어야 한다(법 제82조 제1항). 전자는 임의적 보상협의회(법 시행령 제44조 제1항), 후자는 의무적 보상협의회라 한다(법 시행령 제44조의 2 제1항). 대통령령으로 정하는 규모 이상의 공익사업에 해당하는 경우란 공익사업지구 면적이 10만 제곱미터 이상이고, 토지 등의 소유자가 50인 이상인 공익사업을 말한다(동조 제2항).

Ⅲ. 보상협의회의 구성

1. 위원장과 위원

보상협의회는 위원장 1명을 포함하여 8명 이상 16명 이내의 위원으로 구성하되, 사업시행자를 위원에 포함시키고, 위원 중 3분의 1 이상은 토지소유자 또는 관계인으로 구성하여야 한다(법 시행령 제44조 제4항).

2. 자격요건

보상협의회 위원은 ① 토지소유자 및 관계인, ② 법관, 변호사, 공증인 또는 감정평가나 보상업무에 5년 이상 종사한 경험이 있는 사람, ③ 해당 지방자치단체의 공무원, ④ 사업시행자 중에서 위원장이 임명하거나 위촉한다(법 제82조 제2항).

Ⅳ. 협의사항

보상협의회의 협의사항은 ① 보상액 평가를 위한 사전 의견수렴에 관한 사항, ② 잔여지의 범위 및 이주대책 수립에 관한 사항, ③ 해당 사업지역 내 공공시설의 이전 등에 관한 사항, ④ 토지소유자나 관계인 등이 요구하는 사항 중 지방자치단체의 장이 필요하다고 인정하는 사항, ⑤ 그 밖에 지방자치단체의 장이 회의에 부치는 사항 등이다(법 제82조 제1항).

Ⅴ. 협의의 효력

보상협의회는 의결기관이나 심의기관 또는 자문기관과는 성격이 다른 협의기관이다. 따라서 법정 협의사항에 관하여 협의한 내용은 해당 지방자치단체를 구속하지 아니하고, 협의한 내용에 따른 의견을 지방자치단체에 별도로 개진할 필요도 없다. 그러나 보상협의회의 위원장은 회의에서 협의된 사항을 해당 사업시행자에게 통보하여야 하며, 사업시행자는 정당하다고 인정되는 사항에 대해서는 이를 반영하여 사업을 수행하여야 한다(법 시행령 제44조 제8항).

제5장 재결에 대한 불복

제1절 개 설

Ⅰ. 불복절차

사업인정에서 시작한 공익사업용지 취득의 절차는 재결 및 화해를 끝으로 종료한다. 재결에 대하여 불복하는 사업시행자와 토지소유자 등은 이의신청이나 행정소송을 제기할 수 있는데, 이러한 불복절차는 공익사업용지 취득의 절차에서 제외하여 별도의 절차로 이해하는 것이 일반적이다.

Ⅱ. 이의신청

지방토지수용위원회와 중앙투지수용위원회의 재결에 대해서 불복하는 경우에 중앙토지수용위원회에 이의신청을 할 수 있다.

이의신청 및 이의재결의 절차나 방법에 관해서는 토지보상법 제83조와 제84조, 이의재결의 효력에 관해서는 제86조에서 각각 규정하고 있으므로 이 법에 규정이 없는 나머지 사항에 대해서는 행정심판법이 적용된다.[464)]

Ⅲ. 행정소송

토지수용위원회의 재결이나 중앙토지수용위원회의 이의재결에 불복하는 경우에는 행정소송을 제기할 수 있다. 구 토지수용법 하에서는 행정소송을 제기하기 위해서는 반드시 이의재결절차까지 거칠 것을 요구하였으나(법

464) 대판 1992.6.9. 92누565.

제75조의 2 제1항), 현행 토지보상법은 이의재결절차를 거치지 아니하고 바로 행정소송을 제기할 수 있도록 하였다(법 제85조 제1항, 제34조). 즉 행정심판의 일종인 이의재결에 대해서는 임의적 전치주의가 적용되고 있다.

토지보상법상의 행정소송 역시 사업인정권자의 사업인정이나 토지수용위원회의 재결 등 행정청의 처분의 취소나 변경을 구하는 항고소송과 그와 같은 처분을 전제로 하지 아니한 토지보상법상의 권리관계 관한 소송인 당사자소송으로 대별할 수 있다. 다만 토지보상법상의 행정소송은 재결을 전제로 하는 소송이 대부분을 차지하고, 재결을 전제로 하지 아니하는 순수한 토지보상법상 권리관계에 관한 소송은 희소하다.

토지보상법상의 행정소송에 대해서는 법 제85조의 특칙 외에는 행정소송법이 전적으로 적용된다.

제 2 절 이의신청

I. 이의신청의 의의

1. 개 념

재결에 대한 이의신청이란 지방토지수용위원회나 중앙토지수용위원회의 재결이 위법 · 부당함을 이유로 중앙토지수용위원회에 불복을 신청하는 것을 말한다. 수용재결은 수용목적물에 대하여 수용개시일에 수용한다는 취지와 보상액을 확인하는 내용을 포함하고 있으므로, 이에 대한 이의신청은 수용이나 보상액에 대해서 불복하는 것을 의미한다.

2. 본 질

이의신청이란 처분행정청에 대한 불복 방법을, 심사청구나 심판청구는 상급관청이 쟁송절차를 거치는 경우의 불복 방법을 각각 의미한다. 재결에 대한 이의신청은 동일한 처분행정청에 대한 불복이라는 점에서는 이의신청이라고 할 수 있지만 쟁송절차를 거친다는 점에서 그 본질은 심사청구 또는 심판청구에 해당한다.

Ⅱ. 이의신청의 방법

이의신청은 재결을 한 해당 토지수용위원회에 이의신청서를 접수하는 방법으로 하여야 한다(법 제83조 제1항, 제2항, 법 시행령 제45조 제1항).

이의신청은 재결서의 정본을 받은 날로부터 30일 이내에 하여야 한다(법 제83조 제3항). 행정소송의 제소기간은 이의신청서를 송달 받은 날로부터 1개월 이전에 제기하여야 한다. 타인의 재결서를 통하여 이의신청재결이 있었음을 알았다 하더라도 동일하다.[465)]

사망자에 대하여 재결서가 송달된 경우에는 상속인들에 대한 송달로서의 효력이 없고, 상속인들을 송달 받을 자로 하여 그들에 대하여 별도의 송달이 있은 날로부터 이의신청기간이 진행된다.[466)]

Ⅲ. 처분 효력의 부정지

1. 집행부정지의 원칙

행정처분이 위법 · 부당함을 이유로 행정심판이 제기되더라도 원칙적으로 처분의 효력이나 그 집행 또는 절차의 속행에 영향을 주지 아니한다는 원칙을 집행부정지의 원칙이라 한다(행정심판법 제30조 제1항). 토지보상법 제88조에서도 이의신청이나 행정소송의 제기는 사업의 진행 및 토지의 수

---

465) 대판 1992.7.28. 91누12905.
466) 대판 1994.4.26. 93누13360.

용 또는 사용을 정지시키지 아니한다고 규정하고 있다.

2. 내 용

가. "사업의 진행"을 정지시키지 아니한다는 것은 이의신청이나 행정소송이 제기되더라도 사업시행자는 종전처럼 공익사업을 수행할 수 있다는 의미이다. "토지의 수용 또는 사용을 정지시키지 아니한다."는 것은 수용재결의 내용에 따라 사업시행자가 보상금을 지급하거나 공탁하면 수용 또는 사용의 개시일에 수용 또는 사용의 효과가 발생한다는 것을 의미한다.

나. 수용재결이나 이의재결의 효력의 정지에 관해서는 행정심판법 제30조 제2항 내지 제7항의 규정이 적용된다.

Ⅳ. 이의신청에 대한 재결

1. 심리의 원칙

가. 불고불리의 원칙

(1) 불고불리의 원칙의 개념

불고불리의 원칙이란 법원이나 재결기관 등은 당사자가 신청 또는 청구하는 경우에만 심리를 개시할 수 있고, 판단의 범위 역시 당사자가 신청하거나 청구한 범위에 한정된다는 원칙을 말한다.

(2) 법령의 규정

(가) 행정심판법은 "위원회는 심판청구의 대상이 되는 처분 또는 부작위 외의 사항에 대하여는 재결하지 못한다(법 제47조 제1항)."고 하여 불고불리의 원칙을 채택하고 있다. 이와는 달리 행정소송법은 "법원은 필요하다고 인정할 때에는 직권으로 증거조사를 할 수 있고, 당사자가 주장하지 아니

한 사실에 대하여도 판단할 수 있다."(법 제26조)고 하여 불고불리의 원칙에 대하여 제한된 범위에서 예외를 인정하고 있다.[467)]

(나) 토지보상법은 "중앙토지수용위원회는 이의신청을 받은 경우 재결이 위법하거나 부당하다고 인정할 때에는 그 재결의 전부 또는 일부를 취소하거나 보상액을 변경할 수 있다."(법 제84조 제1항)고 규정하고 있다.

위 규정의 해석상 중앙토지수용위원회는 재결이 위법하거나 부당한 경우에는 이의신청인이 이의신청서에서 주장하지 아니한 이의사유에 대해서도 직권으로 심리할 수 있으므로, 토지보상법은 행정심판법과는 달리 불고불리의 원칙은 제한된 범위 내에서 적용이 배제되는 것으로 해석된다. 그러나 토지보상법상으로도 불고불리의 원칙을 채용하고 있다는 반대설이 있다.[468)]

판례는 이의신청이 있으면 중앙토지수용위원회는 수용재결의 위법 또는 부당 여부를 심리하도록 규정하고 있을 뿐 이의신청서에 기재된 이의사유에 한하여 심리하도록 제한하고 있지 않으므로, 특별한 사정이 없는 한, 이의신청의 효력은 수용재결 전체에 미친다고 하여[469)] 이의재결에 대해서는 불고불리의 원칙이 적용되지 아니한다는 입장이다.

나. 불이익변경금지의 원칙

불이익변경금지의 원칙이란 심판청구의 대상인 처분보다 청구인에게 불리한 재결을 하지 못하는 원칙을 말한다(행정심판법 제47조 제2항). 이 원칙은 토지보상법상으로는 손실보상의 재결에 있어서 증액재결은 인정되지만(법 제50조 제2항 단서) 감액재결은 인정되지 아니한다는 내용으로 구체화 됨으로써 피보상자의 권리구제에 유리하도록 적용되고 있다.

---

467) 김동희, 행정법 I (2017) 799면.

468) 강교식 · 김원보 · 이호정, 앞의 책 397면; 박평준 · 박창석, 앞의 책; 석종현, 앞의 책 421면.

469) 대판 1995.12.8. 95누5561; 2012.12.27. 2010두9457.

2. 이의재결의 종류

행정심판법은 이의재결의 내용에 따라 각하재결, 기각재결, 사정재결, 인용재결에 대해서 규정하고 있다(법 제43조, 제44조).

가. 각하재결

각하재결은 재결신청의 제기요건에 흠결이 있어서 적법하지 아니한 경우에 본안의 심리를 거부하는 재결을 말한다(행정심판법 제43조 제1항). 판례에 나타난 각하사유에는 다음과 같은 것이 있다.

- 수용재결이 실효되는 등의 사유로 이미 존재하지 아니하게 된 경우(대법원 1997. 4. 8. 선고 96누4121 판결)
- 토지 일부를 수용당한 토지소유자가 잔여지의 소유권을 이미 상실하였다면 토지소유자로서는 잔여지의 수용청구를 기각한 이의신청의 재결의 취소를 구할 소의 이익이 없는 경우(대법원 1990. 6. 22. 선고 90누1809 판결)

나. 기각재결

기각재결은 본안심리의 결과 이의신청이 이유 없다고 인정하여 신청을 받아들이지 아니하는 재결을 말한다(법 제43조 제2항).

다. 사정재결

사정재결이란 이의신청이 이유가 있다고 인정하는 경우에도 이를 인용하는 것이 공공복리에 크게 위배된다고 인정하여 그 이의신청을 기각하는 재결을 말한다(행정심판법 제44조 제1항 전문). 사정재결은 행정소송법상의 사정판결(법 제28조 제1항)이 행정심판법에 도입한 제도로서, 법적 안정성의 확보나 공익보호의 필요성에 따라 이러한 종류의 재결을 인정하는 것을 긍정적으로 보는 설이 유력하다.[470] 다만 사정재결은 무효 등 확인재결에

대해서는 인정되지 아니한다(법 제44조 제3항).[471]

라. 인용재결

(1) 인용재결의 개념

인용재결은 재결에 대한 취소의 이의신청이 이유가 있다고 인정하여 재결의 취소 또는 다른 처분으로 변경하거나 처분을 다른 처분으로 변경할 것을 상대방에게 명하는 재결을 말한다(법 제43조 제3항).

(2) 인용재결의 종류

행정심판법은 인용재결의 종류로 취소변경재결, 무효 등 확인재결, 의무이행재결 등을 들고 있다(법 제43조 제3항 내지 제5항). 그러나 토지보상법상으로는 재결의 종류에 따라 인용재결의 종류를 분류하는 것이 더욱 의미있는 것으로 생각한다. 다만 이렇게 되면 인용재결의 종류에 대한 설명은 뒤에서 살펴보는 토지보상법상의 행정소송의 종류에 대한 설명과 내용상 중복되므로, 이 책에서는 행정소송의 종류에 대한 설명으로 갈음하는 방법으로 반복을 피하고자 한다.

Ⅴ. 이의재결의 효력

1. 미확정 이의재결의 효력

가. 증액보상금 지급의무의 발생

토지소유자나 사업시행자는 이의재결서를 받은 날로부터 60일 이내에 행정소송을 제기할 수 있지만, 사업시행자는 이의재결이 확정되기 전이라

470) 김동희, 행정법 I (2017) 693면.

471) 대판 1996.3.22. 95누5509에 의하면, "당연무효의 행정처분을 소송목적물로 하는 행정소송에서는 존치시킬 효력이 있는 행정행위가 없기 때문에 사정판결을 할 수 없다."고 한다.

도 증액보상금 지급의무를 이행하여야 한다. 즉 이의재결에 따라 보상금이 늘어난 경우에 사업시행자는 재결서 정본을 받은 날로부터 30일 이내에 보상금을 지급받을 자에게 보상금을 지급하거나 공탁하여야 한다(법 제84조 제2항). 다만 이의재결에 불복하여 행정소송이 제기된 경우에는 사업시행자는 증액된 보상금을 공탁하여야 하고, 보상금을 받을 자는 소송이 종결될 때까지 공탁된 보상금을 수령할 수 없다(법 제85조 제1항 후문).

나. 인도의무

토지소유자나 관계인 등은 수용 또는 사용의 개시일까지 그 토지나 물건을 사업시행자에게 인도하거나 이전할 의무가 있으므로(법 제43조), 토지수용위원회는 수용재결의 주문에서 인도 또는 이전의 의무자와 목적물을 명시하여 인도 또는 이전할 것을 명하는 인도재결을 하게 된다. 토지소유자가 인도재결에 대해서 이의신청을 하거나 행정소송을 제기하더라도 사업의 진행은 정지되지 아니하므로(법 제88조), 사업시행자는 수용재결이나 이의재결이 확정되기 전이라도 제89조 제1항에 따라 수용 또는 사용의 개시일 이후에는 인도재결의 목적물에 대해서 행정대집행을 실시할 수 있다고 본다.

2. 확정된 이의재결의 효력

가. 일반적 효력

확정된 이의재결은 확정된 수용재결과 마찬가지로 불가변력과 불가쟁력을 취득한다. 불가변력은 재결을 한 토지수용위원회 스스로도 재결을 취소 또는 변경할 수 없는 효력으로 실체적확정력이라고도 하며, 민사소송법상 확정 판결이 가지는 기속력과 동일한 의미이다. 불가쟁력은 당사자나 이해관계인이 항소 등의 방법으로 재결에 대해서 더 이상 다툴 수 없는 효력을 의미하며, 민사소송법상의 형식적 확정력이 이에 해당한다.

나. 재결의 종류별 효력

토지보상법은 위와 같은 재결의 일반적 효력 외에 이의재결이 확정되면 민사소송법상의 확정판결이 있은 것으로 보며, 재결서 정본은 집행력 있는 판결의 정본과 동일한 효력을 가지는 것으로 규정하고 있다(법 제86조 제1항).

여기서 이의재결이 확정되면 민사소송법상의 확정판결이 있는 것으로 본다는 의미는 이의재결의 내용에 따라 기판력과 집행력 및 형성력이 있다는 의미이다. 그런데 현행 토지보상법이 규정하는 재결을 그 내용에 따라 분류하면 협의성립 확인재결, 권리수용재결, 수용손실보상재결, 비수용손실보상재결, 수용목적물에 대한 인도재결, 기타 재결 당사자의 주장에 대한 기타재결 등으로 구분할 수 있다. 그러므로 이의재결이 확정된 경우에 위와 같은 재결의 내용에 따라 구체적으로 어떤 효력이 발생하는지 살펴볼 필요가 있다.

(1) 협의성립 확인재결

협의성립 확인재결이 확정된 경우에는 민사소송법상 확인판결과 동일한 기판력이 발생한다는 점에 대해서는 의문이 없다. 그러나 집행력이나 형성력은 인정될 여지가 없다.

(2) 권리수용재결

권리수용재결은 재결 중에서 수용목적물을 수용한다는 내용의 재결만을 지칭하는 것으로서, 사업시행자가 형성권의 일종인 수용권을 재결절차에서 행사하고 토지수용위원회가 권리수용재결과 함께 손실보상재결을 하여 사업시행자가 보상금을 지급하거나 공탁하면 수용목적물에 대한 소유권의 강제취득이라는 형성력이 발생한다. 이렇게 해서 발생한 권리수용재결의 형성력은 이의신청이 있더라도 그 효력이 정지되지 아니하므로(법 제88조) 이의재결에서 무효나 취소로 확정되지 아니하는 한 그대로 유지된다.

(3) 수용손실보상재결

수용손실보상재결이란 목적물의 수용으로 발생한 손실에 대한 보상액을 확정하는 재결을 말한다. 토지보상법에는 수용손실보상재결이 있는 경우에 토지소유자 등이 손실보상청구권을 적극적으로 행사할 수 있다는 규정이 없다. 뿐만 아니라 시심적 쟁송인 수용재결 가운데 수용손실보상재결에 대해서는, 이의재결에 대한 토지보상법 제86조 제1항 후단과 같은 규정이 없기 때문에, 집행력도 인정되지 아니한다. 다만 사업시행자가 보상금을 지급 또는 공탁하지 아니하면 수용재결의 효력을 상실하게 함으로써 보상금 지급의무을 간접적으로 강제하고 있을 뿐이다.

수용손실보상재결이라도 이에 대한 이의재결이 확정된 경우에는 집행력이 인정된다. 즉 확정된 이의재결서 정본은 집행력있는 판결서 정본과 동일한 효력이 있다(법 제86조 제1항 후단). 따라서 이의재결에 의해서 보상액이 증가된 경우에는 토지소유자 등은 이의재결서 정본을 가지고 증가된 보상액에 관하여 사업시행자의 재산에 강제집행을 실시할 수 있다.

수용손실보상에 관한 이의재결서 정본에 집행력을 부여한다는 것은 사업시행자가 증액된 보상금을 지급 또는 공탁하지 아니하더라도 이의재결이나 수용재결이 무효로 되지 아니한다는 것을 전제로 한 것이다. 다만 판례는 이의재결에서 증액된 손실보상금의 지급 또는 공탁이 없는 것을 이의재결의 실효요건으로 할 것인가의 여부는 입법정책의 문제로 이해하여, 사업시행자가 이의재결에서 증액된 보상금을 일정한 기간 내에 지급 또는 공탁하지 아니하였다 하더라도 특별한 규정이 없는 한 그 사유만으로 위 이의재결이 당연히 실효되는 것은 아니라고 한다.[472]

이러한 판례의 결론은 타당하지만, 이의재결에서 증액된 손실보상금의 지급 또는 공탁이 없는 것을 이의재결의 실효요건으로 할 것인가의 여부를 입법정책의 문제로 이해하는 점에 대해서는 수긍하기 어렵다.

재결의 형성력은 보상금을 지급하면 확정적으로 발생하지만, 만일 보상금을 지급하지 아니하면 재결의 효력은 상실한다(법 제42조 제1항)고 규정한 이유는 헌법 제23조 제3항이 수용의 효력과 보상을 결합함으로써 손실보상청구권의 실효성을 확보하기 위한 것이다. 이와는 달리 사업시행자가 이의재결에서 증액된 보상금을 지급하지 아니하는 경우에 이의재결의 효력을 상실하게 한다는 것은 입법정책적으로 결정할 수 있는 문제가 될 수 없고 논리적으로 부당한 것이다. 이는 법원의 판결로 확정된 채무를 이행하지 아니한다고 해서 판결의 효력을 상실케 할 것인지 여부를 입법정책적으로 결정할 수 있다는 것과 유사한 논리이기 때문이다.

(4) 비수용손실보상재결

비수용손실보상재결이란 예를 들면 타인의 토지에 출입하여 측량·조사함으로써 발생하는 손실(법 제9조 제4항, 제27조 제4항)과 같이 수용절차에 부수하여 발생한 손실의 보상에 대한 재결이라는 점에서 수용손실보상재결과 구별된다. 비수용손실보상재결이나 이에 대한 이의재결이 확정되면 토지보상법 제84조 제2항을 유추적용하여 집행력까지 인정하여야 할 것으로 본다.

(5) 인도재결

앞에서 살펴본 바와 같이 사업시행자는 인도재결이 확정되기 전이라도 법 제88조, 제89조 제1항에 따라 인도의 목적물에 대해서 인도대집행을 실시할 수 있다. 그런데 이의재결이 확정되면 토지소유자 등의 청구에 따

472) 대판 1989.6.13. 88누3963.

라 재결확정증명서가 발급된다(법 시행령 제47조 제1항). 재결확정증명서는 재결서 정본의 끝에 민사집행법 제29조 제2항에 준하여 집행문을 적고, 중앙토지수용위원회의 간사 또는 서기가 기명날인한 후 중앙토지수용위원회 위원장의 직인을 날인하여 발급한다(동조 제2항).

그렇다면 사업시행자는 확정된 이의재결에 대한 재결확정증명서를 발부받아 민사집행의 방법으로 인도집행을 할 수 있는가? 토지보상법 제89조 제1항에서는 토지보상법상의 의무를 강제적으로 실현하는 방법은 행정대집행절차에 의한다고 명시하고 있으므로, 이의재결이 확정된 경우에도 이의재결서는 인도집행에 관한 한 민사집행법상의 판결정본(법 제28조 제1항)에 해당하지 아니한다고 본다. 확정된 이의재결의 집행력은 증액된 손실보상 이의재결이나 비수용손실보상에 대한 이의재결 등에 한정되는 것으로 해석하여야 할 것이다.

(6) 기타재결

토지수용위원회는 토지소유자나 관계인이 손실보상금에 관한 주장 외에 사업인정 자체가 위법 또는 부당하다거나 자신의 토지를 공익사업 시행지구에서 제외 또는 포함해 달라는 주장 등을 할 경우에 이러한 주장에 대해서도 재결의 주문에서 판단하여야 한다. 이러한 재결은 앞에서 살펴본 4종의 재결 이외의 재결로서 이 책에서는 이를 기타재결이라고 부르기로 한다. 위와 같은 주장에 관한 확정된 이의재결은 기판력 외에도 이의신청을 각하하거나 기각하는 경우에는 수용재결의 내용을 확정하고, 인용하는 경우에는 수용재결을 취소 또는 변경하는 효력을 발생하게 된다.

제3절 행정소송

Ⅰ. 개 설

1. 토지보상법상의 행정소송의 개념

가. 사업시행자, 토지소유자 또는 관계인 등은 재결에 불복할 때에는 재결서를 받은 날부터 90일 이내에, 이의신청을 거쳤을 때에는 이의신청에 대한 재결서를 받은 날부터 60일 이내에 각각 행정소송을 제기할 수 있다(법 제85조 제1항).

나. 행정소송이란 행정청의 공권력의 행사에 대하여 불복하거나 공법상의 법률관계에 관한 분쟁에 대하여 행정법원에 제기하는 소송을 말하므로, 토지보상법상의 행정소송에 한정하여 정의하면 사업시행자의 사업인정 또는 토지수용위원회의 재결에 불복하거나 토지보상법상의 법률관계에 관한 분쟁에 대하여 제기하는 소송이라고 할 수 있다.

토지수용위원회의 재결에 대한 불복이란 토지수용위원회가 토지보상법 제50조 제1항 각호에 규정된 재결사항에 대하여 판단한 내용에 대한 불복을 말한다. 토지보상법상의 법률관계에 관한 분쟁으로는 협의취득계약의 체결, 이주대책의 수립이나 이주정착금의 지급 등 생활보상 및 환매권에 관한 분쟁 등을 들 수 있다.

2. 사업인정의 위법과 행정소송

가. 사업인정이 위법하다는 주장을 재결에 대한 불복을 다투는 소송에서 주장할 수 있는가? 이 문제는 일반적으로 사업인정의 하자가 재결에 승계되느냐 라는 관점에서 논의되고 있다. 사업인정은 국가 또는 지방자치단체 등 사업인정권자가 사업시행자에 대하여 특정한 공익사업에 대한

사업수행권을 부여하는 처분으로 토지수용위원회의 재결과는 별개의 처분이다. 따라서 사업인정 자체에 불복하는 경우에는 행정처분에 대한 쟁송기간이 경과하기 전에 사업인정 단계에서 다투어야 하고, 쟁송기간이 이미 경과한 재결의 단계에서는 사업인정이 당연무효라고 볼만한 특별한 사정이 없는 한 사업인정의 위법을 이유로 재결의 취소를 구할 수는 없다는 것이 판례[473]의 견해이고, 이에 대해서는 이설이 없다. 재개발사업(현행 도시개발법상으로는 개발사업)시행 변경인가처분 등의 위법,[474] 택지개발촉진법에 의한 택지개발 승인처분의 위법,[475] 도시계획법에 의한 용도지역변경처분의 위법[476] 등 사업인정으로 의제되는 처분의 위법도 동일하다.

나. 다만 판례는 "두 개 이상의 행정처분이 연속적으로 행하여진 경우 선행처분과 후행처분이 서로 독립하여 별개의 법률효과를 목적으로 하는 때에는 선행처분에 불가쟁력이 생겨 그 효력을 다툴 수 없게 되면 선행처분의 하자가 중대하고 명백하여 당연무효인 경우를 제외하고는 선행처분의 하자를 이유로 후행처분을 다툴 수 없는 것이 원칙이나, 이 경우에도 선행처분의 불가쟁력이나 구속력이 그로 인하여 불이익을 입게 되는 자에게 수인한도를 넘는 가혹함을 가져오고 그 결과가 당사자에게 예측가능한 것이 아닌 경우에는 국민의 재판받을 권리를 보장하고 있는 헌법의 이념에 비추어 선행처분의 후행처분에 대한 구속력은 인정될 수 없다고 봄이 타당하므로, 선행처분에 위법이 있는 경우에는 그 자체를 행정소송의 대상으로 삼아 위법 여부를 다툴 수 있음은 물론 이를 기초로 한 후행처분의 취소를 구하는 행정소송에서도 선행처분의 위법을 독립된 위법사유로 주장할 수 있다."[477]는 입장이므로, 재결에 대한 항고소송에서 사업인정의

473) 대판 1992.3.13. 91누4324.
474) 대판 1995.11.14. 94누13572.
475) 대판 1996.4.26. 95누13241.
476) 대판 1997.4.8. 96누11396.

위법을 다툴 여지는 좀 더 넓어졌다.

3. 임의적 전심절차의 필요성 여부

수용재결에 대해서 불복하는 경우에는 바로 행정소송을 제기할 수 있으므로 이의재결절차는 임의적 전심절차이다. 특히 중앙토지수용위원회의 수용재결에 대해서 다시 중앙토지수용위원회에 이의신청을 한다는 것은 무용한 절차의 반복이라 할 수 있다. 이의재결절차나 행정소송의 대부분은 보상금의 증감을 다투는 쟁송으로, 정당한 손실보상액을 산정하기 위해서 동일한 감정절차가 기계적으로 반복됨으로써 시간과 비용이 낭비되고 있는 현실에서 보면 이의재결절차는 불필요한 것으로 생각한다.

Ⅱ. 토지보상법상 행정소송의 분류

1. 재결의 내용에 따른 분류

토지보상법상의 행정소송은 수용재결이나 이의재결에 대하여 불복하는 소송이므로, 광의의 재결의 내용에 대응하여 협의취득 확인재결에 대한 소송, 권리수용재결에 대한 소송, 손실보상재결에 대한 소송, 인도재결에 관한 소송, 기타 재결에 관한 소송과 토지보상법상의 권리관계에 관한 소송 등으로 분류할 수 있다. 손실보상재결에 대한 소송은 다시 수용손실보상재결에 대한 소송과 비수용손실보상재결에 대한 소송으로 나눌 수 있다. 토지보상법상의 행정소송을 이와 같이 세분하는 이유는 각 재결에 대한 소송의 법적 성격이 상이하고 그 취급도 달리하기 때문이다.

---

477) 대판 1998.3.13. 96누6059; 1994.1.25. 93누8542.

2. 법적 성격에 따른 분류

위의 소송의 종류를 법적 성격에 따라 분류하면 재결의 취소나 변경을 구하는 항고소송과 무효확인소송[478] 및 당사자소송으로 대별할 수 있다.

가. 항고소송(무효확인소송 포함) : 협의취득 확인재결에 대한 소송, 권리수용재결에 대한 소송, 기타재결에 대한 소송 등 재결 자체의 취소나 변경 또는 무효확인을 구하는 소송

나. 당사자소송

(1) 형식적 당사자소송 : 재결을 전제로 하는 수용손실보상이나 비수용손실보상 등에 있어서 보상금의 증감을 다투는 소송

(2) 실질적 당사자소송 : 재결을 전제로 하지 아니하는 비수용손실보상에 대한 소송(판례는 토지보상법에 규정이 없는 손실보상의 경우에는 민사소송으로 취급한다), 토지보상법상의 법률관계에 관한 소송

Ⅲ. 취소소송

1. 취소소송의 대상

가. 행정소송법의 규정

취소소송은 처분 등을 대상으로 하는데(법 제19조 본문), 여기서 "처분 등"이라 함은 행정청이 행하는 구체적 사실에 관한 법집행으로서의 공권력의 행사 또는 그 거부와 그 밖에 이에 준하는 행정작용 및 행정심판에 대한 재결을 말한다(법 제2조 제1항 제1호).

---

478) 대판 1993.1.19. 91누8050 전원합의체.

(1) "처분"의 개념

(가) 위 행정소송법의 처분의 개념에 관해서는 실체법상 개념으로 파악하는 견해와 쟁송법상 개념으로 파악하는 견해가 있다.

실체법상 개념설은 "행정소송법상의 처분을 실체법상의 행정행위와 동일한 것으로 파악하는 입장으로서, 이 설은 취소소송을 행정행위의 공정력을 깨기 위한 재심절차로 보아, 취소소송을 공정력을 가진 행정행위를 매개로 하여 생긴 위법상태를 제거하여 상대방의 권익을 구제함을 목적으로 하는 소송으로 보아, 공정력을 가진 행정행위에 대하여만 취소소송의 대상으로서의 처분성을 인정"하는 설이다.[479)]

쟁송법상 개념설은 "항고소송의 대상인 처분은 행정행위에 한정되지 아니하고, 그 외에도 권력적 사실행위도 이에 포함되고, 또한 공권력의 행사로서의 실체는 가지지 아니하나, 실질적으로 국민에게 계속적으로 사실상의 지배력을 미치는 행정작용에 대하여도 일정 한도에서 그 처분성을 인정"[480)]하는 입장으로 우리나라 학자들 대부분이 취하고 있는 설이다.

(나) 토지보상법에 한정하여 처분의 개념을 살펴보면 사업인정권자의 사업인정과 토지수용위원회의 수용재결 및 이의재결 등의 처분은 위 어느 설에 의하더라도 처분성이 명백히 인정된다. 문제는 사업시행자의 이주대책대상자 결정, 이주정착금, 이주대책비, 이사비 등의 지급결정 등에 대해서 행정처분성을 인정할 것인지 여부이다. 이 중에서 이주대책대상자 결정이나 이주정착금의 지급에 대해서는 이미 설명하였고,[481)] 나머지에 대해서는 뒤에서 살펴본다.[482)]

479) 김동희, 행정법 I (2017) 758면.

480) 김동희, 위의 책.

481) 409면.

482) 477면.

(2) 취소소송의 소송물

소송물이란 행정소송의 심리의 대상이 되는 소송상의 청구를 말한다. 행정처분의 취소를 구하는 취소소송의 소송물은 "처분"에 포함된 개개의 위법사유를 별개의 소송물로 볼 것인지 아니면 전체로서의 처분의 위법성 일반을 하나의 소송물로 볼 것인지에 대해서는 견해가 갈리고 있다.[483] 판례는 취소소송의 소송물을 처분의 위법성 일반이라고 보는 입장이다.[484] 즉 처분에 포함된 실체적, 절차적 위법 사유 전체가 하나의 소송물이고 개개의 위법사유의 주장은 소송상 청구를 이유있게 하는 공격방법의 하나로 보며, 이에 따라 기판력은 처분의 위법성 전체에 대하여 미치게 되므로 분쟁은 일회의 소송을 통하여 해결할 수 있게 된다.

나. 원처분주의와 재결주의

(1) 개 념

행정소송법 제19조에 의하면 취소소송은 처분 등을 대상으로 하되 재결에 대한 취소소송은 재결 자체에 고유한 위법이 있는 경우에만 제기할 수 있다고 규정하고 있다. 수용재결은 쟁송절차를 거쳐서 이루어지는 원처분이므로, 위 행정소송법의 규정을 수용절차에 적용하면, 원처분인 수용재결만 취소소송의 대상으로 되고, 이의재결에 대한 취소소송은 이의재결 자체에 고유한 위법이 있는 경우에 한하여 제기할 수 있는 것으로 해석할 수 있다. 이와 같이 원처분을 취소소송의 대상으로 하는 것을 원처분주의라고 한다.[485] 이와는 달리 재결주의란 원처분에 대해서는 제소를 허용하지 아니하고 재결에 대해서만 제소를 인정하되 재결 자체의 위법뿐만 아니라 원처분의 위법까지 주장할 수 있는 것을 말한다.

483) 홍정선, 행정법원론(상)(2015) 959면; 박균성, 행정법론(상)(2007) 863면.

484) 대판 2019.10.17. 2018두104.

485) 김동희 행정법 I (2017) 757면; 홍정선, 위의 책 977면.

(2) 구 토지수용법

구 토지수용법에서는 이의재결을 필수적 전심절차로 규정하고 있었고 (법 제75조의 2 제1항), 행정소송법에서는 재결에 대한 취소소송은 재결 자체에 고유한 위법이 있는 경우에만 제기할 수 있다고 규정하고 있어서 재결취소소송은 재결주의에 입각한 소송으로 이해하고 있었다. 판례 역시 재결주의에 입각하여 재결취소소송의 대상은 원처분인 수용재결이 아니라 이의재결임을 분명히 하여, 이의재결에 대한 취소소송에서는 이의재결 자체의 고유한 위법사유 뿐 아니라 이의신청사유로 삼지 않은 수용재결의 하자도 주장할 수 있다는 견해를 취하고 있었다.[486] 따라서 행정소송법상의 원처분주의는 수용재결에 대해서는 적용되지 아니하지만[487] 수용재결 자체가 당연무효인 경우에 그 무효확인을 구하는 소송은 가능하다고 하였다.[488] 헌법재판소 역시 재결주의에 따르고 있었다.[489]

(3) 현행 토지보상법은 수용재결에 대해서도 취소소송을 제기할 수 있다고 규정함으로써 이의재결은 임의적 전심절차로 변하게 되었다. 이를 근거로 학설은 재결취소소송도 원처분주의를 채택한 것으로 이해하고 있다.[490]

그러나 판례는 취소소송은 처분 등을 대상으로 하되, 다만 재결의 취소를 구하는 소송은 재결 자체에 고유한 위법이 있음을 이유로 하는 경우에 한한다[491]고 함으로써 구 토지수용법 하의 판례와 같이 재결주의를 유지하고 있는 것으로 보인다.

---

486) 대판 1991.2.12. 90누288; 1995.12.8. 95누5561.

487) 대판 1990.6.22. 90누1755; 2001.5.8.2001두1468.

488) 대판 1993.1.19. 91누8050 전원합의체; 1993.4.27. 92누15789.

489) 헌재 2001.6. 28. 2000헌바77.

490) 박균성, 행정법론(상)(2011) 1049면; 박윤흔, 행정법강의(상)(2004) 947면; 석종현, 앞의 책 429면.

491) 대판 2014.11.27. 2013두20219.

2. "고유한 위법이 있는 경우"의 의미

행정소송법 제19조에서 재결취소소송을 제기할 수 있는 "재결 자체에 고유한 위법이 있는 경우"의 의미에 관해서 판례는 "원처분에는 없고 재결에만 있는 재결청의 권한 또는 구성의 위법, 재결의 절차나 형식의 위법, 내용의 위법 등을 뜻한다."[492]고 한다. 판례에 나타난 재결 내용의 위법 사유에 대해서는 뒤에서 살펴본다.[493]

3. 제소기간

사업시행자, 토지소유자 또는 관계인은 재결에 불복할 때에는 재결서를 받은 날부터 90일 이내에, 이의신청을 거쳤을 때에는 이의신청에 대한 재결서를 받은 날부터 60일 이내에 각각 행정소송을 제기할 수 있다(법 제85조 제1항). 2018. 12. 31. 법률 제16138호로 개정하기 전의 구 토지보상법 제85조 제1항에서는 수용재결에 대해서는 60일 이내에, 이의재결에 대해서는 30일 이내에 각 행정소송을 제기하여야 하는 것으로 규정하고 있어서, 행정소송법상 취소소송의 제소기간인 90일(법 제20조 제1항 본문)보다 단기라는 것이 문제로 지적됨에 따라 제소기간을 위와 같이 연장하게 된 것이다.

Ⅳ. 무효 등 확인소송

1. 개　념

무효 등 확인소송이란 행정청의 처분 등의 효력 유무 또는 존재 여부를 확인하는 소송을 말한다(행정소송법 제3조 제2호). 무효 등 확인소송은 실질

---

492) 대판 1997.9.12. 96누14661.
493) 467면 이하.

적으로는 행정처분의 존부나 효력의 유무를 확인하는 확인소송의 성격을 가지고 있지만,[494] 외견상 유효하게 존속하는 듯한 행정처분의 존부나 효력을 다투는 소송이라는 점에서 행정소송법은 형성소송의 일종인 항고소송으로 규정하고 있다. 무효 등 확인소송의 이러한 성격 때문에 학자에 따라서는 준항고소송이라고 부르기도 한다.[495]

이의재결을 재결취소소송의 필수적 전심절차로 규정하고, 취소소송의 대상을 이의재결에 한정하던 구 토지수용법 하에서의 판례는 당초에는 수용재결 자체에 대한 무효확인소송은 제기할 수 없다고 하였다.[496] 그 후 1993. 1.19. 선고 91누8050 전원합의체 판결을 통하여 수용재결 자체가 당연무효인 경우에는 이의재결을 거칠 필요가 없이 수용재결 자체에 대하여 무효확인소송을 제기할 수 있는 것으로 변경하였다.

2. 무효원인과 취소원인의 구별

가. 행정행위의 무효원인과 취소원인의 구별기준에 대해서는 하자의 성질이 내부적으로 중대하고 외부적으로 명백한 경우에는 무효이고 그 외의 경우는 취소할 수 있음에 그친다는 중대명백설이 통설이다.

다만 행정소송에 있어서는, 하자있는 행정처분에 대해서 이를 무효로 볼 것인지 아니면 단순히 취소할 수 있는 처분으로 볼 것인지는 동일한 사실관계를 토대로 한 법률적 평가의 문제에 불과하고, 행정처분의 무효확인을 구하는 소에는 특단의 사정이 없는 한 그 취소를 구하는 취지도 포함되어 있다[497]고 본다. 이 경우에 행정처분에 대한 무효확인과 취소청구는 서로 양립할 수 없는 청구로서 주위적 · 예비적 청구로서만 병합이

---

494) 김동희, 행정법 I (2017) 824면; 홍정선, 행정법원론(상(2015) 1108면.
495) 박윤흔, 행정법강의(상)(2004) 1016면; 박균성, 행정법론(상)(2011) 1016면.
496) 대판 1983.6.14. 81누254.
497) 대판 2005.12.23. 2005두3554.

가능하고 선택적 청구로서의 병합이나 단순병합은 허용되지 아니한다.[498]

나. 토지보상법상 재결의 무효원인이 되는 사유와 취소원인이 되는 사유에 관하여 판례에 나타난 사례를 살펴보면 다음과 같다.

(1) 무효원인

- 공익사업 시행지구에 포함되지 아니한 토지에 대한 사업인가처분에 기초한 수용재결(대법원 전원합의체 1993. 1. 19. 선고 91누8050 판결)
- 수용의 시기까지 보상금을 지급하지 아니한 경우(대법원 1993. 4. 27. 선고 92누15789 판결)
- 수용재결서를 송달함에 있어서 공시송달의 요건을 갖추지 못한 경우(대법원 1996. 3. 8. 선고 95누18741 판결)
- 반대급부의 제공을 조건으로 한 공탁에 대해서 공탁공무원의 공탁.정정인가결정이 수용시기 이후에 이루어지고 그에 따라 공탁한 경우에, 실효된 원재결을 유효한 재결로 보고 이의재결을 한 경우(대법원 1986. 8. 19. 선고 85누280 판결)
- 수용시기가 지난 후에 피공탁자가 이의를 유보하고 공탁금을 수령한 경우의 이의재결(대법원 1993. 8. 24. 선고 92누9548 판결)
- 사업시행자로 지정될 수 있는 요건을 구비하지 못한 자를 사업시행자로 지정한 자에 대한 사업인가처분을 전제로 이루어진 수용재결(대법원 2017. 7. 11. 선고 2016두35144 판결)
- 실시계획 인가처분의 요건을 구비하지 못한 인가처분에 기초한 수용재결(대법원 2015. 3. 20. 선고 2011두3746 판결)

(2) 취소원인

- 사업인정의 통보나 관보에 공고하는 절차를 누락한 경우(대법원 2000.

498) 대판 1999.8.20. 97누6889.

10. 13. 선고 2000두5142 판결)

- 협의요청이 없거나 협의경위서 작성에 토지소유자의 서명, 날인을 받지 아니한 경우(대법원 2005. 9. 30. 선고 2003두12349, 12356 판결)
- 사업시행자가 과실 없이 토지소유자의 등기부상 주소와 실제 주소가 다른 사실을 알지 못하거나 과실로 이를 알지 못하여 등기부상 주소로 보상협의에 관한 통지를 한 결과 보상협의절차를 거치지 못한 경우(대법원 1994. 4. 15. 선고 93누18594 판결)
- 도시계획사업허가의 공고시에 토지세목의 고시를 누락하거나 사업인정을 함에 있어 수용 또는 사용할 토지의 세목을 공시하는 절차를 누락한 경우(대법원 2009. 11. 26. 선고 2009두11607 판결)
- 토지수용위원회가 사업인정 자체를 무의미하게 하는, 즉 사업의 시행이 불가능하게 되는 것과 같은 재결을 한 경우(대법원 2007. 1. 11. 선고 2004두8538 판결)
- 공익사업에 필요한 최소한도를 넘은 토지에 대한 수용재결(대법원 1994. 1. 11. 선고 93누8108 판결)

Ⅴ. 당사자소송

1. 개 념

당사자소송이란 행정청의 처분 등을 원인으로 하는 법률관계에 관한 소송 그 밖에 공법상 법률관계에 관한 소송으로서 그 법률관계의 한쪽 당사자를 피고로 하는 소송(행정소송법 제3조 제2호)을 말한다. 항고소송은 행정주체가 우월적 지위에서 행한 "처분 등" 공권력의 행사에 대하여 불복(항고)하는 소송임에 비하여, 당사자소송은 행정주체가 행한 공권력의 행사나 불행사로 발생한 법률관계 기타 공법상의 법률관계에 관하여 대등한 당사자 사이의 법률상의 분쟁에 관한 소송이라고 할 수 있다.

2. 종 류

가. 형식적 당사자소송

형식적 당사자소송이란 "행정청의 처분이나 재결에 의하여 형성된 법률관계에 관하여 다툼이 있는 경우에, 당해 처분 또는 재결의 효력을 다툼이 없이 직접 그 처분재결에 의하여 형성된 법률관계에 대하여 그 일방 당사자를 피고로 하여 제기하는 소송을 말한다."[499]

토지보상법상의 형식적 당사자소송으로는 재결을 전제로 하는 수용손실보상과 비수용손실보상에 대하여 불복하는 보상금증감소송을 들 수 있다.

나. 실질적 당사자소송

실질적 당사자소송은 행정청의 처분이 아니라 공법상의 법률관계 자체를 대상으로 하는 소송(행정소송법 제3조 제2호)으로 사법상의 법률관계에 관한 민사소송에 대응한다.

공법상의 부당이득반환 청구소송이나 공법상의 지위나 신분의 확인, 공법상계약에 관한 소송 등이 이에 속한다. 사견에 의하면 토지보상법상 인정되는 실질적 당사자소송의 예로는 협의취득계약에 관한 소송, 이주대책대상자가 가지는 권리인 이주정착금이나 수분양권 확인소송, 환매권의 존부나 환매금액의 증감에 관한 소송 등이 있다.

판례는 협의취득계약이나 토지보상법에 규정이 없는 비수용손실보상에 관한 소송 및 환매권에 관한 소송은 민사소송으로, 이주대책대상자에게 인정되는 수분양권에 관한 소송은 항고소송으로, 잔여지 수용청구에 관한 소송, 이주정착금이나 이주비(주거이전비)에 관한 소송 중 재결절차를 거친 경우에는 항고소송 또는 형식적 당사자소송으로 각각 취급하고 있다.

---

499) 김동희, 행정법 I (2017) 743면.

3. 형식적 당사자소송의 인정 여부

형식적 당사자소송은 처분이나 재결 자체의 취소를 구하는 소송이 아니기 때문에 처분이나 재결의 내용과 상반되는 판결이 선고되더라도 처분이나 재결의 효력이 자동적으로 소멸된다고 볼 수는 없다. 이런 이유에서 형식적 당사자소송을 인정할 수 있는 여부에 대해서 견해가 대립하고 있다.

가. 긍 정 설

이 설은 행정소송법 제3조 제2호에서 당사자소송의 형태로 "공법상의 법률관계에 관한 소송"과 "행정청의 처분 등을 원인으로 하는 소송"의 두 가지 유형을 인정하고 있는데, 후자의 유형에 해당하는 소송으로 "그 법률관계의 한쪽 당사자를 피고로 하는 소송"에는 형식적 당사자소송이 포함되고, 공정력도 행정행위에 본질적으로 내재하는 것이 아니라 실정법에 근거한 것이므로 공정력이 있는 처분이나 재결을 그대로 둔 채 당해 처분이나 재결을 원인으로 하는 형식적 당사자소송을 제기하고 그에 대한 판결이 있으면 당해 판결이 처분이나 재결보다 우선하기 때문에 이론상 문제가 없다는 입장이다.[500)]

나. 부 정 설

이 설은 행정소송법 제3조 제2호에서 당사자소송의 형태로 "공법상의 법률관계에 관한 소송"과 "행정청의 처분 등을 원인으로 하는 소송"의 두 가지 유형을 인정하고 있는데, 후자의 유형에 해당하는 소송으로 "그 법률관계의 한쪽 당사자를 피고로 하는 소송"에 형식적 당사자소송이 포함된다는 점에 대해서는 인정한다. 다만 "형식적 당사자소송은 처분 또는 재결의 내용적 변경을 수반하는 것이나, 이들 처분 · 재결 자체의 공정력을 부

500) 박균성, 행정법론(상)(2011) 1035면.

인하지 않은 채 그에 의하여 형성된 법률관계를 다투는 소송이고 보면, 이러한 소송은 행정소송법상의 규정만에 의하여 일반적으로 허용되는 것은 아니고 그에는 개별법상의 명시적 규정 있어야 할 것"[501]이라고 한다.

다. 결 론

토지보상법에 한정하여 본다면, 법 제85조 제2항에서 규정한 보상금증감소송은 토지소유자 또는 관계인과 사업시행자 간의 소송임을 명백히 하고 있으므로, 토지수용위원회의 보상금에 관한 재결에 대한 취소를 구할 필요가 없이 사업시행자와 토지소유자 또는 관계인 간의 형식적 당사자소송의 형식이 인정되고 있다. 그러나 이러한 특별 규정이 없는 경우에는 형식적 당사자소송을 제기할 수 없는 것으로 해석하는 것이 옳다고 본다. 공정력 또는 확정력이 있는 행정청의 처분이나 재결의 효력을 그대로 둔 채로 그것과 내용상 상충되는 형식적 당사자소송의 제기를 허용한다는 것은 예외적이기 때문이다.

4. 손실보상청구소송의 소송상 취급

손실보상청구권은 발생 근거나 발생원인 및 종류에 따라 권리의 성격이 동일하지 아니하기 때문에 소송상의 취급도 달라져야 한다. 판례 역시 손실보상청구소송에 대해서 여러 가지의 소송 형태를 인정하고 있다.

가. 민사소송으로 취급하는 경우

판례는 손실보상청구권의 성격을 사법상의 권리의 일종으로 보기 때문에 토지보상법에 규정이 없는 손실보상의 청구는 민사소송으로 제기하여야 한다는 입장을 분명히 하고 있다. 따라서 행정관청이 손실보상청구를

---

501) 김동희, 행정법 I (2017) 840면; 석종현, 손실보상법론(2005) 435면; 홍정선, 행정법원론(상)(2015) 1152면.

거부하더라도 그것이 행정처분으로 인정되는 경우[502]가 아니면 그 처분에 대한 취소소송을 제기할 것이 아니라 처분을 한 행정관청을 상대로 바로 민사소송으로 손실보상금청구를 하여야 한다는 것이다. 판례에 나타난 사례에는 다음과 같은 것이 있다.

- 제외지 안의 사유지가 국유화한 경우와 같이 손실보상청구권의 발생 원인이 행정처분이 아닌 법률의 규정으로서, 그 성질이 사법상의 권리이고 이에 대한 소송은 행정소송법상의 당사자소송이 아니라 민사소송으로 제기하여야 한다(대법원 1990. 12. 21. 선고 90누5689 판결; 1991. 4. 26. 선고 90다8978 판결).
- 공익상의 필요로 면허어업 등이 제한됨으로써 입게 된 손실에 대해서는, 행정관청이 보상청구를 거부하거나 보상금액을 결정한 경우라도 행정관청의 처분에 대해서 행정소송을 제기할 것이 아니라 면허어업에 대한 처분을 한 행정관청이 속한 권리 주체인 국가 또는 지방자치단체를 상대로 민사소송으로 직접 손실보상금 청구를 해야 한다(대법원 1996. 7. 26. 선고 94누13848 판결).
- 특정다목적댐 건설로 인하여 광업권자들이 보유하는 광업권의 광구 구역 일부가 수몰됨으로써 입은 손실에 대한 보상의 경우, 특정다목적댐법은 그 보상금의 결정 방법, 불복절차 등에 관하여는 아무런 규정도 마련하고 있지 아니하므로, 당해 광업권자들과 같이 동법 소정의 요건에 해당한다고 하여 보상을 청구하려는 자는 행정관청이 그 보상청구를 거부하거나 보상금액을 결정한 경우라도 이에 대한 항고소송을 제기할 것

502) "거부행위가 행정처분이 된다고 하기 위하여는 국민이 행정청에 대하여 그 신청에 따른 행정행위를 하여 줄 것을 요구할 수 있는 법규상 또는 조리상의 권리가 있어야 하는 것이며, 이러한 근거 없이 한 국민의 신청을 행정청이 받아들이지 아니하고 거부한 경우에는 그 거부로 인하여 신청인의 권리나 법적 이익에 어떤 영향을 주는 바가 없어서 이를 항고소송의 대상이 되는 행정처분이라고 할 수 없는 것이다."(대판 1997.9.5. 96누1597).

이 아니라 건설부장관이 속한 권리주체인 국가를 상대로 직접 손실보상금 지급청구를 하여야 한다(대법원 1997. 9. 5. 선고 96누1597 판결).

- 토지보상법령에 보상 규정이 없는 간접손실보상

몽리답의 수용에 따른 저수지 기능상실에 대한 보상 여부에 대해서 판례는 "간접손실은 사법상의 권리인 영업권 등에 대한 손실을 본질적 내용으로 하고 있는 것으로서 그 보상청구권은 공법상의 권리가 아니라 사법상의 권리이고, 그 보상금의 결정 방법, 불복절차 등에 관하여 아무런 규정도 마련되어 있지 아니하므로, 그 보상을 청구하려는 자는 사업시행자가 보상청구를 거부하거나 보상금액을 결정한 경우라도 이에 대하여 행정소송을 제기할 것이 아니라, 사업시행자를 상대로 민사소송으로 직접 손실보상금 지급청구를 하여야 할 것"이라고 한다(대법원 1996. 6. 11. 선고 97다56150 판결).

나. 당사자소송으로 취급하는 경우

(1) 재결절차를 거친 손실보상청구

판례는 토지보상법이 규정하는 수용손실보상이나 비수용손실보상에 관해서는 수용재결전치주의에 따라 토지수용위원회의 재결을 거쳐야 하고, 재결에 불복하는 경우에는 재결 자체 대한 취소를 구하는 항고소송이 아니라 사업시행자를 피고로 하여 보상금의 증감을 구하는 형식적 당사자소송으로 제기하여야 한다는 원칙을 확립하였다. 즉 판례는 보상의 인정 여부나 범위에 관한 소송은 보상거부처분이나 제외처분에 대한 취소소송의 형식으로는 인정하지 아니하고, 형식적 당사자소송인 보상금증감소송만 인정하고 있다.[503]

---

503) 대판 2018.7.20. 2015두4044; 2019.11.28. 2018두227.

(2) 잔여지 수용청구

판례는 잔여지 수용청구를 받아들이지 아니한 토지수용위원회의 재결에 대하여 토지소유자가 불복하는 경우에도 잔여지의 수용에 따른 토지보상법상의 보상금의 인정 여부에 관한 소송으로 보고, 사업시행자를 피고로 하여 당사자소송을 제기하여야 한다는 입장이다.[504)]

그러나 이러한 판례의 견해는 수긍하기 어렵다. 피수용토지의 범위는 사업인정으로 확정되기 때문에 토지수용위원회는 토지소유자의 청구가 있더라도 피수용토지의 범위를 변경하는 내용의 재결을 할 수 없다. 이런 이유에서 토지소유자가 피수용토지에 관한 수용재결에 대해서는 불복하더라도 이는 수용손실보상재결에 불복하는 취지에 한정될 수밖에 없다. 이와는 달리 잔여지는 일단의 토지 중에서 수용에서 제외된 토지임에도 불구하고 잔여지소유자가 잔여지 수용청구권이라는 예외적인 권리를 재결신청을 통하여 행사함으로써 피수용토지에 포함시킬 수 있는 토지이다. 따라서 잔여지수용청구를 기각한 재결에 대하여 불복한다는 것은 잔여지에 대한 손실보상재결은 물론이고 잔여지에 대한 수용청구 자체를 기각한 권리수용재결에 대하여 불복하는 취지까지 포함한다. 그러므로 이에 대한 불복소송은 보상금의 지급을 구하는 형식적 당사자소송과 함께 잔여지수용청구를 기각한 권리수용재결에 대한 취소를 구하는 항고소송까지 병합하여 제기하여야 하는 것이다.

그러나 잔여지수용청구를 인용한 재결에 불복하는 경우에는 피수용토지에 관한 수용손실보상재결에 대한 불복과 동일하게 보상금증감소송을 제기하는 것으로 충분할 것이다. 판례는 잔여지에 관한 권리수용재결과 피수용토지에 관한 권리수용재결간의 본질적 차이를 간과하고 있다는 점에서 타당하다고 할 수 없다.

---

504) 대판 2010.8.19. 2008두822; 2015.4.9. 2014두46669.

다. 항고소송으로 취급하는 경우

생활보상에 해당하는 손실보상에 대해서는 당사자소송이 아니라 항고소송으로 제기하여야 한다는 것이 판례의 원칙적인 입장이다.

(1) 이주대책에 관한 처분

판례는 토지보상법 제78조 제1항에 규정된 이주대책에 관한 처분은 법률상 부여받은 행정작용 권한을 행사하는 것으로서 항고소송의 대상이 되는 공법상 처분에 해당한다는 전제 하에, 그 처분이 위법 · 부당한 것이라면 사업시행자인 당해 공법인을 상대로 그 취소소송을 제기할 수 있다고 한다. 또한 이주대책대상자에게 인정되는 수분양권은 이주자가 이주대책을 수립 · 실시하는 사업시행자로부터 이주대책대상자로 확인 · 결정을 받음으로써 취득하게 되는 택지나 아파트 등을 분양받을 수 있는 공법상의 권리이고, 이주자가 사업시행자에 대한 이주대책대상자 선정신청 및 이에 따른 확인 · 결정 등 절차를 밟지 아니하여 구체적인 수분양권을 아직 취득하지도 못한 상태에서 곧바로 분양의무의 주체를 상대방으로 하여 민사소송이나 공법상 당사자소송으로 이주대책상의 수분양권의 확인 등을 구하는 것은 허용될 수 없다고 한다.[505)]

앞에서 살펴본 바와 같이 이주대책대상자 결정은 수용손실보상의 경우에 토지소유자와 관계인 등 공익사업의 상대방을 확정하는 것과 동일한 사업시행자의 내부적 업무에 불과하여 행정처분성이 인정되지 아니한다. 수분양권은 토지보상법령의 규정에 따라 정해진 이주대책대상자에게 당연히 인정되는 권리이고 사업시행자의 처분에 따라 발생하는 권리가 아니기 때문에, 이주대책대상자로 인정되지 아니한 이주자는 사업시행자를 상대로 수분양권의 확인소송이나 이주대책대상자 확인소송 등 실질적 당사자소송의 형태로 행정소송을 제기할 수 있다고 본다.

---

505) 대판 1994.5.24. 92다35783 전원합의체.

(2) 구 도시재개발법상의 분양처분

또한 판례는 종전까지의 견해를 변경하여, 구 도시재개발법상 대지 또는 건축시설에 대한 수분양권의 취득을 희망하는 토지소유자가 한 분양신청에 대하여 조합이 분양대상자가 아니라고 하여 관리처분계획에 의하여 이를 제외시키거나 원하는 내용의 분양대상자로 결정하지 아니한 경우 토지소유자에게 원하는 내용의 구체적인 수분양권이 직접 발생한 것이라고는 볼 수 없어서 곧바로 조합을 상대로 하여 민사소송이나 공법상 당사자소송으로 수분양권의 확인을 구하는 것은 허용될 수 없다고 한다.[506] 이러한 판례의 견해는 현행 도시개발법 하에서도 그대로 유지될 것으로 보인다.

사견에 의하면 도시개발법상의 수분양권은 이주대책대상자에게 부여되는 수분양권과 법적 성격이 동일하므로 종전의 판례의 견해가 타당하다고 본다.

(3) 이주정착금, 주거이전비, 이사비 등 지급청구

판례는 주거용건축물 세입자의 주거이전비 보상청구권(토지보상법 제78조 제5항, 제9항)은 그 요건을 충족하는 경우에 당연히 발생하는 것으로, 세입자의 주거이전비 보상에 관하여 재결이 이루어진 다음 세입자가 보상금의 증감 부분을 다투는 경우에는 당사자소송에 의하여야 하고, 보상금의 증감 이외의 부분을 다투는 경우에는 항고소송의 방법으로 권리구제를 받을 수 있다고 하면서, 주거용건축물의 소유자가 사업시행자를 상대로 이주정착금, 주거이전비 및 이사비의 보상을 구하는 경우에도 동일하다는 입장이다.[507] 즉 판례는 이주정착금의 지급대상자는 이주대책대상자에게 한하고 이주정착금 지급청구권은 수분양권과 동일하게 사업시행자의 이주대책

---

506) 대판 1996.2.15. 94다31235 전원합의체.

507) 대판 2019.4.23. 2018두55326.

대상자 결정처분에 의해서 발생하기 때문에 이에 대한 불복 방법은 항고소송에 의하여야 한다는 것이다.

사견으로는 이주정착금 지급청구권에 대한 불복 방법은 수분양권에 대한 불복 방법과 동일하게 이주대책대상자 지위의 확인을 구하는 실질적 당사자소송에 의하여야 한다고 생각한다. 그러나 주거이전비나 이사비의 보상은 "주거이전"에 소요되는 비용에 대한 보상의 성격을 가진 것으로 수용손실보상의 일종이라 할 것이므로 보상금의 증감을 구하는 형식적 당사자소송에 의하여야 할 것으로 본다.

(4) 생활대책용지의 공급 청구

앞에서 살펴본 바와 같이, 사업시행자의 보상 실무상 공익사업의 시행에 따라 상가용지가 수용되고 상가건물이 철거됨에 따라 상가용지나 상가건물 소유자들이 종전에 종사하던 영업을 더 이상 영위할 수 없게 됨으로 인하여 입게 된 손실에 대해서 영업보상 이외에 상가용지나 상가건물을 공급하는 이주대책을 특히 생활대책이라고 부른다.

판례에 의하면 이러한 생활대책대상자 선정기준에 해당하는 자는 사업시행자에 대하여 생활대책대상자 선정 여부의 확인·결정을 신청할 수 있는 권리를 가진다고 할 것이어서, 만일 사업시행자가 그러한 자를 생활대책대상자에서 제외하거나 그 선정을 거부하면, 이러한 생활대책대상자 선정기준에 해당하는 자는 사업시행자를 상대로 항고소송을 제기할 수 있다고 한다.[508)]

생활대책대상자에게 부여되는 상가용지나 상가건물의 수분양권 역시 앞에서 본 이주대책대상자에게 부여되는 택지나 건물의 수분양권과 동일한 법적 성격을 가지고 있으므로, 이에 관한 소송은 생활대책대상자지위의 확인을 구하는 실질적 당사자소송에 의하는 것이 옳다고 본다.

---

508) 대판 2011.10.13. 2008두17905.

5. 보상금증감소송

가. 개 념

보상금증감소송이란 손실보상청구소송 중에서 특히 토지수용위원회가 재결한 보상금의 존부와 범위에 관하여 사업시행자와 토지소유자 또는 관계인 간에서 상대방에 대하여 제기하는 형식적 당사자소송을 말한다. 보상금의 증감이라고 하더라도, 보상금의 존부나 귀속 주체, 보상의 대상(예를 들면 영업손실 해당 여부)뿐만 아니라 판례는 잔여지 수용청구에 대한 불복까지 보상금증감소송에 포함시키고 있음은 앞에서 살펴보았다. 그러나 보상의 방법 즉 현물보상이나 채권보상의 가부 등은 보상금증감소송이 아니라 재결에 대한 취소소송의 대상이라고 본다.

판례에 의하면 재결절차를 거치지 아니하는 비수용손실보상에 관한 소송, 예를 들면 토지보상법에 보상 규정이 없는 사업손실에 대한 보상은 민사소송으로 취급하므로 보상금증감소송에 포함되지 아니한다.

사견에 의하면 이주정착금의 지급에 관한 소송은 실질적 당사자소송에 해당하고, 주거이전비, 이사비, 이농비, 이어비 등에 대한 보상은 그 본질에 있어서 수용손실보상과 다름이 없으므로 재결절차를 거쳐서 보상금증감소송으로 다루어져야 할 것으로 생각한다.

나. 법적 성격

(1) 보상금증감소송의 본질에 대해서는 형성소송설과 확인 · 이행소송설이 대립한다. 형성소송설에 의하면, 보상금증감소송을 토지수용위원회가 재결에서 표시한 보상금에 대하여 취소 또는 변경을 구하는 항고소송으로 파악하고[509] 법원은 보상금에 관한 재결을 취소하면서 정당한 보상금을 확정하여 구체적인 손실보상청구권을 형성하는 소송이라고 이해한다.[510]

---

509) 西埜章 · 田辺愛壹, 앞의 책 303~304면.

이 설에 의하면 보상금의 증감을 구하기 위해서는 먼저 재결의 취소나 변경이 선행되어야 하고 손실보상청구권은 보상금증감소송에 의하여 비로소 구체적으로 형성하게 된다.

이와는 달리 확인 · 이행소송설에 의하면, 손실보상청구권은 헌법 제23조에 따라 객관적으로 발생하고 있고 재결은 이를 확인하는 것에 지나지 아니하며, 보상금 증감소송은 정당한 보상금의 확인 및 재결에서 정한 보상금과의 차액에 대한 정산을 구하는 형식적 당사자소송이라고 설명한다.[511] 따라서 이 설에 의하면 당사자는 재결의 취소나 변경을 구할 필요가 없이 바로 재결에서 정한 보상금과 정당한 보상금과의 차액을 구하는 것으로 충분하게 된다.[512]

판례는 보상금증감소송을 심리함에 있어서 토지수용위원회의 보상금 결정에 특별한 위법 사유가 없는 한 그에 대한 당부의 판단을 하지 아니한 채로 정당한 보상액을 결정하고 그에 대해서 이행할 것을 명한다는 점에서 확인 · 이행소송설에 입각하고 있다.

(2) 보상금증감소송에 관한 판결이 확정되더라도 토지수용위원회의 손실보상재결의 확정력이 자동적으로 소멸되는 것이 아니므로, 보상금을 증감하기 위해서는 수용손실보상재결의 취소가 선행되어야 한다는 점에서 보면 확인 · 이행소송설에는 이론상의 난점이 있다. 그러나 현행 토지보상법은 확인 · 이행소송설에 입각하여 보상금증감소송은 항고소송이 아니라 형식적 당사자소송임을 밝히고 있으므로, 이 소송의 법적 성격의 문제는 입법적으로 해결되었다.

---

510) 현재 이 설을 취하는 국내 학자는 없다.

511) 박윤흔, 행정법강의(상)(2004) 1045면; 박균성, 행정법론(상)(2011) 908면.

512) 西埜章 · 田辺愛壹, 앞의 책 303~304면; 小高剛, 앞의 책 625~626면.

다. 보상금증감소송의 소송물[513)]

보상금증감소송의 소송물이 무엇인가라는 문제는 보상금증감소송의 심판의 범위와 심리 방법 및 보상항목 간에 보상금의 유용을 허용할 수 있는지 여부 등의 문제와 관련이 있다. 여기서 보상항목이란 손실보상의 대상에 해당하는지 여부와 그 보상금액이 얼마인지를 심리·판단하는 기초 단위를 말한다. 보상금증감소송의 소송물이 무엇인지에 대해서는 다음과 같은 학설이 있다

(1) 개별설(목적물별 1소송물설)

이 설은 보상이란 피보상자가 입은 개개의 재산권을 대상으로 하는 것이므로 보상의 목적이 되는 토지의 각 필지, 건물의 각 동, 개개의 권리, 영업 등 보상항목 하나하나가 독립된 보상금증감소송의 소송물이라는 입장이다.

(2) 총액설(개인별 1소송물설)

이 설은 수용으로 인한 보상은 개인별로 행하여지는 것이라는 사고에서 출발하여 피보상자 한 사람에게 발생하는 보상항목 전체에 대한 보상금 총액을 하나의 소송물로 이해하는 입장이다. 교통사고로 인한 손해배상의 경우에 단일한 교통사고로 인하여 발생한 소극적 손해와 적극적 손해 및 위자료 등을 합산한 전체의 손해배상을 하나의 소송물로 파악하는 것과 동일한 입장에서, 보상금증감소송의 소송물은 수용으로 인하여 피보상자에게 발생한 손실액 전체를 단일한 소송물로 인정한다.

(3) 유 형 설

이 설은 동일한 피보상자에 속하는 여러 필지의 토지나 여러 동의 건물

513) 이상덕, “보상금 증감소송의 소송물이론과 보상항목 유용 법리에 관한 고찰”, 사법 49호(2019).

등과 같이 보상 목적물을 유형별로 분류하여 각 유형별 목적물을 독립한 소송물이라고 이해하는 입장이다.

(4) 재결설(1재결 1소송물설)

이 설은 보상금증감소송은 형식적 당사자소송이지만 내용상으로는 재결에서 정한 보상금에 대한 취소와 변경을 구하는 소송이므로 피보상자에 대한 개개의 재결을 기준으로 소송물을 정하여야 한다고 주장한다. 피보상자에 대하여 여러 번의 재결이 있는 경우에 총액설에 의하면 각 재결상의 손실보상액을 합산한 금액이 하나의 소송물이 되겠지만, 재결설에 의하면 재결의 숫자에 대응하여 소송물의 숫자가 결정된다는 점에서 양설에 차이가 있다.

라. 심판의 범위와 심리의 방법

판례는 주로 실무상의 필요에 의해서 다음과 같이 보상금증감소송의 심판의 범위와 심리의 방법에 관한 법리를 제시하고 있다.[514)]

(1) 보상항목의 선택에 있어서 당사자처분권주의의 적용

하나의 재결에서 피보상자별로 여러 종류의 보상항목의 손실에 관하여 심리 · 판단이 이루어졌을 때, 피보상자 또는 사업시행자가 반드시 그 재결 전부에 관하여 불복하여야 하는 것은 아니며, 여러 보상항목들 중 일부에 관해서만 불복하는 경우에는 그 부분에 관해서만 개별적으로 불복의 사유를 주장하여 행정소송을 제기할 수 있다. 즉 보상금증감소송에서 법원의 심판 범위는 하나의 재결 내에서 소송당사자가 구체적으로 불복 신청을 한 보상항목들로 제한된다. 보상항목의 선택은 손실보상청구권의 존부나 범위를 결정하는 것으로 사익에 관한 사항이므로, 소송상으로는 당

514) 대판 2018.5.15. 2017두41221.

사자처분권주의가 적용되기 때문에 위와 같은 법리는 수긍할 수 있다.

(2) 보상항목간 보상금의 유용의 허용

(가) 의 의

1) 개 념

법원이 구체적인 불복신청이 있는 보상항목들에 관해서 감정을 실시하는 등 심리한 결과, 재결에서 정한 보상금액이 일부 보상항목의 경우는 과소하고 다른 보상항목의 경우는 과다한 것으로 판명되었다면, 법원은 보상항목 상호간에 보상금의 유용을 허용하여 항목별로 과다부분과 과소부분을 합산하여 보상금의 합계액을 정당한 보상금으로 결정할 수 있는데 이를 보상항목간 보상금의 유용이라고 한다.

2) 인정 이유

토지수용위원회의 손실보상금에 대한 재결은 피보상자 별로 개개의 보상항목에 대한 보상금을 산출한 다음 이를 합산한 손실보상금 총액을 하나의 재결로써 결정하는 방법으로 이루어지고 있다. 사업지구가 광대한 경우에는 사업시행자는 사업의 진행에 맞추어서 수용목적물에 대하여 수차에 걸쳐서 순차적으로 재결신청을 하게 되고 그에 따라 동일한 피보상자에 대해서 여러 개의 손실보상 재결이 이루어질 수 있다. 공익사업을 수행하면서 사업지구가 확장되는 경우에도 같은 현상이 발생한다. 만일 보상금증감소송의 소송물이 개개의 보상항목이라고 한다면 법원은 각 보상항목마다 그 증감 여부에 대하여 판단하여야 하므로 판결의 내용은 대단히 번잡하게 된다. 이와는 달리 피보상자별로 결정된 하나의 재결이 소송물이라면 소송의 결과 개개의 보상항목에 대한 보상금에 증감이 발생한 경우라도 이를 합산한 총액에 대하여 하나의 판결을 할 수 있게 되므로 판결의 내용은 간명하고 항소 절차와 관련하여 당사자에게도 편리하다. 보상항목간 보상금의 유용은 법원이나 당사자에게 편리하다는 점에서 판례가 보상금증감소송에서 일찍부터 보상금을 결정하는 방법으로 인정해 오고 있다.

3) 인정 근거

가) 개인별보상의 원칙에서 찾는 견해

보상항목간 보상금의 유용을 인정한 최초의 판례인 대법원 1991. 5. 28. 선고 92누5331 판결은 유용의 근거를 토지보상법 제64조 본문에 규정된 개인별보상의 원칙에서 찾은 이래 후속 판례들도 이에 따르고 있다.[515] 그러나 개인별보상의 원칙은 하나의 수용목적물에 대해서 권리자가 여러 명이 있는 경우에 보상은 권리자 개인별로 하여야 한다는 원칙을 의미하는 것으로, 보상항목간 보상금의 유용과는 무관한 것임은 앞에서 지적하였다.

나) 총 액 설

피보상자 한 사람에게 귀속하는 보상항목 전체에 대한 보상금 총액을 하나의 소송물로 파악하는 총액설의 입장에서는 보상항목 간의 보상금의 유용을 인정할 수 있다. 피보상자에 대한 하나의 손실보상재결을 하나의 소송물로 보는 재결설의 입장도 동일하다. 양설 모두 보상금증감소송에 있어서 개개의 보상항목은 민사소송에서 소송상 청구를 이유있게 하는 공격방어방법의 일종으로 이해하므로 보상항목간 보상금의 유용도 가능하다고 보는 것이다.

최근에 보상항목간 보상금의 유용을 허용한 판례는 앞에서 본 대법원 2018. 5. 15. 선고 2017두41221 판결이다. 동 판결은 대법원 1991. 5. 18. 선고 92누5331 판결을 참고 판례로 들고 있는 점에서 판례는 최근까지도 유용의 근거를 보상금증감소송의 소송물이론에서 찾지 아니하고 개인별보상의 원칙에 두고 있는 것으로 보인다.

515) 대판 1994.8.26. 94누2718; 1995.9.5. 94누14919; 1998.1.20. 96누12597.

(3) 상대방의 보상금증감청구권의 행사

(가) 사업시행자가 제소기간 내에 별도의 보상금감액 청구소송을 제기하지 아니하고 있는 동안에, 피보상자가 보상금증액 청구소송을 제기하고 법원에서 실시한 감정평가액이 재결절차의 그것보다 적게 나오자 그 보상항목을 법원의 심판범위에서 제외하여 달라는 소송상 의사표시를 하는 경우에, 법원의 심판 범위는 나머지 보상항목으로 제한되는 것은 당사자처분권주의가 적용된 결과임은 앞에서 본 바와 같다.

한편 사업시행자는, 법원이 피보상자에게 불리하게 나온 보상항목들에 관한 법원의 감정 결과가 정당하다고 인정하는 경우, 이를 적용하여 과다하게 산정된 금액을 보상금액에서 공제하는 등으로 과다부분과 과소부분을 합산하여 당초 불복신청된 보상항목들 전부에 관하여 정당한 보상금액을 산정하여 달라는 소송상 의사표시를 할 수 있다는 것도 판례가 채택하고 있는 심리 방법이다.

이러한 심리 방법은 사업시행자가 여러 보상항목들에 관해 불복하여 보상금 감액 청구소송을 제기하였다가 그중 일부 보상항목에 관해 법원 감정 결과가 불리하게 나오자 해당 보상항목에 관한 불복 신청을 철회하는 경우에, 피보상자에게도 동일하게 적용된다.

(나) 위 판례의 의미를 정리하면 다음과 같다.

첫째, 제소기간의 경과로 보상금증감소송을 제기할 수 없었던 사업시행자나 피수용자는, 상대방이 제기한 소송에서 자기에게 유리하게 증감되었으나 보상항목에서 제외된 보상항목의 보상금을 유용하는 방법을 통하여 항변권으로 행사하는 것은 가능하다. 이는 보상항목간 보상금의 유용이 민법상 손해배상청구소송에서 가해자의 이득공제의 항변과 유사한 기능을 한다는 것을 의미한다.

둘째, 보상금증감소송의 현실적 심판의 대상은 전체 보상항목 중에서 당사자가 불복하는 보상항목으로 한정되지만, 상대방은 심판의 대상에서 제외된 보상항목의 보상금이 자신에게 유리한 것이라면 이를 항변사유로 주장할 수 있다는 점에서 현실적 심판의 대상에서 제외된 보상항목일지라도 잠재적 심판의 대상으로는 되며, 이는 보상항목의 선택에 있어서는 당사자처분권주의가 사실상 제한된다는 것을 의미한다.

(4) 수용재결 전치주의와의 관계

보상금증감소송에 관한 판례는, 이의재결 전치주의를 채택한 구 토지수용법 하에서 항고소송의 형식만 인정하던 제1기와 1990. 4. 7. 법률 제4231호로 구 토지수용법 제75조의 2 제2항을 신설함에 따라 항고소송과 당사자소송이 병합된 필요적공동소송[516]이라고 한 제2기를 거쳐서 토지보상법을 제정하면서 수용재결 전치주의와 함께 형식적 당사자소송만 인정한 제3기로 나누어 살펴볼 수 있다.

(가) 보상금증감소송을 항소소송의 일종으로 보던 제1기에서는 이의재결 처분의 위법성 자체가 소송물이므로 보상금증감소송의 소송물이라고 해서 달리 취급할 이유가 없었다. 즉 개개의 보상항목에 대한 보상금의 존부나 범위는 이의재결의 위법성 판단의 기초가 되는 공격방어방법에 불과하므로 이의재결에서 주장하지 아니한 보상항목을 보상금청구소송에서 주장하는 것은 원칙적으로 허용된다고 할 수 있다. 이런 이유에서 대법원 1989. 6. 13. 선고 88누8852 판결이 총액설(개인별소송물설)에 입각한 것[517]이라고 단정하기 어려운 점이 있다.

(나) 제2기에 나타난 판례 중에는, 일단의 토지의 일부에 대한 손실보상금 청구소송에서 잔여지 가격 하락의 손실에 대하여 주장하거나,[518] 지장

---

516) 대판 1991.5.28. 90누8787. 필요적공동소송이라는 용어는 2002.1.26. 법률 제6626호로 전면개정된 민사소송법 제67조에 따라 필수적공동소송이라는 용어로 변경되었다.

517) 이상덕, 앞의 논문 407면.

물에 대한 이전료보상 청구소송 중에 영업손실보상 청구를 추가하는 것이[519] 가능하다고 한 판례가 있다. 특히 후자의 판례에 의하면, 이의재결에서 주장하지 아니한 영업손실보상에 대해서도 "이의재결의 취소 및 손실보상금의 증액을 구하는 소송을 제기하거나 소송 진행 도중에 이를 공격방어방법의 하나로 주장할 수 있다."라고 밝히고 있다. 이러한 판례는 보상금 청구소송을 항소소송으로 파악하던 제1기의 잔재이거나, 보상금증감 청구소송의 소송물에 대해서 총액설을 전제로 한 것이라고 이해할 수 있다.[520]

(다) 제3기에 이르러서 대법원 2008. 7. 10. 선고 2006두19495 판결은 종전과는 달리, 잔여지 수용청구권은 제척기간 내에 토지수용위원회를 상대로 하여야 하고, 잔여지 수용청구를 받아들이지 아니한 토지수용위원회의 재결에 대하여 사업시행자를 피고로 하여 보상금증감소송으로 제기하여야 한다고 한 이래로, 판례[521]는 보상금청구소송의 소송물에 대해서는 더 이상 총액설을 취하지 아니하는 것으로 파악된다. 즉 제3기의 판례는 토지보상법이 수용재결 전치주의를 채택함에 따라 수용재결을 요하는 보상항목에 대해서는 재결을 거치지 아니하면 보상금증감소송에서 주장할 수 없도록 하는 한편 보상항목간 보상금의 유용은 여전히 유지하고 있다.

이러한 판례의 견해는, 보상금증감소송의 소송물을 재결에서 결정한 보상항목의 총액으로 파악하되 재결을 거치지 아니한 보상항목의 추가는 허용하지 아니하는 것으로 요약할 수 있는데, 이를 총액설과 구별하여 재결

---

518) 대판 1994.1.25. 93누7259.

519) 대판 1995.12.8. 95누5561.

520) 이상덕, 앞의 논문 407면.

521) 잔여지 가격감소 손실은 대판 2012.11.29. 2011두22587; 2014. 9.25. 2012두24092, 잔여건축물 가격 감소손실은 대판 2015.11.12. 2015두2963, 생활대책대상자선정청구와 영업손실보상청구는 대판 2011.9.29. 2009두10963, 영업시설일부의 보상청구와 잔여영업시설 보상청구는 대판 2018.7.20. 2015두4044.

설(1재결 1소송물설)이라고 부른다. 재결설에 의하면 피수용자 1인이 보유한 수개의 보상항목에 관하여 수차에 걸쳐서 재결이 있는 경우에, 보상금증감소송의 소송물은 재결의 숫자에 대응하여 수개로 보게 된다.

(5) **감정평가액 선택의 재량성**[522)]

보상금증감소송은 재결에서 정한 보상금이 헌법상의 정당보상주의의 원칙에 부합하지 아니함을 이유로 정당한 보상금을 지급할 것을 구하는 소송이라고 할 수 있다. 따라서 토지수용위원회가 재결에서 정한 보상금과 보상금증감소송에서 드러난 보상금 간에 차이가 발생하면 법원으로서는 어느 것이 정당한 보상금인지 여부에 대한 판단을 하여야 할 것이다.

그러나 보상항목에 대한 보상금 즉 감정평가액의 산정은 전문가인 감정평가사의 주관적 판단이 개입할 여지가 있는 정성평가에 속하는 영역이다. 따라서 법원이 수개의 감정평가액 중에서 어느 것이 정당한 보상액인지 여부를 판단한다는 것은 대단히 어려운 일이다. 이런 이유에서 판례는 "보상금증감소송에 있어서 이의재결의 기초가 된 각 감정기관의 감정평가와 법원 감정인의 감정평가가 평가방법에 있어 위법사유가 없고 개별요인비교를 제외한 나머지 가격산정요인의 참작에 있어서는 서로 견해가 일치하나 개별요인 비교에 관하여만 평가를 다소 달리한 관계로 감정 결과(수용대상 토지의 보상평가액)에 차이가 생기게 된 경우 그중 어느 감정평가의 개별요인비교의 내용에 오류가 있음을 인정할 자료가 없는 이상 각 감정평가 중 어느 것을 취신하여 정당보상가액으로 인정하는가 하는 것은 그것이 논리칙과 경험칙에 반하지 않는 이상 법원의 재량에 속한다."[523)]고 한다.

"그러나 이의재결 감정기관의 감정평가와 법원 감정인의 감정평가가 품

522) 대판 2014.12.11. 2012두1570.
523) 대판 2005.1.28. 2002두4679.

등비교를 제외한 나머지 요인에서도 견해가 다르거나 그 평가방법에 위법 사유가 있을 경우, 그 각 감정평가 중 어느 것을 받아들일 것인지는 더 이상 재량의 문제라고 할 수 없으므로, 법원은 적법한 감정평가에 따라 정당한 손실보상금을 산정하여야 한다."[524]

마. 공탁된 보상금의 수령 제한

(1) 차액공탁금의 수령 제한

(가) 토지보상법의 규정

사업시행자는 수용 또는 사용의 개시일까지 보상금을 받을 자에게 토지수용위원회가 재결한 보상금을 지급하여야 하지만(법 제40조 제1항), 관할 토지수용위원회가 재결한 보상금에 대하여 불복할 때(동조 제2항 제3호)는 보상금을 받을 자에게 자기가 산정한 보상금은 지급하고 그 금액과 토지수용위원회가 재결한 보상금과의 차액은 공탁하여야 한다. 이 경우 보상금을 받을 자는 그 불복의 절차가 종결될 때까지 공탁된 보상금을 수령할 수 없다(동조 제4항).

(나) 취 지

재결의 효력은 사업시행자가 재결에서 정한 보상금을 지급하여야 발생하므로 사업시행자에게는 보상금의 지급이 간접적으로 강제되고 있다. 사업시행자가 재결에 불복하여 이의신청을 하거나 행정소송을 제기하더라도 동일하다. 다만 사업시행자가 불복하는 경우에는 자신이 산정한 보상금만 지급하고 재결에서 정한 보상금과의 차액은 공탁하는 것만으로도 재결의 효력이 발생하도록 하는데 위 규정의 취지가 있다. 따라서 차액을 공탁하지 아니하면 재결의 효력은 발생하지 아니한다고 해석하여야 한다.

그러나 민사소송법상 재산권의 청구에 관한 미확정 판결에 대해서 집행

---

524) 대판 2014.6.12. 2013두4620.

력을 부여하는 가집행선고 제도(법 제213조 제1항)와 비교해 보았을 때, 차액보상금을 현실적으로 지급하지 아니하고 이를 공탁하는 것을 허용하고 피보상자의 수령권을 일정기간동안 제한한다는 것은 재결에서 정한 피보상자의 손실보상청구권보다는 사업시행자의 차액보상금 회수권의 보호를 중요시하는 것이 아닌가 한다.

(2) 증액보상금의 수령 제한

사업시행자나 토지소유자 등이 이의재결에 대해서 불복하는 경우에 행정소송을 제기할 수 있다. 사업시행자가 행정소송을 제기하는 경우에는 늘어난 보상금을 미리 공탁하여야 하고, 보상금을 받을 자는 보상금소송이 종결될 때까지 공탁된 보상금을 수령할 수 없다(법 제85조 제1항 후문).

증액보상금의 공탁과 그에 대한 수령의 제한은 차액보상금의 공탁에서 설명한 것과 동일하다.

바. 법정이율의 가산지급

(1) 사업시행자가 제기한 행정소송이 각하 · 기각 또는 취하된 경우, ① 재결이 있은 후 소송을 제기하였을 때에는 재결서 정본을 받은 날, ② 이의신청에 대한 재결이 있은 후 소송을 제기하였을 때에는 그 재결서 정본을 받은 날부터 판결일 또는 취하일까지의 기간에 대하여 소송촉진 등에 관한 특례법 제3조에 따른 법정이율을 적용하여 산정한 금액을 보상금에 가산하여 지급하여야 한다(법 제87조).

(2) 보상금증감소송의 판결은 손실보상금에 대한 지급의무의 존부의 확인과 그 이행을 명하는 판결이므로 피보상자가 제기한 보상금증액소송에서 승소한 경우에는 사업시행자는 증액된 보상금에 대해서는 민법과 소송촉진 등에 관한 특례법에서 정한 비율에 따른 지연손해금을 지급하여야 한다.

사업시행자가 보상금 감액소송을 제기하기 위해서는 소송을 제기하기 전에 늘어난 보상금을 공탁하여야 한다(법 제85조 제1항). 만일 위 소송이 각하나 기각 또는 취하되었다면 사업시행자는 자신이 공탁한 증액보상금에 소송촉진 등에 관한 특례법에서 정한 비율에 따른 지연손해금을 가산하여 지급하여야 한다는 것이 법 제87조의 취지로서, 피보상자가 승소한 경우와 균형을 맞추기 위함이다.

(3) 사업시행자는 재결에서 정한 수용개시일까지 손실보상금을 지급하여야 하므로 지연손해금의 기산일은 수용개시일 다음 날이 되어야 하는 것이 원칙이지만 토지보상법은 재결서 정본을 받은 날을 지연이자 기산일로 정하고 있다.

제6장 환 매 권

Ⅰ. 환매권의 의의

1. 개 념

환매권이란 공익사업의 폐지 · 변경 또는 그 밖의 사유로 취득한 토지의 전부 또는 일부가 해당 공익사업에 필요 없게 되거나 토지의 전부를 이용하지 아니하는 경우에 토지의 협의취득일 또는 수용의 개시일 당시의 토지소유자 또는 그 포괄승계인이 일정기간 이내에 그 토지에 대하여 받은 보상금에 상당하는 금액을 사업시행자에게 지급하고 그 토지를 다시 매수할 수 있는 권리를 말한다(토지보상법 제91조 제1항, 제2항).

2. 민법상의 환매와의 차이

가. 민법상 환매란 매도인이 매매계약과 동시에 특약으로 매매 목적물을 다시 매수할 수 있는 권리 즉 환매권을 보유하고, 일정한 기간 안에 이를 행사하여 매매 목적물을 다시 매수하는 내용의 계약을 말한다(법 제590조 제1항). 민법이 규정하는 환매라는 용어는 1960. 1. 1.부터 현행 민법이 시행되기 전까지 시행되던 구민법 제579조[525]에서 사용하던 매려(買戾)라는 일본어를 순화한 용어이다.

1962. 1. 15. 법률 제965호로 제정된 우리나라의 구 토지수용법은 일본의 구 토지수용법(1957. 법률 제103호)을 도입한 것으로, 그 중 제71조에서 환매권에 관한 규정을 두고 있었는데, 이는 일본의 같은 법 제106조와 그

525) 不動産의 買主는 賣買契約과 동시에 한 買戻의 特約에 의하여 買主가 支拂한 代金 및 契約의 費用을 返還하고 그 賣買의 契約을 解除할 수 있다.

내용이 대동소이하고 다만 조항의 표제와 권리의 명칭만 매수권을 환매권으로 바꾼 것이다. 일본에서는 자국의 토지수용법상의 매수권과 민법상의 매려권을 다른 권리로 인식하고 있다.[526] 그런데 일본의 구 토지수용법을 도입한 우리나라의 입법자는 일본 토지수용법상의 토지소유자의 매수권을 새로 시행된 민법이 규정하는 환매권이라는 용어로 대체한 이래로 현행 토지보상법에 이르기까지 동일한 용어를 사용하고 있다. 이에 따라 토지보상법상의 환매권을 이해함에 있어서 혼란이 나타나고 있다.

나. 구체적인 차이

(1) 권리의 인정 근거 또는 기능

토지보상법상의 환매권을 인정한 근거에 대해서 다수설은 피수용토지 소유자의 감정의 존중 및 공평의 원칙에 있고 헌법상의 재산권보장의 원칙으로부터 도출되는 권리라고 한다. 민법상의 환매권은 재매매의 예약과 함께 채권담보의 기능을 한다는 설이 유력하다.

(2) 발생 근거

다수설에 의하면 토지보상법상의 환매권은 수용의 본질에 근거를 둔 권리로서 토지보상법에 의하여 발생하는 권리임에 비하여 민법상의 환매권은 매매계약을 체결하는 당사자 사이의 의사의 합치에 따라 발생하는 권리라는 점에서 양자는 구별된다.

(3) 법적 성격

양 권리의 법적 성격은 형성권으로서 상대방에 대한 환매의 의사표시에 의해서 소유권이전등기청구권이 발생한다는 점에서는 동일하다.

---

526) 高田賢造, 앞의 책 423면; 小澤道一, 앞의 책 237면.

(4) 목 적 물

토지보상법상의 환매권의 목적물은 토지에 한정되지만 민법상의 환매권에는 목적물의 제한이 없다.

(5) 환매사유

토지보상법상의 환매권은 동법에 정해진 사유가 발생하여야 발생하거나 행사할 수 있다. 그러나 민법상의 환매권에는 발생사유의 제한이 없고 당사자 간의 합의에 의해서 결정할 수 있다.

다. 위에서 살펴본 바와 같이 토지보상법상의 환매권과 민법상의 환매권은 법적 성격은 동일하지만 나머지 점에서는 뚜렷이 구별되는 권리이다. 따라서 토지보상법상의 환매를 논함에 있어서 민법상의 환매권의 개념을 참고는 하되 토지보상법의 입장에서 환매권의 본질을 밝히는 것이 옳다고 생각한다.

3. 공익사업수행권과의 관련성

가. 사업인정은 그에 대한 고시가 된 날부터 1년 이내에 재결신청을 하지 아니하거나(법 제23조 제1항), 고시가 된 이후에는 사업의 전부 또는 일부를 폐지하거나 변경함으로 인하여 토지 등의 전부 또는 일부를 수용 또는 사용할 필요가 없게 되었을 때(법 제24조 제1항)는 그 효력을 상실한다. 사견에 의하면 재결신청을 하지 아니하거나 사업의 전부 또는 일부가 폐지나 변경됨에 따라 해당 토지의 전부 또는 일부를 수용 또는 사용할 필요가 없게 되었다는 것은 사업시행자가 사업인정을 통하여 해당 토지에 관하여 부여받은 공익사업수행권이 소멸하는 것으로 파악한다.

나. 환매권은 공익사업용지 취득의 절차가 완료된 이후에 발생한다는 점을 제외하면 이 권리의 발생요건은 위에서 본 사업인정이 실효되는 경

우와 큰 차이가 없다. 다만 환매권은 사업인정 자체의 실효를 전제로 하지 아니하고, 토지보상법이 정한 사유가 발생하면 공익사업수행권이 소멸함에 따라 공익사업의 수행을 목적으로 취득한 토지를 보유할 근거를 상실하기 때문에 종전의 토지소유자나 포괄승계인으로 하여금 소유권을 회복할 수 있는 기회를 주기 위하여 토지보상법이 특별히 인정한 권리라고 본다.

Ⅱ. 환매권의 근거

1. 헌법상 재산권보장의 원칙과의 관계

환매권에 대해서는 헌법상의 재산권보장의 원칙에 의해서 당연히 인정되는 권리라고 보는 헌법원칙설과 헌법상의 원칙이 아니라 입법정책에 의해서 인정되는 일반법상의 권리라는 입법정책설이 대립한다.

가. 헌법원칙설

헌법원칙설은 환매권은 헌법상의 재산권보장 규정에 의해서 당연히 도출되는 권리라고 주장한다. 즉 "일단 공용수용의 요건을 갖추어 수용절차가 종료하였다고 하더라도 그 후에 수용의 목적인 공공사업이 수행되지 아니하거나 또는 수용된 재산권이 당해 공공사업에 필요 없게 되거나 이용되지 아니하였다고 한다면, 수용의 헌법상 정당성과 공공사업시행자에 의한 재산권 취득의 근거가 장래를 향하여 소멸한다고 보아야 한다. 이렇게 보는 것이, 사유재산제도를 기초로 하여 원칙적으로 개인의 구체적 재산권에 대한 사적 이용 · 수익 · 처분권을 보장하면서도(헌법 제23조 제1항), 불가피하게 구체적 재산권을 수용 · 사용 · 제한할 공익상의 필요가 있기 때문에 그에 대한 사적 이용 · 수익 · 처분권을 보장할 수 없는 예외적인 경우에만 정당한 손실보상을 통하여 재산권의 가치를 보장하도록 하고 있는(같은 조 제3항), 우리 헌법의 재산권 보장의 원칙에 충실한 해석이라 할 것이다. 따라서 수용된 토지가 당해 공익사업에 필요 없게 되거나 이용되지 아니하였을 경우에 피수용자가 그 토지소유권을 회복할 수 있는 권리 즉 토지수용법 제71조 소정의 환매권은 헌법상의 재산권 보장 규정으로부터 도출되는 것으로서 헌법이 보장하는 재산권의 내용에 포함되는 권리라고 할 수 있다. 또한 이 권리는 피수용자가 수용 당시 이미 정당한 손실보상을 받았다는 사실로 말미암아 부정되지 않는다. 왜냐하면 피수용자가 정당한 손실보상을 받는 것은 단지 수용요건 중의 하나에 불과한 것으로서, 피수용자가 손실보상을 받고 소유권의 박탈을 수인할 의무는 그 재산권의 목적물이 공공사업에 이용되는 것을 전제로 하기 때문"[527]이라는 것이 이 설의 주장이다.

나. 입법정책설

이 설에 의하면, "수용원인이 사후에 소멸되더라도 당해 수용은 적법하게 행하여졌던 것이고, 더욱이 이미 정당한 보상을 한 사업시행자가 토지소유권을 완전히 취득한 이상, 헌법상의 문제는 이미 해결되었다."[528]고 보고 환매권은 입법정책에 의해서 인정되는 권리라고 파악한다. 공익사업용지의 협의취득의 법적 성격은 사법상의 매매계약이고 협의취득에 따른 보상금의 지급행위 역시 사법상의 행위로서 해당 토지의 종전 소유자에게 인정되는 환매권은 헌법상의 요청에 의하여 보장되는 권리가 아니라는 주장[529]도 같은 견해이다.

---

527) 헌재 1994.2.24. 92헌가15등 사건의 다수의견; 같은 취지, 대판 1998.4.10. 96다52359; 이선영, 같은 책 289면.

528) 小高剛, 앞의 책 567면.

529) 헌재 1994.2.24. 92헌가15등 사건의 소수의견.

다. 결 론

다음과 같은 이유에서 헌법원칙설보다 입법정책설이 타당한 것으로 생각한다.

(1) 공익사업용지 취득의 원리를 구성하는 두 가지 요소는 공공필요와 보상이다. 이 중에서 보상은 공익사업용지 취득, 정확하게 말하면 수용의 효력발생요건이므로 보상이 이루어지면 수용절차는 유효하게 종료된다. 나머지 요소인 공공필요가 수용의 효력발생 이후에 소멸하였다는 것은 사정변경에 따라 수용의 목적이 소멸하였다는 것을 의미한다. 환매권을 인정할 것인지 여부는 공공필요의 소멸이라는 사정변경이 발생한 경우에 원래의 토지소유자에게 해당 토지를 다시 매수할 수 있는 권리를 인정할 것인지 여부에 달려있다.

(2) 토지보상법은 공익사업용지 취득의 방법으로 수용뿐만 아니라 협의취득계약에 의한 취득까지 인정하고 있다. 협의취득계약에 의한 토지소유권의 취득은 사적 자치의 원칙을 완전히 배제하기는 어려운 영역으로서, 공공필요의 소멸이라는 사정변경이 발생한 경우에 원래의 토지소유자에게 환매권을 인정하는 것은 재산권보장이라는 헌법원칙에 근거한 것이라기보다는 토지소유자와 사업시행자간의 이해관계의 조절이라는 입법정책의 문제라는 것이 비교적 분명하게 드러난다.

(3) 공공필요에 의한 토지수용은 보상을 함으로써 그 효력이 발생하는데 이러한 효력은 공익사업의 착수나 완료를 정지조건으로 발생하는 것이 아니라 확정적으로 발생하는 것이다. 따라서 수용의 경우에 있어서도 공공필요의 사후적인 소멸이라는 사정변경이 발생하였을 때, 원상회복의 방법으로 환매권을 인정할 것인지 여부 역시 재산권보장이라는 헌법원칙보다는 입법정책적으로 결정된다고 보는 것이 더욱 타당하다고 생각한다.

(4) 수용권의 효력은 토지소유권을 원시취득하는 것이다. 그럼에도 불

구하고 수용된 토지에 대해서 공공필요가 소멸된 경우에는 이를 원소유자에게 반환하는 것이 수용의 본질이라거나[530] 재산권의 보장을 요구하는 헌법상의 원칙이라는 것[531]은 수용권을 조건부권리로 인정하는 것으로 수용권의 본질과는 상충되는 주장이다.

(5) 공공필요가 소멸된 경우에 재산권의 보장을 위하여 원상회복을 인정하는 것이 헌법원칙이라면 토지소유권뿐만 아니라 수용으로 소멸한 일체의 권리에 대해서도 원상회복이 인정되어야 한다. 그럼에도 불구하고 토지소유자에 한해서 환매권이 인정된다는 것은 이 권리가 반드시 헌법상의 재산권 보장의 원칙을 근거로 한 것이 아니라 입법정책적으로 인정되는 권리임을 시사하는 것이다.

2. 환매권의 이론적 근거

환매권을 수용권의 본질상 인정되는 권리로 파악하거나 헌법의 재산권 보장의 원칙에 근거한 권리라고 보는 견해를 취하면 환매권을 인정하는 이론적 근거를 밝힐 필요는 크지 않다고 본다. 환매권을 입법정책적으로 인정되는 권리로 이해하는 입장에서는 환매권을 인정하는 이론적 근거를 밝히는 것은 의미가 있다. 이에 대해서는 다음과 같은 견해들이 있다.

첫째, 토지소유자의 감정의 보호에서 찾는 견해가 있다. 이 견해에 의하면, 해당 토지가 더 이상 공익사업용지에 사용되지 아니하게 된 경우에 종전 토지의 소유자가 해당 토지에 대하여 가지고 있던 감정을 존중하고 이를 만족시키기 위해서 특별히 환매권 제도를 창설한 것이라고 설명한다.[532] 종전 토지소유자의 심리적 저항감[533]을 완화하기 위한 목적이라는

530) 박윤흔, 행정법강의(하)(2004) 630면.

531) 이선영, 앞의 책 289면.

532) 박윤흔, 행정법강의(하) 630면; 박평준 · 박창석, 앞의 책 172면.

533) 특히 사업시행자가 공익사업용지를 취득한 후에 이를 타에 처분한다면 종전 토지

견해도 이와 유사한 입장이다.

둘째, 공익사업용지 취득의 목적에 비추어 볼 때, 해당 토지가 공익사업에 필요하지 아니하게 된 때에는 이를 종전의 토지 소유자에게 회복시켜 주는 것은 공평의 원칙에 부합한다고 하는 견해가 있다.[534)]

판례는 "환매권을 인정하고 있는 입법 취지는 토지 등의 원소유자가 사업시행자로부터 토지 등의 대가로 정당한 손실보상을 받았다고 하더라도 원래 자신의 자발적인 의사에 따라서 그 토지 등의 소유권을 상실하는 것이 아니어서 그 토지 등을 더 이상 당해 공공사업에 이용할 필요가 없게 된 때에는 원소유자의 의사에 따라 그 토지 등의 소유권을 회복시켜 주는 것이 원소유자의 감정을 충족시키고 동시에 공평의 원칙에 부합한다는 데에 있는 것"[535)]이라고 하여 위 양설을 절충하는 견해를 취하고 있다. "종전 소유자의 감정과 공평의 이념을 고려함과 아울러 공공사업의 시행에 협조한 원소유자에게 일정한 경우 환매권을 인정해줌으로써 공공사업에 필요한 토지 등의 원활한 조달을 도모할 목적 하에 입법정책적으로 토지수용법상의 환매권과 유사한 내용으로 법률상 설정한 권리가 바로 공특법에 의한 환매권"[536)]이라는 견해도 이에 속한다.

환매권은 해당 토지에 대한 공공필요의 소멸 또는 불이용이라는 사정변경이 발생한 경우에 공평의 이념과 원래의 토지소유자의 감정을 보호하기 위한 정책적인 고려에서 원상회복의 방법으로 인정된 권리라고 본다.

소유자의 저항감은 적지 아니할 것이다.

534) 박평준 · 박창석, 앞의 책 172면.

535) 대판 2001.5.29. 2001다11567.

536) 헌재 1994.2.24. 92헌가15등 사건의 소수의견.

Ⅲ. 환매권의 법적 성격

1. 학 설

가. 공 권 설

이 설에 의하면 환매권은 토지보상법에 의한 공익사업의 수행을 둘러싸고 사업시행자와 환매권자간의 법률관계에서 발생한 권리로서 민법상의 환매권과는 권리의 인정 근거나 발생 원인 등이 상이하므로 공권의 일종이고, 이에 대한 분쟁은 행정소송법 제3조 제2호에서 규정한 "공법상의 법률관계에 관한 소송"인 당사자소송으로 다루어야 한다는 입장이다.[537)]

나. 사 권 설

이 설은 환매권이란 공익사업용지에 포함되었던 토지가 그 후에 공익사업과 무관하게 된 경우에 토지소유자나 그 포괄승계인에게 인정되는 권리로서 오로지 종전 토지소유자의 사익을 위해서 인정된 권리라고 한다.[538)]

판례는 토지보상법상의 환매에 대해서 민법상의 환매와 다르다고 인정하면서도 환매권자와 국가(사업시행자)와의 사법상의 매매로 파악하고,[539)] 협의취득의 경우는 말할 것도 없고 수용의 경우에 발생하는 환매권 역시 종전의 토지 소유자의 재산권을 보호하기 위한 사권이라는 입장이다.

다. 환매권은 공익사업용지의 취득절차가 완전히 종료한 이후에 공익사업의 폐지·변경이라는 사정변경이 발생함에 따라 원상회복을 통하여 사업시행자와 환매권자간에 이해관계의 조절을 목적으로 입법정책에 의해서 토지보상법에서 인정한 권리이다. 환매권의 행사를 통하여 토지소유자가

---

537) 박평준·박창석, 앞의 책 174면; 석종현, 앞의 책 413면; 홍정선, 행정법원론(하)(2015) 659면.

538) 박윤흔, 행정법강의(하)(2004) 630면.

539) 대판 1989.12.12. 88다카15000; 1992.4.24. 92다4673.

취득하는 권리 자체는 소유권이전등기청구권이라는 사권이지만 이 권리를 인정하는 취지, 권리의 목적 또는 기능, 공익사업수행권과의 관계 등에서 살펴본다면 공권으로서의 성격을 가진 권리라고 생각한다. 그러므로 이에 대한 분쟁은 행정소송법 제3조 제2호에 규정한 "공법상 법률관계에 관한 소송"인 당사자소송으로 다루는 것이 옳다고 본다.

2. 환매권의 본질

가. 환매권은 공익사업의 폐지 등으로 인하여 근거를 상실한 수용의 효력을 소멸시켜서 수용 이전의 상태로 원상회복하기 위하여 환매권자에게 인정된 해제권이나 취소권이 아님은 분명하다.[540] 토지수용위원회의 재결과 보상금의 지급에 따라 확정적으로 발생한 수용재결의 효력은 환매권자의 해제나 취소의 의사표시로 소멸시킬 수 있는 법률행위의 일종이 아니고 토지보상법이나 행정소송법이 정한 불복절차에 의해서만 그 효력을 소멸시킬 수 있다. 뿐만 아니라 환매권의 행사로 수용의 효력이 소멸한다면 수용으로 인하여 소멸하였던 모든 권리도 함께 원상회복되어야 한다. 환매권은 공익사업용지에 대한 협의취득계약이나 수용의 효력을 소멸시키기 위한 권리가 아니라, 공익사업에 필요하지 아니하게 된 토지에 대해서 종전의 소유자에게 되돌려주기 위하여 토지보상법이 특별히 인정한 권리이다.

나. 환매권자가 사업시행자에게 보상금으로 수령한 돈을 지급하고 환매권을 행사하면 해당 토지에 대한 소유권을 취득하므로 수용이 반대방향으로 진행된다는 의미에서 환매권을 역수용이라는 관점에서 파악할 수도 있다. 그러나 이는 환매권 행사의 결과 수용과 반대되는 현상이 나타나는 사

540) 高田賢造, 앞의 책 424면.

실을 비유적으로 표현한 것에 불과하고, 환매권이 해당 토지소유권자의 역수용권이라고 하는 것은 토지보상법의 해석을 벗어나는 견해이다.

다. 결론 – 매도청구권

(1) 토지보상법상의 환매권은 민법상의 환매권과는 달리 공익사업용지의 협의취득 시나 수용 시에 환매권을 유보한다는 특약에 따라 발생하는 권리가 아니다. 이 권리는 토지보상법이 정한 요건이 발생한 경우에 환매권자에게 법률상 당연히 발생하는 권리로서 동 권리의 기능이나 인정 근거는 민법상 환매권과 상이하다.

(2) 토지보상법상의 환매권은 이를 행사한다는 의사표시에 의해서 환매권자와 사업시행자 사이에 새로운 매매계약의 체결이라는 법률관계가 형성되고 환매권자는 사업시행자에 대해서 해당 토지에 대한 이전등기청구권을 취득한다[541]는 점에서는 민법상의 환매권과 동일한 형성권이다.

그러나 환매권은 그 명칭과는 달리 잔여지 매수청구권과 법적 성격이 동일한 권리이다. 잔여지 매수청구권이 일단의 토지의 일부가 수용됨에 따라 종래의 목적으로 사용할 수 없게 된 잔여지를 매수할 것을 청구할 수 있는 형성권임에 비하여, 환매권은 공익사업에 사용하지 아니하게 된 토지를 매도할 것을 청구할 수 있는 형성권이다. 잔여지 매수청구권은 사업시행자로 하여금 잔여지를 매수하도록 청구할 수 있는 토지소유자의 권리임에 반하여, 환매권은 사업시행자로 하여금 해당 토지를 매도하도록 청구할 수 있는 환매권자의 권리라는 점에서 양 권리는 매도인과 매수인의 위치만 역전되어 있을 뿐이다. 따라서 환매권은 잔여지 매수청구권에 대비하여 매도청구권이라고 파악하는 것이 타당하다고 생각한다.[542]

---

541) 대판 1992.4.24. 92다4673.

542) 도시 및 주거환경정비법 제64조 제4항에 규정된 사업시행자의 매도청구권 역시 환매권과 본질적으로 동일한 권리이다(12면 참조).

3. 환매권의 발생시기

환매권의 본질과 관련하여 환매권이 언제 발생하느냐에 관해서도 의견이 갈리고 있다.

가. 용지취득시설

이 설에 의하면 환매권은 토지의 협의취득일 또는 수용의 개시일에 환매권자가 당연히 취득한다고 주장하면서[543] 그 이유는 환매권은 토지보상법의 규정에 의하여 공익사업용지에 당연히 부착된 부담으로서의 성격을 가지기 때문이라고 한다.[544] 이 설은 토지보상법이 규정하는 환매권의 행사시기는 환매권의 성립요건이 아니라 그 행사요건으로 이해하고,[545] 환매권은 수용의 효과로 발생하는 권리로 파악하는 입장이다.

나. 사유발생시설

이 설은 토지보상법이 규정하는 환매사유가 발생하였을 때 환매권도 발생한다는 견해이다.[546] 즉 사업의 폐지 · 변경으로 취득한 토지의 전부 또는 일부가 필요 없게 된 경우에는 관계 법률에 따라 사업이 폐지 · 변경된 날 또는 사업의 폐지 · 변경 고시가 있는 날(법 제91조 제1항 제1호), 그 밖의 사유로 취득한 토지의 전부 또는 일부가 필요 없게 된 경우에는 사업완료일(동항 제2호), 취득한 토지의 전부를 해당사업에 이용하지 아니하였을 때는 취득일(동조 제2항)에 각각 환매권이 발생하는 것으로 본다.

543) 김동희, 행정법Ⅱ(2017) 404면; 박윤흔, 행정법강의(하)(2004), 632면; 박평준 · 박창석, 앞의 책 174면.

544) 小澤道一, 앞의 책 237면.

545) 석종현, 앞의 책 414면; 이선영, 앞의 책 293면.

546) 高田賢造, 앞의 책 425면.

다. 결 론

수용으로 인한 공익사업용지의 취득은 원시취득으로 해당 토지에 부착된 종전의 권리는 모두 소멸하고 사업시행자는 법률상 아무런 제한이 없는 완전한 소유권을 취득하므로 여기에는 어떠한 조건도 부착될 수 없다. 협의취득에 대하여 확인재결이 있는 경우에도 동일하다. 공익사업용지 취득과 동시에 해당 토지에 환매권이 부착된다는 주장은 수용으로 인한 소유권취득이 원시취득이라는 성격과 배치된다.[547] 민법상 환매권은 매매계약 당시에 당사자의 의사에 따라 환매의 특약을 하였기 때문에 매매계약의 체결과 동시에 발생한다. 그러나 토지보상법상의 환매권은 사정변경에 의한 매매계약의 법정 해제권도 아닐 뿐더러 공익사업용지 취득의 효력의 발생과도 아무런 관계가 없다.

앞에서 본 바와 같이 공익사업용지의 전부 또는 일부가 필요 없게 되었다는 것은 사정변경에 따라 해당 토지에 대한 공익사업수행권도 존속할 이유가 없게 되었다는 것을 의미한다. 환매권은 공익사업수행권이 소멸한 토지에 대해서 토지보상법이 특별히 환매권자에게 부여한 매도청구권으로, 민법상 환매권과는 다른 권리이다. 따라서 토지보상법이 규정하고 있는 사유가 발생한 시점, 다시 말해서 공익사업수행권이 소멸하는 시점에 환매권이 발생한다.

4. 환매권의 대항력

가. 환매권은 부동산등기법에서 정하는 바에 따라 공익사업에 필요한 토지의 협의취득 또는 수용의 등기가 되었을 때에는 제3자에게 대항할 수 있다(법 제91조 제5항).

547) 高田賢造, 앞의 책 423면.

나. 동 조항은 민법 제592조에서 "매매의 목적물이 부동산인 경우에 매매등기와 동시에 환매권의 보류를 등기한 때에는 제삼자에 대하여 그 효력이 있다."는 규정과 유사하다.

(1) 민법상의 환매권은 당사자의 약정에 따라서 발생하는 권리로서 환매권 자체를 등기해 두어야 제삼자에 대한 대항력을 취득한다. 그러나 토지보상법상의 환매권은 입법정책적으로 법률에 의해서 환매권자에게 인정된 권리로서 사업시행자가 공익사업을 위해서 토지를 취득하게 되면 등기부상의 소유권이전등기의 등기원인은 당연히 "공익사업용지의 협의취득"이거나 "수용"으로 기재된다. 토지보상법상의 환매권은 등기원인의 기재에 의하여 예외 없이 대항력을 취득한다는 점에서 민법상의 환매권이 대항력을 취득하는 원인과 차이가 있다.

(2) 환매권이 대항력을 가진다는 토지보상법의 규정은 사업시행자가 해당 토지를 공익사업용지에 이용하지 아니하고 제삼자에게 양도하는 특별한 경우에 의미가 있다. 즉 환매권의 존속기간 중에 사업시행자가 해당 토지를 타에 양도하는 경우에도 환매권자는 양수인으로부터 해당 토지에 대한 소유권을 회복할 수 있게 된다.[548)]

다. 택지개발촉진법에 의하면 "환매권자는 환매로써 제3자에게 대항할 수 있다(법 제13조 제2항)."고 규정하고 있다. 여기서 "환매로써 제3자에게 대항할 수 있다."는 의미는 토지보상법 제91조 제5항과 동일하게 협의취득 또는 수용의 등기가 되었을 때에는 제3자에게 대항할 수 있다는 의미이다.

548) 대판 2017.3.15. 2015다238963.

Ⅳ. 환매권 행사의 요건

1. 환매권자

가. 환매권자는 공익사업용지에 대한 협의취득일 또는 수용개시일 당시의 토지소유자 또는 그 포괄승계인이다. 자연인의 상속과 법인의 합병은 포괄승계의 대표적인 예이다. 토지에 대한 소유권 이외의 권리자나 건물 등 정착물의 소유자등 토지보상법 제2조 제5호에 규정된 관계인은 환매권자에 포함되지 아니한다.

나. 협의취득일이나 수용개시일 이후에 토지소유자로부터 해당 토지를 양수한 특정승계인은 환매권자가 될 수 있을까? 공익사업용지에 대한 협의취득일 또는 수용개시일 이후에는 해당 토지의 소유권은 사업시행자에게 이전되므로, 위 일자 이후에 종전의 토지소유자가 해당 토지를 제삼자에게 양도한다는 것은 추후에 환매권을 행사하여 토지소유권을 회복한 이후에 이를 제삼자에게 양도하거나 환매권 자체를 양도하는 것으로 해석할 수 있다.

(1) 먼저 환매권자로부터 해당 토지를 양수하는 것으로 약정한 특정승계인은 환매권자가 될 수 없음은 법규정상 명백하다. 환매권자의 특정승계인은 환매권자가 해당 토지에 대하여 환매권을 행사하여 소유권을 회복한 경우에 환매권자에 대해서 소유권을 이전할 것을 청구할 수 있을 뿐이다.

(2) 환매권 자체를 양수한 자는 사업시행자에 대해서 바로 환매권을 행사할 수 있을까? 이는 환매권의 양도를 허용할 수 있느냐의 문제이다. 환매권은 사업시행자에 대하여 해당 토지에 대하여 매도할 것을 청구하는 채권적 권리이다. 채권의 양도는 채권의 성질상 또는 당사자의 의사표시 혹은 법률의 규정 등으로 금지하는 것이 가능하다.

환매권을 환매권자의 재산권의 보호라는 사익적 이유에서 인정되는 권리라고 본다면 환매권의 양도를 금지할 이유가 없다. 그러나 환매권자가 해당 토지에 대하여 가지고 있던 감정을 존중하고 공평의 원칙에서 토지보상법이 입법정책적으로 인정한 권리로서 협의취득일 또는 수용개시일 이후의 특정승계인에게는 인정되지 아니하는 공권의 일종이라는 점을 종합하면, 법률에 의해서 양도가 금지되는 채권이라고 할 수 있다.[549] 다만 환매권은 재산권의 보호를 목적으로 하는 권리로서의 성격도 가지고 있어서 일신전속적 성격이 강하다고 보기는 어렵다. 따라서 입법에 의해서 양도가 가능한 권리로 변경하는 것도 가능하다고 본다.

2. 환매의 목적물

가. 환매의 목적물은 협의취득 또는 수용되었던 토지에 한한다.

협의취득의 시점은 사업인정 전후를 불문하고 환매권이 인정되고, 화해조서가 작성된 경우(법 제33조 제3항)에도 동일하다. 토지를 제외하고 사업시행자가 취득한 소유권 이외의 권리 등 토지보상법 제3조 각호에 규정된 일체의 물건과 권리는 환매의 목적이 될 수 없다.

나. 환매의 목적인 토지의 범위는 협의취득 또는 수용되었던 토지 중에서 필요 없게 된 부분의 전체이고(제91조 제1항), 환매권자가 그 중 일부를 임의로 지정하여 환매권을 행사하는 것은 허용되지 아니한다. 즉 공익사업용지로 필요 없게 된 토지 전체를 대상으로 환매권을 행사하여야 하고 선택환매나 부분환매는 허용되지 아니한다.

그러나 협의취득 또는 수용한 토지가 공익사업에 필요 없게 된 경우가 아니라, 이용하지 아니하게 된 경우(동조 제2항)에는 해당 토지 전체를 이용

549) 대판 2001.5.29. 2001다11567.

하지 아니하는 경우에 한하여 환매권을 행사할 수 있으므로, 해당 토지 중의 일부라도 이용하고 있는 경우에는 나머지 토지에 대해서도 환매권이 발생하지 아니한다.[550)]

다. 잔여지를 환매하고자 하는 경우에는 잔여지에 접한 일단의 토지 전부가 공익사업용지로 필요 없게 된 경우가 아니면 환매할 수 없다(법 제91조 제3항).

원래 잔여지는 일단의 토지 중에서 공익사업용지에 포함되지 아니한 토지임에도 잔여지소유자의 청구에 의하여 사업시행자가 취득하거나 수용의 대상으로 포함된 토지이다. 따라서 잔여지가 공익사업에 필요하지 아니하게 된 경우에는 잔여지에 대해서만 환매권을 행사할 수는 없고, 잔여지를 포함한 일단의 토지 전부가 공익사업용지에 불필요하게 된 경우에 한하여 일단의 토지 전체에 대해서 환매권을 행사할 수 있도록 제한하는데 동 조항의 취지가 있다. 일단의 토지가 가지고 있는 용도상의 불가분관계는 그에 대한 취득과 보상뿐만 아니라 환매의 경우에도 인정된 결과라고 할 수 있다.

3. 환매사유의 발생

가. 취득한 토지의 전부 또는 일부가 필요 없게 된 경우

환매권자는 공익사업용지의 취득일부터 10년 이내에 해당 사업의 폐지 · 변경 또는 그 밖의 사유로 취득한 토지의 전부 또는 일부가 필요 없게 된 경우에 환매할 수 있다(법 제92조 제1항).

(1) 취득한 토지가 공익사업에 불필요하게 되면 사업시행자가 해당 토지에 대하여 부여받은 공익사업수행권은 더 이상 존속할 필요가 없게 되

550) 대판 1995.8.25. 94다41690.

고 그에 따라 환매권자는 해당 토지에 대한 환매권을 취득하게 된다.

동 조항에 대해서 환매권의 행사요건을 규정한 것이라는 설이 있지만, 환매권의 발생시기와 발생요건을 규정한 것이라고 본다.

(2) 공익사업용지가 불필요하게 된 원인은 공익사업의 폐지나 변경, 그 밖의 사유이다.

(가) 여기서 말하는 공익사업이란 협의취득 또는 수용의 목적이 된 구체적인 특정 사업을 가리키는 것이고, 공익사업의 '폐지 · 변경이란 이러한 특정 사업을 아예 그만두거나 다른 사업으로 바꾸는 것을 의미하며, '취득한 토지가 필요 없게 되었을 때'라 함은 사업시행자가 토지보상법 소정의 절차에 따라 취득한 토지 등이 일정한 기간 내에 그 취득 목적 사업인 사업의 폐지 · 변경 등의 사유로 당해 사업에 이용할 필요가 없어진 경우를 의미한다.[551]

(나) 공익사업의 변경에 해당하지 아니하면 처음부터 환매권이 발생할 여지가 없다. 또한 공익사업의 변경에 해당하더라도 후술하는 공익사업의 변환의 요건을 구비하면 환매권이 발생하지 아니한다. 어떤 것이 공익사업의 변경에 해당하는지에 대한 개략적인 기준을 살펴보면 다음과 같다.

1) 동종사업 간의 변경

지방도로건설사업을 국도건설사업으로 변경하는 경우나 무료도로를 유료도로로 변경하는 경우 등은 사업변경에 해당하지 아니한다. 그러나 도로부지로 취득한 토지에 대해서 도로 폐지 결정을 하고 그 대신 철도건설사업으로 변경하는 것은 사업변경에 해당하므로, 뒤에 보는 공익사업의 변환의 요건을 구비하지 아니하면 환매권이 발생하게 된다.

2) 변경된 사업이 당초의 사업내용에 포함되는 것으로 평가되는 경우

택지개발사업을 위하여 취득한 토지의 일부에 하수종말처리시설사업을

551) 대판 2016.1.28. 2013다60401.

시행하는 경우[552]와 같이 변경하는 사업이 당초의 사업계획에 포함되는 것으로 볼 수 있거나, 경찰서 청사 건립용으로 취득한 토지 일부에 경찰용 후생복지주택을 건축한 경우[553]와 같이 사업 전체의 동일성은 유지되고 사업 목적에 벗어나지 아니하는 범위 내에서 세부계획만 변경하는 것으로 볼 수 있으면 사업변경에 해당하지 아니하는 것으로 본다.

3) 사업시행자가 변경되는 경우[554]

지방도로개설사업이 국도개설사업으로 변경되면 사업시행자도 지방자치단체의 장에서 국가 또는 한국도로공사로 변경되는데, 이와 같이 동종사업간의 변경에 해당하는 경우에는 사업시행자가 변경되더라도 사업변경에 해당하지 아니한다.

4) 이종사업 간의 변경

공원조성사업을 위하여 취득한 토지에 대해서 공원조성사업을 완료한 후에 택지개발사업을 실시하는 경우와 같이 당초 사업에 포함된다고 볼 수 없는 이종사업 간의 변경은 공익사업의 변환의 요건을 구비하지 아니하는 한, 사업변경에 해당되고 원소유자에게 환매권이 인정된다.[555]

(다) 취득한 토지가 필요 없게 되었는지 여부는 사업시행자의 주관적인 의도가 아니라, 당해 사업의 목적과 내용, 취득의 경위와 범위, 당해 토지와 사업의 관계, 용도 등 제반 사정에 비추어 객관적 사정에 따라 합리적으로 판단하여야 한다.[556] 판례에 나타난 사례들을 살펴보면 다음과 같다.[557]

---

552) 대판 1994.5.24. 93다51218.

553) 대판 1996.2.9. 94다46695.

554) 土地收用法令研究會, 앞의 책 347면.

555) 대판 1992.4.28. 91다29927.

556) 대판 2016.1.28. 2013다60401.

557) 곽병훈, 공익사업을 위한 토지 등의 취득 및 보상에 관한 법률 제91조에 정한 환매

1) 공익사업의 폐지변경으로 해당 토지가 필요 없게 되었다고 판단한 사례

- 도로 확장 및 포장공사를 위하여 취득한 토지 중의 일부에 대해서 방치하였다가 행정재산으로서의 용도를 폐지하고 재무부에 인계한 경우[558)]
- 전문대학설립을 위한 개발사업으로 토지를 취득하였으나 후에 전문대학 설립이 승인되지 아니한 경우[559)]

이 경우는 구 공특법 제9조 제1항(현 토지보상법 제91조 제1항)에 규정된 "기타 사유로 인하여 취득한 토지의 전부 또는 일부가 필요 없게 되었을 때"에 해당하는 것으로 보고 있다.

- 공용의 청사 건립 및 도로의 설치를 위한 도시계획사업으로 취득한 토지의 일부에 대하여 청사 등의 건립계획을 백지화하고 다른 행정기관 설치 예정부지와 교환한 경우[560)]
- 지방자치단체가 초등학교 건립사업을 위해서 취득한 학교용지와 인근에서 아파트 건설사업의 주택건설사업시행자가 아파트부지 내의 초등학교 부지와 교환한 경우[561)]

위 두 가지의 사례에서 보듯이 취득한 토지를 타인이나 다른 사업시행자 또는 행정기관에 매매, 교환 등의 방법으로 처분한 경우에는 원칙적으로 해당 토지가 객관적으로 해당 공익사업에 필요 없게 된 것으로 인정된다.[562)]

- 징발재산인 토지를 국가안전기획부가 국방부로부터 무상으로 대여받아 청사부지로 사용하던 중에 군인아파트 건립사업을 시행하고자 하는

권의 행사요건 및 그 판단 기준, 대법원판례해설 제83호.

558) 대판 1997.11.11. 97다36835.

559) 대판 1995.6.30. 94다13435.

560) 대판 1994.1.25. 93다11760,11784.

561) 대판 2010.9.30. 2010다30782.

562) 위 2)와 같은 판례.

경우[563)]

2) 해당 토지가 공익사업에 필요 없게 되었음을 부정한 사례

- 대한주택공사가 도시계획사업인 도로건설사업을 위하여 수용한 토지에서 도로건설사업을 완료한 후에 해당 도로부지를 지방자치단체에 무상 귀속시키고, 지방자치단체는 도로부지를 포함한 일대의 토지에서 토지구획정리사업을 완료하여 위 도로부지의 일부는 다른 대체도로와 경관녹지 및 아파트부지로 사용한 경우[564)]

이에 대해서 판례는 "취득된 토지가 당초의 공익사업에 필요 없게 된 것이 아니라 그 필요성은 여전히 유지되고 있으나 토지구획정리사업으로 인한 토지이용의 효율을 위하여 재배치되는 것에 불과하다."는 이유로 환매권이 발생하지 아니한다고 한다. 그러나 사견으로는 위와 같은 경우에는 후술하는 공익사업의 변환의 절차를 거쳐야 할 것으로 생각한다.

- 취득한 토지의 일부에 설치하기로 한 시설물을 다른 곳에 설치하고 해당 토지의 일부를 일시적으로 타에 임대한 경우[565)]
- 신단양 이주단지조성사업을 위하여 취득한 토지를 관광호텔부지로 임대한 경우

이 경우는 도시계획법에 따른 도시계획결정의 한 내용으로, 도시계획지역 중 상업지역 안에서 관광숙박시설을 건축하기 위하여 임대한 것이므로, 이주단지조성사업이 폐지 · 변경되어 해당 부동산이 필요 없게 된 경우에 해당하지 아니하는 것으로 보고 있다.[566)]

- 산업기지개발구역의 일부지역을 주거지역으로 변경한 경우[567)]

---

563) 대판 1990.1.12. 88다카25342.
564) 대판 2013.6.27. 2010다18430.
565) 대판 2009.10.15. 2009다43041.
566) 대판 1995.11.28. 94다61441.
567) 대판 1993.9.14. 92다56810,56827,56834.

이 경우 역시 전체로서의 공익사업의 동일성을 유지하면서 세부계획의 내용의 일부만 변경된 경우에 해당한다.

(3) 그 밖의 사유로 공익사업에 필요 없게 된 경우란 "관계법에 의하여 사업의 폐지 · 변경 또는 그에 갈음하는 행위로 사업의 폐지 · 변경은 없었으나 그 사업의 시행과 양립할 수 없는 사업의 시행 또는 행위의 제한 등에 따라 더 이상 목적사업에 제공할 필요가 없게 된 객관적 사유를 의미하는 것"으로 설명한다.[568] 앞에서 본 바와 같이 전문대학설립을 위한 개발사업으로 취득하였으나 후에 전문대학설립이 승인되지 아니한 경우가 이에 해당한다.

(4) 택지개발촉진법은 환매사유로 "택지개발지구의 지정 해제 또는 변경, 실시계획의 승인 취소 또는 변경 그 밖의 사유"를 들고 있다(법 제13조 제1항). 이 법에 의하면 택지개발지구의 지정은 토지보상법상의 사업인정으로 간주되므로 택지개발지구의 지정해제는 사업인정의 실효와 동일한 효과가 발생한다고 해석된다. 실시계획의 승인 취소는 택지개발사업에 대한 사업수행권의 박탈을 의미한다고 볼 수 있다. 즉 택지개발촉진법상의 환매사유는 공익사업수행권이 소멸되거나(택지개발지구의 지정해제) 박탈되는 경우이다(실시계획의 승인 취소).

나. 취득한 토지의 전부를 해당 사업에 이용하지 아니하게 된 경우

(1) 해당 사업에 이용하지 아니한다는 것은 공익사업이 폐지되거나 변경되지 아니하였음에도 불구하고 취득한 토지를 방치하는 것을 말한다.

(2) 사업시행자가 취득일로부터 5년 이내에 해당 토지를 이용하지 아니하면 그 토지에 대한 공익사업수행권은 소멸하고 환매권자는 환매권을 취득하는 것은 해당 토지의 전부 또는 일부가 불필요하게 된 경우와 동일하다. 취득한 토지를 공익사업에 이용하지 아니한 채 장기간 방치한다는 것

568) 강교식 · 김원보 · 이호정, 앞의 책 610면; 박평준 · 박창석, 앞의 책 177면.

은 당초부터 공익사업에 불요불급한 토지를 취득한 것으로 인정된다는 점에서 공익사업이 후에 폐지 · 변경된 경우에 비해서 단기간에 공익사업수행권이 소멸되는 것으로 규정한 것이다.

(3) 불이용의 경우는 앞에서 본 불필요의 경우와는 달리 취득한 토지 전체를 이용하지 아니하는 경우에만 환매권이 발생한다. 만일 토지의 일부라도 공공사업에 이용되고 있으면 나머지 부분에 대하여도 장차 공익사업이 시행될 가능성이 있는 것으로 보아 환매권의 행사를 허용하지 않는 것으로 규정함으로써, 불필요의 경우에 비해서 환매권 행사의 요건을 가중하고 있다.[569)]

4. 환매권의 행사기간

가. 취득한 토지의 전부 또는 일부가 해당 공익사업에 필요 없게 된 경우 (법 제92조 제1항)

이때에는 다음에서 정한 날부터 10년 이내에 환매권을 행사하여야 한다.

(1) 사업의 폐지 · 변경으로 취득한 토지의 전부 또는 일부가 필요 없게 된 경우: 관계 법률에 따라 사업이 폐지 · 변경된 날 또는 제24조에 따른 사업의 폐지 · 변경 고시가 있는 날(동항 제1호).

(2) 그 밖의 사유로 취득한 토지의 전부 또는 일부가 필요 없게 된 경우: 사업완료일(동항 제2호).

나. 환매권 발생기간의 제한의 위헌성

(1) 개정 전의 환매권에 관한 토지보상법 제91조 제1항의 규정

2011. 8. 4. 법률 재11017호로 개정된 토지보상법 제91조에 의하면, “토

569) 대판 1995.8.25. 94다41690.

지의 협의취득일 또는 수용의 개시일(이하 이 조에서 "취득일"이라 한다)부터 10년 이내에 해당 사업의 폐지·변경 또는 그 밖의 사유로 취득한 토지의 전부 또는 일부가 필요 없게 된 경우 취득일 당시의 토지소유자 또는 그 포괄승계인(이하 "환매권자"라 한다)은 그 토지의 전부 또는 일부가 필요 없게 된 때부터 1년 또는 그 취득일부터 10년 이내에 그 토지에 대하여 받은 보상금에 상당하는 금액을 사업시행자에게 지급하고 그 토지를 환매할 수 있다."고 규정하고 있었다.

그런데 공익사업을 위하여 취득한 토지가 "10년 이내에 그 전부 또는 일부가 공익사업에 필요 없게 된 경우"에 한하여 환매권이 발생하는 것으로 제한한 토지보상법의 규정이 재산권의 본질적 내용의 침해를 금지한 헌법 제36조 제2항 위반하는 것이 아닌가 하는 의문이 뒤늦게 제기되었다.

(2) 헌법불합치 결정

(가) 헌법재판소는 2020. 11. 26. 선고한 "2019헌바131 토지보상법 제91조 제1항에 대한 위헌소원사건"에서 헌법재판관 9명 중 6명의 다수의견으로 '토지의 협의취득일 또는 수용의 개시일(이하 이 조에서 취득일이라 한다)부터 10년 이내에' 부분은 헌법에 합치되지 아니한다는 결정을 내렸다.

위와 같은 결정에 따라 2021. 8. 10. 법률 제18386호로 환매권의 발생기간에 관한 위 토지보상법 규정이 개정되었는데 그 내용은 "1. 사업의 폐지·변경으로 취득한 토지의 전부 또는 일부가 필요 없게 된 경우: 관계 법률에 따라 사업이 폐지·변경된 날 또는 제24조에 따른 사업의 폐지·변경 고시가 있는 날, 2. 그 밖의 사유로 취득한 토지의 전부 또는 일부가 필요 없게 된 경우: 사업완료일"로 구분하되, 두 경우 모두 기산일로부터 10년 이내에 환매권을 행사할 수 있도록 한 것이다.

(나) 위헌설(다수설)의 논거

① 환매권은 헌법상 재산권의 일종이다. 환매권의 발생기간을 10년 이

내로 제한한 것은 환매권의 내용을 정한 것이라기보다는 환매권 발생여부 자체를 정한 것이어서 헌법 제32조 제2항에서 정한 기본권 제한입법의 한계를 준수하고 있는지 살펴보아야 한다.

② 환매권의 발생기간을 10년 이내로 제한하는 것보다 덜 침해적인 방법으로 환매권 제한의 입법 목적을 충분히 달성할 수 있음에도 불구하고 환매권 발생기간을 10년으로 제한하는 것은 침해의 최소성의 원칙에 어긋난다.

③ 당초 토지 취득의 원인이 되었던 공익사업이 폐지 · 변경되어 해당 토지가 더 이상 공익사업에 이용되지 않는다 하더라도 취득일로부터 10년이 경과하기만 하면 원소유자에게 환매권이 인정되지 아니한다. 이 경우에는 사업시행자의 통지의무도 발생하지 아니하므로 원소유자는 환매권 상실에 따른 손해배상도 받지 못하게 되어, 위 조항은 원소유자의 사익을 심각하게 훼손한다.

④ 환매권의 발생기간을 제한함으로써 사업시행자의 지위나 토지를 둘러싼 이해관계인의 법률관계의 안정 및 해당 토지의 효율적 이용이라는 공익이 중대하다거나 원소유자에게 재산권의 존속을 보장할 기회를 부여하는 환매권의 발생을 일률적으로 취득일로부터 10년이 지나면 제한하는 것을 정당화할 정도로 보호가치가 있는 공익이라고 보기 어렵다.

⑤ 토지 취득의 목적이었던 공익사업이 예정대로 진행되지 않고 새로운 다른 공익사업의 필요가 발생한 경우 토지보상법 제91조 재6항은 공익사업의 변경을 인정하여 기산점을 연장하는 방법으로 환매권을 제한하고 있기 때문에 이 사건 법률조항으로 환매권 발생이 제한되는 경우는 대부분 공공필요 소멸시점에 구체적인 새로운 공공필요가 인정되지 않는 경우이다. 언제인지 알 수 없는 미래적 토지이용의 효율을 위해 토지취득일로부터 10년이 경과하였다는 이유로 환매권을 배제하는 것은 정당한 제한이라고 할 수 없다.

⑥ 토지보상법은 환매할 토지의 가격이 해당 공익사업과는 관계없는 인근유사토지의 지가변동율보다 더 상승한 경우 그 초과하는 상승분에 해당하는 만큼 환매대금을 증액하도록 하여 '당해 공익사업에 따른 개발이익이 원소유자에게 귀속되는 것을 이미 차단하고 있고, 환매대금의 산정에 관한 조항을 정비하는 방법으로 지가상승분이 환매권자에게 과도하게 귀속되는 것을 막을 수 있으므로, 개발이익의 원소유자 귀속 방지라는 공익은 환매권의 발생 제한에 의한 사익 침해를 정당화할 정도의 공익으로 볼 수 없다.

(다) 합헌설(소수설)의 논거

① 환매권은 헌법상 재산권 보장규정으로부터 도출되는 것으로서 헌법이 보장하는 재산권의 내용에 포함되는 권리이며 그 내용과 한계는 법률에 의해서 정해진다.

② 우리나라의 경우 토지를 정주의 공간이라기보다 투자 또는 투기의 대상으로 인식하는 사회적 경향이 상당히 존재하며, 원소유자가 환매권을 행사하는 주된 동기가 토지재산권의 존속보장보다는 상승한 부동산의 가치회수인 경우가 있음을 부인할 수 없다. 이러한 사정들을 고려하면 환매권의 발생기간을 제한하는 것이 기본권 제한입법의 한계를 일탈하거나 환매권 행사를 형해화할 정도로 불합리하다고 볼 수 없다.

③ 원소유자에게 토지보상법 제91조 제2항에 의한 환매권이 보장되어 있음을 감안하면 제91조 제1항에 따른 환매권의 제한은 상당 부분 완화되고 있다.

④ 환매권의 발생기간을 합리적으로 제한하지 않는다면 해당 토지가 공익사업의 시행을 위하여 취득한 날로부터 상당한 기간이 지난 이후에도 언제든지 환매권이 발생할 수 있어 공익사업의 시행자의 지위나 해당 토지를 둘러싼 관계인들의 법률관계가 심히 불안정한 상태에 놓일 수밖에

없게 된다.

⑤ 법 제91조 제1항이 토지 취득일로부터 10년 이내로 환매권의 발생기간을 제한한 것은 입법 목적을 달성하기 위하여 필요한 범위 내의 것이고 환매권의 제한으로 원소유자가 입는 불이익이 이 사건 법률조항으로 달성하려는 공익보다 크다고 할 수 없다.

(라) 결 론

환매권은 수용절차가 종료한 공익사업에 불필요하게 되거나 이용하지 않게 된 토지에 대해서 입법정책적으로 원 토지소유자에게 인정한 권리로서 입법자는 환매권의 인정 여부는 물론이고 그 내용을 형성함에 있어서 폭넓은 재량권이 인정되는 권리이다. 환매권의 발생기간에 대한 제한은 공익사업의 변환에 따른 환매권 발생의 기산일의 변경(법 제91조 제6항)과 함께 환매권의 내용을 이루는 것으로서 입법자의 재량에 속하는 부분이므로 합헌설이 옳다고 본다.

다. 취득일부터 5년 이내에 취득한 토지의 전부를 해당 사업에 이용하지 아니하였을 때에는 제1항을 준용한다. 이 경우 환매권은 취득일부터 6년 이내에 행사하여야 한다(법 제91조 제2항).

5. 환매금액의 지급

가. 환매권자가 환매권을 행사하기 위해서는 사업시행자에게 보상금에 상당하는 금액을 지급하여야 한다(법 제91조 제1항). 환매금액의 지급의무는 환매권의 행사시에 발생하지만,[570] 환매금액의 지급과 상환으로 해당 토지에 대한 소유권이전등기를 구할 수는 없고,[571] 환매금액을 미리 지급한

570) 대판 2000.11.28. 99두3416.
571) 대판 1996.2.9. 94다46695.

후에 환매권을 행사하여야 환매의 효력이 발생한다.

나. 토지의 가격이 취득일 당시에 비하여 현저히 변동된 경우 사업시행자와 환매권자는 환매금액에 대하여 서로 협의하되, 협의가 성립되지 아니하면 그 금액의 증감을 법원에 청구할 수 있다(동조 제4항).

(1) 민법상 환매대금에는 매도인이 영수한 대금과 매수인이 부담한 매매비용이 포함되지만(법 제590조 제1항), 토지보상법상의 환매금액에는 사업시행자의 취득비용이 포함되지 아니한다.

(2) 토지의 가격이 취득일 당시에 비해서 현저히 변동된 경우에 환매금액을 결정하는 방법은 사업시행자와 환매권자가 협의하여 결정하되 협의가 성립되지 아니하면 그 금액의 증감을 법원에 청구하고, 법원은 감정을 통하여 환매금액을 결정하게 된다.

(가) 판례에 의하면 환매금액은, "… 환매권 행사 당시의 환매대상토지의 가격이 현저히 상승하여 위 보상금에 인근 유사토지의 지가변동률을 곱한 금액을 초과할 때에도 마찬가지로 인근 유사토지의 지가상승분에 해당하는 부분은 환매가격에 포함되어서는 아니 되는 것인 만큼, 그 경우의 환매가격은 인근 유사토지의 지가변동률을 기준으로 하려면 위 보상금에다 환매대상토지의 환매 당시의 감정평가금액에서 위 보상금에 인근 유사토지의 지가변동률을 곱한 금액을 공제한 금액을 더한 금액, 즉 '보상금+{환매당시의 감정평가금액－(보상금×지가변동률)}'로, 지가상승률을 기준으로 하려면 환매대상토지의 환매 당시의 감정평가금액에서 위 보상금에 인근 유사토지의 지가상승률을 곱한 금액을 뺀 금액, 즉 '환매당시의 감정평가금액－(보상금×지가상승률)'로 산정하여야 한다."[572]고 판시하고 있다. 이러한 판례의 견해는 인근 유사토지의 지가변동율을 초과하는 금액에 대해서는 환매금액에 포함시킴으로써 개발이익이 환매권자에게 귀속되

572) 대판 2000.11.28. 99두3415.

는 것을 방지하는 취지라고 요약할 수 있다.[573)]

(나) 환매금액을 결정함에 있어서 협의가 성립하지 아니하여 법원에 환매금액에 대하여 증감소송을 제기하는 경우에, 소송의 성질에 대해서는 환매권의 법적 성격을 어떻게 파악하느냐에 따라 견해가 달라진다.

1) 환매권을 공권으로 인정하는 입장에서는 환매권의 존부나 환매금액의 증감청구를 포함한 환매권에 관한 소송 전체를 행정소송법 제3조 제2호의 공법상의 법률관계에 관한 소송으로 파악한다.[574)] 환매권에 관한 소송은 특히 재결이나 사업시행자의 처분을 전제로 하는 것이 아니므로 실질적 당사자소송의 일종으로 이해하게 된다.

이와 반대로 환매권을 사권으로 인정하면 환매권에 관한 소송은 민사소송으로 다루게 된다. 판례는 사권설의 입장에서 환매권의 존부에 관한 확인을 구하는 소송은 물론이고 환매금액의 증감에 관한 소송(법 제91조 제4항)도 민사소송으로 다루어야 한다는 입장이다.[575)] 다만 구 토지수용법과 공특법 하에서 판례는 환매금액 증감에 관한 소송은 당사자소송으로 제기하여야 한다는 입장이었으나[576)] 대법원 2013. 2. 28. 선고 2010두22368 사건을 통해서 환매권의 존부나 환매금액의 증감소송은 전부 민사소송으로 다루어야 한다는 견해를 확립하였다.

2) 사업시행자가 취득한 토지가 공익사업에 불필요하게 되거나 사용하지 아니하게 되면 해당 토지에 대한 공익사업수행권이 소멸하고 원 토지소유자는 환매권을 취득한다. 이런 점에서 환매권의 존부에 관한 소송은 공익사업수행권의 존부에 관한 소송의 이면이고, 환매금액의 지급은 보상금의 반환이라고 볼 수 있다. 토지보상법상의 환매권은 민법상의 환매권

573) 헌재 2020.11.26. 2019헌바131.

574) 박평준 · 박창석, 앞의 책 181면.

575) 대판 2013.2.28. 2010두22368.

576) 대판 2002.6.14. 2001다24112; 2000.11.28. 99두3416.

과는 법적 성질이 다르므로 환매권의 존부나 환매금액의 증감에 관한 소송은 공법상 법률관계에 관한 소송으로 파악하는 것이 옳다고 본다.

Ⅴ. 환매의 절차 및 방법

1. 사업시행자의 통지 · 공고의무

가. 사업시행자는 환매할 토지가 생겼을 때에는 지체 없이 그 사실을 환매권자에게 통지하여야 한다. 다만, 사업시행자가 과실 없이 환매권자를 알 수 없을 때에는 대통령령으로 정하는 바에 따라 공고하여야 한다(법 제92조 제1항).

(1) 판례는 동 규정의 취지에 대해서 "원래 공적인 부담의 최소한성의 요청과 비자발적으로 소유권을 상실한 원소유자를 보호할 필요성 및 공평의 원칙 등 환매권을 규정한 입법이유에 비추어 공익목적에 필요 없게 된 토지가 있을 때에는 먼저 원소유자에게 그 사실을 알려 주어 환매할 것인지 여부를 최고하도록 함으로써 법률상 당연히 인정되는 환매권 행사의 실효성을 보장하기 위한 것이라고 할 것이므로 위 규정은 단순한 선언적인 것이 아니라 기업자(사업시행자)의 법적인 의무를 정한 것"[577]이라고 한다.

(2) 환매권자는 사업시행자의 통지나 공고가 없어도 환매권을 행사할 수 있는 요건에 해당하면 환매권을 행사할 수 있다. 판례는 환매권의 통지는 환매권자에게 환매를 최고한 것에 불과하고 계약의 청약의 성질을 가진 것이 아니라고 하고[578] 학설도 이와 같다.[579]

(3) 환매권자는 통지를 받은 날 또는 공고를 한 날부터 6개월이 지난

577) 대판 2000.1.14. 99다51807; 1993.5.27. 92다34667.

578) 대판 1989.4.11. 88다카13387.

579) 이상규, 행정법강의(하)(2004) 634면.

후에는 환매권을 행사하지 못한다(법 제92조 제2항).

사업시행자의 환매 통지나 공고는 제삼자에게 대항력이 있는 환매권의 행사기간을 단축함으로써 해당 토지에 관한 소유권의 귀속을 조속히 확정하기 위한 것이다.

나. 사업시행자가 원소유자 등에게 통지나 공고를 하지 아니하여, 원소유자 등으로 하여금 환매권 행사기간이 도과되도록 하여 이로 인하여 법률에 의하여 인정되는 환매권 행사가 불가능하게 되어 환매권 그 자체를 상실하게 하는 손해를 가한 때에는 환매권자에 대하여 불법행위에 따른 손해배상책임을 부담한다.[580]

(1) 사업시행자가 환매의 통지나 공고를 하지 아니하더라도 환매권자가 환매권의 행사기간 안에 환매권을 행사하면 불법행위에 따른 손해배상책임은 발생하지 아니한다.

(2) 환매권 상실로 인한 손해배상액은 환매권 상실 당시의 목적물의 시가에서 환매권자가 환매권을 행사하였을 경우 반환하여야 할 환매금액을 공제한 금액으로 산정하는데,[581] 산정 방법은 앞에서 본 바와 같다.

2. 환매권 행사의 의사표시

가. 환매권의 행사는 상대방에 대한 환매의 의사표시로써 한다. 환매권은 형성권으로서 환매기간 내에 재판상 또는 재판 외에서 행사할 수 있다.[582]

나. 환매권자가 환매권을 행사하기 위해서는 미리 환매금액을 지급하여야 함은 앞에서 살펴본 바와 같다. 이런 이유로 환매금액이 거액인 경우에

580) 대판 2000.11.14. 99다45865; 2000.1.14. 99다51807.

581) 위 같은 판례.

582) 대판 1991.2.22. 90다13420.

는 자력이 없는 환매권자는 사실상 환매권을 행사할 수 없는 경우가 적지 아니하다. 특히 사업시행자가 환매의 통지나 공고를 한 경우에는 환매권자는 통지나 공고일로부터 6개월 이내에 환매권을 행사하여야 하므로, 짧은 기간 내에 거액의 환매금액을 조달하기 위하여 제삼자에게 해당 토지나 환매권을 양도하는 일이 빈번하게 발생하는데 이는 해당 토지에 대한 투기로 직결된다.

Ⅵ. 환매권 행사의 효과

환매권의 행사로 어떤 효과가 발생하느냐에 관해서는 환매의 본질을 어떻게 보느냐에 따라 견해가 갈라진다.

1. 물권적 효력설

이 설은 사업시행자가 취득한 토지소유권은 환매권자의 환매의 의사표시에 의해서 등기 없이 당연히 환매권자에게 이전된다고 주장한다.[583] 즉 이 설은 환매권의 행사에 의한 소유권의 변동은 민법 제187조에 규정된 물권변동의 일종이라고 이해하는 입장이다. 그 이유는 환매권을 인정한 제도적 취지와 토지보상법이 환매를 하기 위해서는 환매가격을 지급하도록 규정하기 때문이라고 설명한다.

2. 채권적 효력설

이 설은 환매권자가 환매권을 행사하더라도 소유권은 등기 없이 당연히 환매권자에게 복귀하는 것이 아니라 사업시행자에 대해서 소유권이전등기 청구권을 취득할 뿐이라고 설명한다.[584]

583) 강교식 · 김원보 · 이호정, 앞의 책 607면; 박평준 · 박창석, 앞의 책 185면.
584) 박균성, 행정법론(하)(2011) 482면.

3. 결 론

환매권은 종전의 협의취득계약을 해제하거나 재결의 실효 또는 역수용을 통한 수용의 효력을 배제하는 권리가 아니라, 단지 환매 대상 토지에 대한 공익사업수행권이 소멸한 경우에 사업시행자에게 해당 토지를 매도할 것을 청구할 수 있는 권리이다. 환매권은 형성권의 성격을 가진 권리로서 환매권자가 이 권리를 행사하면 환매권자와 사업시행자 간에 매매계약이 체결된 것과 같은 효과가 발생하고, 환매권자는 사업시행자에 대하여 해당 토지에 관한 소유권이전등기청구권을 취득하는 것이다.[585] 환매권의 행사는 상대방에 대한 의사표시로써 하는 법률행위의 일종이므로 등기를 하여야 소유권이전의 효과가 발생하는 것은 민법 제186조가 물권변동에 관하여 등기주의를 채택한 당연한 결론이다. 환매권 행사로 등기 없이 토지소유권이 환매권자에게 이전한다는 주장은 민법 제187조의 규정에 반하는 해석이다.

Ⅶ. 환매권의 소멸

환매권은 토지보상법이 정한 존속기간의 경과로 소멸한다. 이러한 존속기간은 제척기간이라는데 대해서는 이설이 없다.

1. 사업시행자의 통지나 공고가 없는 경우

가. 해당 토지의 전부 또는 일부가 공익사업에 필요 없게 된 경우에는 필요 없게 된 때부터 1년 또는 취득일부터 10년이 경과하면 환매권은 소멸한다(법 제91조 제1항).

환매권은 해당 토지가 필요 없게 된 때부터 1년과 취득일부터 10년 중

585) 대판 1992.4.24. 92다4673.

먼저 도달한 일자에 제척기간이 경과함에 따라 소멸하는 것으로 해석된다.

나. 취득일부터 5년 이내에 취득한 토지의 전부를 해당 사업에 이용하지 아니하였을 때에는 환매권은 취득일부터 6년이 경과하면 소멸한다(동조 제2항).

2. 사업시행자의 통지나 공고가 있는 경우

사업시행자는 환매할 토지가 생겼을 때에는 지체 없이 이를 환매권자에게 통지하거나 과실 없이 환매권자를 알 수 없을 때에는 공고하여야 하고(법 제92조 제1항), 환매권자는 통지를 받은 날 또는 공고를 한 날부터 6개월이 지난 후에는 환매사유가 발생하더라도 환매권을 행사하지 못한다(동조 제2항).

여기서 환매권을 행사하지 못한다는 것은 6개월이 지나면 환매권이 소멸된다는 의미로서, 통지나 공고는 환매 대상 토지에 관한 권리관계를 조속히 확정하기 위하여 환매권 행사를 최고하는 의미를 가진 것으로 이해하는 것이 일반적이다.

Ⅷ. 공익사업의 변환

1. 공익사업의 변환의 의의

가. 개　념

(1) 국가, 지방자치단체 또는 공공기관 중 대통령령으로 정하는 공공기관이 사업인정을 받아 공익사업에 필요한 토지를 협의취득하거나 수용한 후 해당 공익사업이 제4조 제1호부터 제5호까지에 규정된 다른 공익사업으로 변경된 경우 제1항 및 제2항에 따른 환매권 행사기간은 관보에 해당 공익사업의 변경을 고시한 날부터 기산한다(법 제91조 제6항 전문).

(2) 위 규정에 의하면, 공익사업의 변환이란 국가, 지방자치단체 또는 공공기관 등의 사업시행자가 공익사업용지를 취득한 후에 당초의 공익사업을 새로운 공익사업으로 변경하는 내용을 고시함으로써 당초에 취득한 공익사업용지에서 새로운 공익사업을 수행하는 것을 의미한다고 정의할 수 있다. 이러한 공익사업의 변환은 토지보상법상의 용어는 아니고, 토지보상법 제91조 제6항 전문에서 규정하고 있는 "공익사업의 변경"을 특히 공익사업의 변환이라는 용어로 바꾸어 사용하고 있는 것으로, 법 제91조 제1항에 규정된 "해당 사업의 폐지 · 변경" 중의 변경과 동일한 개념이다. 따라서 공익사업의 변환의 인정 범위는 공익사업의 변경[586]에서 살펴본 내용과 동일하므로 여기서는 설명을 생략한다.

나. 토지보상법 제91조 제1항, 제2항에 의하면 공익사업이 변경되어 당초에 취득한 토지가 변경된 공익사업에 필요 없게 되거나 이용하지 아니하게 되면 환매권자는 해당 토지를 환매할 수 있게 된다. 이렇게 되면 사업시행자는 변경된 공익사업을 위하여 환매권자가 환수한 토지에 대해서 다시 협의취득 또는 수용의 절차를 거쳐서 취득하여야 한다. 사업시행자의 입장에서 보면, 이는 번거로운 절차를 되풀이하여 과도한 시간과 노력 및 비용의 낭비를 초래하고 원활한 공익사업의 시행에도 장애가 되므로, 이를 방지하기 위해 공익사업의 변환을 인정함으로써 환매권의 행사를 제한하려는 것이 공익사업의 변환을 인정한 입법 목적이라고 하는 것이 통설[587]과 판례의 입장이다.[588]

---

586) 510면 참조.

587) 류해웅 · 허강무, 앞의 책 287면; 박윤흔, 행정법강의(하)(2004) 632면; 박평준 · 박창석, 앞의 책 183면; 이선영 앞의 책, 306면.

588) 대판 1992.4.28. 91다29927. 헌재 1997.6.26. 96헌바94 전원재판부.

2. 공익사업의 변환의 본질

가. 사업시행자의 공익사업수행권은 사업인정의 실효, 공익사업의 종료나 폐지, 권리의 불행사 등의 사유로 소멸한다. 공익사업용지의 이용이라는 측면에서 보면, 공익사업용지에 이용하지 아니하는 토지에 대해서는 공익사업수행권을 더 이상 존속시킬 필요가 없게 된다. 종전 토지에 대한 사업시행자의 공익사업수행권이 소멸하면 환매권자는 해당 토지를 환매할 수 있고, 만일 해당 토지에 대해서 새로운 공익사업을 시행하고자 한다면 사업시행자는 새로운 공익사업에 대하여 사업인정을 받고 해당 토지를 다시 취득하는 것이 원칙이다.

사견에 의하면 공익사업의 변환은 종전의 공익사업수행권의 소멸과 새로운 공익사업수행권의 발생이 동시에 이루어짐에 따라 해당 토지에 대한 환매와 용지 재취득 절차를 생략하는 제도이다.[589)]

이러한 사견과는 달리 통설과 판례는 공익사업의 변환이 있게 되면 환매권 행사의 기산일이 공익사업의 변환 사실이 관보에 고시된 일로부터 새로 개시된다는 점에 주목하여 공익사업의 변환을 종전 토지소유자의 환매권행사에 대한 제한으로 파악하는 견해이다. 그러나 공익사업이 변환이 있게 되면 환매권 행사의 기산일이 달라지게 되는 것은 공익사업의 변환의 효과이지, 이 제도의 본질은 아니라고 본다.

나. 공익사업의 변환의 위헌성

공익사업의 변환을 인정함에 따라 환매권이 제한된다고 보는 입장에서 공익사업의 변환은 헌법상 재산권보장의 원칙에 위배되는지 여부가 문제로 된다. 이에 관해서는 헌법재판소 전원재판부는 1997. 6. 26. 선고 96헌바94 사건에서 다수 의견에 따라 합헌 결정을 하였지만 위헌이라는 소수

---

589) 같은 취지, 박균성, 행정법론(하)(2011) 485면.

의견도 있었다.

(1) 합 헌 설

합헌설의 주장은 다음과 같다. 즉 공익사업의 변환을 인정한 입법 목적은 환매권행사를 제한하여 공익사업의 원활한 시행을 확보하는 있다. 공익사업의 전부 또는 일부가 폐지 · 변경됨으로써 그 공익사업을 위하여 취득된 토지의 전부 또는 일부가 필요 없게 되었다면 이를 원소유자 등에게 일단 되돌려주는 것이 재산권보장과 관련한 헌법상의 요청이라고 할 수 있지만, 헌법이 보장하는 재산권도 절대적인 권리가 아니라 공공복리라는 관점에서 내재적인 제약을 가지며 본질적인 내용에 관한 침해가 아닌 한 필요한 경우 이를 제한할 수 있다. 따라서 공공복리를 위하여 필요한 경우 예외적으로 공익사업의 변환을 인정하고 환매권행사를 제한함으로써 공익사업의 원활한 시행을 확보하여 줄 필요가 있다.

공익사업의 변환을 허용함에 있어서 토지보상법은 사업시행자의 범위를 국가 · 지방자치단체 또는 정부투자기관으로 한정하고 변경이 허용되는 사업의 목적도 상대적으로 공익성이 높은 토지보상법 제4조 제1호 내지 제5호에 규정된 공익사업에 한정하고 있다. 이는 공익사업의 변환을 전반적으로 인정할 경우에 발생할 수 있는 폐해, 즉 이용목적이 불명확하고 불요불급한 사업을 위하여 토지를 함부로 수용한다거나 토지수용이 정당화될 수 없는 사업을 위하여 가장된 목적으로 토지를 수용한 후 이를 타목적에 전용하는 등으로 토지수용이 남발되는 것을 방지하고 나아가 환매권의 행사가 제한되는 범위를 공익성이 상대적으로 높은 사업에 국한시킴으로써 피해를 최소화하기 위한 것으로서, 공익사업의 원활한 시행의 확보라는 입법목적에 비추어 볼 때 목적달성을 위한 수단으로서 적정성이 인정될 뿐 아니라 피해최소성의 원칙 및 법익균형의 원칙에도 부합된다.[590]

590) 이 헌법재판소의 결정은 구 토지수용법 하에서의 결정이지만 설명의 편의상 관련

(2) 위 헌 설

위헌설의 논거는 다음과 같다.

첫째, 공익사업의 변환은 일단 토지수용 등이 된 토지를 본래의 목적 공익사업 이외에도, 위 법정공익사업을 위하여, 재심사 · 불복절차 등 아무런 적법절차 없이 전용함을 허용하고 있으므로, 입법목적의 정당성이나 입법수단의 적정성이 있다고는 보기 어렵다.

둘째, 토지보상법과 같이 토지 등의 소유권을 강제로 국가 등의 소유로 한다는 점에서 유사한 징발법을 살피면, 전자는 평시에 일반 공익사업 시행에, 후자는 전시나 준전시에 군사상 필요한 경우에 적용하는 점에서 서로 다를 뿐 아니라 국민의 재산권 침해의 측면에서는 오히려 전자보다 후자의 경우가 훨씬 심각하다고 할 것이다. 그러나 이와 같은 징발법에서도 이 사건 공익사업의 변환과 같은 환매권의 제한규정을 두고 있지 아니하는 바, 이 점을 보더라도 위 조항이 피해의 최소성을 도모하였다고는 인정할 수 없다. 또한 공익사업의 변환은 환매권 취득요건의 일부를 이미 취득(이미 진행된 기간 등 기대이익 취득)하였거나, 이미 취득한 환매권을 박탈하고 있으므로, 이는 피해의 정도를 최소화하기보다는 극대화한 것이어서 피해의 최소성의 한계도 일탈한 것이다.

셋째, 공익사업의 변환은 환매권의 단순한 제한이 아니라 수용된 토지를 목적 공익사업에 사용하지 아니하거나 그 기간이 10년 또는 5년의 기간이 경과됨으로 인하여 취득되는 것을 그 본질로 하고 있는 환매권의 본질적인 내용을 침해하는 제한일 수밖에 없다고 할 것이며, 헌법 제37조 제2항 단서가 규정하고 있는 기본권 제한의 절대적 한계를 일탈한 것이다.

법조항은 현행 토지보상법의 조항으로 바꾸었다. 또한 결정 내용 중에서 소위 "부진정소급입법"에 의한 재산권의 박탈의 문제에 대해서는 언급을 생략하였다.

(3) 결　론

환매권은 토지소유자의 감정을 존중하고 공평의 원칙에서 입법정책적으로 인정된 권리로 본다면, 공익사업의 변환을 인정함으로써 환매권 발생의 기산일이 변경되었다고 해서 재산권의 본질적 내용이 침해되었다거나 피해의 최소성의 원칙 또는 법익균형의 원칙에 위반된다고 보기는 어렵다.[591] 더욱이 공익사업의 변환을 환매권에 대한 제한으로 파악하지 아니하고 종전 공익사업수행권의 소멸과 새로운 공익사업수행권의 발생으로 보는 사견에 의하면, 공익사업의 변환에 따라 환매권 발생의 기산일이 변경되더라도 위헌의 문제는 발생할 여지가 없다. 다만 사업시행자의 공익사업 수행에 대한 일반 국민 특히 환매권자의 신뢰 보호를 위하여 공익사업의 변환은 제한적으로 인정할 필요는 있다고 본다.[592]

3. 공익사업의 변환의 요건

가. 공익사업의 변환을 할 수 있는 사업시행자는 국가 · 지방자치단체 또는 대통령령이 정하는 공공기관인 경우에 한한다(법 제91조 제6항).

(1) 대통령령이 정하는 공공기관이란 공공기관의 운영에 관한 법률 제5조 제3항 제1호의 공공기관을 말하고(법 시행령 제49조 제1항), 공공기관의 운영에 관한 법률 제5조 제3항 제1호에 의하면 공공기관이란 시장형 공기업과 준시장형 공기업을 포함하는 공기업을 의미한다.

따라서 공익사업의 변환을 할 수 있는 사업시행자는 국가와 지방자치단체 및 공기업에 한정된다.

(2) 판례는 변경된 공익사업의 시행자는 반드시 국가나 지방자치단체 또는 공기업에 한정되지 아니하고, 민간기업인 경우에도 변경된 공익사

---

591) 헌재 2020.11.26. 2019헌바131 사건의 소수의견.

592) 류해웅 · 허강무, 앞의 책 290면.

업의 시행자가 될 수 있다고 한다.[593] 민간기업이 토지보상법 제4조 제1호 내지 제5호에 규정된 공익사업을 수행하게 되는 경우에도 환매와 용지 취득절차의 불필요한 반복을 방지할 필요성은 존재한다는 것이 주된 이유이다.

(3) 공익사업의 변환 전후로 사업시행자가 동일하여야 할 필요는 없다.[594] 공익사업의 변환은 뒤에서 보는 바와 같이 이종사업 간의 변경을 전제로 하는데, 종류가 다른 공익사업으로 변경되면 사업시행자도 변경되는 경우가 일반적이기 때문이다.

나. 공익사업의 변환은 당초의 공익사업이 토지보상법 제4조 제1호 내지 제5호까지에 규정된 다른 공익사업으로 변경된 경우에만 인정된다. 토지보상법 별표상의 법률에 따른 사업이 토지보상법 제4조 제1호 내지 제5호까지에 규정된 공익사업에 해당하는 경우도 포함된다.

앞에서 살펴 본 바와 같이 공익사업이 변경된 경우라도 동종 공익사업 간의 변경이나 변경된 사업이 당초의 사업내용에 포함되는 것으로 평가되는 경우 또는 동종사업간에서 사업시행자가 변경된 경우 등은 공익사업이 변경된 것으로 보지 아니하기 때문에 이와 같은 경우에는 공익사업의 변환이 일어날 여지가 없다. 즉 공익사업의 변환은 적어도 공익사업의 변경이라고 평가되는 정도로 이종사업으로 변경되는 경우에만 인정된다.

다. 사업인정

(1) 변경된 공익사업의 시행자가 국가나 지방자치단체가 아닌 경우에는 해당 공익사업을 수행하기 위해서는 사업인정권자로부터 사업인정이나 사업인정으로 간주되는 의제사업인정을 받아야 한다.[595] 공익사업의 변환은

593) 대판 2015.8.19. 2014다201391.
594) 대판 1994.1.25. 93다11760,11777,11784.

종전의 공익사업수행권이 소멸하고 변경된 공익사업수행권이 발생하는 것이기 때문에 변경된 공익사업의 시행자는 사업인정권자로부터 해당 공익사업에 대한 사업인정을 받는 것이 필수적이다.

(2) 사업인정을 받은 변경된 공익사업의 시행자는 해당 토지나 물건에 출입하여 측량 또는 조사하는 등(법 제27조 제1항) 공익사업을 수행하기 위하여 사업시행자가 할 수 있는 모든 권한을 행사할 수 있다.

4. 공익사업 변환의 절차

가. 공익사업 변경의 고시

(1) 토지보상법 제91조 제6항에 의하면, 공익사업이 변경된 경우에 환매권의 행사기간은 사업시행자인 국가나 지방자치단체 또는 대통령령이 정하는 공공기관 즉 공기업이 공익사업의 변경을 관보에 고시한 날부터 기산한다고 규정하고 있다. 따라서 공익사업이 변환되기 위해서는 사업시행자가 공익사업이 변경된 사실을 관보에 고시하여야 한다.

(2) 공익사업의 변경을 고시하는 사업시행자는 변경된 공익사업의 시행자가 아니라 종전의 사업시행자이다.

(3) 공익사업의 변경을 고시하지 아니하면 공익사업 변환의 효력, 다시 말해서 환매권 발생의 기산일이 변경고시일로 갱신되는 효과가 발생하지 아니하므로 환매권자는 환매권을 행사할 수 있다고 본다.

나. 환매권자에 대한 통지

(1) 종전의 공익사업의 시행자인 국가, 지방자치단체 또는 공기업은 공익사업이 변경된 사실을 환매권자에게 통지하여야 한다(법 제91조 제6항 후문). 다만, 환매권자를 알 수 없거나 그 주소 · 거소 또는 그 밖에 통지할

595) 대판 2010.9.30. 2010다30782; 1997.11.11. 97다36835.

장소를 알 수 없을 때에는 공고로 통지를 갈음할 수 있다(법 시행령 제49조 제2항 단서).

공고는 사업시행자가 공고할 서류를 해당 토지의 소재지를 관할하는 시장(행정시의 시장을 포함한다)·군수 또는 구청장(자치구가 아닌 구의 구청장을 포함한다)에게 송부하여 해당 시(행정시를 포함한다)·군 또는 구(자치구가 아닌 구를 포함한다)의 게시판에 14일 이상 게시하는 방법으로 한다(동조 제3항).

(2) 환매권자에 대한 통지를 누락한 경우에 공익사업 변환의 효력은 어떻게 되는지에 대해서는 의문이 있다.

공익사업의 변경을 고시하면 환매권 발생의 기산일이 변경고시일로 갱신되는 효과가 발생하는데, 환매권자에게 공익사업의 변경을 통지하지 아니한 경우에는 환매권자에게 환매권의 행사를 허용할 것인지 여부가 문제이다. 통지를 누락한 경우에 환매권자가 환매권을 행사할 수 있다고 한다면 변경된 공익사업의 시행자는 해당 토지를 다시 협의취득하거나 수용하여야 한다. 그러나 이런 결과는 공익사업의 변환을 인정한 취지에 반하므로, 환매권자에 대한 통지의 누락은 공익사업의 변환의 효력에는 영향을 미치지 아니하는 절차상의 하자로서 보완이 가능하고, 환매권자는 환매권을 행사할 수 없다고 본다.

5. 공익사업의 변환의 효과

가. 공익사업수행권의 소멸과 발생

공익사업의 변환의 본질은 공익사업용지에 대한 종전의 공익사업에 대한 수행권의 소멸과 변경된 공익사업에 대한 수행권의 부여 또는 발생에 있다. 사업인정에 대해서 사업시행자에게 공익사업수행권을 부여하는 설권적 처분으로 파악하는 사견에 의하면 공익사업의 변환에 있어서도 사업인정은 필수적인 요건에 해당한다. 판례 역시 변경된 공익사업에 대해서는 사업인정을 받아야 한다는 입장임은 앞에서 살펴보았다.[596)]

나. 환매권 행사기간의 기산일의 갱신

공익사업이 변경된 경우 환매권 행사기간은 관보에 해당 공익사업의 변경을 고시한 날부터 기산한다(법 제91조 제6항 전문).

여기서 환매권 행사기간이란 환매권의 존속기간과 동일한 의미라고 본다. 즉 환매권은 환매사유가 발생한 이후 토지보상법 제91조 제1항 및 제2항에서 규정한 일정기간이 경과하였을 때 비로소 발생하는 권리이다(사유발생시설). 위 토지보상법의 규정은 공익사업이 변경된 경우에는 변경고시일을 기준으로 환매권의 발생 시기를 다시 기산한다는 취지이다.

다. 공익사업용지에 대한 소유권의 변동

(1) 공익사업의 변경의 고시와 변경된 공익사업에 대한 사업인정 및 환매권자에 대한 통지가 이루어지고 나면 최종적으로 변경된 공익사업의 시행자는 종전의 공익사업의 시행자로부터 해당 토지를 양수함으로써 공익사업의 변환이 이루어진다. 판례 역시 공익사업의 변환이 이루어지기 위해서는 변경된 공익사업의 시행자는 해당 공익사업용지를 소유할 것을 요한다고 한다.[597)] 다만 변경된 공익사업의 시행자가 해당 토지에 대한 소유권을 보유하는 것은 공익사업의 변환의 요건은 아니고 해당 토지에서 변경된 공익사업을 수행하기 위해서는 그 토지에 대한 소유권을 취득·보유하여야 한다는 의미이다.

(2) 공익사업의 변환의 전후에 사업시행자가 동일한 국가나 지방자치단체인 경우에는 해당 토지에 대한 소유권을 양도하기 위한 특별한 행위가

---

596) 533면 주 595)의 판례 참조.

597) 대판 2010.9.30. 2010다30782.

불필요하다. 그러나 공익사업의 시행자가 변경되는 경우에는 해당 토지를 양도하는 절차를 이행하여야 할 것이다. 이러한 양도는 개별 토지에 관한 매각이나 증여 내지는 무상귀속 등의 법률행위를 원인으로 하는 소유권의 변동에 해당하는 것이어서 등기를 요한다고 본다.

(3) 만일 변경 전의 공익사업의 시행자가 취득한 토지를 해당 공익사업과 무관하게 제삼자에게 처분하였다면 특별한 사정이 없는 한 그 토지는 공익사업에 필요 없었던 것으로 평가되고 이는 변경된 공익사업에 대해서도 마찬가지일 것이므로, 이 경우에는 해당 토지의 환매권자는 환매권을 행사할 수 있을 것이다. 그럼에도 불구하고 해당 토지에서 변경된 공익사업을 시행하기 위해서는 공익사업 시행자는 해당 토지를 새로이 취득하여야 하므로, 이러한 경우에는 공익사업의 변환을 인정할 여지가 없다.[598]

Ⅸ. 징발재산 정리에 관한 특별조치법상의 환매권

1. 징발법과 징발재산에 관한 특별조치법

가. 비상계엄이 선포된 지역에 있어서의 군작전상 긴요한 물자와 시설 또는 권리의 징발과 그 보상에 관한 사항을 규정할 목적으로 1963. 5. 1. 법률 제1336호로 징발법이 제정됨에 따라 국가는 개인의 동산과 부동산 및 권리 등을 징발할 수 있는 근거를 마련하였다. 그 후 1981. 12. 31. 법률 제3527호로 징발법이 개정되어 징발법의 적용 범위를 전시 · 사변 또는 이에 준하는 비상사태 하에서 군 작전수행을 위하여 필요로 하는 경우까지 징발할 수 있도록 확장하여 오늘에 이르게 되었다.

한편 징발재산 정리에 관한 특별조치법(징발재산법)은 징발법에 따라 징발된 재산을 1973. 12. 31.까지 매수보상 및 징발해제를 하기 위하여 필

598) 앞의 주 595)와 같은 판례.

요한 사항을 규정함을 목적으로 1970. 1. 1. 법률 제2172호로 제정된 법으로, 동법 제20조 제1항에서 환매권, 제20조의 2 제1항에서 수의계약의 체결에 관하여 규정하고 있다.

나. 토지보상법 제4조 제1호는 국방 · 군사에 관한 사업을 토지 등을 수용할 수 있는 공익사업의 일종으로 규정하고, 동법 별표에는 국방 · 군사시설사업에 관한 법률에 따른 국방 · 군사시설사업을 토지 등을 수용하거나 사용할 수 있는 사업의 하나로 열거하고 있다.

그러나 징발법상의 징발은 공익사업을 위하여 타인의 토지 등을 수용 또는 사용하는 것이 아니라, 전시 · 사변 또는 이에 준하는 비상사태 하에서 군 작전수행을 위하여 동산이나 부동산 또는 권리를 징발하는 것이라는 점에서 국방 · 군사시설사업과 근본적인 차이가 있다.

따라서 징발법상 징발이란 전시 · 사변 또는 이에 준하는 비상사태 하에서 군 작전수행을 위하여 필요로 하는 경우에 토지보상법상의 절차를 통하여서는 군의 수요를 충족할 수 없는 때에 보상을 전제로 개인에게 일정한 물적 군사부담을 가하는 처분이라고 할 수 있다. 징발의 구체적인 내용은 소모성 동산에 대해서는 소유권을 취득하고 비소모성 동산이나 부동산, 권리 등에 대해서는 사용권을 취득하는 것이다.

다. 우리나라는 군사상 필요에 의해서 징발한 토지가 적지 아니한데다가 경제가 발전함에 따라 도시가 크게 확장되고 산업화 및 공업화가 진전하면서 군기지를 도심이나 신도시 또는 산업단지로부터 멀리 떨어진 곳으로 이전할 필요성이 증가되었다. 이에 따라 종전에 군작전 수행을 위하여 사용하던 토지가 더 이상 군사상 필요성이 없게 된 경우가 허다하게 발생하고, 해당 토지에 대한 소유권을 회복하기를 원하는 피징발자와 국가 간의 분쟁도 끊임없이 발생하여 이에 대한 판례도 상당히 집적되었다. 판례

중에서 특히 징발재산법상의 환매권에 관한 판례는 토지보상법상의 환매권의 성격을 이해하는데 도움을 주기 때문에, 이에 대해서도 살펴보는 것은 무용한 것이 아니라고 생각한다.

2. 징발재산의 매수 또는 징발해제

국가는 징발재산 중 군사상 긴요하여 군이 계속 사용할 필요가 있는 사유재산은 이를 매수하고(징발재산법 제2조), 매수하지 아니하는 사유인 징발재산은 1973년 12월 31일까지 그 징발을 해제하여야 한다(법 제18조). 국방부장관의 징발매수결정이 있으면, 국가는 징발보상에 관한 징발보상증권의 교부, 현금지급 또는 공탁이 없는 것을 해제조건으로 하여 등기 없이 징발재산에 대한 소유권을 취득한다.[599]

3. 환매(우선매수) 또는 수의계약의 체결

가. 매수한 징발재산의 매수대금으로 지급한 증권의 상환이 종료되기 전 또는 그 상환이 종료된 날로부터 5년 이내에 당해 재산의 전부 또는 일부가 군사상 필요 없게 된 때에는 피징발자 또는 그 상속인(이하 이 조에서 "환매권자"라 한다)은 이를 우선매수할 수 있다(법 제20조 제1항).

(1) 위 규정에서 명시한 바와 같이 징발재산법상의 환매권은 피징발자 또는 그 상속인이 징발되었던 재산의 전부 또는 일부에 대해서 우선매수를 할 수 있는 권리로서 법문상으로는 환매라고 표기되어 있어도 매도인이 매매계약과 동시에 환매할 권리를 보류할 것을 요건으로 하는 민법상의 환매와 같게 볼 수 없음은 물론이고, 우선매수권의 행사로 체결된 매매계약은 사법상의 매매에 불과하고 다른 특별한 효력이 있는 것도 아니다.[600]

---

599) 대판 2012.4.26. 2010다15332; 1998.4.10 98다703.
600) 대판 1989.12.12. 88다카15000.

(2) 징발재산법상의 환매권은 일종의 형성권으로서 그 존속기간은 제척기간이다. 이 환매권은 재판상이든 재판외이든 그 기간 내에 국가에 대한 의사표시로써 행사하면 매매의 효력이 생긴다. 환매권의 행사로 발생한 소유권이전등기청구권은 위 제척기간과는 별도로 환매권을 행사한 때로부터 일반채권과 같이 10년의 소멸시효의 기간이 진행된다.[601) 이와 같이 징발재산법상의 환매의 본질이나 법적 성격은 토지보상법상의 환매와 동일하기 때문에, 징발재산법상의 환매는 토지보상법상의 환매와 마찬가지로 사법상의 매매가 아니라 공법상의 매매라고 보는 것이 타당하다고 생각한다.

(3) 징발재산법 제20조 제1항에서 말하는 "5년 이내"란 5년 내에 징발재산의 전부 또는 일부가 군사상 필요 없게 되는 것을 요건으로 하여 환매권자에게 우선하여 매수할 권리가 발생한다는 것을 규정한 것이고 환매권의 행사기간(제척기간)을 규정한 것이 아니다.[602)]

(4) 징발재산법상의 환매권은 국방부장관이 매각할 재산이 생긴 사실을 통지나 공고한 때로부터 3개월 이내에 행사하여야 한다(법 제20조 제2항, 제3항). 이러한 제척기간은 토지보상법상의 환매권에 비하면 지나치게 단기이다. 이에 대한 보완책으로 동법 부칙 제2조 제1항에서 "1983년 12월 31일 이전에 환매권이 발생하였으나 제20조 제2항의 규정에 의한 통지 또는 공고 없이 이 법 시행 당시 이미 환매권이 소멸된 매수 징발재산 중 1984년 1월 1일부터 이 법 시행일까지 군사상 목적으로 사용된 바 없는 재산으로서 군사상 필요가 없는 것에 대하여는 국방부장관은 1995년 12월 31일까지 피징발자 또는 그 상속인에게 환매할 것을 통지하여야 한다."고 규정하여, 환매권자에게 환매권을 재행사할 수 있는 기회를 부여하고 있다.

(5) 환매권 행사에 따른 국가의 소유권이전등기의무와 피징발자의 환매

---

601) 대판 1992.4.24. 92다4673.

602) 대판 1990.1.12. 88다카25342.

대금 지급의무는 서로 동시이행 관계에 있다.[603] 민법이나 토지보상법상의 환매권자는 환매대금을 선이행하여야 한다는 점에서 징발재산법상의 환매권과 상이하다.

(6) 징발재산법 부칙 제2조의 입법 취지가 제척기간의 경과로 환매권이 소멸된 자에게 은혜적으로 환매권을 재행사할 수 있도록 배려하는 데 있다고 하더라도, 징발재산법 부칙 제2조 제3항, 제20조 제2항이 환매권 행사의 실효성을 보장하기 위하여 국방부장관의 통지 또는 공고의무를 규정한 이상 국방부장관이 위 규정에 따라 환매권자에게 통지나 공고를 하여야 할 의무는 국방부장관의 법적인 의무를 정한 것이라고 보지 않을 수 없으므로, 국방부장관이 이러한 의무를 위반한 채 통지 또는 공고를 하지 아니하거나 통지 또는 공고를 하더라도 그 통지 또는 공고가 부적법하여 환매권자로 하여금 환매권 행사기간이 도과되도록 하여 환매권을 상실하는 손해를 가하였다면 환매권자에 대하여 불법행위가 성립할 수 있다.[604]

나. 매수한 징발재산의 매수대금으로 지급한 증권의 상환이 종료된 날부터 5년이 경과한 후 당해 재산의 전부 또는 일부가 군사상 필요 없게 된 때에는 국가는 국유재산법의 규정에 불구하고 수의계약에 의하여 매각 당시의 시가로 피징발자 또는 그 상속인에게 매각할 수 있다(법 제20조의 2 제1항).

(1) 본조의 수의계약은 제20조 제1항의 우선매수와는 달리 환매기간이 경과한 징발재산에 대하여는 국가가 국유재산법의 규정에도 불구하고 피징발자에게 수의계약으로 매각할 수 있다는 취지이지, 피징발자에게 우선매수권을 인정한 것이 아니다.[605]

---

603) 대판 1989.12.12. 89다카9675.

604) 대판 2006.11.23. 2006다35124.

605) 대판 1996.9.6. 95다56408; 1991.10.22. 91다26690.

(2) 국가가 피징발자에 대하여 하는 수의계약의 통지는 매매계약의 청약에 해당하고 이에 대하여 피징발자가 승낙의 의사표시를 하면 매매계약이 체결된다. 이 점에 있어서 제20조 제1항의 환매권의 행사의 결과 바로 매매계약이 체결되는 효과가 발생하는 것과 구별된다.

(3) 피징발자 또는 그 상속인이 수의계약에 의하여 국가로부터 징발재산을 매수할 수 있는 지위[606]는 국가가 수의계약에 의한 매각의 통지를 하여야 비로소 행사할 수 있는 잠재적 지위에 불과한 것이기는 하나, 이는 자유롭게 양도할 수 있다.[607] 이러한 판례의 견해는 환매권에 대해서도 적용할 수 있을 것으로 생각한다. 즉 징발재산법상의 환매권(우선매수권)은 토지보상법상의 환매권과는 달리 양도가 가능한 것으로 본다.

4. 환매권의 비교

민법상의 환매권과 토지보상법상의 환매권 및 징발재산법상의 환매권을 비교하면 다음과 같다. 표에서 알 수 있는 바와 같이 토지보상법상의 환매권과 징발재산법상의 환매권(우선매수권)은 제척기간이나 대항력 등에서 사소한 차이가 있을 뿐이고, 권리의 성격이나 본질에 있어서는 차이가 없다.

	민 법	토지보상법	징발재산법
발생 근거	당사자의 의사	법률의 규정	법률의 규정
발생 시기	매매계약과 동시	사유발생시(용지취득시라는 설이 있음)	사유 발생시
목 적 물	동산 또는 부동산	토지	동산, 부동산, 권리

606) 이를 "수의매수권"이라고 부르기도 한다.

607) 대판 2013.2.28. 2011다103823; 2006. 11. 23. 2006다36836.

	민 법	토지보상법	징발재산법
본 질	매매계약의 해제설 또는 재매매의 예약설 등 학설 대립	매도청구권(수용의 해제설 또는 역수용설 등 학설 대립)	우선매수권
법적 성격	형성권	공권(사권설이 있음), 형성권	공권(사권설이 있음), 형성권
대 항 력	환매권을 등기한 경우에는 인정됨	협의취득 또는 수용 등 등기원인의 기재로 대항력 취득	없음
양 도 성	인정됨	인정되지 아니함	인정됨(이설 없음)
행사 방법	상대방에 대한 의사표시	상대방에 대한 의사표시	상대방에 대한 의사표시
대금지급 의무	선이행 의무	선이행 의무	이전등기의무와 동시이행
행사 효과	매매계약의 성립(등기 없이 소유권이 매도인에게 복귀한다는 설이 있음)	매매계약의 성립(등기 없이 소유권이 환매권자에게 복귀한다는 설이 있음)	매매계약의 성립
제척기간	부동산은 5년, 동산은 3년	불필요의 경우와 불이용의 경우에 따라 상이함	통지, 공고일부터 3개월

제7장 벌 칙

토지보상법은 동법의 실효성을 확보하기 위하여 동법에 위반한 행위 등에 대해서 행정형벌과 행정질서벌인 과태료에 처할 수 있는 처벌 규정을 두고 있다.

Ⅰ. 행정형벌에 처하는 범죄

1. 보상금 부당수령죄(법 제93조)

① 거짓이나 그 밖의 부정한 방법으로 보상금을 받은 자 또는 그 사실을 알면서 보상금을 지급한 자는 5년 이하의 징역 또는 3천만원 이하의 벌금에 처한다.

② 제1항에 규정된 죄의 미수범은 처벌한다.

2. 전매금지 위반죄(법 제93조의 2)

제63조 제3항을 위반하여 토지로 보상받기로 결정된 권리(제63조 제4항에 따라 현금으로 보상받을 권리를 포함한다)를 전매한 자는 3년 이하의 징역 또는 1억원 이하의 벌금에 처한다.

3. 부정감정평가죄(법 제95조)

감정평가를 의뢰받은 감정평가법인등이나 그 밖의 감정인으로서 거짓이나 그 밖의 부정한 방법으로 감정평가를 한 자는 2년 이하의 징역 또는 1천만원 이하의 벌금에 처한다.

위 규정은 토지보상법에 의한 감정평가뿐만 아니라 법원 기타 타인의 의뢰에 따라 감정평가를 하는 모든 경우에 적용된다.

4. 장애물 제거죄(법 제95조의 2 제1호)

제12조 제1항을 위반하여 장해물 제거등을 한 자는 1년 이하의 징역 또는 1천만원 이하의 벌금에 처한다.

5. 인도의무위반죄(법 제95조의 2 제2호)

제43조를 위반하여 토지 또는 물건을 인도하거나 이전하지 아니한 자는 1년 이하의 징역 또는 1천만원 이하의 벌금에 처한다.

6. 보전의무위반죄(법 제96조)

제25조 제1항 또는 제2항 전단을 위반한 자는 1년 이하의 징역 또는 500만원 이하의 벌금에 처한다.

7. 무허가 토지출입죄(법 제97조 제1호)

제9조 제2항 본문을 위반하여 특별자치도지사, 시장 · 군수 또는 구청장의 허가를 받지 아니하고 타인이 점유하는 토지에 출입하거나 출입하게 한 사업시행자는 200만원 이하의 벌금에 처한다.

8. 인용의무위반죄(법 제97조 제2호)

제11조(제27조 제2항에 따라 준용되는 경우를 포함한다)를 위반하여 사업시행자 또는 감정평가법인등의 행위를 방해한 토지점유자는 200만원 이하의 벌금에 처한다.

9. 양벌규정(법 제98조)

법인의 대표자나 법인 또는 개인의 대리인, 사용인, 그 밖의 종업원이 그 법인 또는 개인의 업무에 관하여 제93조, 제95조, 제95조의2, 제96조 또는 제97조의 어느 하나에 해당하는 위반행위를 하면 그 행위자를 벌하는 외에 그 법인 또는 개인에게도 해당 조문의 벌금형을 과한다. 다만, 법인이나 개인이 그 위반행위를 방지하기 위하여 해당 업무에 관하여 상당한 주의와 감독을 게을리하지 아니한 경우에는 그러하지 아니하다.

Ⅱ. 행정질서벌인 과태료에 처하는 행위

1. 부과의 대상(법 제99조 제1항)

토지보상법상 과태료 부과의 대상이 되는 행위는 토지수용위원회의 심리를 방해하는 행위로서 이에 대해서는 200만원 이하의 과태료를 부과한다.

① 토지수용위원회에 출석하여 진술하게 하거나 그 의견서 또는 자료의 제출을 요구받은 사업시행자, 토지소유자, 관계인 또는 참고인이 정당한 사유 없이 출석이나 진술을 하지 아니하거나 거짓으로 진술하는 행위(제1호)

② 토지수용위원회로부터 의견서 또는 자료 제출을 요구받고 정당한 사유 없이 이를 제출하지 아니하거나 거짓 의견서 또는 자료를 제출하는 행위(제2호)

③ 토지수용위원회로부터 감정평가를 의뢰받은 감정평가법인이나 감정인이 출석 또는 진술을 요구받고 정당한 사유 없이 이에 따르지 아니하는 행위(제3호)

④ 토지수용위원회의 위원 또는 사무기구의 직원이나 지방토지수용위

원회의 업무를 담당하는 직원이 실지조사를 거부, 방해 또는 기피하는 행위(제4호)

2. 부과 · 징수의 절차(법 제99조 제2항)

과태료는 대통령령으로 정하는 바에 따라 국토교통부장관이나 시 · 도지사가 부과 · 징수한다.

참 고 문 헌

김철수, 헌법학신론(2005)
성낙인, 헌법학(2005)
허영, 한국헌법론(2005)
김남진 · 김연태, 행정법 Ⅱ(2014)
김동희, 행정법 Ⅰ(2017), 행정법 Ⅱ(2017)
박균성, 행정법론(상)(2011), 행정법론(하)(2011)
박윤흔, 행정법강의(상)(2004), 행정법강의(하)(2004)
법원행정처, 재판자료 재68집 행정소송에 관한 제문제(하)(1995)
서울행정법원, 행정재판실무편람(2001), 행정재판실무편람 Ⅱ(2001)
윤세창 · 이호승, 행정법(하)(1994)
홍정선, 행정법원론(상)(2015), 행정법원론(하)(2015)
홍준형, 행정구제법(2001)
강교식 · 김원보 · 이호정, 토지보상법론(2005)
김대수, 공공용지의 취득보상(1998)
류해웅 · 허강무, 신수용보상법론(2016)
박평준 · 박창석, 토지취득보상법(2009)
석종현, 손실보상법론(2005)
이선영, 신토지수용과 보상법론(2008)
임호정 정년기념논문집 간행위원회, 지가공시 및 보상의 주요문제(2001)
중앙토지수용위원회 · 국토교통부, 토지수용업무편람(2009)
한국토지공사, 택지개발 업무편람(2006)
곽윤직 · 김재형, 민법총칙(2014)
곽윤직, 채권각론(2003)
이시윤, 신민사소송법(2019)

土地收用法研究會, 土地收用法の解說と運用(2009)
西埜章 · 田辺愛壹, 損失補償の理論と實務(2005)
小澤道一, 土地收用法(2005)
小高剛, 損失補償研究(2000)
日本エネルギー法研究所, 損失補償と事業損失(1994)
小高剛, 土地收用法(1981)
中川善之助 · 兼子一 監修, 不動産法大系Ⅶ, 土地收用 · 稅金(1978)
高田賢造, 土地收用法(1965)

사 항 색 인

[ㅁ]

[ㅂ]

[ㅅ]

[ㅊ]

저 자 약 력

김 시 영

[학 력]

서울대학교 법과대학 졸업(1975. 2.)
경상대학교 법과대학 석사과정(공법) 졸업(2007. 8.)
경상대학교 법과대학 박사과정(토지보상법) 졸업(2010. 2.)

현) 법무법인 중추 변호사

[경 력]

제24회 사법시험 합격(1882. 2.)
변호사 개업(1985. 2.)
한국토지공사 소송대리인(1992.~2007.)
한양증권, 고려증권 소송대리인 한국야구위원회 고문변호사(1994.~2005.)
삼성화재보험(주) 소송대리인(2004.~2007.)

[논 문]

수분양권에 관한 연구, 석사학위논문(2007. 7.)

토지보상법신론

저 자 김 시 영
발행인 양 진 수
발행처 진 원 사

2021년 12월 30일 초판 인쇄
2022년 1월 7일 초판 발행

서울시 송파구 법원로9길 26, C동 1107호 (문정동, H비즈니스파크)
전화 : 02) 916 - 1850 / 팩스 : 02) 916 - 3442
신고번호 제 2018 - 000026호
http://www.jinwonsa.co.kr
http://www.lawbookstore.co.kr
e-mail : hhansin@hanmail.net

ISBN : 978-89-6346-603-3 93360

정가 30,000원